WISSEN VISUELL

Weltgeschichte

Von den Anfängen bis
ins 21. Jahrhundert

WISSEN
VISUELL

Weltgeschichte

Von den Anfängen bis ins 21. Jahrhundert

KNESEBECK

Bibliografische Information der Deutschen Nationalbibliothek
Die Deutsche Nationalbibliothek verzeichnet diese Publikation in der
Deutschen Nationalbibliografie; detaillierte bibliografische Daten sind im
Internet unter http://dnb.d-nb.de abrufbar.

Titel der Originalausgabe: Essential Visual History of the World
Copyright © 2007 Peter Delius Verlag GmbH & Co. KG

Deutsche Erstausgabe
Copyright © 2010 von dem Knesebeck GmbH & Co. Verlag KG, München
Ein Unternehmen der La Martinière Groupe

Autoren: Detlef Berghorn (Kapitel 1, 2, 4, 5 und Seiten 74–85, 416–469,
482–483, 502–509),
Markus Hattstein (Kapitel 3, 6, 7 und Seiten 158-169, 470-481, 484-501,
510-533),

Redaktion: Silke Körber (Leitung), Julia Niehaus, Barbara Delius sowie Juliane
von Laffert und Sabine Kahl
Redaktionsassistenz: Christin Knop
Grafikdesign: Burga Fillery

Umschlaggestaltung: Knesebeck Verlag – Fabian Arnet

Printed in China

ISBN 978386873-193-4

www.knesebeck-verlag.de

Für die Abbildungsgenehmigungen danken die Herausgeber akg-images Berlin/London/Paris, dpa Deutsche Presse Agentur, Hamburg.

Für detaillierte Bildnachweise, Verweise und Bildunterschriften besuchen Sie bitte unsere Internetseite www.theKnowledgePage.com

Inhalt

Nofretete, Seite 30

*Soldat der Terrakottaarmee aus
dem Grab des chinesischen Kaisers
Qin Shih Huangdi, Seite 100*

Jeanne d'Arc, Seite 124

Friedrich Wilhelm, der Große Kurfürst von Brandenburg, Seite 193

Napoleon Bonaparte, Seite 268

*Erster Weltkrieg,
Soldaten und Esel
mit Gasmasken,
Seite 340*

Wladímir Iljítsch Lenin hält eine Rede, Seite 379

Jüdischer Junge in Polen, Seite 375

Barack Obama, seit 2009 Präsident der
Vereinigten Staaten von Amerika, Seite 527

Elemente des Buches

Unterhalb der Überschrift ist der jeweilige **zeitliche Rahmen** angegeben.

Jede Doppelseite weist eine **eigene Überschrift** auf.

Farbmarkierungen kennzeichnen Epoche und Kapitel.

Die behandelte **geographische Region** wird jeweils am Rand der Zeitleiste genannt.

Eine **Zeitleiste** führt in jeder Epoche die wichtigsten historischen Erreignisse innerhalb einer Region auf und verweist auf **weitere Informationen**.

188 16.–18. Jh. | FRÜHE NEUZEIT

Deutschland

▲ Seite 186

1531 Ferdinand I. als deutscher König zum Vertreter und Nachfolger Karls V. gewählt

Ab 1540/41 Ausbreitung der Jesuiten im Deutschen Reich

1545 Auf Initiative Karls V. tritt das Konzil von Trient zusammen

1546/47 Schmalkaldischer Krieg

1548 Karl V. diktiert auf dem „Geharnischten Reichstag" in Augsburg den unterlegenen Protestanten seine Bedingungen („Augsburger Interim")

1551/52 Mithilfe Frankreichs siegt ein Fürstenaufstand über Kaiser Karl V.

1555 Augsburger Religionsfriede

1556 Abdankung Karls V.

1559 Kurfürst Friedrich III., der Fromme, von der Pfalz tritt zum Kalvinismus über

1607 Angriff Herzog Maximilians I. von Bayern auf die mehrheitlich protestantische Reichsstadt Donauwörth, die er gewaltsam rekatholisiert

1608/09 Gründung von Protestantischer Union und Katholischer Liga

1609–1614 Jülisch-Klevescher Erbfolgekrieg

▼ Seite 191

Deutsches Reich – Protestanten und Katholiken

1531–1614

Aus der Sicht Kaiser Karls V. (**1**) gefährdete die Reformation nicht allein die Religionseinheit, sondern v. a. die Stabilität des Reichs. Von der Notwendigkeit von Reformen überzeugt, drängte er den Papst, 1545 ein Konzil nach Trient einzuberufen. Doch die protestantischen Fürsten lehnten eine Teilnahme ab und setzten die Säkularisierung von Kirchengütern fort. Daraufhin eröffnete der Kaiser den Kampf. Nach seinem Sieg im Schmalkaldischen Krieg unterlag Karl V. aber am Ende der Fürstenopposition, die von Frankreich, dem Rivalen der Habsburger, unterstützt wurde. Im Augsburger Religionsfrieden von 1555 wurde der Protestantismus anerkannt. Karl V. dankte resigniert ab. Doch der Frieden war labil: Andere reformierte Gruppen wie die Kalvinisten waren nicht einbezogen worden, und bald verhärteten sich die Fronten wieder. Protestanten wie Katholiken schlossen sich zusammen und suchten im Ausland nach Verbündeten.

Die Reformation in Europa

*Die Reformation verbreitete sich im 16. Jh. von Deutschland aus in weite Teile Europas. In der Schweiz wirkten Zwingli (**7**) und Calvin (**8**), die die Reformierte Kirche bzw. den Kalvinismus begründeten. Sie vertraten v. a. in der Abendmahlslehre eine andere Meinung als die Lutheraner. Die lutherische Lehre wirkte im Deutschen Reich, in Skandinavien und im Baltikum, der Kalvinismus in Frankreich, den Niederlanden, in England, Schottland und den Kolonien in Nordamerika.*

Der **Haupttext** gibt einen Überblick über den jeweiligen historischen Abschnitt.

Farbig hinterlegte Randspalten beschreiben historische und kulturelle Zusammenhänge, die mit dem Hauptthema in Verbindung stehen.

Gerahmte Kästen liefern biographische Informationen über wichtige historische Personen.

Der **Titel des jeweiligen Abschnitts** wird am oberen rechten Seitenrand genannt.

Farbige Kästen ergänzen den Haupttext durch interessante Hintergrundinformationen.

Verweise auf verwandte bzw. weiterführende thematische Zusammenhänge finden sich am unteren Rand der Buchseite.

Nummerierte Bildverweise im Text stellen einen Zusammenhang zwischen Abbildung und historischem Ereignis her.

Bildtexte liefern detaillierte Informationen zu speziellen Ereignissen.

Früh- geschichte

Von den Anfängen bis ca. 3000 v.Chr.

Einige Fragen zum Ursprung der Menschheit sind bis heute nicht endgültig beantwortet. Die Entwicklung begann vor ungefähr 6 Millionen Jahren in Afrika. Aus den frühen Hominiden entwickelte sich vor ca. 200 000 Jahren der moderne Mensch. Seine Fertigkeiten und seine Anpassungsfähigkeit erlaubten es ihm, nahezu den gesamten Globus, auch klimatisch raue Regionen, zu besiedeln. Soziale Intelligenz führte zur Ausbildung komplexer Sprachen. Die Verständigung ermöglichte es, Herausforderungen in Gruppen gemeinsam zu bewältigen. Das Bewusstsein von der eigenen Sterblichkeit ließ Riten und Kulte entstehen, die Familienverbände und Gemeinschaften fester zusammenschlossen. Aus Jägern und Sammlern wurden Ackerbauern und Viehzüchter, aus Höhlenmenschen Dorfbewohner, bis schließlich erste Großsiedlungen mit sozialer Differenzierung der Bevölkerung entstanden. Sie waren die Wiege der ersten Kulturen.

Steinzeitmenschen auf Mammutjagd

Die frühgeschichtliche Welt

Die Entwicklung des Menschen

Von den Anfängen bis ca. 10 000 v. Chr.

Die ältesten Hominidenfunde stammen aus Afrika, das darum als „Wiege der Menschheit" gilt. Vor ca. 2,3 Mio. Jahren begann dort der Homo habilis („geschickter Mensch"), Steinwerkzeuge zu benutzen, was den Beginn der Altsteinzeit markiert. Über den Homo erectus („aufrechter Mensch"), der vor ca. 1,8 Mio. Jahren Afrika verließ, ging die Entwicklung weiter bis zum heutigen Menschen, dem sog. Homo sapiens („weiser Mensch").

Dolch aus Feuerstein

Evolutionstheorie Der Engländer Charles Darwin ging in seiner „Abstammung des Menschen" von 1871 noch von einer direkten Abstammung des Menschen vom Affen aus (**1**). Mittlerweile nimmt man an, dass Menschen und Affen nur gemeinsame Vorfahren haben.

Die Vorfahren des Menschen

*Der mit 6 Mio. Jahren älteste bekannte Hominide wurde 2000 in Kenia gefunden. Er heißt Orrorin tugenensis oder „Millennium-Mann". Als Sensation galt auch „Lucy", ein 1974 in Äthiopien ausgegrabener weiblicher Australopithecus (**6**). Der im 19. Jh. in Deutschland gefundene „Neandertaler" (**7**) ist wohl der bekannteste Urmensch, er gehört aber nicht zu unseren direkten Vorfahren, sondern zu einer ausgestorbenen Seitenlinie. Einer der spektakulärsten Funde war der 1991 im Südtiroler Ötztal entdeckte „Ötzi" (**8**), ein Mann aus der Eiszeit um 3300 v. Chr. Die in einem Gletscher mumifizierte Leiche war vollständig bekleidet und trug ein Beil mit Metallklinge bei sich.*

6

Die Jagd Die soziale Intelligenz der frühen Menschen zeigt sich bei der Gruppenjagd auf Mammuts (**2**) und andere große Tiere unter Gebrauch selbst hergestellter Waffen. Die zentrale Bedeutung der Jagd bezeugen viele Höhlenmalereien (**3**).

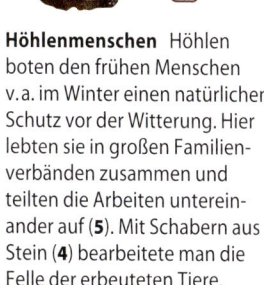

Höhlenmenschen Höhlen boten den frühen Menschen v. a. im Winter einen natürlichen Schutz vor der Witterung. Hier lebten sie in großen Familienverbänden zusammen und teilten die Arbeiten untereinander auf (**5**). Mit Schabern aus Stein (**4**) bearbeitete man die Felle der erbeuteten Tiere.

Vor ca. 6 Mio. Jahren *erste durch Funde belegbare Hominiden (Orrorin tugenensis) in Ostafrika*
Vor ca. 5,5–4 Mio. Jahren *Ardipithecus ramidus*
Vor ca. 4,1–1,3 Mio. Jahren *Australopithecus*
Vor ca. 2,3–1,5 Mio. Jahren *Homo habilis*

Vor ca. 1,8 Mio.–200 000 Jahren *Homo erectus (Homo ergaster)*
Vor ca. 1,8 Mio. Jahren *Frühmenschen verlassen Afrika*
Vor ca. 1,7 Mio.–300 000 Jahren „Javamensch"
Vor ca. 600 000–200 000 Jahren „Pekingmensch"

Vor ca. 150 000–30 000 Jahren *Neandertaler (Homo sapiens neanderthalensis)*
Vor ca. 100 000 Jahren *Protocromagnonmenschen in Israel*
Vor ca. 40 000 Jahren *Cromagnonmenschen (moderner Homo sapiens) besiedeln Europa*

Bemaltes Keramikgefäß

Die ersten Kulturen

Um 10 000–3000 v. Chr.

Zu Beginn der Jungsteinzeit ging man dazu über, Getreide nicht nur zu sammeln, sondern gezielt anzubauen. In festen Siedlungen, darunter erste Großsiedlungen wie Çatal Hüyük in Anatolien und Jericho in Palästina, wurde Vieh domestiziert und gezüchtet. Die Herstellung von Keramik und Schmuck ist ein weiteres Merkmale der kulturellen Entwicklung. Nachdem die Nahrungsversorgung gesichert war, begann in den Gemeinschaften die Herausbildung sozialer Klassifikationen, die an Gräbern und Grabbeigaben ablesbar sind.

Religion und Kult Schon die Menschen der Frühzeit glaubten an ein Fortleben nach dem Tod und hatten eine Vorstellungen von höheren Mächten. Das zeigen Kunstobjekte und Höhlenmalereien, z. B. mit merkwürdigen Mischwesen – halb ① Mensch, halb Tier (**2**). Möglicherweise handelt es sich dabei um Schamanen, die, in Tierfelle gehüllt, den Jagderfolg beschwören sollten. Mit Ackerbau und Viehzucht kamen auch Fruchtbarkeitsrituale um eine Muttergottheit auf, die oft als Frauenfigur mit üppigen Formen (**1**) dargestellt wurde. Gleichzeitig begann man, zur Zeitmessung die Gestirne zu beobachten.

Feste Siedlungen Die wohl älteste Stadt der Welt ist Jericho in Palästina (**5**, Reste eines Rundturms der Stadtmauer). Schon im 9. Jt. v. Chr. lebten hier bis zu 3000 Menschen zusammen. Die meisten Siedlungen waren aber deutlich kleiner.

Bestattungsriten Die Form der Gräber reichte vom monumentalen Megalithgrab (**3**) bis zum engen Hockergrab (**4**). Die Toten wurden oft im Zentrum der Siedlung bestattet, und zur Grabzeremonie gehörten Rituale der Ahnenverehrung.

⏩ **Entstehung der ersten Hochkulturen:** Seiten 22–23

Erste Großreiche

Um 3000–300 v. Chr.

In besonders fruchtbaren Regionen v. a. entlang großer Flüsse in Ägypten, Palästina, Syrien, Mesopotamien, Indien und China entwickelten sich die ersten Hochkulturen der Menschheit. Reiche Ernten führten zur Spezialisierung der Arbeit und zur sozialen Ausdifferenzierung der Gesellschaft. Größere Siedlungen entstanden, die zu Keimzellen von ersten Gemeinwesen und später Stadtstaaten wurden. Parallel dazu wurden Landwirtschaft sowie Viehzucht, Handel und Gewerbe, Kunst und Schrift weiterentwickelt. Die Ägypter, Babylonier, Assyrer und Perser begründeten ab dem 3. Jt. v. Chr. die ersten Großreiche der Geschichte. Durch Eroberungszüge, Kolonisation und Fernhandel verbreiteten sie ihre kulturellen Errungenschaften.

Die Goldmaske des Tut-ench-Amun wurde 1922 entdeckt.

Die Geburt der Zivilisation

Im Nahen Osten, im Bereich des sog. Fruchtbaren Halbmondes, der sich von Palästina über Syrien und Kleinasien bis nach Mesopotamien erstreckt, entstanden die ersten städtischen Hochkulturen. Aufgrund des ständigen Bedarfs an Ackerland sowie der Suche nach Wasser und Weideland für das Vieh hatten die meisten Menschen bisher ein nomadisches Leben geführt. Voraussetzungen für die nun einsetzende Entstehung von befestigten Siedlungen waren das Bevölkerungswachstum und die Weiterentwicklung von Landwirtschaft sowie Viehzucht. Die Bedeutung der Tiere für das Leben der Menschen lässt sich daran ablesen, dass sie eine Rolle in der religiösen Symbolik spielten, wie das Rind als Zeichen von Fruchtbarkeit und Stärke (**1**). Wichtigstes Reit- und Lasttier wurde das Kamel, das Haupttransportmittel im Karawanenhandel.

Der Bau von Dämmen zum Schutz vor Überschwemmungen und die Anlage von komplexen Bewässerungssystemen machte eine Arbeitsteilung notwendig. Neben Bauern gab es innerhalb der größer werdenden Gemeinschaften bald auch Handwerker und Krieger. An der Spitze der sich entwickelnden Gesellschaft standen die Priester. Sie pflegten nicht nur die Beziehung zu den „höheren Mächten", sondern erstellten auch astronomische Kalender, die Zeiten der Überschwemmung, Aussaat und Ernte auswiesen. In der Frühzeit gingen politische und religiöse Herrschaft Hand in Hand, und die Priesterschaft übernahm auch Verwaltungsaufgaben. Die Tempel fungierten meist auch als zentrale Vorratslager dieser Gemeinwesen („Tempelwirtschaft"). Dem obersten Priester, der gleichzeitig Stadtfürst war, oblagen die höchsten kultischen Handlungen für den Schutzgott der Stadt. In größeren Staatswesen trennten sich die Funktionen Priester und Fürst, wenn auch die politische Herrschaft weiterhin mit der religiösen in Verbindung blieb und sich beide gegenseitig legitimierten. Eine der wichtigsten kulturtechnischen Errungenschaften der Menschheit war die Schrift, die wohl zuerst von den Priester-

①

beamten zur Erleichterung ihrer Verwaltungstätigkeiten eingesetzt wurde. Zunächst diente sie ausschließlich zur Aufzeichnung der Abgaben, bis durch eine stetige Weiterentwicklung und Verfeinerung das Verfassen von Texten möglich wurde. Aus einer Bilderschrift ähnlich den ägyptischen Hieroglyphen entstand die Keilschrift (**2**), bei der die Schriftzeichen nicht mehr einen Gegenstand abbildeten oder versinnbildlichten, sondern für einen Laut standen und somit besser zu kombinieren waren. Auch die klassischen ägyptischen Hieroglyphen wurden im alltäglichen Gebrauch durch einfachere Schriften abgelöst.

Schließlich wurde zwischen 1400 und 1000 v.Chr. im Nahen Osten die Buchstabenschrift mit einer begrenzten Anzahl von Schriftzeichen entwickelt, die im Prinzip die Grundlage für unser heutiges Alphabet war. Wie in allen semitischen Sprachen fehlten ihr noch die Vokale. Erst die Griechen nahmen Vokale in ihr Alphabet auf, behielten aber Formen und Reihenfolge der Buchstaben bei.

2

Völkerwanderungen

Um 3000–700 v.Chr.

Die Frühgeschichte ist von Wande-
rungsbewegungen unterschiedlicher
Völker und Stämme geprägt, die sich
teilweise über Jahrtausende hinzogen
und während derer sich die verschiedenen Gruppen überlagerten oder
allmählich vermischten, weshalb sie
nicht klar voneinander getrennt werden können. Ab 3000 v.Chr. drangen
von Süden her semitische und von
Norden her indogermanische Völker in

Skythischer Reiter

den Nahen Osten vor, wobei sich diese Einteilung auf die hauptsächlich benutzte Sprache und Schrift bezieht, nicht auf die ethnische Zusammensetzung.
Die semitischen Akkader unterwarfen um 2300 v.Chr. die Sumerer in Mesopotamien (S. 26). Kanaaniter (S. 40) und Aramäer, Vorfahren der späteren Israeliten
(S. 42), gründeten in Palästina Stadtstaaten. Indogermanische Stämme wie
Gutäer, Elamiter (S. 26) und Hurriter (S. 38) wanderten über den Kaukasus und
den Iran in Mesopotamien ein. Hethiter (S. 36), Perser (S. 44) und später die Skythen (S. 46) besiedelten Kleinasien. Deutlich kürzer, aber auch aggressiver war
der sog. Seevölkersturm ab 1200 v.Chr., durch den u.a. die Etrusker (S. 72) und
Griechen (S. 58) in ihre späteren Siedlungsgebiete gelangten.

Nomaden und Sesshafte In
Ägypten (**1**, Wandmalerei) wie
im übrigen Nahen Osten waren
Nomaden immer wieder auf der
Suche nach neuen Siedlungs-
gebieten. Nicht überall waren
sie willkommen, da Weideland
und Wasser knapp waren. Über
die Wanderungen der semitischen Aramäer (S. 42) und ihre
Konflikte mit sesshaften Völkern wird in der Bibel berichtet.

⏩ **Die große Völkerwanderung:** Seiten 94–95

Eurasien und die Mittelmeerwelt

ZEITLEISTE

Ab 3000 v. Chr. Einwanderung semitischer und indogermanischer Stämme in den Nahen Osten (S. 26), Stadtstaaten der Kanaaniter in Palästina (S. 40)

Um 2300 v. Chr. Großreich der Akkader in Mesopotamien

2000 v. Chr. Einwanderung der indogermanischen Hethiter nach Kleinasien (S. 36)

Um 1500 v. Chr. Hurriter gründen das Mitannireich im Norden Mesopotamiens (S. 38)

Um 1500 v. Chr. Vordringen der Arier nach Indien (S. 48)

Nach 1400 v. Chr. Die indogermanischen Meder und Perser besiedeln den Iran (S. 44)

Ab 13. Jh. v. Chr. Die semitischen Aramäer erscheinen im Nahen Osten (S. 42)

Ab 1200 v. Chr. Vordringen der Seevölker im östlichen Mittelmeer, Zusammenbruch des Hethiterreiches (S. 36)

1200–750 v. Chr. „Dorische Wanderung" der frühen Griechen (S. 58), Untergang der mykenischen und minoischen Kultur (S. 57)

Um 700 v. Chr. Die Skythen dringen nach Kleinasien und Mitteleuropa vor (S. 46)

Seiten 26, 37, 38, 94

Seevölker Ab ca. 1200 v. Chr. drangen neue Volksgruppen, deren Herkunft umstritten ist, in das östliche Mittelmeergebiet vor. Sie kamen über das Meer (**2**) und plünderten die Küstenregionen. Der Handel wurde gestört, die reichen Stadtstaaten in der Ägäis und in Palästina gingen zugrunde. Selbst das mächtige Reich der Hethiter war dem Ansturm nicht gewachsen (S. 36).

Reitervölker Aus den Steppen Eurasiens wanderten Reiternomaden (**3**) wie das Volk der Skythen (S. 46) nach Kleinasien ein. Sie standen in Beziehung mit den Hochkulturen der Mittelmeerwelt, betrieben Handel und kulturellen Austausch. Die Reitervölker zeichneten sich durch ihre Reitkunst ebenso wie durch geschickte Kriegsführung aus.

Mesopotamien – die Sumerer

Um 3000–1000 v.Chr.

Die Sumerer ließen sich um 3000 v.Chr. zwischen Euphrat und Tigris nieder. Woher sie kamen, ist unbekannt, da ihre Sprache mit keiner anderen bekannten verwandt ist. Sie bauten im fruchtbaren Zweistromland (auch „Mesopotamien", aus dem Griech.) die neben dem äyptischen Reich älteste Hochkultur auf. Bereits sehr früh schlossen sich die verschiedenen Siedlungen zusammen, um gemeinsam die Flüsse zu regulieren und die Felder zu bewässern. Aus den Siedlungen enstand ab 2800 v.Chr. eine

Hofdame aus Ur

Vielzahl zentral gelenkter, wirtschaftlich miteinander konkurrierender Stadtstaaten, von denen Ur, Uruk und Lagasch die wichtigsten waren. Die semitischen Akkader und die aus dem Iran stammenden Gutäer und Elamiter nutzten die politische Zersplitterung der Sumerer aus, um sich die Stadtstaaten zu unterwerfen. Dabei übernahmen sie die Kultur der Sumerer und führten diese in ihren Reichen fort.

Priesterkönige Die sumerischen Stadtstaaten wurden von Königen (**1**, Gudea von Lagasch) regiert, die auch die obersten Priester waren.

2

Klassengesellschaft Die sumerische Gesellschaft war streng hierarchisch geordnet. An der Spitze standen die Könige der Stadtstaaten und die Priester- und Beamtenschaft. Kostbar gearbeitete Grabbeigaben dokumentieren den luxuriösen Lebensstil dieser Oberschicht (**2**, Mosaik). Die Masse des Volkes lebte als Bauern und Viehzüchter.

Die ersten Seefahrer

Verschiedene sumerische Städte besaßen Seehäfen und betrieben Handel auch auf dem Seeweg. Der Ethnologe Thor Heyerdahl bewies, dass die Sumerer zumindest theoretisch in der Lage waren, über den Seeweg Handelsbeziehungen bis nach Indien zu unterhalten. 1977 baute er ein Schilfboot nach sumerischem Vorbild (unten) und unternahm damit eine Schiffsreise über den Persischen Golf bis in den Indischen Ozean. Einige Forscher gehen von engen Beziehungen zwischen der Indus- bzw. Harappa-Kultur (S. 48) und den Sumerern aus, manche vermuten hier sogar die Urheimat der Sumerer.

Gilgamesch Um 2700 v. Chr. soll in Uruk König Gilgamesch (**3**) geherrscht haben. Von seinen legendären Taten erzählt das berühmteste Epos der Sumerer. So soll unter seiner Herrschaft die fast 10 Kilometer lange Stadtmauer erbaut worden sein. Das Gilgamesch-Epos weist Parallelen zur Geschichte von Noah im Alten Testament sowie zum Sagenkreis um den griechischen Herakles auf.

3

Mesopotamien – Assyrer und Babylonier

Um 1854–539 v.Chr.

Sargon II. und Sanherib

Abseits der alten sumerischen Stadtstaaten im Süden wurden die Städte Assur im Norden und Babylon im Zentrum des Zweistromlandes um 1850 v.Chr. zu Keimzellen von Großreichen, die über Mesopotamien weit hinausgriffen. In jeder Phase ihrer Geschichte befanden sich die Assyrer und die Babylonier im Krieg mit unterschiedlichen, v.a. aus dem Iran stammenden Völkern wie Elamitern, Kassiten und zuletzt, ab 539 v.Chr., den Persern (S.44), mit denen sie um die Vorherrschaft im Nahen Osten kämpften.

Assyrer tötet einen Feind.

Krieg als Staatsziel Die Assyrer waren als grausame Krieger bekannt. Ihr ganzer Staat war auf Eroberung und Ausbeutung der besetzten Gebiete ausgerichtet. Sargon II. und sein Sohn Sanherib, der seine Residenz nach Ninive (**1**) verlegte, leiteten ab 722 v.Chr. eine letzte Expansionsphase des Assyrischen Reiches ein, in der Babylon, Ägypten, die Elamiter im Iran und das Reich Israel (S.43) unterworfen wurden.

Doch die Assyrer überspannten ihre Kräfte. 614 v.Chr. nutzten die Babylonier innere Unruhen aus und eroberten mit ihren Verbündeten, den Medern, die alte Hauptstadt Assur und im Jahr 612 v.Chr. auch Ninive.

1

Codex Hammurapi
Der um 1700 v. Chr. auf einer Stele eingemeißelte „Codex Hammurapi" (**2**) ist eine der ältesten ausführlichen Rechtssammlungen. Er ist nach Hammurapi benannt, dem bedeutendsten König des

Altbabylonischen Reiches. Die Strafen für Vergehen waren äußerst grausam. Nach dem Motto „Auge um Auge, Zahn um Zahn" reichen sie von Auspeitschen und Verstümmeln bis hin zu Verbrennen und Ertränken.

⌃ Seite 26

Um 1854–1595 v. Chr.
Altbabylonisches Reich
Um 1800–1375 v. Chr.
Altassyrisches Reich
1728–1686 v. Chr.
Hammurapi von Babylon
Um 1530–1160 v. Chr. Vorherrschaft der iranischen Kassiten
1375–1047 v. Chr. Mittelassyrisches Reich
Um 1160–1100 v. Chr. Vorherrschaft der iranischen Elamiter
Um 1125–1104 v. Chr. König Nebukadnezar I. regiert Babylon und Umgebung
883–612 v. Chr.
Neuassyrisches Reich
810–782 v. Chr. Regentschaft von Sammu-Ramat
625–539 v. Chr.
Neubabylonisches Reich
614/12 v. Chr. Die Babylonier unterwerfen Assyrien
605–562 v. Chr. Nebukadnezar II. von Babylon
539 v. Chr. Babylon wird von den Persern erobert

⌄ Seiten 38, 44

Mesopotamien

Semiramis

Das Vorbild für die mythische Heldin Semiramis war wohl die assyrische Königin Sammu-Ramat. Nach dem Tod ihres Gatten übernahm sie 810 v. Chr. die Regentschaft für ihren minderjäh

rigen Sohn. Auch noch nach dessen Volljährigkeit tat sie sich als Heerführerin hervor. Sie schuf außerdem die „Hängenden Gärten von Babylon", eines der sieben Weltwunder.

Babylonisches Reich Nach der Vernichtung der assyrischen Hauptstädte 614/612 v. Chr. übernahmen die Babylonier die Vormachtstellung im Nahen Osten. Nebukadnezar II., über den auch die Bibel berichtet, bekämpfte Ägypten, plünderte Jerusalem und führte seine Einwohner in die „Babylonische Gefangenschaft". In Babylon ließ er einen Tempelturm errichten (**3**), der aufgrund seiner Pracht und seiner Höhe wie Babylon selbst zum Symbol für menschlichen Hochmut wurde.

⏩ „Babylonisches Exil" der Israeliten: Seite 43

Seite 33

Das Alte Ägypten – Altes Reich

Ca. 3000 – 2160/2040 v. Chr.

Das Alte Ägypten bestand ursprünglich aus zwei unabhängigen Königreichen, Oberägypten im Süden und Unterägypten (**2**, Nildelta) im Norden. Es war wahrscheinlich Pharao Narmer (**1**), der die beiden Reiche um 2900 v. Chr. vereinigte. Die Unterschiede zwischen den beiden Landesteilen traten allerdings immer wieder hervor, vor allem in Zeiten einer schwachen Zentralmacht. Schließlich zersplitterte das sog. Alte Reich um 2160 v. Chr. in eine Reihe kleiner, selbstständiger Fürstentümer.

Das Alte Ägypten – Geschichte und Kultur

Der schmale Streifen fruchtbaren Landes entlang des Nils ist auf beiden Seiten von Wüste umgeben. Die isolierte geographische Lage trug dazu bei, dass sich das Alte Ägypten über fast 3000 Jahre relativ unbeeinflusst von anderen Kulturen im Nahen Osten entwickelte, wobei sich einige Besonderheiten herausbildeten, wie das ägyptische Schriftsystem der *Hieroglyphen. Hervorhebenswert ist auch die hohe Stellung der Frau in der ägyptischen Gesellschaft.*
Die Geschichte des Alten Ägypten wird in die Epochen Frühzeit, Altes, Mittleres, Neues Reich und Spätzeit unterteilt, unterbrochen von drei Zwischenzeiten. Die Epochen werden durch die Regierungszeiten von insgesamt 31 Dynastien gegliedert.

Bauern und Beamte Die jährlichen Hochwasser des Nils hinterließen einen fruchtbaren Schlamm auf den Feldern entlang des Flusses und ermöglichten so eine sehr ertragreiche Landwirtschaft (**4**). In der Zeit der Nilflut waren die Bauern zu öffentlichen Arbeiten wie der Ausbesserung von Dämmen und Kanälen, aber auch dem Bau der königlichen Grabanlagen verpflichtet. Außerdem zahlten sie Steuern. Königliche Beamte (**3**) überwachten den korrekten Eingang der Steuern.

3

4

Die Pyramiden Vorläufer der Pyramiden waren einfache Grabhügel, aus denen im Laufe der Zeit jene gewaltigen Grabmonumente der ägyptischen Pharaonen wurden. Um 2500 v. Chr ließen die Pharaonen der 4. Dynastie die Pyramiden von Giseh erbauen (**5**), darunter die Cheopspyramide, das einzige erhaltene der sieben Weltwunder. In dieser Zeit erlebte das Alte Reich seinen Höhepunkt. Die Ägypter führten Kriegszüge gegen Nachbarstaaten, um Gold, Elfenbein und Sklaven zu erbeuten. Mit der 6. Dynastie zerfiel das Alte Reich. Es kam zu Machtkämpfen und Umsturzversuchen am Königshof, während die Provinzgouverneure nach Unabhängigkeit strebten.

5

3000–2640 v. Chr. Frühzeit (1. und 2. Dynastie: u. a. Narmer und Aha) **2640–2155 v. Chr.** Altes Reich (3.–6. Dynastie: u. a. Djoser, Snofru, Cheops, Chephren, Mykerinos, Phiops II.) **2134–2040 v. Chr.** 1. Zwischenzeit (7.–10. Dynastie)

2040–1785 v. Chr. Mittleres Reich (11.–12. Dynastie: u. a. Sesostris III., Amenemhet III.) **1785–1551 v. Chr.** 2. Zwischenzeit, Herrschaft fremdländischer Dynastien (Hyksoszeit, 13.–17. Dynastie) **1552–1070 v. Chr.** Neues Reich, Amarna- und Ramessidenzeit (18.–20. Dynastie: u. a. Thutmosis I., Hatschepsut, Thutmosis III., Amenophis III., Amenophis IV. (Echnaton) und Nofretete (**6**), Tut-ench-Amun, Haremhab, Ramses II., Ramses III.) **1070–712 v. Chr.** 3. Zwischenzeit

(21.–24. Dynastie: einschließlich Scheschonk I.) **712–332 v. Chr.** Spätzeit, Herrschaft der Kuschiten aus Nubien und der Assyrer (25.–31. Dynastie: u. a. Taharka, Psammetich I., Necho II., Psammetich III.) **332–323 v. Chr.** Herrschaft Alexanders des Großen (S. 64) **323–30 v. Chr.** Ptolemäerdynastie (S. 66) (u. a. Ptolemaios I. (**7**), Ptolemaios II. und Arsinoe II., Ptolemaios III., Kleopatra VII.) **Ab 30 v. Chr.** Römische Herrschaft

7

Das Alte Ägypten – Mittleres und Neues Reich

Um 2160/2040–1306 v. Chr.

Ein Pharao opfert dem Gott Amun-Re.

Nach Bürgerkrieg und Auflösung wurde Ägypten im Mittleren Reich wieder vereinigt. Neues Machtzentrum war Theben, dessen Lokalgott Amun in Verschmelzung mit dem Sonnengott Re zum Staatsgott wurde. In der 2. Zwischenzeit war das Land erneut in Ober- und Unterägypten geteilt. Letzteres regierten die Hyksos, ein Volk aus dem asiatischen Raum. Erneut geeint im Neuen Reich, eroberte Ägypten die Vorherrschaft im Nahen Osten und erlebte seine größte Machtentfaltung.

Der große Tempel des Staatsgottes Amun-Re in Theben, dem heutigen Karnak

Expansion Die ersten Pharaonen der 18. Dynastie dehnten die Grenzen Ägyptens im Norden bis nach Syrien und im Süden bis nach Nubien (Sudan) hinein aus. Um 1482 v. Chr. ließ Königin Hatschepsut die Küsten des Roten Meeres erforschen. Auf diese Weise gelangten u. a. Gold und exotische Tiere (**1**) nach Ägypten. Unter Hatschepsuts Nachfolger Thutmosis III. erreichte Ägypten seine größte Ausdehnung. Mit ihm begann jedoch auch der Niedergang der 18. Dynastie, der sich unter Amenophis IV. (Echnaton) und Tut-ench-Amun fortsetzte.

Echnaton und Nofretete

Amenophis IV. war ein Anhänger des Sonnenkults, symbolisiert durch die vielarmige Sonnenscheibe „Aton". Ihr zu Ehren änderte er seinen Namen in „Echnaton" und verbot sämtliche anderen Kulte. Der Atonkult ist die erste Religion in der Geschichte, in der nur ein Gott verehrt wurde. Echnatons Gemahlin Nofretete hatte zunächst großen

politischen Einfluss, trat jedoch später in den Hintergrund. Schon kurz nach dem Tod Echnatons wurden die alten Kulte wieder aufgenommen. Jede Erinnerung an den „Ketzerkönig" sollte ausgelöscht werden. Erst im 19.Jh. wurden wieder Spuren von ihm entdeckt.

▲ Seite 30

Um 2160–2040 v. Chr.
1. Zwischenzeit
2040–1785 v. Chr. Mittleres Reich. Theben wird neue Hauptstadt
1785–1552 2. Zwischenzeit
Um 1650 v. Chr. Einfall der Hyksos in Unterägypten
1551–1070 v. Chr. Neues Reich
1551–1306 v. Chr. 18. Dynastie
Um 1490–1468 v. Chr. Königin Hatschepsut
1490–1436 v. Chr. Pharao Thutmosis III. Ägypten erreicht seine größte Ausdehnung
1364– ca. 1320 v. Chr. Armanazeit
1364–1347 v. Chr. Pharao Echnaton (Amenophis IV.), beginnende Konflikte mit den Hethitern (S. 36), monotheistischer Atonkult
1347–1338 v. Chr. Pharao Tut-ench-Amun
1333–1306 v. Chr. Ende der 18. Dynastie, Generäle übernehmen die Macht

▼ Seite 34

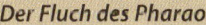

Der Fluch des Pharao

1922 wurde im Tal der Könige bei Theben das beinahe unversehrte Grab Tut-ench-Amuns entdeckt. Der Pharao, ein Schwiegersohn Echnatons, starb 1338 v. Chr. als junger Mann. Die meisten Pharaonengräber waren schon in der Antike von Grabräubern und Abenteurern geplündert worden, daher sorgte der Fund weltweit für eine Sensation. Kurz nach der Öffnung des Grabes starb eine Reihe der Beteiligten unter mysteriösen Umständen. Es verbreitete sich die Legende vom „Fluch des Pharao". Heute führt man einige der Todesfälle auf im Grab konservierte Pilze, Viren und Bakterien zurück.

Das Alte Ägypten – Neues Reich und Spätzeit

1306–332 v.Chr.

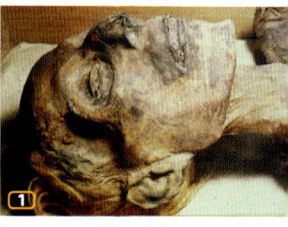

Die zweite Hälfte des Neuen Reichs wird auch als Ramessidenzeit bezeichnet, da die meisten Pharaonen der 19. und 20. Dynastie den Namen „Ramses" trugen. Unter Ramses II. (**1**) erlebte Ägypten noch einmal eine Blütezeit. Doch die Angriffe der Seevölker (S. 25) und innere Unruhen schwächten das Land. Um 1070 v.Chr. zerfiel Ägypten erneut. In der Spätzeit übernahmen Libyer und Kuschiten (S.104), die von Nubien aus vordrangen, die Herrschaft. Ab dem 7. Jh. v.Chr. geriet Ägypten unter den Einfluss der Assyrer und Perser.

Ramses II. Hauptfeind der Ägypter waren gegen Ende des Neuen Reichs die Hethiter, an die Ramses II. nach der Schlacht von Kadesch (**2**) (S. 36) 1285 v.Chr. Teile Syriens abtreten musste.

Trotz vieler Kriegszüge betrieben er und auch Ramses III. gewaltige Bauvorhaben wie den Felsentempel von Abu Simbel (**3**). Wirtschaftliche Probleme führten zu Arbeiteraufständen.

Gottesgemahlinnen In der Spätzeit war Ägypten in zwei Teile geteilt. In Oberägypten regierten die Amunpriester von Theben. Ihnen zur Seite standen die „Gottesgemahlinnen des Amun" (**4**), königliche Prinzessinnen, die mit ihren Weissagun-

4

Das Geheimnis der Hieroglyphen

Das Wissen um die Hieroglyphen ging verloren, nachdem sie nicht mehr verwendet wurden, bis 1799 der „Stein von Rosette" gefunden wurde. Eingemeißelt ist dreimal der gleiche Text in verschiedenen Schriften. Ausgehend vom Altgriechischen, das bekannt war, gelang nach über 20-jähriger Forschungsarbeit eine Entschlüsselung der Hieroglyphen.

gen die Priester anleiteten und ihre Herrschaft stützten.

Perser und Griechen In der Spätzeit gerieten die zahlreichen miteinander konkurrierenden Fürstentümer in Unterägypten unter den Einfluss fremder Mächte. 664 v. Chr. konnte Psammetich I., u. a. mit

hilfe griechischer Söldner, noch einmal eine Zentralmacht aufbauen. 525 v. Chr. wurde Ägypten vom Perserkönig Kambyses (S. 44) erobert. Psammetich III. musste sich unterwerfen (**5**) und wurde abgesetzt. Die persi-

sche Herrschaft dauerte ca. 200 Jahre, bis Alexander der Große (S. 64) das Perserreich, und damit auch Ägypten, eroberte. Seine Nachfolger, die Ptolemäer (S. 66), machten Ägypten erneut zur Großmacht.

5

Hethitischer Wettergott

Die Hethiter

Um 1570–650 v.Chr.

Im 2. Jt. v. Chr. ließen sich die zur indogermanischen Sprachfamilie gehörenden Hethiter in Kleinasien nieder. Um 1570 v.Chr. konnte Hattusili I. die verschiedenen Herrschaften unter sich vereinigen. Von da an dehnten die Hethiter ihren Macht- und Einflussbereich immer weiter aus. Um die Vorherrschaft in Syrien kam es zum Konflikt mit den Ägyptern, der nach der Schlacht von Kadesch (S. 34) 1270 v.Chr. in einem Friedensvertrag beigelegt wurde. Zu diesem Zeitpunkt zeigte das Hethiterreich bereits erste Auflösungserscheinungen. Es kam zu Machtkämpfen im Königshaus, Missernten und Hungersnöte führten zu Volksaufständen. Unter den Attacken der Seevölker (S. 25) brach das Großreich um 1200 v.Chr. quasi über Nacht zusammen, die Hauptstadt Hattusa wurde völlig verwüstet. Kleinere hethitische Fürstentümer bestanden in Südostanatolien und Nordsyrien weiter, sie wurden aber im 7. Jh. von den Assyrern erobert.

Könige und Krieger Nach der Reichsgründung unter Hattusili I. um 1570 v.Chr. eroberten die Hethiter (**1**) in kurzer Zeit ganz Kleinasien. 1531 v.Chr. belagerten sie Babylon. Um 1340 v.Chr. besiegten sie das mit Ägypten verbündete Mitannireich (S. 38). 1285 standen sich in Kadesch Muwatalli und der ägyptische Pharao Ramses II. gegenüber, der 1270 mit Muwatallis Bruder Hattusili III. Frieden schloss. Mit dessen Enkel Suppililuima II. endet die Reihe der Könige abrupt um 1200 v.Chr.

1

[2]

Königinnen Die hethitischen Königinnen hatten großen Einfluss in der Politik und unterhielten sogar eigene diplomatische Beziehungen zu ausländischen Mächten. Gemeinsam mit dem König versahen sie die höchsten religiösen Kulte. Auch im Volk waren die Frauen (**2**) nahezu gleichberechtigt.

Friedensvertrag Nach der Schlacht von Kadesch (S. 34) einigten sich Hethiter und Ägypter im ersten überlieferten Friedensvertrag der Geschichte (**3**) auf eine Aufteilung Syriens. In der Folge unterstützte Ägypten die Hethiter nach katastrophalen Missernten mit Getreidelieferungen.

Angriffe der Seevölker Ab 1200 v. Chr. griffen die Seevölker (S. 25), zu denen auch die frühen Griechen gehörten, hethitische Hafenstädte an der Westküste Kleinasiens an. Sie schnitten das Großreich von den lebensnotwendigen Getreideimporten ab und be-

[3]

schleunigten so den Niedergang der Hethiter. Auch Troja (**4**), eine hethitische Vasallenstadt, wurde in dieser Zeit zerstört. Mehrere antike Epen über den Trojanischen Krieg (S. 57) berichten von den Auseinandersetzungen.

 Seite 34

2000 v. Chr. Einwanderung der Hethiter nach Kleinasien

Um 1570 v. Chr. Reichsgründung unter Hattusili I.

Um 1531 v. Chr. Mursili I. belagert Babylon

Um 1530 v. Chr. Ermordung Mursilis I., Thronwirren und Adelsrevolten führen zum Verlust Syriens an das Mitannireich, Epoche des Niedergangs

Um 1340 v. Chr. Sieg Suppiluliumas I. über das Mitannireich begründet das hethitische Großreich

1285 v. Chr. Schlacht von Kadesch gegen die Ägypter, Syrien wird aufgeteilt

1270 v. Chr. Friedensvertrag zwischen Hattusili III. und Ramses II.

Ab 1200 v. Chr. Vordringen der Seevölker in das östliche Mittelmeergebiet, Zusammenbruch des Hethiterreiches unter Suppululiuma II.

Um 1150 v. Chr. Zerstörung von Troja (S. 57)

Um 650 v. Chr. Assyrer erobern letzte hethitische Fürstentümer

Seite 38

Kleinasien

[4]

Der Trojanische Krieg: Seite 57

Reiche am Rande des „Fruchtbaren Halbmondes"

Um 1500–546 v. Chr.

Nördlich des „Fruchtbaren Halbmondes" (S. 22) zwischen Kleinasien und Nordmesopotamien schufen um 1500 v. Chr. die indogermanischen Hurriter das Mitannireich, das 1340 v. Chr. von den Hethitern (S. 36) erobert wurde. Nach dem Untergang des Hethiterreichs um 1200 v. Chr. begründeten Nachfahren der Hurriter das Reich Urartu in Ostanatolien. Es be-

Phrygischer Bronzehelm

stand bis ins 7. Jh. v. Chr., als es dem Ansturm kimmerischer und skythischer Reiternomaden (S. 46) erlag. In das Machtvakuum, das die Hethiter hinterlassen hatten, drangen im Westen Anatoliens (**1**) die Phryger vor. Auch ihr Reich wurde von Reitervölkern zerstört. An seine Stelle trat im 8. Jh. das Reich der Lyder. Krösus, der letzte lydische König, wurde 547 v. Chr. von den Persern besiegt (S. 44). Damit kam Kleinasien unter persische Vorherrschaft.

1

Urartu Wirtschaftsgrundlage Urartus waren neben Landwirtschaft und Handel v. a. die Gewinnung und Verarbeitung von Metallen (**2**). In der Spätzeit Urartus kam es zu heftigen Auseinandersetzungen mit dem aufstrebenden Neuassyrischen Reich (S. 28) um Handelsrouten und Erzvorkommen in Nordmesopotamien. Die Assyrer verbündeten sich mit eurasischen Reitervölkern wie den Kimmerern, die Urartu von Norden her angriffen. Um 640 v. Chr. vernichteten die Skythen Urartu endgültig. Gleichzeitig wanderten die Armenier in das Gebiet ein und gaben der Region ihren Namen (S. 86).

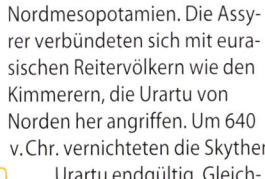

Midas Der Goldreichtum der phrygischen und lydischen Könige war sprichwörtlich. Der Legende nach wurde alles, was König Midas von Phrygien berührte, zu Gold. Tatsächlich führten Phryger und Lyder den Gebrauch geprägter Geldmünzen (**3**) in Europa ein. Eine andere Sage erzählt von einem Götterwettstreit, in dem Midas als Schiedsrichter auftrat. Der unterlegene Gott Apollon ließ Midas Eselsohren wachsen, die dieser unter einer sog. phrygischen Mütze verbarg (**4**).

Krösus Das Orakel von Delphi hatte König Krösus von Lydien geweissagt, dass ein großes Reich untergehen werde, sollte er den Halys überschreiten. In einem Vertrag mit den Persern war der Fluss als Ostgrenze des lydischen Reichs festgelegt worden. Als er ihn daraufhin 547 v. Chr. mit seinem Heer überquerte und bald den Persern unterlag, war es sein eigenes Reich, das unterging. Der Legende nach begnadigte Perserkönig Kyros II. Krösus noch auf dem Scheiterhaufen (**5**).

Syrien und Palästina

⌃ Seite 38

Um 3000 v. Chr. Aufstieg von Byblos zur wichtigsten Handelsmetropole im östlichen Mittelmeer

1300 v. Chr. Ugarit löst Byblos als führender Stadtstaat ab

1200 v. Chr. Einfall der Seevölker, Zerstörung Ugarits

Um 1100 v. Chr. Philister lassen sich an der Küste Palästinas nieder, Israeliten (S. 42) und andere Aramäer im Hinterland

9. Jh. v. Chr. Aufstieg der Phönizier zur Handels- und Seemacht im Mittelmeer. Tyros unterwirft Sidon und wird der bedeutendste Stadtstaat Phöniziens

814 v. Chr. Phönizier gründen im heutigen Tunesien die Handelskolonie Karthago

Um 600 v. Chr. Phönizier umsegeln Afrika

5. Jh. v. Chr. Phönizier stellen einen Großteil der persischen Kriegsflotte im Kampf gegen die Griechen (S. 60)

332 v. Chr. Alexander der Große erobert Tyros

⌄ Seite 64

Syrien und Palästina

um 3000–332 v. Chr.

In Syrien und Palästina lebten die semitischen Amoriter (**1**) und Kanaaniter in einer Vielzahl unabhängiger Stadtstaaten. Benachbarte Großmächte wie die Ägypter und Hethiter stritten um die Vorherrschaft über die wirtschaftlich und strategisch bedeutende Region. Der Einfall der Seevölker um 1200 v. Chr. (S. 25) zerstörte die wichtigsten Handelszentren an der Mittelmeerküste. An ihre Stelle traten ab dem 9. Jh. v. Chr. die Phönizier im heutigen Libanon (**2**). Sie wurden bald zur führenden Seemacht im Mittelmeer und gründeten zahlreiche Kolonien. Unter den Persern konnten die Phönizier ihre Selbstständigkeit wahren. Alexander der Große nahm 332 v. Chr. Tyros ein, ① die wichtigste Handelsmetropole Phöniziens.

②

3

4

Byblos und Ugarit Byblos (**3**) in der Nähe des heutigen Beirut und ab etwa 1300 v. Chr. das weiter nördlich gelegene Ugarit waren die wichtigsten Handelsmetropolen im östlichen Mittelmeer. Von Byblos aus wurde Zedernholz aus dem waldreichen Libanon nach Ägypten exportiert. Auch in ägyptischem Stil gehaltene Luxusgüter (**4**) wurden ausgeführt. Ugarit war Umschlagplatz für Getreideexporte aus Ägypten in das Hethiterreich. Die Stadtkönige von Ugarit verbündeten sich abwechselnd mit Ägyptern und Hethitern und konnten so ihre Unabhängigkeit bewahren. Im „Seevölkersturm" um 1200 v. Chr. wurden beide Städte völlig zerstört.

Die Phönizier Die Phönizier waren geschickte Händler (**6**) und wagemutige Seefahrer. Ihr Handelsnetz reichte weit über das Mittelmeer hinaus bis nach Nordeuropa und zu den Kanarischen Inseln im Atlantik, möglicherweise auch bis nach Südafrika. Ihr Wissen über Seerouten hüteten die Phönizier wie Staatsgeheimnisse. Zur Abschreckung von Konkurrenten verbreiteten sie Schauergeschichten von Meeresungeheuern (**5**, Münze).

5

6

⏩ **Karthago unter Hannibal:** Seite 71

Palästina

Seite 43

Der Legende nach führte Abraham die Israeliten aus Mesopotamien.

Die Israeliten

Um 1200–539 v. Chr.

Um 1200 v. Chr. ließen sich die Israeliten in Palästina nieder. Sie unterschieden sich von Nachbarvölkern v. a. durch die Verehrung eines einzigen Gottes – Jahwe. Um 1020 v. Chr. schlossen sich die verschiedenen Stämme unter König Saul zusammen. Nach dessen Selbstmord folgte ihm der erfolgreiche Heerführer David auf dem Thron und baute eine starke Zentralmacht auf. Schon unter der Regierung seines Sohnes Salomo wurden erste Anzeichen des Niedergangs deutlich. 926 v. Chr. zerfiel das Reich in zwei Staaten. 722 v. Chr. annektierten die Assyrer das nördliche Israel, Juda wurde 587 v. Chr. von Babylon unterworfen.

David David (**2**) erlangte im Kampf gegen die Philister (**1**) großen Ruhm. Um 1004 v. Chr. wurde er zum König gewählt. Anders als sein Vorgänger Saul beschnitt er die Autonomie der Stämme. Er baute einen Einheitsstaat auf und machte Jerusalem zum politischen und religiösen Zentrum. Anschließend unterwarf er benachbarte Völker.

Salomo
971 v.Chr.
folgte Salomo
(**3**) seinem
Vater David
als König nach.
In Jerusalem er-
baute er einen
Tempel als Zentrum
des Jahwekults. Doch er

zeigte sich auch anderen Religionen gegenüber tolerant. Dies führte zu Unmut in der Bevölkerung und unter seinen religiösen Führern, den Propheten.

3

Seite 42

971–926 v.Chr. Herrschaft Salomos. Enge diplomatische und kulturelle Beziehungen zu den Nachbarländern, v.a. zu den Phöniziern (S. 41)

926 v.Chr. Salomos Sohn Rehabeam wird König von Juda. Der Norden macht sich als Reich Israel unabhängig, Hauptstadt wird Samaria

873–853 v.Chr. König Ahab von Israel ist verheiratet mit der Phönizierin Isebel. Er gestattet die Verehrung des phönizischen Gottes Baal

845 v.Chr. In Israel ruft der Prophet Elias zum Aufstand gegen die Königinwitwe Isebel und die Baalanhänger auf

722 v.Chr. Assyrer erobern das Reich Israel

587 v.Chr. König Nebukadnezar II. von Babylon zerstört Jerusalem. Teile der Bevölkerung werden nach Babylon deportiert

539 v.Chr. Perser (S. 44) erobern Babylon. Die Israeliten können nach Palästina zurückkehren

Seite 68

Syrien und Palästina

4

Zwei Reiche Nach Salomos Tod 926 v.Chr. zerbrach das Reich in zwei Staaten. Seine Nachkommen konnten sich nur in Juda mit der Hauptstadt Jerusalem behaupten. Im Norden, im Königreich Israel, lösten sich verschiedene Dynastien ab.

Beide Länder mussten sich im 9.Jh.v.Chr. den Assyrern (S. 28) unterordnen (**4**). Auch der Druck durch die Babylonier nahm zu. Propheten wie Elias, Jesaja und Jeremia kritisierten zudem den Einfluss fremder Mächte und Religionen.

Babylonisches Exil 722 v.Chr. besetzten die Assyrer Israel, das sich zuvor um ein Bündnis mit Ägypten bemüht hatte. Im 6.Jh v.Chr. stieg jedoch Babylon zur neuen Vormacht im Nahen Osten auf. Um den Widerstand der Juden zu brechen, zerstörte Nebukadnezar II. (S. 29) im Jahr 587 v.Chr. Jerusalem und ließ einen Teil der Bevölkerung deportieren (**5**). So begann das „Babylonische Exil" der Israeliten, das bis 539 v.Chr. dauerte.

5

Naher Osten

∧ Seite 29

Nach 1400 v. Chr. Die indo-arischen Meder und Perser besiedeln Iran (S. 24)

8. Jh. v. Chr. Meder begründen ein Reich, Perser als Vasallen

550 v. Chr. Der Perser Kyros II. unterwirft die Meder

546 v. Chr. Kyros II. besiegt König Krösus von Lydien

539 v. Chr. Kyros II. erobert Babylon. Die Israeliten können nach Palästina zurückkehren

525 v. Chr. Kambyses II. unterwirft Ägypten

521–486 v. Chr. Herrschaft von König Dareios I.

500–494 v. Chr. „Ionischer Aufstand" der Griechenstädte im Westen Kleinasiens

480 v. Chr. Griechen besiegen die Perser in der Seeschlacht von Salamis. Erhebungen in Ägypten

465 v. Chr. Xerxes I. bei einer Palastrevolte ermordet

448 v. Chr. Der „Kalliasfrieden" besiegelt die Unabhängigkeit der Griechen von den Persern in Kleinasien

431–404 v. Chr. „Peloponnesischer Krieg" entzweit die Griechen (S. 61). In der Folge gewinnen die Perser durch wechselnde Bündnisse mehr Einfluss in Griechenland

404–343 v. Chr. Ägypten ist vorübergehend wieder unabhängig

334–324 v. Chr. Alexander der Große von Makedonien unterwirft das gesamte Perserreich

333 v. Chr. Schlacht von Issos

331 v. Chr. Schlacht von Gaugamela

330 v. Chr. Tod Dareios' III.

∨ Seiten 64, 89

Meder und Perser

um 800–330 v. Chr.

Die Meder gründeten im 8. Jh. v. Chr. im Nordwesten Irans ein Reich, das dann von den Assyrern dominiert wurde. Zusammen mit den Babyloniern zerstörten die Meder das neuassyrische Reich. Eines der Vasallenvölker der Meder waren die Perser, die sich unter König Kyros II. unabhängig machten. Im Jahr 550 v. Chr. unterwarfen die Perser die Meder. Kyros II. eroberte Lydien (S. 38) und Babylon (S. 29) und begründete so das persische Weltreich. Unter Dareios I. kam es ab 500 v. Chr. zu Konflikten mit den Griechen in Kleinasien. Sein

Priester aus dem medischen Stamm der Magoi (Magier)

Großreich teilte der König in Provinzen auf. Gut ausgebaute Straßen erlaubten die Kontrolle entlegener Regionen. Xerxes I. und Artaxerxes I. setzten den Kampf mit den Griechen fort. Konflikte im Inneren führten zum Sieg Alexanders des Großen über die Perser.

Eroberungspolitik Perser und Meder (**1**) bildeten die beiden Staatsvölker des Perserreichs. Allgemein zeigten sich die Perser tolerant gegenüber anderen Völkern. Diese mussten nur die Oberhoheit der Perserkönige akzeptieren, die in ausgedehnten Palaststädten wie Persepolis (**3**) residierten.

Perserkriege Ab 500 v. Chr. kam es zu mehreren Kriegen zwischen Persern und Griechen um die Vorherrschaft im östlichen Mittelmeer (S. 60). Erst die makedonischen Könige Philipp II. und Alexander der Große vereinten die Griechen unter ihrer Führung. In den Schlachten von Issos und Gaugamela unterlag der letzte persische König Dareios III. (**2**) und wurde 330 ermordet. Damit fiel das Großreich der Perser in die Hände Alexanders des Großen.

2

Persepolis Dareios I. begann um 520 v. Chr. mit dem Bau der Palaststadt Persepolis. Hier empfingen die persischen Könige die Abgesandten aus den Provinzen. In dem Großreich hatten die Provinzgouverneure (Satrapen) Entscheidungsbefugnis, wurden aber streng kontrolliert. Später schwächten Intrigen und Konflikte im Königshaus die Zentralgewalt.

Gleichzeitig gab es viele Aufstände, v. a. unter den Griechen und in Ägypten. So konnte Alexander bis 324 v. Chr. das Großreich erobern. Persepolis ließ er plündern und zerstören.

3

» **Perserkriege:** Seiten 60–61

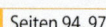

Eurasien

Die Skythen

um 700 v. Chr. – 200 n. Chr.

Die Kultur der reiternomadischen Skythen breitete sich von der östlichen eurasischen Steppe Richtung Schwarzes Meer aus. Raub- und Kriegszüge führten sie bis nach Mitteleuropa. Im 8. und 7. Jh. v. Chr. waren sie an der Zerstörung der Reiche von Phrygien und Urartu in Anatolien beteiligt. Später kam es regelmäßig zu Konflikten mit den Persern. Gleichzeitig wurden Angehörige der skythischen Kultur aber auch von Persern und Griechen als Söldner angeworben. Den Skythen verwandte Stämme wie die Saken siedelten im 1. Jh. v. Chr. im Gebiet des heutigen Kasachstan. Die Skythen selbst gingen bis zum Beginn des 2. Jh. v. Chr. im Volk der Sarmaten auf. Diese schlossen sich im 4. und 5. Jh., in der Zeit der Großen Völkerwanderung, den Goten und Hunnen an.

Skythische Goldarbeit aus dem 7./6. Jh. v. Chr.

Skythen, Saken, Sarmaten
Die Einteilung der eurasischen Reiternomaden in verschiedene Völker und Stämme geht auf griechische und römische Autoren zurück. Eine tatsächliche Abgrenzung ist kaum möglich, da eigene schriftliche Quellen fehlen. Die Römer mussten sich v. a. mit den Sarmaten (**1**) auseinandersetzen, die ab dem 3. Jh. v. Chr. von Osten her die Skythen verdrängt hatten.

1

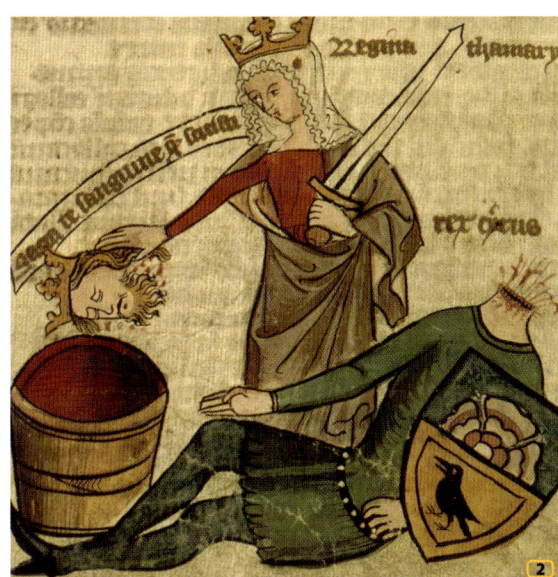

Amazonen Mehrfach versuchten die Perser (S. 44), die Skythen zu unterwerfen. 530 v. Chr. fiel Kyros II., der Begründer des persischen Weltreichs, im Kampf gegen die Skythenkönigin

Tomyris (**2**). Es war selbstverständlich für die Skythen, dass auch Frauen als Kriegerinnen und Heerführerinnen an den Kämpfen teilnahmen. Diese waren somit wohl das Vorbild für das legendäre Kriegerinnenvolk der Amazonen (**3**). Wie die Skythen sollen sie am Schwarzen Meer gelebt haben. Der

Geschichtsschreiber Herodot berichtet im 5. Jh. v. Chr. von matriachalisch geführten Stämmen in Kleinasien.

Skythengold Die Skythen bildeten keinen einheitlichen Staat. Nur in Kriegszeiten oder zu Raubzügen schlossen sie sich unter einem gemeinsamen Anführer in Stammeskonföderationen zusammen. Ihre Kampftechnik der kurzen, schnellen Angriffe war allgemein gefürchtet. Die Fürsten der zahlreichen skythischen Stämme ließen sich in

Hügelgräbern, den Kurganen, mit kostbaren Grabbeigaben (**4**, **5**) bestatten. Diese Funde geben wertvolle Hinweise auf den Alltag der Skythen, da es von ihnen keine schriftlichen Quellen gibt. Sie zeugen auch vom Handel und kulturellen Austausch, der in Friedenszeiten zwischen den Skythen und ihren Nachbarvölkern herrschte, v. a. den griechischen Kolonien am Schwarzen Meer.

Indien

um 3000–300 v. Chr.

Parallel zu den frühen Hochkulturen in Ägypten und Mesopotamien entwickelte sich um 3000 v. Chr. im fruchtbaren Tal des Indus im heutigen Pakistan die Harappa- bzw. Induskultur. Sie scheint schon vor der Einwanderung der Arier um 1500 v. Chr. untergegangen zu sein. Mit den Ariern begann die sogenannte Vedische Zeit. In ihrer Endphase im 6. Jh. v. Chr. wurde die Landschaft Magadha am Ganges im heutigen Bihar zum neuen politischen und kulturellen Mittelpunkt. Hier wirkte auch der Religionsstifter Buddha. Die Draviden im südlichen Teil des indischen Subkontinents, die nicht zu den Indoariern gehören, entwickelten erst in späterer Zeit eine höhere Kultur.

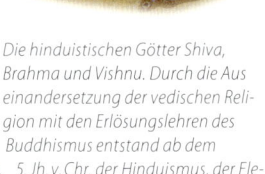

Die hinduistischen Götter Shiva, Brahma und Vishnu. Durch die Auseinandersetzung der vedischen Religion mit den Erlösungslehren des Buddhismus entstand ab dem 5. Jh. v. Chr. der Hinduismus, der Elemente beider Religionen vereint.

Harappa-Kultur Die früheste Hochkultur des Indischen Subkontinents ist die Indus- bzw. Harappa-Kultur. Schon im 3. Jt. v. Chr. entstanden hier nach Plan angelegte Großstädte wie Mohenjo-Daro (**2**), die über Kanalisation, Bäder und große Getreidespeicher verfügten. Tempel- oder palastartige Gebäude dagegen gab es nicht. Da die Schrift bis heute nicht entziffert werden konnte, ist über die Geschichte und Gesellschaftsstruktur dieser Menschen (**1**) wenig bekannt. Um 1700 v. Chr. trat der Niedergang ein. Auslöser für diese Entwicklung könnten Überschwemmungen und Hungersnöte gewesen sein.

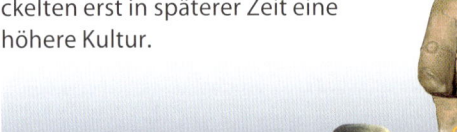

Die Arier Die ethnische und kulturelle Vielfalt, die sich auf dem Indischen Subkontinent bis heute erhalten hat, erklärt sich auch durch verschiedene Einwanderungswellen. So wanderten um 1500 v. Chr. die Arier („Edle") nach Indien ein. Sie gehörten sprachlich und kulturell zu den Indoariern (S. 24). Durch ihre Kampftechniken, insbesondere durch ihre Streitwagen (**3**), konnten sich diese kriegerischen Viehzüchter die einheimischen Ackerbauern bald zu Untertanen machen. In dieser Position gelang es den Ariern, ihre politische und religiöse Ordnung durchzusetzen.

Erst später kam es zu Verbindungen zwischen den Indoariern und der Urbevölkerung und zur gegenseitigen kulturellen Beeinflussung.

3

auch Rückschlüsse auf historische Ereignisse und soziale Verhältnisse zu: Die Gesellschaft war vom Kastenwesen geprägt. An der Spitze stand eine halbnomadisch lebende Aristokratie, deren Mitglieder sich fortwährend befehdeten. Dieser Schicht standen die Brahmanen zur Seite, die als Berater und Opferpriester großen Einfluss hatten. Die sesshaften Bauern bildeten den untersten Stand.

4

Die Veden Die älteste Schriftensammlung Indiens, die Veden („Wissen"), aus denen noch heute gelehrt wird (**4**), bewahren das religiöse, philosophische und rituelle Wissen der Vedischen Zeit von etwa 1500 bis 500 v. Chr. Sie lassen

ZEITLEISTE

3. Jt. v. Chr. Harappa- bzw. Indus-Kultur im heutigen Pakistan, Entwicklung der sogenannten Indusschrift

Um 1700 v. Chr. Niedergang der Harappa- bzw. Indus-Kultur

Um 1500 v. Chr. Einwanderung der Arier aus Zentralasien und Iran nach Indien

Um 1550–500 v. Chr. Sog. Vedische Zeit

6. Jh. v. Chr. Herausbildung einer städtischen Kultur im Umfeld der Landschaft Magadha am Ganges

Ende 6. Jh. v. Chr. Der Westen des heutigen Pakistan gerät unter die Herrschaft der Perser (S. 44)

Um 560 v. Chr. Geburt Siddharta Gautamas, genannt Buddha

Um 525 v. Chr. König Bimbisara von Magadha bekennt sich zum Buddhismus

327–325 v. Chr. Indienzug Alexanders des Großen (S. 64), Einführung der Schrift und Entwicklung der Brahmischrift

321 v. Chr. Gründung des Mauryareiches in Magadha (S. 98)

Seite 98

Indischer Subkontinent

Buddha

An der Wende zum 5. Jh. v. Chr. fand der nordindische Prinz Siddharta Gautama, genannt Buddha („der Erwachte"), durch innere Meditation den Weg zur Erleuchtung. Danach sah er die Veden, die Opferrituale der Brahmanen und das Kastenwesen als bedeutungslos an. Bis zum 12. Jh n. Chr. wurde der Buddhismus vom Hinduismus aus Indien verdrängt, fand aber weite Verbreitung außerhalb Indiens.

Südostasiatische Religionen: Seiten 50–51

China

China

um 3000–221 v. Chr.

Der erste historisch fassbare Staat der chinesischen Geschichte wurde im 16. Jh. v. Chr. unter der Shang-Dynastie gegründet. Was sich dort entwickelte, war jedoch kein Zentralstaat, sondern ein Verband von tributpflichtigen Fürstentümern, regiert von einem Priesterkönig. Um 1050 v. Chr. lösten die Zhou die Shang als Könige ab. Sie behielten das Vasallensystem bei. Im Jahr 841 v. Chr. erhoben sich die Fürsten gegen die Zhou, ab 771 v. Chr. verloren diese endgültig die Macht. Nach anhaltenden Kämpfen unter den Nachfolgestaaten der Zhou in der „Zeit der Streitenden Reiche" ab 481 v. Chr. bildeten sich schließlich sieben Großreiche heraus. In dieser Zeit erlebte China eine kulturelle Blüte, in die auch das Wirken des Philosophen Konfuzius fällt. Auch der Handel entwickelten sich. Viele heutige chinesische Städte entstanden in jener Zeit.

Drachenförmiger Griff einer Kriegstrommel aus der Östlichen Zhou-Zeit, in der Massenheere von Bauern die von Adeligen gelenkten Kriegswagen ablösten.

Die südostasiatischen Religionen

Wie überall auf der Welt steht auch im südostasiatischen Raum die Entwicklung und Verbreitung der verschiedenen Religionen im Zusammenhang mit historischen Begebenheiten. So unterstützte die vedische Religion Indiens, in der das Kastenwesen eine zentrale Rolle spielt, die Herrschaft der Arier über die indische Urbevölkerung. Der Konfuzianismus passte zur Entwicklung Chinas zum Einheitsstaat. Der Shinto bekräftigte den Anspruch der japanischen Herrscher, von der Sonnengöttin abzustammen. Verschiedene indische Herrscher förderten den Buddhismus. Als die buddhistischen Klöster allzu mächtig wurden, wandten sie sich jedoch dem Hinduismus zu.

Die Streitenden Reiche

771 v.Chr. wurden die Zhou aus ihren Stammgebieten nach Osten vertrieben. In der Östlichen Zhou-Zeit (**1**, Griff eines Dolches) hatten die Zhou-Könige nur noch zeremonielle Funktion. Einige der ehemaligen Vasallenfürsten unterwarfen ihre Nachbarn und nahmen selbst Königstitel an. Die sieben größeren Flächenstaaten, die sich so herausgebildet hatten, führten ab 481 v.Chr., in der Zeit der Streitenden Reiche, Krieg gegeneinander. Gleichzeitig gelangen auf den Gebieten der Landwirtschaft, der Infrastruktur und der Verwaltung große Errungenschaften. Im westchinesischen Reich Qin schritt die Zentralisierung am weitesten voran: Neu eroberte Gebiete wurden hier nicht mehr an Vasallen vergeben, sondern durch den Hof verwaltet. Nach diesem Muster vereinte König Zheng von Qin bis 221 v.Chr. ganz China (S. 100).

Konfuzius

Die Lehren des chinesischen Philosophen Konfuzius sind vor dem Hintergrund der Umbrüche in der politischen und sozialen Struktur Chinas um 500 v.Chr. zu sehen. An die Stelle alter Lehnsherrschaften traten nun Einheitsstaaten, die von Verwaltungsfachleuten geführt wurden. Dementsprechend postulierte Konfuzius das Ideal des „edlen" und „menschlichen" Staatsdieners, der seine Pflicht erfüllt, und betonte den Wert der Bildung und des lebenslangen Lernens. Die rituelle Ahnenverehrung hob die Bedeutung der Familie und der Hierarchie hervor. Konfuzius' Lehren setzten sich erst lange nach seinem Tod durch, prägten China dann aber nachhaltig bis in die Gegenwart. Ab dem 2. Jh. v.Chr. manifestierte sich ein quasireligiöser Staatskult um Konfuzius.

Ab 1500 v.Chr. *Vedische Religion mischt sich mit Kulten der Urbevölkerung*
Um 1000 v.Chr. *Einführung des Kastenwesens*
Um 500 v.Chr. *Buddha verbreitet seine Lehre in Indien, Wirken des Konfuzius*
Ab 5. Jh. v.Chr. *In Indien entwickelt sich der Hinduismus (**3**) aus der Auseinandersetzung der vedischen Religion mit dem Buddhismus*
4./3. Jh. v.Chr. *In China entsteht die Lehre vom Weltgesetz „Dao" mit den Kräften Yin und Yang (**4**)*
Ab 3. Jh. v.Chr. *Indische Missionare verbreiten den Buddhismus in Asien*
2. Jh. v.Chr. *Konfuzianismus wird Staatsphilosophie in China*
Ab 552 *Buddhistische Missionare in Japan. Der Shintokult (**2**) behält seine Bedeutung*
Ab 7. Jh. *Entstehung des tibetischen Buddhismus (Lamaismus) (**5**)*
Bis 12. Jh. *Hinduismus verdrängt den Buddhismus fast gänzlich aus Indien*

Antike

Um 2500 v. Chr. – 7. Jh. n. Chr.

Die Epen Homers, der Aufstieg der griechischen Stadtstaaten, das Weltreich Alexanders des Großen und die Leistungen der Griechen in Philosophie, Kunst und Naturwissenschaften prägten die Kultur der Antike in Europa. Die hellenistische Welt war die Schnittstelle zwischen Orient und Okzident. Das Römische Reich stieg zur politisch, militärisch und zivilisatorisch vorherrschenden Macht in ganz Europa und bis hin nach Nordafrika auf. Ab dem 4. Jh. vollzog sich die Christianisierung Europas, die durch die Übernahme römischer Verwaltungsstrukturen erleichtert wurde. Die Germanenreiche und Byzanz verbanden Antike und Christentum auf je eigene Weise. Auf dem asiatischen Kontinent konnten sich außerdem mit den Großreichen Indien und China hochentwickelte Zivilisationen dauerhaft etablieren.

Mosaikdarstellung Alexanders des Großen, dessen Herrschaftsgebiet sich von Griechenland bis nach Indien erstreckte

Die Kultur der Griechen und Römer

Die griechische Kultur war stark von der Vorstellung willkürlich agierender Götter bestimmt. Im Lauf der Zeit jedoch trat an die Stelle von Schicksalsergebenheit ein Streben nach Erkenntnis. Schon die Naturphilosophen des 6. und 7.Jh.v.Chr. und ihre Nachfolger bis zu den großen Denkern Sokrates, Platon und Aristoteles waren überzeugt von einem vernunftgeleiteten Weltplan, den es zu erkennen gelte. Damit trugen sie entscheidend zur Entstehung der Wissenschaften bei. Durch Philosophie, Physik, Mechanik, Medizin und Biologie entwickelte sich das Bewusstsein vom Menschen als Beobachter und Gestalter seiner Welt. Daraus wiederum ging ein verändertes politisches Denken hervor. Es wurden Ethiken und Staatstheorien als Richtschnur für das menschliche Handeln verfasst. Homers Epen und die griechischen Tragödien handelten von sozialen Konflikten und der Existenz des Einzelnen. Die Betonung des Individualismus wurde zu einem Kennzeichen abendländischen Denkens, auf das Renaissance und Aufklärung, als die Philosophie der Griechen intensiv diskutiert wurde, erneut höchsten Wert legten. Politisch führte der Individualismus allerdings zu einem Zustand permanenter Friedlosigkeit und Rivalität zwischen den einzelnen Gemeinwesen. Eine politische Einigung gelang erst durch die Makedonen unter Philipp II. und Alexander dem Großen, der das Griechentum nach Asien und in den Orient trug. Die nachfolgenden hellenistischen Kulturen und Reiche verschrieben sich dem Ideal des „Kosmopoliten", des Weltbürgers, der die Denk- und Lebensweisen von Orient und Okzident miteinander verbindet. Aus italischen Anfängen und zunächst streng republikanischer Machtbegrenzung im Inneren stieg das

①

Römische Reich in zahlreichen Kriegen und Eroberungszügen zu einem gigantischen Weltreich auf. Die Leistungen der Römer waren weniger intellektueller als vielmehr praktischer Natur und manifestierten sich besonders in den Bereichen Politik und Recht sowie Architektur und Technik. Rom mit seinen kolossalen Bauten wurde die erste Hauptstadt Europas (**2**) und Verwaltungszentrum eines Reiches, das sich von den Britischen Inseln bis nach Kleinasien, vom Vorderen Orient bis an die nordafrikanische Küste erstreckte. Die Ethik römischer Denker und Philosophen wie Cicero (**1**) oder Seneca war stets auf das Staatswohl ausgerichtet. Im Laufe seiner langen Geschichte erlebte das Römische Reich viele tiefgreifende Veränderungen. Nach verheerenden Bürgerkriegen und Diktaturen etwa nahm das Kaisertum eindeutig hellenistische Züge an. Mit der Herrschaft der Severer ab Ende des 2. Jh. n. Chr. drangen orientalische Kulte auch in die europäischen Teile des Reiches. Zu diesen gehörte das junge Christentum, das nach anfänglicher Verfolgung einen beispiellosen Aufstieg erlebte und sich schließlich mit den universalistischen Strukturen des Römischen Reiches verband. Der Ansturm der Germanenvölker und die beginnende Völkerwanderung führten schließlich zum Niedergang des Reiches.

2

Griechenland

Kreta und Mykene – Die Anfänge der griechischen Kultur

2500–750 v. Chr.

Die „Maske des Agamemnon"

Die antike griechische Zivilisation gilt als die erste Hochkultur des Abendlandes. In ihren Anfängen prägten sie zwei gegensätzliche Kulturen: Auf der einen Seite das minoische Kreta mit seinen Palaststädten, deren größte Knossos war. Die friedfertigen Minoer betrieben im ganzen Mittelmeerraum regen Handel, ihre religiösen Kulte hingen eng mit dem Vegetationszyklus zusammen. Auf der anderen Seite die kriegerische Festlandskultur von Mykene mit ihren Burganlagen und Stadtstaaten. Der Mythos von der Belagerung Trojas an der Küste Kleinasiens durch griechische Heere war für die Entstehung eines Bewusstseins kultureller Identität von besonderer Bedeutung.

Der Minotauros

Der sagenhafte König Minos von Kreta soll dem Meeresgott Poseidon ein Stieropfer verweigert haben, woraufhin der Gott bewirkte, dass Minos' Gattin sich in den Stier verliebte und den Stiermenschen Minotaurus gebar. Das Ungeheuer ließ sich nur durch Menschenopfer besänftigen, bis Theseus es besiegte und tötete.

Minoer Die Minoer errichteten ihre Paläste um rechteckige Innenhöfe und schmückten sie, z.B. in Knossos, mit Fresken (**1**). Die Freilegung des Palastes von Knossos ab 1900 war eine archäologische Sensation. Hier **2** lebten zeitweise bis zu 80 000 Menschen. Neben dem Stier wurden auf Kreta auch Göttinnen (**2**) verehrt. Die Deutung der kretischen Kultur als Matriarchat bleibt aber umstritten.

Mykene Die ab 1600 v. Chr. auf dem Peloponnes eingewanderten Achaier errichteten befestigte Stadtstaaten wie Mykene (**3**). Von hier aus beherrschten sie die Einheimischen und bekriegten sich schließlich untereinander. Die Epen Homers bezeugen die herausragende Machtposition ihrer Heerführer und Könige. Um 1200 v. Chr. begann der Untergang der mykenischen Kultur, wahrscheinlich aufgrund von inneren Unruhen und unter den Angriffen der Seevölker.

Trojanischer Krieg Homer berichtet in der „Ilias", dass die Griechen (Achaier) Troja erst nach zehnjähriger Belagerung mithilfe des „Trojanischen Pferdes" einnehmen konnten (**4**). Die anschließenden Irrfahrten des Odysseus auf dem Weg zurück nach Griechenland beschreibt er in der „Odyssee".

Griechenland

Das klassische Griechenland – Von der Kultur der Polis bis zum Ende der Selbstständigkeit

8.–3.Jh.v.Chr.

Ab ca. 1200 v.Chr. ließen sich dorisch sprechende Stämme in ganz Griechenland nieder und gründeten selbstständige Stadtstaaten. Sie gaben sich eigene Verfassungen und waren auf Autarkie bedacht. Wechselnde Bündnisse führten zu Rivalitäten und Kleinkriegen. Ab dem 8.Jh.v.Chr. gaben Agrarkrisen und politischer Wandel den Anstoß für eine massive Auswanderungsbewegung. In sämtlichen süd- und südosteuropäischen Küstengebieten siedelten sich Griechen an. Die neugegründeten Kolonien blieben der griechischen Mutterkultur eng verbunden. Vor allem das „westgriechische" Sizilien mit der Stadt Syrakus wurde in der Folgezeit zu einem Machtfaktor.

Spartanischer Hoplit

Der Apollontempel von Delphi

**① **

Polis und Gesellschaft Während Athen (**1**, Münze mit Athens Symboltier, der Eule) als Wiege der Demokratie gilt, repräsentierte Sparta (**2**) ein traditionelles Königtum. Beide Staaten setzten jedoch auf eine effektive Kontrolle ihrer politischen Führung.

**② **

Kolonisation Sizilien war das Ziel zahlreicher griechischer Auswanderer in der Antike und wird daher auch als „Amerika der Griechen" bezeichnet.

Syrakus (**3**, Griechisches Theater aus der Zeit Hierons I.) wurde zur beherrschenden Macht des westlichen Mittelmeeres. Es verdankte seinen Aufstieg einer Reihe zielstrebiger und kunstsinniger Tyrannen, darunter Gelon (485–478 v.Chr.), Hieron I. (478–466 v.Chr.) und Dionysios I. (405–367 v.Chr.).

**③ **

Von den Perserkriegen zum Peloponnesischen Krieg

560–404 v. Chr.

Im 6. Jh. v. Chr. hatten die Perser mit der Eroberung Kleinasiens ein Großreich geschaffen. Ein weiteres Ausgreifen nach Westen wehrten die griechischen Stadtstaaten in den Perserkriegen ab. Dass die griechische Gesellschaft zunehmend kriegerische Züge annahm, war aber auch der wachsenden Rivalität der Städte untereinander geschuldet. Ab ca. 480 v. Chr. strebte das demokratisch regierte Athen nach der Vorherrschaft und betrieb eine expansive Großmacht- und Flottenpolitik. Athens Machtansprüche provozierten Sparta, es kam zum Peloponnesischen Krieg.

Der athenische Stratege Perikles

Ankunft des Siegesboten aus Marathon Die Legende vom „Marathonläufer", der nach dem Sieg der Athener über die Heere des Perserkönigs bei Marathon die 42,2 km bis nach Athen rannte, dort den Sieg verkündete und vor Erschöpfung tot zusammenbrach (**1**), wurde später oft als Beispiel griechischer Opferbereitschaft für das Gemeinwesen herangezogen. Tatsächlich war die psychologische Wirkung dieses Sieges mindestens so groß wie die militärische.

Seeschlacht von Salamis im September 480 v. Chr.

Leonidas und seine Gefährten Geführt von ihrem König Leonidas (**2**) versuchten die Spartaner, das zahlenmäßig weit überlegene Heer der Perser aufzuhalten. Die Soldaten, von denen keiner überlebte, wurden als Helden verehrt.

Akropolis von Athen Die Akropolis mit ihren Regierungs- und Verwaltungsgebäuden sowie dem der Athene geweihten Parthenon (**3**) demonstrierte weithin sichtbar den politischen Führungsanspruch Athens. Häufig wurde er mithilfe aufgezwungener Bündnisse durchgesetzt.

Peloponnesischer Krieg Die Landschlachten des Peloponnesischen Kriegs wurden geführt von schwer bewaffneten Berufskriegern, sogenannten Hopliten (**4**), die in der dicht geschlossenen Formation einer „Phalanx" kämpften. 404 v. Chr. musste Athen kapitulieren. Der spartanische Feldherr Lysander (**5**) befahl, die Mauern der Stadt für immer zu schleifen. Sparta wurde zur beherrschenden Macht in Griechenland.

Seite 58

560–527 v. Chr. Herrschaft des Tyrannen Peisistratos in Athen

510 v. Chr. Sturz der Tyrannis und Einführung der Demokratie in Athen

500–494 v. Chr. „Ionischer Aufstand" der griechischen Städte in Kleinasien gegen die persische Oberherrschaft

490 v. Chr. Beginn der Perserkriege mit der Schlacht bei Marathon, Sieg der Athener unter Miltiades

480 v. Chr. Schlacht am Thermopylenpass, Sieg der Athener unter Themistokles in der Seeschlacht von Salamis

479 v. Chr. Sieg der Spartaner unter Pausanias bei Plataiai und Mykale

477 v. Chr. 1. Attischer Seebund stützt Athens Vorherrschaft in Griechenland

443–429 v. Chr. Unter Perikles erreicht die Macht Athens ihren Höhepunkt

431–404 v. Chr. Peloponnesischer Krieg, Athen verliert die Vorherrschaft an Sparta

Seite 62

Griechenland

Sparta und die Wirkung der griechischen Kultur

Ca. 900–317 v. Chr.

Neben Athen nahm Sparta eine herausragende Stellung auf dem Peloponnes ein. Der durch ein Doppelkönigtum regierte Militärstaat hatte die umliegenden Völker und Stadtstaaten

Der griechische Philosoph Sokrates

unterworfen und ihre Bevölkerung zu „Heloten" (Leibeigenen) gemacht. Das Bündnis mit Athen, das Sparta während der Perserkriege einging, zerbrach, nachdem die Perser zurückgedrängt waren. Die Rivalität der beiden Stadtstaaten mündete im Peloponnesischen Krieg (S. 61). Die durch den Sieg über Athen errungene Vorherrschaft in Griechenland verlor Sparta allerdings schon bald wieder an Theben und dann an Makedonien (S. 64). Damit endete die Epoche der klassischen griechischen Kultur, die die Grundlagen der abendländischen Philosophie, Wissenschaft und Kunst legte.

Die Griechische Geschichte und Kultur

Der Übergang vom Mythos zum Logos, von traditionellen Überlieferungen zum selbstständigen Denken, vollzog sich in Europa mit der griechischen Geistes- und Kulturgeschichte. Die Philosophen begannen, zunächst aus der Beobachtung der Natur, immer abstraktere Systeme zur Erklärung der Welt, zur Ethik und den Naturwissenschaften zu entwickeln. Griechische Historiker gingen über die bloße Aufzählung von Ereignissen hinaus und unternahmen erste systematische Deutungen von Geschichte. Die großen Tragödiendichter schrieben über das menschliche Schicksal und das Verhältnis zwischen Menschen und Göttern. Theater und bildende Künste (3) erfuhren weite Verbreitung.

Die Erziehung der Jugend
Sparta legte großen Wert auf Wehrfähigkeit und Kampfkraft seiner Bürger. Daher absolvierten alle Männer ein hartes körperliches Training, zu dem auch der Ringkampf (**1**) gehörte. Die Jungen wurden nicht in ihren Familien, sondern in militärischen Verbänden erzogen, in denen die Männer bis zu ihrem 30. Lebensjahr lebten. So standen sie dem Staat jederzeit für militärische Einsätze gegen äußere Feinde oder bei Aufständen der Helotenvölker zur Verfügung. Die Kargheit der „spartanischen" öffentlichen Mahlzeit und das klaglose Ertragen von Strapazen sind bis heute sprichwörtlich.

①

②

Erste Philosophen Platon und Aristoteles (**2**, Mitte) legten die Grundlagen der abendländischen Philosophie. Beide versuchten auch Einfluss auf die Politik zu nehmen: Platon und sein Schüler Dion (409–354 v.Chr.) wollten unter Dionysios I. in Syrakus die Idee des Philosophenkönigtums verwirklichen, Aristoteles war der Lehrer Alexanders des Großen (S. 65) und prägte ihn maßgeblich.

7./6. Jh. v. Chr. Mit den „Ionischen Naturphilosophen" (Thales von Milet, Anaximander, Anaximenes) beginnt die abendländische Philosophie
550–480 v. Chr. Heraklit von Ephesos und seine Lehre vom Sein und den Elementen
6./5. Jh. v. Chr. Anfänge der Tragödiendichtung mit Werken wie der „Orestie" von Aischylos (um 525–456), „König Ödipus" von Sophokles (um 496–406) und „Iphigenie bei den Tauriern" von Euripides (um 485–406)
um 490–425 v. Chr. „Vater der abendländischen Geschichtsschreibung": Herodot (**5**)
um 460–400 v. Chr. Thukydides, Verfasser von „Der Peloponnesische Krieg"
um 445–386 v. Chr. Aristophanes, Begründer der Komödie
470–399 v. Chr. Sokrates, der seine Lebensphilosophie und Ethik im Dialog mit Menschen aus dem Volk formulierte
427–347 v. Chr. Platon (**4**, im philosophischen Streitgespräch mit Aristoteles), Begründer des Idealismus („Ideenlehre") und Gründer der Akademie in Athen (ca. 385)
384–322 v. Chr. Aristoteles, Schüler an Platons Akademie, Begründer der systematischen Naturphilosophie

⑤

▲ Seiten 34, 40, 44, 62

Griechenland und der Nahe Osten

Ab 7. Jh. v. Chr. Die Dynastie der Argeaden begründet Makedonien

Ab 5. Jh. v. Chr. Makedonien wird zum geschlossenen Staatsgebilde

495–450/40 v. Chr. Unter König Alexander I. Philhellen kulturelle Orientierung an Griechenland

414–399 v. Chr. König Archelaos dehnt seine Herrschaft in Griechenland aus

359 v. Chr. Schwere Niederlage gegen die Illyrer, dabei fällt König Perdikkas III.

359–336 v. Chr. König Philipp II.

358–342 v. Chr. Aufstieg Makedoniens zur führenden Großmacht in Griechenland

338 v. Chr. Philipp II. besiegt bei Chaironeia den „Hellenischen Bund", anschließend führt er Griechenland im „Korinthischen Bund" (337) an

336 v. Chr. Ermordung Philipps II.

336–323 v. Chr. Herrschaft Alexanders III., des Großen

334–331 v. Chr. Alexander tritt den schon von Philipp II. geplanten Zug gegen das Perserreich an, erobert Persien und Mesopotamien und ruft sich zum „König von Asien" aus

332 v. Chr. Alexander besetzt Ägypten und gründet Alexandria

327–325 v. Chr. Zug nach Indien

324 v. Chr. Massenhochzeit makedonischer Heerführer mit persischen Prinzessinnen in Susa

13.6.323 v. Chr. Tod Alexanders in Babylon, sein Reich zerfällt sofort

▼ Seite 67

Massenhochzeit zu Susa: Alexander der Große und Stateira, Tochter des Dareios

Von Makedonien bis zu den Diadochen – Aufstieg und Zerfall einer Weltmacht

7. Jh. – 323 v. Chr.

Ab dem 5. Jh. v. Chr. weiteten die Makedonen ihr Staatsgebiet im Norden Griechenlands stetig aus. Dabei wandten sie sich zunehmend der griechischen Kultur zu. Philipp II., als Feldherr wie als Politiker hochbegabt, machte Makedonien zur führenden Macht in Griechenland. Sein Sohn Alexander der Große eroberte schließlich ein Weltreich, in dem Okzident und Orient vereint waren. Über seinen Tod hinaus hatte es jedoch keinen Bestand. Unter seinen Nachfolgern, den Diadochen, gab es einige Persönlichkeiten, die sich als Träger einer kosmopolitischen hellenistischen Kultur erwiesen, die griechisch-makedonische und orientalische Elemente vereinte.

①

Makedonische Phalanx Eine wichtige Taktik in der Kriegsführung Philipps II. (**2**) war die von ihm selbst entwickelte „Speira", eine Phalanx aus 256 Fußsoldaten, deren überlange Spieße im Kampf nach vorne gefällt wurden (**3**). So schlug er 338 v. Chr. bei Chaironeia die Allianz der griechischen Poleis.

2

3

Alexander der Große (356–323 v. Chr.)

Der Heerführer und Städtegründer zählt zu den herausragenden Persönlichkeiten der Geschichte. Sein Lebenswerk blieb allerdings unvollendet. Alexanders hochgestecktes Ziel war die kulturelle Verschmelzung von Orient und Okzident in einem Weltreich. Kurz nach seinem Regierungsantritt zog er erfolgreich gegen die Perser. Sein Tatendrang, militärisches Genie und große Rücksichtslosigkeit ließen ihn nahezu die gesamte damals bekannte Welt erobern. Als er nach der Einnahme Ägyptens die göttliche Verehrung seiner Person verlangte, entfremdete er sich von seinen Truppen. Auf seinem bis dahin siegreichen Zug durch Indien zwang ihn das meuternde Heer schließlich zur Umkehr. Er starb zwei Jahre später in Babylon, ohne eine Nachfolgeregelung für Makedonien oder andere Teile des Riesenreichs getroffen zu haben.

Schlacht bei Issos Durch Alexanders taktisches Geschick gelang es den Makedonen mehrfach, das zahlenmäßig überlegene persische Heer zu besiegen: 334 v. Chr. am Granikos, 333 bei Issos (**1**) und 331 bei Gaugamela. Perserkönig Dareios wurde 330 ermordet und Alexander erklärte sich zu seinem Nachfolger. Seine Versuche, das Perserreich mit Makedonien zu vereinen, stießen bei den Makedonen auf erbitterten Widerstand.

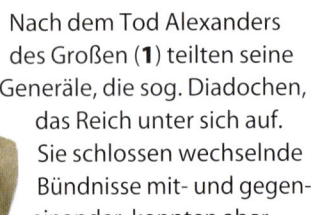

Die Diadochen

323–30 v. Chr.

Nach dem Tod Alexanders des Großen (**1**) teilten seine Generäle, die sog. Diadochen, das Reich unter sich auf. Sie schlossen wechselnde Bündnisse mit- und gegeneinander, konnten aber nicht wieder ein Großreich errichten. Am erfolgreichsten waren die Dynastien der Ptolemäer in Ägypten und der Seleukiden in Syrien und Palästina. Indem die Römer ihren Herrschaftsbereich in das östliche Mittelmeer ausdehnten, brachten sie schrittweise die Überreste des Alexanderreichs unter ihre Kontrolle. 168 v. Chr. unterwarfen sie die Antigoniden in Makedonien, 64 v. Chr. die Seleukiden. Das Ptolemäerreich endete mit der Niederlage in der Seeschlacht von Actium und dem Selbstmord der Königin Kleopatra 30 v. Chr. (S. 76).

Kleopatra in der Schlacht von Actium

Roxane und Alexander IV. Der Sohn Alexanders des Großen, Alexander IV. (**2**), war bei dessen Tod noch ein Kind. Ein blutiger Kampf um die Herrschaft in Makedonien entbrannte, der viele Verwandte und Offiziere Alexanders das Leben kostete. Als Sieger ging Kassander hervor, der 310 v. Chr. auch Alexander IV., das letzte männliche Familienmitglied, und seine Mutter Roxane ermorden ließ.

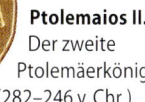

Ptolemaios II. Der zweite Ptolemäerkönig (282–246 v.Chr.) (**3**, mit seiner Ehefrau und Schwester Arsinoë II.) baute Alexandria zu einem wichtigen Kultur- und Handelszentrum aus. Er ließ die berühmte Bibliothek (**4**, 47 v.Chr. abgebrannt) und den Leuchtturm von Pharos errichten.

Antiochos III., der Große Der Seleukidenherrscher (223–187 v.Chr.) (**5**) eroberte mit Armenien, Baktrien und dem Partherreich fast den gesamten Vorderen Orient und erwies sich als hartnäckiger Gegner der römischen Expansion. 188 v.Chr. musste er Kleinasien doch räumen. Seine Nachfolger rieben sich bis zur Auflösung des Reichs in Bruderkriegen auf.

Schlacht von Pydna Der Antigonide Philipp V. (221–179 v.Chr.) hielt im Bündnis mit Antiochos III. die Römer lange erfolgreich aus Griechenland fern. Aber am Ende unterlag er. Sein Sohn Perseus (179–168 v.Chr.), versuchte vergeblich, die makedonische Vorherrschaft wiederherzustellen. Mit seiner Niederlage in der Schlacht von Pydna 168 v.Chr. (**6**) endete das Reich.

Seite 64

323 v.Chr. Nach Alexanders Tod teilen seine Feldherren das Reich auf, Reichsverweser Perdikkas wird 321 ermordet

323–283 v.Chr. Antigonos Monophthalmos (gefallen 301) und Demetrios Poliorketes regieren als Könige von Kleinasien und Mittelgriechenland (306)

323–282 v.Chr. Ptolemaios I. Soter begründet die Dynastie der Ptolemäer in Ägypten

323–281 v.Chr. Der ehemalige Feldherr Lysimachos wird König (ab 306) von Thrakien und Nordgriechenland

323–281 v.Chr. Seleukos I. Nikator begründet die Herrschaft der Seleukiden in Syrien und Palästina

317–297 v.Chr. Kassander, König von Makedonien, lässt die Familie Alexanders des Großen töten

283–168 v.Chr. Herrschaft der Antigoniden über Griechenland und Makedonien

64 v.Chr. Untergang des Seleukidenreiches

30 v.Chr. Untergang des Ptolemäerreiches

Griechenland und der Nahe Osten

Aufstieg und Niedergang des Römisches Reiches: Seiten 74–85

Arabien und Judäa bis zu den Römern

um 1100 v.Chr. – 136 n.Chr.

Um 1100 v.Chr. etablierten sich
im Süden der arabischen Halb-

Silbermünze des Simon Bar-Kochba

insel die ersten wirtschaftlich bedeutenden arabischen Reiche wie Saba, Qataban, Marib und Hadramaut. Im heutigen Jordanien stieg das Reich der
Nabatäer mit der blühenden Haupt- und Handelsstadt Petra auf. Die aus der „Babylonischen Gefangenschaft" (S. 43) zurückgekehrten Juden ließen sich
in Judäa nieder und errichteten dort ein Königreich.
Nach dem Tod König Salomos zerfiel es in die rivalisierenden Reiche Israel und Juda. Im 2.Jh.v.Chr.
nutzten die Römer Machtkämpfe in Judäa, um es
dem Römischen Reich einzugliedern.

Hadramaut Um 20 n.Chr.
begann der Aufstieg eines der
letzten altarabischen Großreiche, Hadramaut (**1**, Kawka-
ban im heutigen Jemen). Mit
seiner Hauptstadt Shabwa
beherrschte es bald ganz Südarabien. Es profitierte dabei wie
alle altarabischen Reiche von
dem weit gespannten Handelsnetz der Weihrauchstraße, die
Indien und den Persischen Golf
mit dem Mittelmeer verband.
Um 340 n.Chr. wurde Hadramaut vom Stamm der Himjaren
aus dem Reich von Saba erobert.

Die Herrschaft des Herodes
Als Statthalter Roms regierte Herodes der Große Judäa und sorgte für Frieden und Wohlstand. In Erinnerung blieb er aber vor allem als misstrauischer und gewalttätiger Herrscher. Seine bekannteste Gräueltat, der Kindermord von Bethlehem (**2**), ist allerdings eine christliche Legende. Er ließ jedoch eine seiner Ehefrauen und vier Söhne hinrichten, weil er sie des Verrats verdächtigte. Sein Reich teilte er testamentarisch unter drei weiteren Söhnen, den „Tetrarchen", auf.

Zerstörung des Tempels von Jerusalem Herodes der Große ließ den Tempel Salomos neu errichten, aber er wie seine Nachfolger verbündeten sich mit Rom gegen die Juden. Deren Aufstand gegen die römische Herrschaft wurde 70 n. Chr. vom späteren Kaiser Titus niedergeschlagen. Er zerstörte den Tempel (**3**) und raubte den Schatz. Nach einem zweiten Aufstand unter Simon Bar-Kochba wurden die Juden aus Jerusalem vertrieben.

Das Reich der Nabatäer Die vollständig in den Felsen gehauenen Tempel-, Schatz- und Wohnhäuser (**4**) von Petra, der Hauptstadt des Nabatäerreiches, liegen in einer schwer zugänglichen Schlucht im heutigen Jordanien. Die zarte, bemalte Keramik der Nabatäer war von Südarabien bis nach Syrien begehrt. 164 v. Chr. unterstützten sie die Juden im Kampf gegen die Seleukiden. Zeitweise konnten sie ihr Reich bis vor Jerusalem ausdehnen. Seit dem 7. Jh. n. Chr. verfiel die Residenzstadt und geriet in völlige Vergessenheit. Erst 1812 wurde sie von dem Schweizer Orientforscher Johann Ludwig Burckhardt wiederentdeckt, der durch Berichte einheimischer Nomaden auf sie aufmerksam geworden war.

» **Die Geschichte des Judentums:** Seiten 156–157

Karthago

Karthago – Weltmacht und Gegner Roms

814–44 v. Chr.

Ab dem 5. Jh. v. Chr. stieg Karthago von einer phönizischen Handelskolonie zur führenden Wirtschafts- und Militärmacht im westlichen Mittelmeer auf. Der Kampf um

Statue des phönizischen Gottes Baal Hammon

Handelspunkte auf Sizilien führte zunehmend zu Konflikten mit dem aufstrebenden Römischen Reich. Unter der Führung des Feldherrn Hannibal und seiner Familie war Karthago, das von einem adligen Senat und gewählten „Richtern" regiert wurde, zwar zunächst erfolgreich, doch 146 v. Chr. besiegte Rom den Konkurrenten endgültig.

Karthagische Schmuckanhänger

①

⏩ **Syrakus:** Seiten 58–59

Kriegshafen von Karthago

Hinter dem Handelshafen von Karthago befand sich versteckt der kreisrunde Kriegshafen (**2**). Er bestand aus einem Ring von Werften und einer Rundwerft in der Mitte und war nur durch einen Kanal zugänglich. Hier konnte die karthagische Kriegsflotte schnell in Kampfbereitschaft versetzt werden und so das Mittelmeer beherrschen.

„Hannibal ante portas!" – „Hannibal vor den Toren!"

*Hannibals Vater, Hamilkar Barkas, führte Karthago während des Ersten Punischen Krieges als Feldherr. Nach dem Tod seines Vaters und der Ermordung seines Schwagers Hasdrubal wurde Hannibal (247–183 v. Chr.) oberster karthagischer Feldherr. 218 v. Chr. zog er mit seinem Heer und den berühmten Kriegselefanten (**1**) über die Alpen und schlug die Römer in verschiedenen Schlachten. Seinen größten Sieg errang Hannibal 216 v. Chr. bei Cannae. Den von den Römern befürchteten Angriff auf Rom musste Hannibal allerdings wegen mangelnder Unterstützung aus Karthago unterlassen.*

Italien

⌄ Seite 74

Die Etrusker – Vom Städtebund bis zur Herrschaft Roms

7.–1. Jh. v. Chr.

Vom Anfang des 7. bis zum 1. Jh. v. Chr. ist in Mittelitalien die Kultur der Etrusker nachweisbar. Ob sie ursprünglich anderswoher stammten, war schon in der Antike umstritten. Die Etrusker waren stark religiös und glaubten an die Vorherbestimmung und Lenkung des Lebens durch die Götter, weshalb Opfer- und Totenkult sowie Zukunftsdeutung durch die Priester (**1**) eine besondere Rolle spielten. Ab dem 4. Jh. v. Chr. brachte Rom, das um 650 v. Chr. von den Etruskern gegründet wurde, die Etruskerstädte unter seinen Einfluss. **①**

Rom Als um 510 v. Chr. die Römer ihren letzten König, den Etrusker Tarquinius Superbus, vertrieben, soll der Etruskerkönig Porsenna die Stadt belagert und eingenommen haben (**2**). Doch Rom konnte sich erneut von der etruskischen Herrschaft befreien und wurde Republik.

2

Etruskischer Totenkult Die Etrusker schufen nicht nur aufwendige Grabmonumente (**3**), sondern legten große Nekropolen an, wie Cerveteri (**4**) und Orvieto, deren Grabbauten (Tomba) oft mit Fresken ausgemalt waren (**5**) und in denen reiche Grabbeigaben gefunden wurden. Die Etrusker wurden von Priesterkönigen regiert und verehrten eine Vielzahl von Göttern, die später mit römischen Gottheiten verschmolzen.

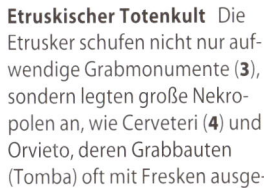

Kämpfende Etrusker Bei ihrer Ausbreitung in Italien im 6. und 7. Jh. v. Chr. stießen die Etrusker auf Sizilien auf den Widerstand der Westgriechen, die die etruskische Expansion abwehrten.

Auf den Einfall der Kelten im 5. Jh., die über den Apennin in die Toskana drängten und Teile Etruriens unterwarfen, reagierten die Etruskerstädte unterschiedlich. Einige schlugen sie erfolgreich zurück (**6**), andere verbündeten sich mit ihnen oder versuchten, ihre Beutelust auf Rom zu lenken. Den römischen Heeren waren die etruskischen Krieger (**7**), die sich am Vorbild der Griechen orientierten, schließlich unterlegen. Die etruskischen Städte wurden zum Hinterland Roms in Oberitalien. Dem politischen Niedergang folgte der wirtschaftliche, doch ihr kulturelles Erbe wurde von den römischen Kaisern gepflegt.

▶▶ Das politische Leben in der Zeit der Römischen Republik: Seite 75

Rom – Königszeit und Republik

753–44 v. Chr.

Rom erwuchs aus dem Zusammenschluss verschiedener Siedlungen am Ufer des Tiber. An der Wende zum 5. Jh. befreiten sich die Römer von der Vorherrschaft etruskischer Könige (S. 72) und

Der Legende nach säugte eine Wölfin die ausgesetzten Zwillingsbrüder Romulus und Remus.

begründeten eine Republik. Durch Eroberungen und Bündnisse stieg Rom in wenigen Hundert Jahren zur beherrschenden Macht in Italien und schließlich im Mittelmeerraum auf. An der Spitze des Staatswesens mit ausgebauter Ämterhierarchie stand der Senat, später zwei gewählte Konsuln. Doch Spannungen zwischen Patriziern und Plebejern sowie das Machtstreben einzelner Feldherren wie Sulla, Marius, Pompeius und Caesar führten zu Bürgerkriegen und erschütterten den Staat. Nur kurz konnten sich Caesar und Pompeius auf eine Aufteilung der Macht einigen. Das Ziel beider blieb die Alleinherrschaft.

①

③

Das Römische Reich

Die Römer schufen eines der größten Weltreiche der Geschichte. Während sie andere Völker unterwarfen, nahmen sie viele Einflüsse auf und sorgten innerhalb ihres Reiches von Westeuropa über den Nahen Osten bis nach Nordafrika weitgehend für Frieden. Mit kulturellen Leistungen wie in der Architektur (3) oder im Staatswesen begründeten sie große Traditionen. Latein, die Sprache Ciceros und Caesars (4), ist bis heute die Sprache der Wissenschaft.

④

Der Sklavenaufstand

Der thrakische Sklave Spartacus brach 73 v. Chr. aus der Gladiatorenschule in Capua aus. Schnell versammelte er Sklaven vom Lande und andere Entrechtete um sich und zog schließlich mit einem Heer von bis zu 70 000 Mann durch Italien. Erst 71 gelang es den Römern, den Aufstand niederzuschlagen. Spartacus fiel im Kampf, Tausende seiner Anhänger wurden grausam hingerichtet.

Der römische Senat Der oberste Rat Roms vertrat v. a. die Interessen der Oberschicht (Patrizier). In den Ständekämpfen im 5. und 4. Jh. v. Chr. erreichte auch das einfache Volk (Plebejer) gewisse Einflussmöglichkeiten. Gegen Ende der Republik mussten Senatoren wie Cicero (**2**) die Macht des Senats immer wieder gegenüber den Diktatoren verteidigen.

Forum Romanum Politische Öffentlichkeit spielte eine wichtige Rolle. Der Senat tagte auf dem Forum (**1**) im Zentrum Roms, wo das Volk den politischen Reden zuhören und die Triumphzüge siegreicher Feldherren bewundern konnte.

Die berühmten Worte des Feldherrn Julius Caesar auf einer römischen Münze: „Ich kam, sah, siegte.“

Rom – der Übergang zur Monarchie

58 v.Chr.–14 n.Chr.

Die Bürgerkriege zwischen Caesar und Pompeius bzw. Marcus Antonius und Octavian um die Alleinherrschaft stellten die Republik auf eine harte Probe. Schließlich besiegte Octavian seinen Widersacher Marcus Antonius und dessen Verbündete, darunter die ägyptische Königin Kleopatra. Octavian, später Augustus genannt, gelang es in der Folgezeit, seine Herrschaft im „Prinzipat" zu institutionalisieren. Dabei behielt er die Form der Republik bei, ließ sich aber immer mehr Befugnisse übertragen. Obwohl er keinen offiziellen Herrschertitel annahm und nur als erster Mann des Staates galt (Princeps), begann mit ihm die Reihe der römischen Kaiser.

Julius Caesar

Caesar (100–44 v.Chr.), der aus einer alten Adelsfamilie stammte, setzte sich bis 48 v.Chr. in einem Bürgerkrieg gegen Pompeius als Alleinherrscher durch. Die Eroberung des reichen Gallien (S. 91), des heutigen Frankreich, hatte ihm die nötigen Mittel für seine Politik verschafft. 44 v.Chr. wurde er zum Diktator auf Lebenszeit ernannt. Doch hatte er v.a. unter den Senatoren viele Widersacher.

Kleopatra

Die legendäre Königin von Ägypten aus der Ptolemäer-Dynastie (S. 66) sicherte ihre Herrschaft durch Beziehungen mit den mächtigen römischen Feldherren Julius Caesar und Marcus Antonius ab. Nach der Niederlage im Bürgerkrieg gegen Octavian nahmen sich Marcus Antonius und Kleopatra das Leben.

Augustus (63 v. Chr.– 14 n. Chr.)

Octavian schuf nach seinem Sieg über Marcus Antonius stabile politische Verhältnisse und beendete die Zeit der aufreibenden Bürgerkriege. Vom Senat erhielt er 27 v. Chr. den Beinamen „Augustus" (der Erhabene). Diese Bezeichnung wurde zusammen mit „Caesar" zu einem Titel der römischen Kaiser. Der „Augusteische Frieden" (Pax Augusta) bescherte dem Reich innere Ruhe, großen Wohlstand und kulturelle Blüte.

Die Iden des März Am 15.3.44 v. Chr. wurde Caesar von Anhängern der Republik ermordet (**1**). Caesars Erbe und Großneffe Octavian und der Feldherr Marcus Antonius verfolgten die Mörder, doch nach ihrem Sieg wurden die beiden im Kampf um die Führung Roms zu Feinden.

 Seite 74

58–51 v. Chr. Caesar unterwirft die Kelten in Gallien (S. 91)

49/48 v. Chr. Bürgerkrieg zwischen Caesar und Pompeius

48 v. Chr. Ermordung Pompeius' auf der Flucht nach Ägypten

44 v. Chr. Caesar wird zum Diktator auf Lebenszeit ernannt, am 15. März wird er ermordet

42 v. Chr. Octavian und Marcus Antonius besiegen die Caesarmörder Brutus und Cassius

31 v. Chr. Sieg Octavians über Marcus Antonius und Kleopatra bei Actium (S. 66)

30 v. Chr.–14 n. Chr. Alleinherrschaft von Octavian

27 v. Chr. Octavian erhält den Ehrentitel „Augustus"

9 n. Chr. „Varusschlacht": Niederlage der Römer gegen die Germanen (S. 93)

 Seite 78

①

⟩⟩ **Die Eroberung Galliens:** Seiten 90–91

Römisches Reich

⌃ Seite 77

⌄ Seite 81

Rom – das Kaiserreich

14 n. Chr. – 192 n. Chr.

Augustus gelang es, seiner Familie die Herrschaft dauerhaft zu sichern. Seine Nachfolger hatten zwar nicht sein politisches Format, dennoch überdauerte das von Augustus begründete System des Prinzipats selbst die Regierung schwacher Kaiser. Nach dem Ende der julisch-claudischen Dynastie und einer kurzen Herrschaft der flavischen Dynastie wurde es an der Wende zum 2. Jh. zur Gewohnheit, dass die Kaiser zu Lebzeiten einen geeigneten Nachfolger bestimmten und durch Adoption legitimierten. Die Herrschaft der fünf Adoptivkaiser gilt als Glanzzeit Roms, doch zeigten sich schon bald erste Anzeichen einer neuen Krise.

Nero Nero (**1**) war der letzte Kaiser aus der Familie des Augustus. Er regierte zunehmend despotisch und schreckte nicht davor zurück, seine Mutter und seine Ehefrau zu ermorden. Für den verheerenden Brand von Rom im Jahr 64 machte er die Christen verantwortlich und ließ sie grausam verfolgen. Aufstände in den Provinzen und der Widerstand des Senats trieben den Kaiser im Jahr 68 in den Selbstmord.

①

Das unter den Flavier-Kaisern erbaute Kolosseum in Rom

Der Untergang Pompejis

Im Jahr 79 n.Chr. begrub ein Ausbruch des Vesuv die Stadt Pompeji bei Neapel. Zahllose Menschen starben im Ascheregen. Doch dieses Unglück konservierte eine der bedeutendsten archäologischen Stätten der Antike für die Nachwelt.

[2]

Adoptivkaiser Die ersten Kaiser gehörten noch dem alten römischen Adel an. Doch gelangten später über das Militär auch Männer aus den Provinzen an die Spitze des Reiches, so auch Trajan. Sein Vorgänger Nerva hatte ihn adoptiert und er war somit der erste „Adoptivkaiser". Durch seine Feldzüge erlangte das Römische Reich bis 117 seine größte Ausdehnung. Die Nachfolger Trajans, Hadrian (**3**), Antoninus Pius und Marcus Aurelius (**2**), verfolgten alle eine eher defensive Außenpolitik. Sie waren Anhänger der griechischen Philosophie der Stoa, die dem Streben nach Frieden, Gerechtigkeit und Mäßigung galt. Auf Marcus Aurelius folgte 180 sein Sohn Commodus. Die Ermordung dieses unbeliebten Herrschers 192 löste einen Bürgerkrieg um die Nachfolge aus. **[3]**

Markomannen Durch den Zusammenschluss der Germanen in Stammesverbänden wie dem der Markomannen (S. 92) unter Marbod erwuchs den Römern im Norden ein gefährlicher Gegner. Hatte dieser die Grenzen einmal überwunden, stand ihm das Reichsgebiet offen, in dem kaum Militär stationiert war. Nur mit größter Mühe konnte Marcus Aurelius die Markomannen von ihren Plünderungszügen, die sie bis nach Italien führten, abbringen und sie in den Markomannenkriegen in der zweiten Hälfte des 2. Jh. zurückdrängen (**4**). Eine dauerhafte Befriedung gelang jedoch nicht. Ab dem 3. Jh. unternahmen Germanen verstärkt Beutezüge ins Römische Reich – eine Entwicklung, die letztlich in die Völkerwanderung mündete (S. 94–95).

[4]

Rom – Reichskrise und Reform

192–305/06

Im 3. Jh. geriet das Römische Reich immer stärker unter Druck. Im Norden wurden seine Grenzen von den Germanen, im Osten von den Persern bedrängt. Auf dem Thron lösten sich in rascher Folge die sogenannten Soldatenkaiser ab. Da das Reich nicht mehr zentral zu steuern war, richtete Diokletian das System der Tetrarchie mit zwei Kaisern und zwei Unterkaisern ein. Im Inneren sicherte er das Reich durch eine umfassende Verwaltungsreform. Die Herrschaftsstruktur änderte sich: Im spätrömischen Reich war der Kaiser nicht mehr der erste Mann des Staates, sondern Herr über Untertanen.

Kaiser Caracalla aus der Dynastie der Severer verlieh in der Constitutio Antoniniana im Jahr 212 allen freien Bewohnern des Reiches das Bürgerrecht. Ein Motiv dürfte gewesen sein, dass nun alle Bewohner die mit dem Bürgerrecht verbundenen höheren Steuern entrichten mussten.

Palmyra Aufgrund der Unruhen an den Reichsgrenzen und der schwachen Zentralmacht verselbstständigten sich einige Gebiete des Reichs. So entstand 260 nach einem Germaneneinfall das sog. Gallische Sonderreich. Von Palmyra (**1**) aus, einer reichen Oasenstadt im heutigen Syrien, baute die Fürstin Zenobia ein Reich im Osten auf und nahm den Titel Augusta an. 272 wurde sie von Kaiser Aurelian besiegt und nach Rom verschleppt. Zwei Jahre später unterwarf Aurelian auch Gallien und stellte damit die Reichseinheit wieder her.

Römisches Reich

Soldatenkaiser Zwischen 235 und 284 erlebte das Römische Reich an die 70 Kaiser und Gegenkaiser. Sie wurden meistens von den verschiedenen Heereseinheiten an den besonders umkämpften Grenzen zu Kaisern ausgerufen und fanden nach kurzer Herrschaft einen gewaltsamen Tod. Auch Kaiser Aurelian, der das Reich noch einmal vereint und konsolidiert hatte, wurde 275 von seinen eigenen Leuten ermordet (**2**).

Tetrarchie Angesichts der ständigen Bedrohung von außen konnte das Reich nicht mehr nur von einer Person regiert werden. So berief Kaiser Diokletian drei seiner Vertrauten zu Mitkaisern (**4**) und teilte das Reich auf. Die Tetrarchie („Viererherrschaft") erwies sich als sehr stabil. 305 zog sich Diokletian auf seinen Altersruhesitz in Split im heutigen Kroatien zurück, wo er sich einen Palast erbaut hatte (**3**).

⟫ **Perserreich der Sassaniden:** Seiten 88–89

Römisches Reich

Rom – Christianisierung und Reichsteilung

305/06–476

Im 4. Jh. hatte sich die Aufteilung des Reiches unter mehrere Kaiser etabliert. In Kämpfen um die Vorherrschaft setzte sich Konstantin der Große durch. Er bevorzugte das Christentum, das immer mehr Anhänger gefunden hatte und nun allmählich zur Staatsreligion aufstieg. Nach Konstantins Tod kam es wiederum zu Streitigkeiten um den Thron, bis das Reich 395 endgültig in West- und Ostrom geteilt wurde. Im Zuge der Völkerwanderung (S. 94–95) mussten die Kaiser die Ansiedlung germanischer Volksgruppen zulassen. Gebietsverluste an die Germanen, die Konkurrenz zu Ostrom und der Übergang der faktischen Macht in die Hände germanischer Heerführer besiegelten das Ende Westroms.

Kaiser Valentinian I.

Konstantin I., der Große (272/73–337)

In den Auseinandersetzungen um die Nachfolge Kaiser Diokletians gelang es Konstantin I., seine Gegner und Mitstreiter nach und nach auszuschalten und ab 324 alleine zu regieren. Seine Hauptresidenz verlegte er in den Osten; aus der alten Handelskolonie Byzantion wurde Konstantinopel, das heutige Istanbul. Mit dem Toleranzedikt von Mailand gewährte Konstantin 313 Religionsfreiheit und erlaubte damit auch das Christentum, das er in der Folgezeit weiterhin unterstützte. 325 berief er das Konzil von Nicäa ein, um den innerchristlichen Streit zwischen Katholiken und Arianern zu schlichten.

(1)

Christentum Seit dem 1. Jh. waren die Christen immer wieder Verfolgungen ausgesetzt. Ihre Kirche bildete in dieser Zeit jedoch feste Strukturen, die ihr Überleben sicherten. Im Jahr 312 besiegte Konstantin der Große unter Verwendung des Christusmonogramms einen seiner Mitkaiser in der Schlacht an der Milvischen Brücke (**1**). Daraufhin unterstützte er die Christen und garantierte ihnen freie Religionsausübung, denn er wollte ihre Kirche zur Machtsicherung nutzen: Sie sollte den Kaiser als von Gott eingesetzten Herrscher legitimieren.

(2)

Das Ende Westroms Im 5. Jh. gelangten Heermeister germanischer Abstammung wie Aetius im Weströmischen Reich zu großer Macht. Sie führten die römischen Armeen gegen Germanen, Hunnen und die rivalisierenden Kaiser im Osten. Schließlich setzte der Offizier Odoaker im Jahr 476 den letzten weströmischen Herrscher Romulus Augustulus („Kaiserlein") (**3**) ab und ernannte sich zum König von Italien.

Reichsteilung Nach dem Sieg der Goten bei Adrianopel (S. 95) gewährte Kaiser Theodosius der Große (**2**) ihnen die Ansiedlung auf Reichsgebiet. Auch andere Germanen wurden auf diese Weise integriert. Ab Ende 394 herrschte Theodosius als letzter Kaiser des Gesamtreiches. Die Reichsteilung unter seinen Söhnen im Jahr 395 erwies sich als endgültig. Bald verfolgten die Kaiser in West- und Ostrom eine unterschiedliche, oft gegeneinander gerichtete Politik.

(3)

» Große Völkerwanderung: Seiten 94–95 | Germanische Reichsbildungen: Seiten 110–111

Die unter Kaiser Justinian erbaute Hagia Sophia in Konstantinopel (Istanbul)

Vom Oströmischen zum Byzantinischen Reich

395–867

Das Oströmische Reich hatte die Einfälle der Germanen überdauert. Kaiser Justinian konnte im 6.Jh. einige Gebiete im Westen zurückerobern. Unter Kaiser Herakleios setzte sich Griechisch als Amtssprache durch: Aus dem lateinisch geprägten Oströmischen Reich entwickelte sich allmählich das Byzantinische Reich. Im 8./9.Jh. entzweite der Bilderstreit um die Verehrung von Ikonen das Reich, während durch das Vordringen der muslimischen Araber im Mittelmeerraum und der Slawen auf dem Balkan immer größere Gebiete verloren gingen.

Die Geschichte des Christentums

Nach dem Tod Jesu wurde die christliche Lehre durch Apostel wie Petrus und Paulus (3) verbreitet. Mit dem Aufstieg zur Staatsreligion begann im spätrömischen Reich das zwiespältige Verhältnis zwischen weltlicher und geistlicher Herrschaft, die oft eng verbunden waren und doch in Opposition zueinander standen. Noch lange wirkten sich Religion und religiöse Konflikte stark auf die Politik aus.

Justinian Kaiser Justinian I. (**1**) erreichte 532 einen Friedensschluss mit den Persern und konnte sich nun auf die Rückeroberung ehemals weströmischer Gebiete konzentrieren, die Ostrom noch immer beanspruchte. In erfolgreichen Feldzügen unterwarfen Justinians Feldherren Belisar und Narses die Reiche der Ostgoten und Vandalen (S. 94). Das innenpolitisch markanteste Ereignis seiner Regierungszeit war der sogenannte Nika-Aufstand der mächtigen „Zirkusparteien" im Jahr 532, die ihre Stimme im Namen des einfachen Volkes gegen den Kaiser erhoben .

Die Araber Kaiser Herakleios war es gelungen, das persische Sassanidenreich zu besiegen. Doch die seit 634 nach Syrien vordringenden Araber (**2**) konnte er nicht abwehren. In der Folgezeit gingen Syrien, Palästina und Ägypten verloren. Die Einheimischen waren Anhänger des verbotenen Monophysitismus (S. 87) und begrüßten daher den Rückzug der orthodoxen Byzantiner.

Um 29/31 *Hinrichtung von Jesus Christus*
64 *Erste Christenverfolgung unter Nero (S. 78)*
313 *Toleranzedikt von Mailand (S. 82)*
1054 *Morgenländisches Schisma (S. 148)*
1096 *Beginn der Kreuzzüge (**4**) (S. 152–155)*
Bis 1122 *Investiturstreit (S. 116)*
1378–1417 *Abendländisches Schisma (S. 136–137)*
1517 *Luther (**5**) leitet die Reformation ein (S. 186–187)*
1545–1563 *Konzil von Trient (S. 212)*
17./18. Jh. *Epoche der Aufklärung (S. 184–185)*

Armenien und Kleinasien

550 v. Chr. – um 300 n. Chr.

Armenien und die kleinasiatischen Reiche, die zumeist Erben der Nachfolgeherrscher Alexanders (Diadochen, S. 66) waren, wurden zur umkämpften Drehscheibe zwischen der orientalischen und der europäischen (hellenistisch-römischen) Welt. Hartnäckig beanspruchten sie ihre Eigenständigkeit, besonders Pontos unter Mithridates VI. zeichnete sich als Widersacher der römischen Expansion aus. Schließlich wurden sie jedoch fast alle zu Provinzen des Römischen Reiches. Armenien nahm um 300 als erstes Land das Christentum an und behauptete damit eine eigene kulturelle Identität.

Mithras tötet den Urstier.

Christentum Nachdem Armenien das Christentum zur Staatsreligion erklärt hatte, wurden im ganzen Land Kirchen gebaut. So auch die Kirche vom Heiligen Kreuz auf der Insel Athamar im Van-See (**1**). Die tiefe Verwurzelung des Christentums bestimmt bis heute das Selbstbewusstsein Armeniens in einer überwiegend islamischen Umwelt.

Der Mithraskult

Durch den ständigen Aufenthalt des römischen Heeres im Orient gelangte im 1./2. Jh. n. Chr. der Mithraskult vor allem als Religion der Soldaten nach Rom. Er wurde in den sogenannten Mithräen mit Riten und gemeinsamen Mahlzeiten gefeiert und kannte als Mysterienkult verschiedene Stufen der Weihe. Das frühe Christentum übernahm einige Bräuche, so auch das Datum 25. Dezember als Geburtsfest seines Gottes.

Mithridatische Kriege
Der König von Pontos, Mithridates VI. (**2**), eroberte Südrussland und Kleinarmenien und sicherte sich eine Vormachtstellung unter den kleinasiatischen Reichen. In drei blutigen Kriegen drängte er die Römer aus Kleinasien zurück und besetzte zeitweise große Teile Kleinasiens und Griechenlands, musste dann aber seinerseits zurückweichen. Pompeius unterwarf schließlich Pontos und Armenien für Rom, Mithridates wurde gestürzt. Der „hellenisierte Barbar" gilt als letzter der großen Gegner Roms.

Gregorianische Kirche Bischof Gregor der Erleuchter, der Begründer der armenischen Nationalkirche, taufte der Überlieferung nach im Jahr 296 König Trdat III. von Armenien (**3**). Bis heute steht die armenische Kirche unter einem eigenen Oberhaupt, dem Katholikos, und bekennt sich zum Monophysitismus, der Lehre von der göttlichen Natur Jesu Christi. Verfassung und Gottesdienst der „Gregorianischen Kirche" Armeniens ähneln dem griechisch-orthodoxen Ritus.

ZEITLEISTE

550 v. Chr. Armenien wird Provinz des Perserreiches

Ende 4. Jh. v. Chr. Eigenständigkeit Bithyniens und Kappadokiens

280–250 v. Chr. Herrschaft Nikomedes' I., König von Bithynien. Seine keltischen Söldner siedeln sich als Galater (von Gallier) in Kleinasien an

Ab dem 2. Jh. v. Chr. Eigenständigkeit Armeniens

Um 230–182 v. Chr. Herrschaft Prusias' I., König von Bithynien. Er schließt Frieden mit Rom

Um 182–149 v. Chr. Herrschaft Prusias' II., König von Bithynien, der die römische Oberhoheit anerkennt

120/112–63 v. Chr. Herrschaft Mithridates' VI. Eupator, König von Pontos

95–55 v. Chr. Herrschaft Tigranes' II. von Armenien, der im Bündnis mit Mithridates VI. von Pontos Kappadokien erobert

89–63 v. Chr. Die drei Mithridatischen Kriege

74 v. Chr. Bithynien wird römische Provinz

66 v. Chr. Tigranes II. von Armenien wird zum Tribut an Rom verpflichtet

63–47 v. Chr. Herrschaft Pharnakes' II., König von Pontos

48 v. Chr. Julius Caesar schlägt Pharnakes, der das Reich seines Vaters zurückerobern will, bei Zela

17 n. Chr. Kappadokien wird römische Provinz

64 Pontos wird römische Provinz

1./2. Jh. Durch das römische Heer verbreitet sich der Mithraskult in Rom

Um 300 Armenien erhebt das Christentum zur Staatsreligion

Seite 152

➤➤ **Die Geschichte des Islam:** Seiten 158–159

Persien unter den Parthern und Sassaniden

238 v. Chr. – 651 n. Chr.

Parthischer Krieger

Die persischen Reiche der Parther und Sassaniden knüpften an das altpersische Großreich (S. 44) an und wurden zur führenden Macht des Orients. Lange Zeit wehrten sie die römische Expansion nach Asien ab und erwiesen sich als ebenbürtige Gegner der Reiche von Rom und Byzanz. Auch kulturell bildeten sie einen Gegenpol zu Hellenismus und Römertum (**1**). Insbesondere die Kämpfe mit Byzanz sowie soziale Unruhen im Inneren schwächten das Sassanidenreich jedoch, so dass es schließlich zur leichten Beute für die einfallenden Araberheere wurde, die dem noch jungen Islam angehörten.

①

②

Residenz Unter Arsakes I. hatten die Parther um 238 v. Chr. die Macht in Persien ergriffen. Anschließend bauten sie Ktesiphon am Tigris zur Residenzstadt aus, die von ihren Nachfolgern, den Sassaniden, übernommen wurde. Der oval gewölbte Iwan (**2**) gehört zur Ruine des Palasts von Schapur I., den spätere Herrscher weiter ausbauten. Nach der Eroberung Persiens durch muslimische Araber wurde Ktesiphon bedeutungslos.

ZEITLEISTE

238 v.Chr. Arsakes I. begründet das Partherreich

171–138/37 v.Chr. Herrschaft Mithridates' I., entscheidende Erweiterung des Reiches durch Eroberung Mesopotamiens und Verdrängung der Seleukiden (S. 66). Ktesiphon wird Hauptresidenz

123–88/87 v.Chr. Herrschaft Mithridates' II., der vorbildliche Verwaltungsstrukturen schafft und den Titel „Schah in Schah" („König der Könige") annimmt

53 v.Chr. Sieg der Parther über die Römer bei Karrhai

115 n.Chr. Die Römer erobern unter Kaiser Trajan Mesopotamien

213–227 Herrrschaft Artabanos' V., des letzten Partherkönigs. 218 schließt er Frieden mit Rom

224/27–241 Herrschaft Ardaschirs I., des Gründers des Sassanidenreiches

241–273 Herrschaft Schapurs I.

260 Sieg Schapurs über Kaiser Valerian bei Edessa

276 Hinrichtung des Religionsgründers Mani (Manichäismus)

309–379 Herrschaft Schapurs II., zahlreiche Kriege gegen Rom

531–579 Herrschaft Chosraus I., Höhepunkt der Macht des Sassanidenreiches

Um 560 Vernichtung des Hephthalitenreiches an der Nordostgrenze des Reiches (S. 96)

590–628 Herrschaft Chosraus II.

603–628 Byzantinisch-persischer Krieg

614 Eroberung Jerusalems

627 Schlacht von Ninive: Niederlage gegen Kaiser Herakleios

633–651 Yezdegird III. Der letzte Sassanidenherrscher muss vor den Arabern fliehen

Bedrängung der Römer
Nachdem Schapur I. Dura-Europos und Antiochia zerstört sowie Armenien erobert hatte, zog ihm der römische Kaiser Valerian mit einem gewaltigen Heer entgegen. Bei Edessa gelang es Schapur, den Kaiser gefangen zu nehmen. Der gedemütigte Valerian starb in persischer Gefangenschaft, da sein Sohn und Nachfolger Gallienus nichts zu seiner Rettung unternahm. Schapur verewigte seinen Triumph auf der Felswand von Naqsh-i-Rustem (**3**).

Ringen mit Byzanz Chosrau II. (**4**) war der letzte bedeutende Sassanidenherrscher und brachte das Reich in Feldzügen gegen Byzanz auf seine größte Ausdehnung. In dem byzantinischen Kaiser Herakleios hatte er ab 610 einen mächtigen Gegner, der ihm empfindliche Niederlagen beibrachte. Nach der Schlacht von Ninive 627 wurde Chosrau abgesetzt und ermordet. Das Reich war nach jahrelangen Kämpfen militärisch so geschwächt, dass es sich gegen die einfallenden Araber nicht mehr zur Wehr setzen konnte.

 Seite 158

Konlikte der Byzantiner: Seiten 148–149

Kelten und Slawen

7. Jh. v. Chr. – 3. Jh. n. Chr.

Ab dem 7. Jh. v. Chr. besiedelten keltische Stämme (**1**, Helm) weite Gebiete Europas und stießen im Süden nach Italien und im Osten bis Kleinasien vor. In Spanien verschmolzen sie mit der Urbevölkerung zu den Keltiberern. Schließlich vor allem in Gallien ansässig, wurden sie im 1. Jh. v. Chr. von den Römern unterworfen. Die Verschiebungen der Völkerwanderung ermöglichten es den slawischen Stämmen, von Südrussland aus Südost- und Osteuropa bis zur Elbe zu besiedeln. Beide Volksgruppen unterhielten vielfältige Handelskontakte mit ihren Nachbarn.

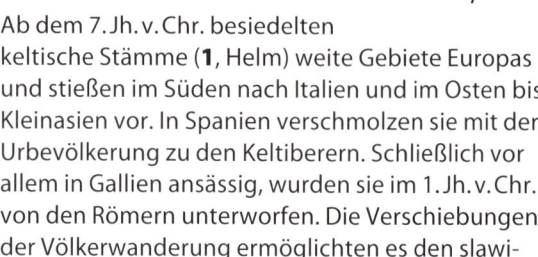

Volksbräuche Seit dem 2. Jh. v. Chr. siedelten die Kelten in befestigten Städten (**3**, Nachbau). Eine besondere Rolle in der Gesellschaft spielten die Druiden, die als Priester (**2**, Filmszene), Wahrsager, Ärzte und Magier wirkten. Ihre astronomischen Kenntnisse waren beachtlich. Ihr Wissen gaben sie ausschließlich mündlich an ihre Schüler weiter.

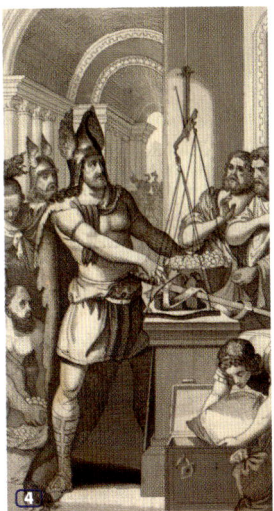

Besetzung Roms Der Keltenführer Brennus besetzte 387 v.Chr. Rom. Dem Geschichtsschreiber Livius zufolge soll allerdings das Geschnatter der Gänse im Tempel der Juno die Bevölkerung geweckt und die Einnahme des Kapitols verhindert haben. Brennus handelte 1000 Pfund Gold für seinen Abzug aus. Als sich die Römer über eine Manipulation der Gewichte beschwerten, warf Brennus auch noch sein Schwert in die Waagschale, mit den berühmten Worten „Vae victis!" – Wehe den Besiegten! (**4**)

Elefantenschlacht Mithilfe von Kriegselefanten stoppte der Seleukidenherrscher Antiochos I. Soter 275 v.Chr. das weitere Vordringen der Galater nach Osten. Als keltische Söldner waren sie nach Kleinasien gekommen. Trotzdem erhielten sie als Lohn für ihre Söldnerdienste Siedlungsgebiet, das spätere Galatien.

Gallien Als der Avernerfürst Vercingetorix 52 v.Chr. zum Aufstand gegen die römischen Besatzer aufrief, folgten ihm viele gallische Stämme begeistert. Er vermied die offene Feldschlacht und verlegte sich auf einen Guerillakrieg entlang der römischen Nachschubwege. Bei Dijon geschlagen und in Alesia belagert, zwangen ihn die gallischen Führer, sich Caesar zu ergeben (**6**), der ihn gefangennahm und hinrichten ließ.

Seite 90

168 v.Chr. Rom siegt in der Schlacht von Pydna und beherrscht den Mittelmeerraum

Ab 125 v.Chr. Erste römische Eroberungen keltischer Gebiete

1.Jh.v.Chr. Römer und Germanen drängen die Kelten nach Westeuropa. Der römische Geschichtsschreiber Diodorus Siculus beschreibt die Kelten als wilde Krieger und Kopfjäger.

58–51 v.Chr. Julius Caesar wird zum Prokonsul der Provinz Gallia Narbonensis und erobert von dort das übrige Gallien

52–46 v.Chr. Aufstand der Gallier unter ihrem Fürsten Vercingetorix, Niederlage in der Schlacht von Alesia

46 v.Chr. Hinrichtung des Vercingetorix nach der Niederlage gegen Caesar

1.–3.Jh.n.Chr. In Nordeuropa werden die Kelten von den Germanen verdrängt. In den römischen Eroberungsgebieten entsteht durch eine enge Verbindung der Einflüsse eine gallo-römische Kultur

Seite 112

Nord- und Westeuropa

▶▶ **Germanen und Römer:** Seite 93

Seiten 94, 110, 120

Die Germanen

6. Jh. v. Chr. – 260 n. Chr.

Die Germanenstämme stießen bis ins 1. Jh. von Norden her nach Mitteleuropa vor und verdrängten die Kelten an

Germanisches Dorf

Rhein und Donau. In Rom galten sie als unbändige und kriegerische Gegner, gegen die das Imperium den Limes errichtete. Die Stämme waren untereinander uneins und teilweise mit Rom verbündet. Der Cheruskerfürst Arminius brachte den Römern eine schwere Niederlage bei. Später verdingten sich kleinere Gruppen von Germanen als Söldner an das römische Heer. Germanenfürsten beherrschten ab dem 4. Jh. das Weströmische Reich und trugen zum Untergang der römischen Großmacht bei.

Kimbern und Teutonen Die aufgrund von Naturkatastrophen und Hungersnöten aus dem Norden abgewanderten Kimbern und Teutonen brachten den Römern in Oberitalien schwere Niederlagen bei. 101 v. Chr. vernichtete Gaius Marius sie bei Vercellae. Tacitus berichtet vom Mut der Germanenfrauen, die mitkämpften, wenn es notwendig war.

Die Hermannsschlacht Der als Geisel in Rom aufgewachsene Cheruskerfürst Arminius (eingedeutscht Hermann) (**2**) galt den Römern als verlässlicher Bundesgenosse. Seine genaue Kenntnis des römischen Militärs und dessen Strategien ermöglichte es ihm, die Legionen des Varus in einen Hinterhalt zu locken und zu vernichten (**3**). Nach dieser Niederlage gaben die Römer ihre Pläne zur Eroberung rechtsrheinischer Gebiete auf.

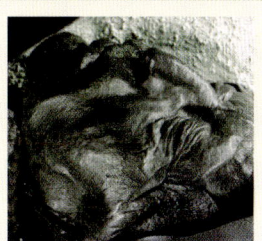

Die Menschenopfer

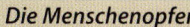

Immer wieder geben nordische Moore gut erhaltene Moorleichen aus germanischer Zeit frei. Da sie meist gefesselt und stranguliert sind, geht man von Menschenopfern aus oder von zum Tode verurteilten Verbrechern, die nach der Hinrichtung im Moor versenkt wurden.

Römische Expansion Zu den Spuren der Römer im Germanenland gehören die Bauten des Limes (**4**, Rekonstruktion) und die Porta Nigra in Trier (**5**). Das „Schwarze Tor", so genannt wegen des dunklen Sandsteins, war das nördliche Stadttor der Römerstadt Augusta Treverorum („Augustusstadt im Land der Treverer"). Viele der oft schnurgerade verlaufenden

großen Straßen in Europa wurden angelegt für die Fußtruppen und Provianttrosse der römischen Garnisonen. Anders als die Naturwege der Germanen waren sie gepflastert und damit wetterfest. Zahlreiche europäische Städte gehen auf römische Siedlungen und Lager zurück.

» **Arianismus:** Seite 111

Die Große Völkerwanderung

375–568 n. Chr.

Ausgelöst durch den Zug der asiatischen Hunnen (S. 96) Richtung Europa, begann um 375 die Große Völkerwanderung mit den Westzügen der Goten. Germanenvölker (**1**, Helm) besetzten Italien, Frankreich und Spanien und zogen bis nach Nordafrika. Sie stürzten das weströmische Kaiserreich, und der Ostgotenkönig Theoderich der Große erhob sich zum König von Italien. Das Ostgoten- und das Vandalenreich wurden im 6. Jh. zerstört, und die Westgoten gingen im Ansturm der Araber ab 711 (S. 158–163) unter. Indessen stiegen die Franken (**4**) zur neuen Vormacht in West- und Mitteleuropa auf.

Germanenzug Bedrängt von den Reitervölkern des Ostens, zogen germanische Stammesverbände nach Westen (**2**). Dabei schlossen sie Bündnisse untereinander oder auch Verträge mit Rom und Byzanz.

Aufnahme ins Römische Reich Im Jahr 378 unterlag der oströmische Kaiser Valens den Westgoten bei Adrianopel (**3**). Dies war ein Wendepunkt der Geschichte, denn nun durchbrachen die Germanen aus dem Osten die römischen Reichsgrenzen. Die Gotenfürsten hatten vergeblich mit Valens über Siedlungsgebiete verhandelt, ehe er gegen sie zu Felde zog. Unter seinem Nachfolger durften die Goten auf Reichsgebiet siedeln, mussten dafür aber in Kriegszeiten Waffenhilfe leisten (S. 83).

Angelsachsen Um 400 hatten die Römer die Herrschaft über Britannien aufgegeben. Ab Mitte des 5. Jh. landeten von der Nordseeküste aus Teile der nordgermanischen Stämme der Jüten, Angeln und Sachsen unter den beiden Anführern Hengist und Horsa (**5**) auf den Britischen Inseln. Sie verschmolzen mit der Urbevölkerung zum Volk der Angelsachsen, deren Sprache die Wurzel des heutigen Englisch ist.

Plünderungen Roms Rom war politisch geschwächt, und so sahen sich die Germanenvölker im 4. und 5. Jh. mehrfach im Vorteil. Während die Römer die Germanen als „Barbaren" ansahen, hielten die Germanen ihrerseits die Römer der Spät- antike für „dekadent". Erstmals wagte der Westgotenkönig Alarich 410 einen Überfall auf Rom. Die Vandalen plünderten die Stadt 455 erneut (**6**). Der Begriff „Vandalismus" sicherte ihnen ein denkbar schlechtes Ansehen in der Geschichte.

⟫ Die Geburt Englands: Seite 128

Die Nomadenreiche der eurasischen Steppe

3. Jh. v. Chr. – 7. Jh. n. Chr.

Seit dem 3. Jh. v. Chr. entstanden in den asiatischen Steppenregionen Stammesföderationen von Reiternomaden (**2**), die immer wieder nach Osten, Süden und Westen vorstießen. Während die Xiongnu insbesondere China bedrohten, zogen die Hephthaliten nach Süden, bis sie durch die Sassaniden vernichtet wurden. Europa wurde ab 375 n. Chr. von den Hunnen (**1**) überrannt. Sie trieben die Germanenvölker vor sich her und bewegten sich in brutalen Kriegs- und Beutezügen durch Ost- und Mitteleuropa bis nach Frankreich. Erst 450 drängte Ostrom die Hunnen nach Westen ab. Nach dem Tod Attilas 453 zerfiel das Hunnenreich. In Zentralasien traten Turkvölker an die Stelle der Hunnen und errichteten bis zum 7. Jh. Nomadenreiche, die sich von den Grenzen Chinas bis ans Kaspische Meer erstreckten.

Jurten, die Zelte der Reiternomaden in der Mongolei, sind nach dem türkischen Wort für „Heim" benannt und bestehen aus Filz.

Eurasien

Einfall der Hunnen Die Kriegs-züge der Hunnen verbreiteten Angst und Schrecken; Attila (**4**) galt als „Geißel Gottes" für die Sünden der Menschheit. Man sah in ihm einen Vorboten des nahenden Weltendes. Eine ver-gleichbare Verwüstung und Brutalität (**3**) erlebte Europa erst wieder unter dem Ansturm der Mongolen (S. 166).

Schlacht auf den Katalauni-schen Feldern Beide römi-schen Reichsteile versuchten zunächst, sich mit Goldtributen von Plünderungen freizukaufen – vergeblich: 451 fiel Attila in Gallien ein. Auf den Katalauni-schen Feldern traten ihm die verbündeten Römer unter dem Feldherrn Aetius und die Westgoten unter König Theoderich I. entgegen, der in der Schlacht fiel. Andere Germanenstämme wie die Ostgoten und Gepiden kämpften an Attilas Seite. Es gelang Aetius, Attila aus seiner geschickt gewählten Verschan-zung zu locken und zu schlagen. Dieser Sieg wurde oft als „Rettung des Abendlandes" gefeiert. Allerdings wandte sich Attila anschließend nach Ober-italien und plünderte Städte wie Mailand und Bergamo.

➤➤ **Die Invasion der Mongolen:** Seiten 166–169

Das antike Indien

Um 321 v. Chr. – um 500 n. Chr.

Durch den Indienzug Alexanders des Großen (S. 64) kam die indische Kultur in Kontakt mit der hellenistischen Welt. Besonders die Dynastie der Maurya, die den größten Teil Indiens beherrschte, pflegte dorthin enge Beziehungen. Kaiser Ashoka war außerdem dafür verantwortlich, dass sich der Buddhismus schnell als Volksreligion durchsetzte. Das Guptareich förderte wieder stärker den Hinduismus, ehe es von den Hephthaliten (S. 96) zerschlagen wurde. In Zentral- und Südindien etablierten sich eigenständige Reiche mit unabhängigen Dynastien. In erster Linie in Südindien bewahrten die Pallava-Herrscher die altindische Kultur.

Vom 4. Jh. v. Chr. bis zum 4. Jh. n. Chr. entstanden die großen indischen Heldenepen Mahabharata (Schriftrolle rechts) und Ramayana (Illustration unten).

Indien

ZEITLEISTE

Um 321 v. Chr. Gründung des Mauryareiches durch Chandragupta Maurya

268–nach 232 v. Chr. Regentschaft Kaiser Ashokas, Ausbreitung des Buddhismus

um 250 v. Chr. Buddhistisches Konzil in Pataliputra. Buddhismus nimmt volksreligiöse Elemente auf

185 v. Chr. Ermordung des letzten Mauryaherrschers

185–73 v. Chr. Herrschaft der buddhistischen Shunga-Dynastie

73–28 v. Chr. Herrschaft der Kanva-Dynastie

1. Jh. v. Chr. Eroberung Nordindiens durch das Reitervolk der Saken

bis 2. Jh. n. Chr. Sakenreiche unter der Vorherrschaft der Parther (S. 88) und der Kushana

 Seite 170

Durchsetzung des Buddhismus Nach seinen blutigen Eroberungszügen wandte sich Kaiser Ashoka der friedliebenden und mitleidsvollen Lehre Buddhas (**2**) (S. 49) zu. Er machte den Buddhismus in stark vereinfachter Form zur Staatsreligion. Unter seiner Herrschaft kam auch das dritte der insgesamt sechs Konzile über die Lehren Buddhas und die Organisation der buddhistischen Ordensgemeinschaften zusammen. Es konnte aber keine Einigung zwischen den Hauptrichtungen erzielt werden.

②

Kaiser Ashoka Kaiser Ashoka förderte die Ausbreitung des Buddhismus in Indien und durch Missionierung im Ausland, war aber tolerant gegenüber anderen Religionen. Seine Regierungsprinzipien, Erlässe und Taten ließ er durch Säulen- und Felsinschriften (**1**, **3**) im ganzen Land verbreiten.

③

ZEITLEISTE
3. Jh. n. Chr. Auflösung der Kushana-Reiche
4.–8. Jh. Herrschaft der Pallava-Dynastie in Südindien
320–647 Herrschaft der Gupta-Dynastie in Nordindien
376–414 Regentschaft Kaiser Chandraguptas II.
um 428 Erste Invasion der Hephthaliten („Weiße Hunnen")
477–495 Regentschaft Kaiser Budhaguptas
Um 500 Zerstörung des Gupta-reiches durch die Hephthaliten, Reste der Dynastie halten sich in Magadha (bis 647)
510–517 Herrschaft der Hunnenführer Toramana und Mihirakula
550–757 Chalukya-Dynastie
606–647 Nordindisches Großreich unter Harsa
Um 630–660 Herrschaft König Narasimhavarmans, Höhepunkt des Pallava-Reiches
712 Die Araber erobern Sindh

Seite 170

Wiedererstarken des Hinduismus Nach dem Untergang des Mauryareichs im 2. Jh. v. Chr. gelang es erst im 4. Jh. n. Chr. der Guptadynastie, wieder ein Großreich zu gründen, das ganz Nordindien umfasste. Wie viele lokale Fürsten zogen die Guptaherrscher den Hinduismus vor und ließen Tempel (**4**) errichten. Die Förderung der buddhistischen Orden schränkten sie ein, so dass diese Religion mehr und mehr verfiel.

④

» **Südostasiatische Religionen:** Seiten 50–51

Chinas erste Kaiser: Die Qin-Dynastie

221 v.Chr.–206 v.Chr.

Durch Unterwerfung der anderen Reiche vereinte der westchinesische Militärstaat Qin unter dem späteren Kaiser Shihuangdi China. Der neue Zentralstaat zeichnete sich durch eine straffe Verwaltung, strenge Gesetze und die Regulierung aller Lebensbereiche im Interesse des Staates aus. Eine gut ausgebildete und disziplinierte Armee mit modernen Waffen wurde aufgebaut, das Geistesleben Chinas jedoch kam infolge einer rein auf den praktischen Nutzen zielenden Politik zum Erliegen. Der erste Kaiser bewahrte sein Andenken in einer gewaltigen Grabanlage, die von der berühmten Terrakottaarmee bewacht wurde. Seine Dynastie wurde jedoch schon kurz nach seinem Tod gestürzt.

Armbrustschütze der Terrakottaarmee

Qin Shihuangdi (259 v.Chr.–210 v.Chr.)

Als Jugendlicher übernahm Zheng die Macht im Staat Qin und beendete durch Zerschlagung der übrigen sechs Königreiche Chinas die Zeit der Streitenden Reiche. Unter dem Namen Qin Shihuangdi („Erster Erhabener und Göttlicher von Qin") ernannte er sich im Jahr 221 v.Chr. zum ersten Kaiser Gesamt-Chinas. Innerhalb von nur elf Jahren vereinheitlichte er mit ebenso beeindruckender Energie wie brutaler Rücksichtslosigkeit Sprache, Schrift, Münzen, Maße und Gewichte, ja sogar die Spurbreite und Länge von Handelswagen. Er ließ Staudämme errichten und es entstand die Grundlage der „Großen Mauer". Aber auch Umsiedlungen, politische Verfolgung und Bücherverbrennungen wie die der konfuzianischen Schriften im Jahr 213 v.Chr. gingen auf sein Konto.

1

Die Terrakottaarmee

Es war eine archäologische Sensation, als 1974 die ersten Soldaten der aus individuell und lebensgroß gestalteten Terrakottafiguren bestehenden Armee im Grab des Qin Shihuangdi entdeckt wurden. Bisher wurde etwa ein Viertel der riesigen Grabanlage geborgen: Erst kürzlich wurde ein künstlicher Fluss mit Hunderten bronzener Wasservögel freigelegt.

Die Chinesische Mauer Kaiser Qin Shihuangdi begann mit dem Bau der „Großen Mauer" (**1**) zur Abwehr der Nomadenvölker im Norden. Unter den Han (S. 102–103) wurde sie durch die Ansiedlung von Wehrbauern und die Errichtung von Wachtürmen auf Anhöhen und befestigten Städten direkt hinter der Mauer verstärkt. Die Ming-Kaiser (S. 240) errichteten im 15. Jh. eine neue Mauer mit einer Höhe von bis zu 16 m, einer Breite von 5 bis 8 m und einer Länge von insgesamt mehr als 6000 km. Doch so wie die erste Mauer die Mongolen (S. 166) im 13. Jh. nicht davon abhielt, nach China vorzudringen und die Herrschaft an sich zu reißen, erwies sich auch die neue Mauer als nutzlos gegen die Europäer, die im 19. Jh. über das Meer nach China vordrangen.

⟫ **Europäische Intervention in China:** Seiten 316–317

China

China unter der Han-Dynastie

206 v. Chr. – 220 n. Chr.

Die Han-Dynastie herrschte mit einer kurzen Unterbrechung über 400 Jahre lang. Sie legte in vielfacher Hinsicht die kulturelle Prägung Chinas bis ins 19. Jh. fest. Kaiser Wudi setzte an die Stelle einer starren Befolgung von Normen und Gesetzen den milderen Konfuzianismus, der unter seinen Nachfolgern zur Staatsideologie wurde. Dieser Regierungskurs führte zu Loyalität dem Kaiser gegenüber sowie zur Anerkennung gesellschaftlicher Hierarchien und familiärer Bindungen. Solche Werte bestimmten fortan das Selbstverständnis des Reiches. Ab dem 1. Jh. v. Chr. geriet das Kaiserhaus wiederholt unter den Einfluss der Familien der Kaiserinnen. Palasteunuchen und das Militär (**1**) beteiligten sich an Intrigen, Aufständen und Bürgerkriegen. Nach der Absetzung des letzten Kaisers der Han 220 blieb das Reich die meiste Zeit bis Ende des 6. Jh. in viele kleine Reiche zersplittert.

① ②

Das Chinesische Kaiserreich

China verstand sich selbst stets als „Reich der Mitte", umgeben von kulturell unterlegenen Völkern. Die staatliche Organisation, die Fortschritte der Wissenschaft sowie die technischen und künstlerischen Errungenschaften, z. B. die Erfindung des Porzellans (**5**, **6**), führten zu einem hohen Zivilisationsgrad, der geschützt und bewahrt werden musste. Vor allem der konservative Konfuzianismus und die Isolationspolitik ließen China jedoch im 19. Jh. ins Hintertreffen geraten gegenüber den aufstrebenden europäischen Mächten, die China gewaltsam öffneten.

④ ⑤

Konfuzianismus in China In der Han-Zeit setzte sich der Konfuzianismus als Staatslehre durch und prägte China rund 2000 Jahre lang. Die hierarchische Familie gilt als Keimzelle der Gesellschaft. Kinder müssen die Eltern respektieren (**2**), diese sollen Wissen und Weisheit weitergeben.

Handel Die Seidenstraße (**3**) war die wichtigste Handelsroute zwischen Nordchina und Zentralasien. Sie erstreckte sich bis nach Antiochia am Mittelmeer. Hier wurden chinesische Seide in den Westen und orientalische Glas- und Metallprodukte nach China transportiert. Zudem diente die Straße dem kulturellen und geistigen Austausch. Ihre Sicherung gegen Überfälle war lebenswichtig.

Um 2000–1500 v. Chr.
Xia-Dynastie (legendär)
Um 1700–1025 v. Chr.
  Shang-Dynastie
    1025–771 v. Chr.
      Westliche Zhou
      771–256 v. Chr.
        Östliche Zhou
        221–206 v. Chr.
          Qin-Dynastie
          202 v. Chr.–
          220 n. Chr.
            Han-Dynastie

220–589 *Reichsteilungen*
581–618 *Sui-Dynastie*
618–906 *Tang-Dynastie (**4**)*
960–1126 *Nördliche Song*
990–1227 *Xia-Dynastie*
1127–1279 *Südliche Song*
1115–1234 *Jin-Dynastie*
1279/80–1368 *Yuan-Dynastie (Mongolen)*
1368–1644 *Ming-Dynastie*
1644–1912 *Qing-Dynastie (Mandschu) (**7**)*

Erste Reiche in Nord- und Nordostafrika

15. Jh. v. Chr. – 4. Jh. n. Chr.

Berber, Libyer, Nubier und Äthiopier gründeten die ersten Reiche Afrikas. Über einen ausgedehnten Karawanenhandel v. a. mit Gold und Menschen nahmen sie Beziehungen zu den Großreichen der Mittelmeerwelt auf. Libyer und Nubier dienten als Söldner in der ägyptischen Armee und stellten schließlich sogar Pharaonendynastien (S. 30). Ihr Reich, das über große Goldvorkommen verfügte, stand zunächst als Vizekönigtum Kusch unter der Herrschaft Ägyptens. Kunst und Kultur der Kuschiten blieben auch später stark ägyptisch geprägt. Das erste äthiopische Reich gründeten aus Südarabien eingewanderte Stämme. Ab dem 4. Jh. wurden Nubien und Äthiopien christianisiert. Äthiopien erreichte mit der Eroberung des Jemen im 6. Jh. seine größte Ausdehnung. Durch die Ausbreitung des Islam in den umliegenden Ländern geriet es jedoch vom 7. Jh. an allmählich in die Isolation. Die Numidier aus Nordostafrika führten am Ende des 1. Jh. v. Chr. Krieg mit Rom (**3**).

Das Felsbild aus der Sahara zeigt Menschen und eine Rinderherde.

Nubien Das Reich der Nubier von Kusch wurde im 15. Jh. v. Chr. von den ägyptischen Pharaonen unterworfen. Sie setzten die Nubier lange Zeit als Hilfstruppen und Arbeitssklaven ein und forderten hohe Tributzahlungen (**1**). Im 8. Jh. v. Chr. wendete sich das Blatt: Die Kuschiten drangen nun nach Ägypten vor und herrschten dort als „Schwarze Pharaonen".

Seite 34

15.–11. Jh. v. Chr. Ägyptisches Vizekönigreich Kusch in Nubien (im heutigen Sudan)

Um 1070 v. Chr. Nubien (Kusch) wird unabhängig

728/16–664/56 v. Chr. Kuschiten herrschen als 25. Dynastie ("Schwarze Pharaonen") über Ägypten

Um 300 v. Chr. Aufstieg des Reiches von Meroë

264–146 v. Chr. Punische Kriege in Oberafrika

118–105/04 v. Chr. Regentschaft Jugurthas, König von Numidien

112 v. Chr. Massaker an Römern in Cista

112–105 v. Chr. Jugurthinische Kriege

25 v. Chr.–23 n. Chr. Regentschaft Jubas II., König von Mauretanien

23–40 n. Chr. Regentschaft Ptolemaios', König von Mauretanien

44 n. Chr. Mauretanien wird römische Provinz

Um 350 Die Äthiopier zerstören das Reich von Meroë

Ab 4. Jh. Äthiopien und Teile Nordafrikas werden christlich

Seiten 162, 178

Goldhandel Das Reich von Kusch war durch den Goldhandel bedeutend geworden. Von seiner hohen Kultur zeugen Pyramiden nach ägyptischem Vorbild (**2**) ebenso wie Tempelanlagen und Paläste in der Hauptstadt Meroë. Das darum so bezeichnete Reich von Meroë wurde von den Äthiopiern zerstört und zerfiel ab dem 4. Jh. in kleinere Reiche.

Jugurthinische Kriege Durch Bestechung des Senats hatte sich Jugurtha (**4**) die Alleinherrschaft im Königreich Numidien in der römischen Provinz Africa gesichert. Als er gegen seine Gegner vorging, zwang er die Römer einzugreifen (**3**). Die Jugurthinischen Kriege wurden nur halbherzig geführt, solange Jugurtha noch einen Teil der römischen Oberschicht dominierte. 105 v. Chr. wurde er besiegt und hingerichtet.

Christentum Die Äthiopier führten ihre Herkunft auf Menelik zurück, den legendären Sohn des biblischen Königs Salomo mit der Königin von Saba, und verstanden sich als Schutzmacht der Christen in Nordafrika sowie auf der Arabischen Halbinsel. Als heilige Stadt blieb die frühe Hauptstadt Aksum (**5**) bis ins 19. Jh. Krönungsort der äthiopischen Kaiser.

▶▶ **Die Geschichte des Christentums:** Seiten 84–85

Das Mittelalter

5.–15. Jh.

Die Große Völkerwanderung und der Zerfall des Römischen Reiches führten dazu, dass sich germanische Staatswesen in verschiedenen Ausformungen in Westeuropa durchsetzten. Dabei verbanden sich germanische Traditionen mit der Kultur der Spätantike, die in erster Linie durch die christliche Kirche bewahrt wurde. Im Osten hielt sich das Byzantinische Reich, dessen Hochkultur besonders die Slawen beeinflusste. Mit den Eroberungszügen der muslimischen Araber trat eine neue Vormacht im Mittelmeerraum auf. Der Prophet Mohammed hatte im 7. Jh. den Islam begründet, der sich rasch von Arabien aus verbreitete. Von der Iberischen Halbinsel bis weit nach Zentralasien hinein bildeten sich islamische Reiche, die zu hoher kultureller Blüte gelangten.

Das um 1395 entstandene Tafelbild (Wilton-Diptychon) zeigt den englischen König Richard II. mit seinen Schutzheiligen. Es verdeutlicht seinen Anspruch auf eine Stellung als Herrscher „von Gottes Gnaden".

Gehorsam und Reform

Die mittelalterliche Gesellschaft war streng hierarchisch organisiert. Wie die Glieder einer Kette hatte jede Bevölkerungsgruppe ihren Platz im Staat. An der Spitze der gesellschaftlichen Pyramide standen Adel und Klerus. Juden oder Personen, die unehrenhaften Berufen nachgingen, standen außerhalb und waren allenfalls geduldet. Die Kirche, insbesondere die Klöster, waren die wichtigsten Träger der mittelalterlichen Kultur. Sie bewahrten die Werke antiker Autoren, die vielfach durch muslimische Gelehrte vermittelt worden waren. Aus den Kloster- und Kathedralschulen entstanden im 12.Jh. die ersten Universitäten.

Dem Klerus standen auf weltlicher Seite Fürsten und Adel gegenüber. Auch sie entwickelten eine eigene Kultur, in deren Mittelpunkt das ritterliche Ideal stand: Ein Ritter sollte christliche Tugenden mit Mut und Kampfgeist vereinen, die er in Turnieren unter Beweis stellen musste (**2**). Die Fürsten versuchten, feste Landesherrschaften zu errichten und sich vom Einfluss des Adels und der Kirche unabhängig zu machen. Andererseits waren sie auf deren Zustimmung und Mitwirkung angewiesen, da ihre Macht und die Mittel begrenzt waren. Aus dieser Konstellation entstand das mittelalterliche Lehnswesen, der Feudalismus (lat. *feudum*, Lehen): Gegen Zusicherung militärischer Hilfe und Treue vergaben die Herrscher Ländereien an Adlige, die diese in eigener Verantwortung verwalteten und dort auch Steuern eintrieben. Doch der Adel setzte mit der Zeit die Erblichkeit der Lehen durch und errichtete so eigene Herrschaften. Hinter wehrhaften Burgen verschanzt, entzogen sich die Adligen dem Zugriff ihrer Oberherren.

Die breite Masse der Bevölkerung lebte als Bauern. Sie waren ihren

①

Herren zu Abgaben und Diensten verpflichtet. Die Lebensverhältnisse waren primitiv, die Kindersterblichkeit hoch. Seuchen wie die Pest, die ab der Mitte des 14. Jh. immer wieder über Europa hereinbrachen, kosteten Millionen das Leben. Die Menschen waren solchen Katastrophen hilflos ausgeliefert, was Endzeitstimmung auslöste. Prozessionen von Büßern und Selbstgeißlern (**1**) waren Ausdruck religiösen Wahns. Religion und Glaube waren

wichtige Bezugspunkte für die Menschen des Mittelalters. Viele strebten nach einem gottgefälligen Leben. Wiederholt gab es Ansätze zu Reformen der Kirche und des religösen Lebens. Die Philosophen der Scholastik wie Thomas von Aquin versuchten, Glauben und Wissen, theologische Dogmen und Naturwissenschaften miteinander in Einklang zu bringen. Als Gegenbewegung zur vernunftbetonten Scholastik entwickelte sich die eher emotionale Mystik. Hildegard von Bingen, Meister Eckart und andere Mystiker suchten nach einem verinnerlichten Gotteserlebnis. Die neue Frömmigkeit *(devotio moderna)* sprach auch einfache Menschen an.

Bis zu diesem Zeitpunkt hatten christliche Orden eher die Abgeschiedenheit gesucht. Im 13. Jh. entstanden nun die Bettelorden, die das christliche Armuts-Ideal verwirklichen wollten. Diese wendeten sich bewusst den aufstrebenden Städten zu. Nach dem Niedergang der antiken städtischen Kultur in der Völkerwanderungszeit blühten im Hochmittelalter die Städte langsam wieder auf und zogen die unterdrückte Landbevölkerung an. Hier konzentrierten sich Handel und Gewerbe, die als Einnahmequelle immer wichtiger wurden. In den reichen Handels- und Textilstädten Italiens und der Niederlande, den Zentren einer frühen Form des Kapitalismus, bildete sich eine selbstbewusste Oberschicht heraus. Sie wurde zum Träger des Humanismus und der beginnenden Renaissance, die den Übergang zur Neuzeit einleitete.

Germanenreiche

5.–8. Jh.

Nach dem Zerfall des Weströmischen Reiches (S. 83) gründeten die Germanen in Westeuropa und Nordafrika mehrere kurzlebige Reiche. Dabei bildeten sie eine meist dünne Führungsschicht und vermischten sich nicht mit der einheimischen Bevölkerung, die im Gegensatz zu den überwiegend arianischen Germanen katholisch war. Dies schwächte von Anfang

Geiserich, Gründer des Vandalenreiches in Afrika

an den inneren Zusammenhalt der neuen Reiche. Die Uneinigkeit der Germanen untereinander nutzten Byzantiner und Araber für ihre Expansion aus. Als dauerhaft erwies sich letztlich nur das Frankenreich (S. 112).

①

Wulfila Bischof Wulfila, der um 370 die Bibel ins Gotische übersetzt hatte, gewann das Volk der Goten für das Christentum (**2**). Er war Anhänger des Arius, der im Widerspruch zur katholischen Lehre stand, und so wurden auch die Goten und die meisten anderen Germanen zu Arianern. Der Gegensatz zwischen den arianischen Germanen und der katholischen Bevölkerung der von ihnen eroberten Gebiete schwächte die Germanenreiche nachhaltig.

Theoderich der Große Der Ostgotenkönig Theoderich (**3**) war am Kaiserhof in Konstantinopel erzogen worden. Als Verbündeter der Byzantiner besiegte er 489–493 in Italien den Germanen Odoaker (S. 94) und baute dort ein eigenes Reich auf mit der Hauptstadt Ravenna (**1**). Er versuchte, die Germanenreiche durch dynastische Heiraten untereinander zu verbinden und zu stärken.

Die Nibelungen Das Volk der Burgunder, das mit den Vandalen nach Westeuropa gezogen war, ließ sich zunächst am Rhein nieder. Hier wurde ihr erstes Reich 437 von hunnischen Söldnern Roms zerstört (**4**). Erst später gelangten die Burgunder an die Rhône und gründeten ein zweites Reich, das 534 von den Franken besiegt und annektiert wurde. Die Kämpfe zwischen Burgundern und Hunnen lieferten die Vorlage für das mittelalterliche Nibelungenlied.

» **Germanen:** Seiten 92–93 | **Große Völkerwanderung:** Seiten 94–95

Das Franken-reich

5.–10. Jh.

Unter Chlodwig I. aus der Familie der Merowinger stieg das Frankenreich um 500 zur Vormacht in Westeuropa auf. Allerdings schwächten nach seinem Tod 511 andau-ernde Erbstreitigkeiten die Dynastie, wodurch der Adel an Einfluss gewann. Schon bald wurden die königlichen Statthalter, die Hausmeier, die eigentlichen Machthaber im Reich. Die Hausmeier aus der

Reiterbildnis Karls des Großen aus der Zeit um 870

Familie der Karolinger setzten schließlich 751 den letzten Merowinger ab und nahmen mit Billigung des Papstes selbst den Königstitel an. Karl der Große, Sohn Pippins I. und ab 800 Kaiser, unterwarf Langobarden, Sachsen, Bayern sowie die Awaren im heutigen Ungarn. Doch auch seine Nachkommen verstrickten sich in Erbfolgekämpfe. Teilungen führten zum Niedergang der Reiches.

Chlodwig I. Der Merowinger Chlodwig ließ sich um 496 von Bischof Remigius von Reims nach katholischem Ritus taufen (**2**). Anders als andere Germa-nenkönige förderte er das Zusammenwachsen der Germanen mit der einheimischen Bevölkerung in den von ihm unterworfenen Gebieten. Chlodwigs Eroberung von Süd-westfrankreich und Südwest-deutschland begründete den Aufstieg des Frankenreiches.

Kaiserkrönung Schon unter Pippin I. waren die Franken als Verbündete des Papstes gegen die Langobarden in Italien aufgetreten (S. 134). Karl der Große setzte die Politik seines Vaters fort und eroberte 774 das Langobardenreich. Im Jahr 800 ließ er sich schließlich von Papst Leo III. zum Römischen Kaiser krönen (**3**). Erst 812 erkannte auch der oströmische Kaiser in Konstantinopel das neue Kaisertum im Westen an.

Karl der Große

Durch eine groß angelegte Expansionspolitik hatte Karl die Grenzen seines Reiches von der Elbe und der mittleren Donau bis nach Nordspanien und Mittelitalien ausgedehnt. Die Verbindung zum Papsttum und die Förderung der Mission wie z. B. in Sachsen, wo er zahlreiche Bistümer errichten ließ, führten zur Kaiserkrönung durch den Papst im Jahr 800. Im Inneren leitete Karl die „Karolingische Renaissance" ein. Nach dem Vorbild der Palastschule in Karls Hauptresidenz Aachen wirkten in erster Linie Mönche in Dom- und Klosterschulen als Vermittler der mittelalterlichen Kultur. Christliche, antike und germanische Traditionen gingen dabei ineinander über.

Frankreich und Deutschland Nach alter germanischer Sitte teilten die Enkel Karls des Großen das Frankenreich (**1**) im Vertrag von Verdun 843 (**4**) in drei Teile. Erbstreitigkeiten und weitere Teilungen, Einfälle von Normannen und Ungarn sowie der Aufstieg neuer Dynastien führten bis ins 10. Jh. zum Niedergang der Karolinger. Aus dem Westfränkischen Reich entstand das heutige Frankreich, aus dem Ostfränkischen Reich das Deutsche Reich. Die Teilung prägte den späteren Grenzverlauf zwischen den beiden Ländern. Das Mittelreich Lothars I., nach dem die spätere Grenzregion Lothringen benannt ist, erstreckte sich ursprünglich von der Nordsee bis nach Italien.

Deutsches Reich

▲ Seite 112

▼ Seite 117

Deutsches Reich – die Ottonen

911–1024

Die deutsche Kaiserkrone

Nach dem Tod des letzten Karolingerkönigs wählte der einheimische deutsche Adel Männer aus den eigenen Reihen zu Königen des Ostfränkischen bzw. Deutschen Reiches. Mit Heinrich I., dem Herzog von Sachsen, kamen 919 die Ottonen an die Macht. Unter ihnen wurden Sachsen und die dortigen Residenzen wie Quedlinburg (**1**) zum politischen Zentrum des Reiches. Otto I., der Große, konnte sich 951–963 die Herrschaft über Italien sichern. 962 wurde er vom Papst zum Kaiser gekrönt. Damit ging die römische Kaiserwürde für die nächsten Jahrhunderte auf die deutschen Könige über. Otto I. und seine Nachfolger schafften u. a. das Reichskirchensystem, um ihre Herrschaft zu konsolidieren, stießen dabei jedoch auf den Widerstand des Hochadels.

Otto I., der Große Im Jahr 950 unterwarf Otto I. die Böhmen. 955 besiegte er in der Schlacht auf dem Lechfeld die Ungarn (**2**). Zur Sicherung der Ostgrenze des Reiches und zur Slawen-mission richtete er neue Grenz-provinzen und Bistümer ein. Als Gegengewicht zum mächtigen Adel stützte sich Otto im Innern v. a. auf die Reichskirche, die er mit großzügigen Priviligien aus-stattete.

Kaiserin Theophanu

Die Ehefrau Ottos II. stammte aus Konstantinopel, sie war eine Nichte des Oströmischen Kaisers. Nach ihrer Vermählung 972 ka-men zahlreiche Künstler und Gelehrte aus Konstantinopel an den deutschen Kaiserhof. Byzantinische Kultur und Sitten, wie etwa die Verehrung des hl. Nikolaus, gewannen dadurch stark an Ein-fluss. Nach dem frühen Tod ihres Ehemanns sicherte Theophanu die Thronfolge für ihren minderjährigen Sohn Otto III. Dabei un-terstützten sie ihre Schwiegermutter Adelheid und ihre Schwä-gerin Mathilde im Kampf gegen erhebliche Widerstände. Bis zu ihrem Tod 991 führte Theophanu die Regentschaft selbst.

Renovatio imperii Der junge Otto III. (**3**) setzte nach seinem Herrschaftsantritt 995 die Ost-politik seines Großvaters fort (S. 144). In Polen und Ungarn unterstützte er die Gründung der Erzbistümer von Gnesen und Gran. Prinzessinnen aus dem ottonischen Kaiserhaus wurden mit den Königen Po-lens und Ungarns vermählt und sollten so den deutschen Ein-fluss dort sichern. In Italien war Otto III. weniger erfolgreich: Zwar konnte er 996 die Wahl eines Verwandten zum Papst durchsetzen, doch gegen seine hochfliegenden Pläne, das Rö-mische Reich wiederzuerrichten *(renovatio imperii)*, wehrte sich der römische Adel und vertrieb den Kaiser 1001 aus der Stadt. Kurze Zeit später starb Otto III. an der Malaria.

▶▶ **Reichskirche:** Seiten 116–117 | **Italienpolitik der deutschen Könige:** Seiten 134–136

Deutsches Reich – Salier und Staufer

1024–1250

Im Jahr 1024 wurde Konrad II. aus dem Geschlecht der Salier zum neuen König gewählt. Die Salier stützten sich wie die Ottonen auf die enge Verbindung zur Kirche. Unter anderem setzten sie die Wahl von reformbereiten Päpsten (S. 134) durch und behielten sich das Recht vor, Bischöfe einzusetzen (Investitur). Um diese Form der Machtausübung entbrannte um 1075 der sog. Investiturstreit zwischen dem erstarkten Papsttum und dem König. Der Konflikt hielt auch unter den Staufern an, die ab 1138 regierten. Diese versuchten, eine Erbmonarchie einzuführen – gegen den Widerstand der Reichsfürsten, den der Papst unterstützte. Zwar konnte Kaiser Friedrich I. Barbarossa 1180 über Heinrich den Löwen, den Herzog von Sachsen und Bayern, triumphieren, und Friedrichs Enkel Kaiser Friedrich II. setzte sich 1214 gegen Heinrichs Sohn Otto IV. durch. Langfristig jedoch scheiterten die Staufer mit ihrem Herrschaftsanspruch.

Der Kaiserdom von Speyer, Grabkirche der Salier

Siegel mit Bildnis Konrads II.

Canossa Im Investiturstreit belegte Papst Gregor VII. Kaiser Heinrich IV. mit dem Kirchenbann. Erst nachdem Heinrich 1077 im italienischen Canossa öffentlich Buße getan hatte (**1**), hob der Papst den Bann wieder auf. Später jedoch setzte Heinrich einen Gegenpapst ein und vertrieb Gregor VII. (**2**).

⌃ Seite 114

1024–1125 Herrschaft der Salier

1066–1105/06 Regierung Heinrichs IV. (Kaiserkrönung 1086)

1077 Bußgang nach Canossa

1122 Kompromiss zwischen Kaiser und Papst im „Wormser Konkordat" beendet den Investiturstreit

1152–1190 Regierung Friedrichs I., Barbarossa

1180 Prozess gegen den Welfen Heinrich den Löwen

1198 Doppelkönigswahl des Staufers Philipp von Schwaben und des Welfen Otto IV.

1208 Philipp von Schwaben wird ermordet

1212 Der Staufer Friedrich II., König von Sizilien, wird zum Gegenkönig gewählt

1214 Schlacht von Bouvines: Die mit den Staufern verbündeten Franzosen besiegen den Welfen Otto IV. und seine englischen Verbündeten (S. 123)

1250 Tod Friedrichs II.

1250/54–1273 „Interregnum"

1268 Konradin, der letzte legitime Staufer, wird in Neapel hingerichtet (S. 137)

⌄ Seite 119

Heinrich der Löwe Trotz der Hilfegesuche Friedrich Barbarossas (**3**) versagte Heinrich der Löwe dem Kaiser seine Unterstützung in Italien (S. 135). Nach einem Prozess wurde Heinrich geächtet und verlor 1180 seine Herzogtümer. Er ging ins Exil nach England, der Heimat seiner Ehefrau Mathilde (**4**).

Die Barbarossa-Sage

Wie viele Herrscher beteiligte sich Kaiser Friedrich I. Barbarossa („Rotbart") an den Kreuzzügen (S. 155). Auf dem Weg ins Heilige Land ertrank er 1190 unter ungeklärten Umständen in einem Fluss in Kleinasien. Der Legende nach lebt der Kaiser im Berg Kyffhäuser im Harz fort und wird eines Tages zurückkehren.

Kaiser Friedrich II. – stupor mundi

Die Heimat des Stauferkaisers Friedrich II. war Sizilien, das er 1198 von seiner Mutter erbte (S. 135–137). Von hier aus wollte er ein geeintes Reich schaffen, das ganz Italien und Mitteleuropa umfassen sollte. Die Päpste sahen dadurch ihre Unabhängigkeit bedroht. Sie sprachen mehrmals den Kirchenbann über ihn aus und verurteilten ihn als Ketzer. Friedrich war hochgebildet, beherrschte mehrere Sprachen und verfasste ein Buch über die Falkenjagd. Seine Zeitgenossen bezeichneten ihn als stupor mundi („der die Welt in Staunen versetzt").

»› **Staufer in Italien:** Seiten 135–137 | **Papsttum und Kirchenstaat:** Seiten 136–137

Das Deutsche Reich im Spätmittelalter

1250–1519

Nach dem Erlöschen des staufischen Herrscherhauses begann die Zeit des „Interregnums". Von 1254 bis 1273 waren die Könige des

Ludwig IV., der Bayer, siegt 1322 über den Gegenkönig Friedrich von Österre...

Deutschen Reiches lediglich nominelle Herrscher. Erst der Habsburger Rudolf I. betrieb wieder eine aktive Reichspolitik. Sein Ziel war es, die Hausmacht seiner Familie zu festigen. Dies strebten auch die Könige und Kaiser aus den Häusern der Wittelsbacher und Luxemburger an, denn nach dem Zerfall einer allseitig anerkannten zentralen Autorität blieb den Herrschern nur der eigene Hausbesitz als Machtgrundlage gegenüber den Territorialfürsten, die ihre eigenen Interessen verfolgten. Kaiser Heinrich VII. von Luxemburg verschaffte seiner Familie 1310 das Königreich Böhmen, der Wittelsbacher König Ludwig IV., der Bayer, erbte Teile der Niederlande. Mit Albrecht II., der 1438 seinem Schwiegervater Sigismund von Luxemburg als deutscher König sowie als König von Böhmen und Ungarn nachfolgte, etablierten sich die Habsburger als Kaiserdynastie bis zum Ende des alten Deutschen Reiches 1806.

Haus Habsburg Mit dem Grafen Rudolf von Habsburg (**2**) meinten die deutschen Fürsten 1273 einen relativ unbedeutenden Herrscher zum König gewählt zu haben, denn er verfügte nur über einen vergleichsweise geringen Besitz mit Zentrum in der heutigen Schweiz. Doch Rudolf, ein ehemaliger Anhänger der Staufer, machte sich energisch daran, die Machtbasis seiner Familie zu vergrößern. 1282 belehnte er seine Söhne mit den Herzogtümern Österreich und Steiermark, die zur neuen Heimat der Habsburger wurden. Im Reich ging der neue König v. a. gegen das Raubrittertum vor (**1**).

Seite 117

1250/54–1273 Interregnum

1273–1291 Regierung Rudolfs I. von Habsburg

1278–1282 Rudolf I. sichert die Herzogtümer Österreich und Steiermark für seine Familie

1308–1313 Regierung Heinrichs VII. von Luxemburg

1314–1347 Regierung Ludwigs IV., des Bayern. Gegenkönig ist Friedrich der Schöne von Österreich

1346/47–1378 Herrschaft Karls IV. von Luxemburg

1356 Goldene Bulle

1400 Kurfürsten setzten Wenzel von Luxemburg ab

1410–1437 Regierung Sigismunds von Luxemburg

1414–1418 Konstanzer Konzil

1438/39 Regierung Albrechts II. von Österreich

1440–1493 Herrschaft Friedrichs III. von Österreich

1493–1519 Regierung Maximilians I. von Österreich. Die Heiratspolitik der Habsburger sichert ihnen den Aufstieg zur europäischen Großmacht (S. 127, 224)

Deutsches Reich

Seite 186

Die Goldene Bulle
Der Luxemburger Kaiser Karl IV., auch König von Böhmen, machte vorübergehend seine Residenzstadt Prag zum Mittelpunkt des Deutschen Reiches. 1356 legte er in der Goldenen Bulle (**4**)

die Wahl der deutschen Könige oder Kaiser durch sieben Kurfürsten (**3**) fest. Der gewählte König sollte sogleich in seine kaiserlichen Rechte eintreten und gekrönt werden. Damit wurde ein Einfluss des Papstes auf die Wahl ausgeschlossen. Die Kurfürsten erhielten neben anderen Privilegien auch einen Anteil an der Reichsregierung. Ihre Macht demonstrierten sie im Jahr 1400, als sie Karls Sohn Wenzel als deutschen König absetzten und stattdessen den Wittelsbacher Ruprecht I. wählten.

Das Konstanzer Konzil Mit dem Anspruch eines christlichen Universalherrschers sah sich Kaiser Sigismund von Luxemburg (**6**) in der Verantwortung für die Einheit der Kirche. Zu den großen Erfolgen seiner Regierungszeit gehört das Konstanzer Konzil. Hier beendete 1417 die Wahl von Papst Martin V. (**5**) das „Große Abendländische Schisma", also die gleichzeitige Herrschaft mehrerer Päpste (S. 125–126).

▶▶ **Konzil von Trient:** Seite 188

Schweiz

Seiten 92, 117

Seite 354

Die Schweiz

13.–19. Jh.

Schlacht am Morgarten 1315

Mit den Staufern (S. 134–135) erlebte im 13. Jh. auch ihr Stammesherzogtum Schwaben seinen Niedergang. Im Südwesten des Deutschen Reiches entstanden zahlreiche Landesherrschaften. Im Jahr 1291 bildete sich mit dem legendären Rütlischwur dreier Kantone die Schweizer Eidgenossenschaft. Dieser kleine Bund setzte sich erfolgreich gegen die Expansionsbestrebungen der Habsburger, der Grafen von Savoyen rund um den Genfer See (**1**) sowie der Herzöge von Burgund zur Wehr. Im Laufe des 14. Jh. schlossen sich immer mehr sogenannte Orte (heute Kantone) der Schweiz an, so dass ein heterogenes Staatswesen entstand. Erst nach einem im Sonderbundkrieg ausgefochtenen Konflikt um eine neue Verfassung wurde 1848 der heutige Bundesstaat gegründet.

1

Der Rütlischwur Auf der Rütliwiese schlossen sich die drei Urkantone Schwyz, Uri und Unterwalden 1291 zu einem „Ewigen Bund" zusammen, um ihre Freiheit gemeinsam zu verteidigen (**2**). Später schlossen sich andere Bauerngemeinden und

Orte wie Bern und Zürich den Eidgenossen an. Bis zum Ende der „alten" Schweiz an der Wende zum 19. Jh. verband ein komplexes System von Verträgen und Abhängigkeitsverhältnissen die im Prinzip souveränen Kantone untereinander.

Wilhelm Tell Die Sage von Wilhelm Tell tauchte zum ersten Mal im 15. Jh. in antihabsburgischen Quellen auf. Demnach zwang ein Landvogt der Habsburger den Jäger,

einen Apfel vom Kopf seines Sohnes zu schießen (**3**). Aus Rache ermordete Tell den Verwalter. Die Propaganda gegen die Habsburger beflügelte den Kampfgeist der Schweizer, die das Herrschergeschlecht im 14. und 15. Jh. aus der heutigen Schweiz verdrängten. Sogar die Habsburg, die Stammburg der Familie im heutigen Aargau, musste sie 1415 aufgeben.

Die Schweizergarde

Die Schweizer galten als besonders kriegstüchtig und unbeugsam. Sie waren darum als Soldaten begehrt und dienten bis zu Beginn des 19. Jh. in zahlreichen Armeen Europas als Söldner. Dies bot jungen Leuten eine Erwerbsmöglichkeit, die sie in den kargen Gebirgsregionen ihrer Heimat nicht fanden. Im Vatikan hat sich die Schweizergarde im Dienst der Päpste bis heute erhalten. Die Gardisten tragen zu offiziellen Anlässen noch immer die wohl von Michelangelo im 16. Jh. entworfene Uniform in den Farben der Medici-Päpste (S. 212).

Frankreich im Hochmittelalter

843–1214

Im Westfränkischen Reich (S. 113) setzte sich 987 die Dynastie der Kapetinger durch. Die Könige besaßen zunächst nur einen kleinen Herrschaftsbereich als Machtbasis. Grafen und Herzöge waren zwar offiziell Vasallen des Königs, verfügten aber, wie die Herzöge von Burgund und Aquitanien, oft über ausgedehnten Besitz. Das kulturell und sprachlich vielfältige Südfrankreich war nahezu autonom. Vor allem die Könige von England, die auch Herzöge der Normandie und Grafen von Anjou (S. 129) waren, forderten die französischen Könige heraus. Diese versuchten durch Kriege, dynastische Heiraten und das Ausspielen ihrer Gegner untereinander, ihren Einfluss auszudehnen.

Schloss der Grafen von Carcassonne

Die Kapetinger Die Kapetinger hatten sich im Kampf gegen die Normannen (S. 142) ausgezeichnet. Nach dem Ende der westfränkischen Karolinger wurde Hugo Capet 987 zum König gekrönt (**1**). Ausgehend von ihrer Krondomäne in der Île-de-France um Paris brachten die Kapetinger gegen den Widerstand des einheimischen Adels und fremder Mächte allmählich ganz Frankreich unter ihre Herrschaft. Sie etablierten eine Erbmonarchie und stellten bis 1848 in mehreren Linien die französischen Könige.

Eleonore von Aquitanien Nach der Scheidung vom französischen König 1152 heiratete Eleonore von Aquitanien (**2**), reichste Erbin ihrer Zeit, den König von England, der so ganz Südwestfrankreich unter seine Herrschaft brachte.

Die Albigenserkriege Unter dem Schutz des Adels breitete sich um die südfranzösische Stadt Albi die Glaubensgemeinschaft der Albigenser bzw. Katharer aus. Sie wurden von der katholischen Kirche als Ketzer angesehen. Dies lieferte den Königen von Frankreich den Vorwand, um ab 1209 in mehreren Kreuzzügen das wohlhabende Südfrankreich zu unterwerfen. Die Albigenser wurden verfolgt (**3**) und ausgelöscht.

Schlacht von Bouvines Der Sieg des mit den Staufern verbündeten Philipp II. von Frankreich 1214 über Kaiser Otto IV. und König Johann von England (**4**) besiegelte nicht nur den Niedergang der Welfen (S. 116), für England bedeutete er den beinahe vollständigen Verlust der Besitzungen in Frankreich.

Seite 112

843 Vertrag von Verdun teilt das Frankenreich (S. 113)

Ab 9. Jh. Einfall der Wikinger bzw. Normannen (S. 142)

911 Normannen erhalten die Normandie als Grafschaft (später als Herzogtum)

987 Ende der Karolinger im Westfränkischen Reich, Wahl Hugo I. Capets zum König

1137–1180 Regierung Ludwigs VII.

1151 Tod Abt Sugers von Saint-Denis, wichtigster Berater Ludwigs VII.

1152 Eleonore von Aquitanien lässt sich von Ludwig VII. scheiden und heiratet Heinrich II. Plantagenet, ab 1154 König von England

1180–1223 Regierung Philipps II. August

1202 Philipp II. lässt dem englischen König Johann „Ohneland" einen Großteil seiner französischen Besitzungen bis auf Aquitanien aberkennen

1209–1229 Albigenserkriege

1214 Schlacht von Bouvines, Philipp II. siegt über König Johann „Ohneland" und den deutschen Kaiser Otto IV.

Seite 124

Frankreich

Frankreich im Spätmittelalter

1214–1515

Ludwig IX., der Heilige, hatte sich in der Kreuzzugsbewegung hervorgetan und die Eroberung Südfrankreichs abgeschlossen. Mit seinem Enkel Philipp IV., dem Schönen, festigte sich die Macht der französischen Könige. Nach dem Erlöschen der Hauptlinie der Kapetinger 1328 behauptete sich die Nebenlinie der Valois. Die neuen Könige verdrängten im Hundertjäh-

Jeanne d'Arc

rigen Krieg bis 1453 die Engländer praktisch aus dem ganzen Land. Nach einer Phase des Wiederaufbaus wurde das erstarkte Frankreich abermals zu einem Machtfaktor in Europa. Ludwig XII. machte Erbansprüche in Italien geltend und griff militärisch in die dortigen Konflikte ein. Im Kampf um die Vorherrschaft auf dem Kontinent wurden die Habsburger zum neuen Gegner Frankreichs.

Der Hundertjährige Krieg

Die Könige Englands aus den Häusern Normandie und Anjou-Plantagenet (S. 129) waren die bedeutendsten Vasallen des französischen Königs. Von dieser Machtfülle sah er sich bedroht. Als die Könige Englands auch den französischen Thron für sich forderten, kam es zum Hundertjährigen Krieg. Die französischen Könige aus dem Haus Valois standen mehrmals vor der völligen Niederlage, konnten sich letztlich aber gegen die Engländer behaupten. Während England in den Rosenkriegen versank (S. 131), ging das französische Königtum gestärkt aus den Auseinandersetzungen hervor.

Die Päpste in Avignon Im Jahr 1305 setzte König Philipp IV. von Frankreich (**2**) die Wahl eines Franzosen zum Papst durch. Klemens V., ein Freund des Königs, verlegte die Papstresidenz dauerhaft nach Avignon (**1**) in Südfrankreich (bis 1377). 1312 hob er, ebenfalls auf Betreiben des Königs, den Templerorden

auf, der über großen Besitz in Frankreich verfügte. Der Großmeister des Ordens wurde 1314 als Ketzer verbrannt (**4**), das Vermögen der Templer fiel an die Krone.

Jeanne d'Arc Während des Hundertjährigen Krieges fühlte sich Jeanne d'Arc (Johanna von Orléans), die Tochter eines einfachen Bauern, von Gott zur Rettung Frankreichs berufen. 1429 war die charismatische junge Frau an der Befreiung der Stadt Orléans von den Engländern beteiligt. Später fiel sie durch Verrat ihren Feinden in die Hände und wurde 1431 als Hexe verbrannt (**3**).

1328 *Tod Karls IV. von Frankreich, Eduard III. von England beansprucht den Thron*
1337 *Philipp VI. von Frankreich besetzt das englische Aquitanien*
1346 *Niederlage der Franzosen bei Crécy (**5**)*
1360 *Frieden von Brétigny: Frankreich muss Calais und Südwestfrankreich an England abtreten*

Ab 1369 *Franzosen erobern beinahe ganz Frankreich zurück*
1415 *Engländer siegen bei Azincourt und besetzen Nordfrankreich*
1420 *Vertrag von Troyes: Karl VI. muss Heinrich V. von England als Erben akzeptieren, Karls Sohn Karl (VII.) flieht in den Süden*
1422 *Tod Karls VI. und Heinrichs V.*

1429 *Befreiung von Orléans unter der Führung der Jeanne d'Arc*
1431 *Engländer richten Jeanne d'Arc hin*
1435 *Vertrag von Arras: Karl VII. söhnt sich mit dem Herzog von Burgund aus (S. 127)*
Bis 1453 *Karl VII. vertreibt die Engländer (**6**), nur Calais (bis 1559) und die Kanalinseln bleiben englisch*

Mitteleuropa

Burgund und die Niederlande

9.–15. Jh.

Gobelin aus Burgund

Die Herzöge von Burgund bauten ab 1363 ein mächtiges Staatswesen auf, das aber formal unter der Oberhoheit Frankreichs bzw. des Deutschen Reiches blieb. Durch eine geschickte Erwerbs- und Heiratspolitik dehnten die Herzöge ihre Herrschaft bis in die Niederlande aus. Dort profitierten sie von durch Handel und Textilproduktion zu Reichtum gelangten Städten wie Brügge und Gent (**1**). Herzog Karl der Kühne strebte nach der Königskrone und der völligen Unabhängigkeit. Durch die Eroberung Lothringens wollte er sein Herrschaftsgebiet abermals erweitern, jedoch fiel er 1477 im Kampf gegen die mit den Schweizern (S. 120) verbündeten Lothringer. Die österreichischen Habsburger sicherten sich gegen den Widerstand der französischen Könige den Großteil seines Erbes.

①

Unabhängigkeit Herzog Johann Ohnefurcht von Burgund nutzte 1407 den Kampf um die Regierung des geisteskranken Königs Karl VI. von Frankreich, um seinen Konkurrenten Ludwig von Orléans töten zu lassen (**2**). Doch der Bürgerkrieg ging weiter. Als sich Johann in den Machtkämpfen des Hundertjährigen Krieges (S. 124–125) auf die

Seite Englands stellte, wurde er 1419 von Anhängern des späteren Königs Karl VII. ermordet. Erst 1435 söhnte sich Johanns Sohn, Herzog Philipp der Gute, im Vertrag von Arras mit Karl aus, wodurch sich die Mächte gegen England vereinten. Dafür musste Karl dem Herzog von Burgund jedoch Gebiete abtreten und ihn von seinen Lehnsverpflichtungen befreien.

Der „Herbst" des Mittelalters

Im Spätmittelalter waren Burgund und die Niederlande mit ihren zahlreichen Textil- und Handelsstädten die wirtschaftlich und kulturell führende Region Europas. Die Herzöge von Burgund hielten in ihren Residenzen Dijon und Brüssel glanzvoll Hof. Burgundisches Hofzeremoniell, die Adelskultur und Mode wurden zum Vorbild für den gesamten Kontinent. Mit dem Hofmaler Jan van Eyck kündigte sich bereits der Übergang zur Renaissance an. Die Herzöge führten auch die mittelalterliche Ritterkultur zu einer letzten Blüte und stifteten 1430 den Orden vom Goldenen Vlies, dem die vornehmsten Adligen ihrer Länder angehören sollten. Neben dem 1348 gegründeten englischen Hosenbandorden war der Orden vom Goldenen Vlies der exklusivste Orden Europas.

Das Erbe Burgunds Nach dem Tod Karls des Kühnen 1477 fielen Burgund und die Niederlande an seine Tochter Maria. Der spätere Kaiser Maximilian I. von Österreich kam dem französischen König zuvor und heiratete die reiche Erbin. Nach dem frühen Tod seiner Frau 1482 musste Maximilian bisweilen gewaltsam (**3**) das Erbe seiner und Marias Kinder (**4**) behaupten. Nur das ursprüngliche Herzogtum Burgund ging an Frankreich verloren.

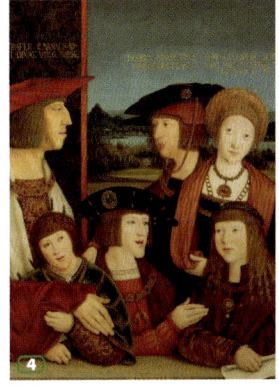

England

England im Früh- und Hochmittelalter

5.–12. Jh.

Im Verlauf der Völkerwanderung (S. 94) gelangten im 5. Jh. Angeln, Jüten und Sachsen nach England. Hier verschmolzen diese zum Volk

Angelsächsischer Helm

der Angelsachsen und verdrängten die einheimischen Briten in Randgebiete wie Wales und Cornwall. Im Abwehrkampf gegen dänische Wikinger übernahm Wessex im 9. Jh. eine Führungsrolle unter den sieben angelsächsischen Königreichen und vereinte bis zum 10. Jh. ganz England zu einem einzigen. 1066 eroberte Herzog Wilhelm von der Normandie England und beanspruchte die englische Krone. Seiner Familie folgte nach langen Thronkämpfen 1154 das Haus Anjou-Plantagenet. Um die Besitzungen der englischen Könige auf dem Festland entbrannte ein Dauerkonflikt mit den Königen von Frankreich (S. 122).

①

Alfred der Große Bei Eddington gelang es Alfred von Wessex 878, die dänischen Wikinger zurückzuschlagen (**2**, Filmszene). Im Jahr 885 eroberte er London. Doch gegen Ende des 10. Jh. nahmen die dänischen Angriffe wieder zu. Die Engländer versuchten durch Tributzahlungen, das sog. Danegeld (**1**), den Frieden zu erkaufen.

②

Wilhelm der Eroberer Herzog Wilhelm von der Normandie setzte seinen Anspruch auf den englischen Thron 1066 in der Schlacht von Hastings (**3**) gegen den von den Angelsachsen gewählten Harold II. von Wessex durch. Wilhelm führte das kontinentale Feudalsystem ein, entmachtete die angelsächsischen Adligen und verteilte ihr Land an seine nordfranzösischen Gefolgsleute. So kam England unter normannische Herrschaft.

Heinrich II. Plantagenet Nach einem langen Bürgerkrieg nahm Heinrich II. Plantagenet, Herzog der Normandie und Graf von Anjou, 1154 den englischen Thron ein. Seine französischen Besitzungen konnte er durch die Ehe mit Eleonore, der Erbin von Aquitanien (S. 123), noch vergrößern. Eine einheitliche Rechtsordnung, der sich auch der Klerus unterwerfen musste, sollte die Macht des Königs sichern.

Die Auseinandersetzung mit dem Erzbischof von Canterbury, Thomas Beckett (**5**), endete 1170 mit dessen Ermordung. Heinrich musste die Gesetze zurücknehmen und an Becketts Grab Buße tun (**4**).

Richard Löwenherz Schon zu Lebzeiten Heinrichs II. strebte Richard Löwenherz (**7**) nach der Macht und verbündete sich mit seiner Mutter Eleonore gegen den Vater. Kurz nach seiner Thronbesteigung 1189 beteiligte sich Richard am dritten Kreuzzug (S. 155). Auf der Rückreise durchquerte er Österreich –

als Mönch getarnt, da er persönlich mit dem dortigen Herzog Leopold V. verfeindet war. Doch er wurde erkannt und 1192 gefangen genommen (**6**). Richard wurde erst 1194 gegen Lösegeldzahlungen, die England an den Rand des Ruins trieben, in die Freiheit entlassen.

Der Londoner Tower, Festung der englischen Könige, begonnen im 11. Jh.

England im Spätmittelalter

13.–15. Jh.

Die Auseinandersetzungen mit den Königen von Frankreich um den englischen Festlandbesitz kulminierten 1337 im Hundertjährigen Krieg. Mit der Zeit schwächten die Auseinandersetzungen die Position der englischen Könige im Inneren. Seit dem 13. Jh. mussten sie Adel, Kirche und schließlich auch dem Volk allgemein ein Mitspracherecht bei politischen Entscheidungen gewähren. Schließlich etablierte sich eine feste Ständevertretung, das „Parlament". Die Adelsopposition spaltete sich in mehrere Parteien, die verschiedene Linien des Königshauses bei ihren Versuchen unterstützten, den Thron zu usurpieren. Die Nachfolgekämpfe um das Erbe der Plantagenets führten 1455 in die Rosenkriege.

Magna Charta Nach der Niederlage von Johann Ohneland (**2**) bei Bouvines 1214 (S. 123) erhob sich der englische Adel und zwang den König 1215, mit der Magna Charta (**1**) die Rechte und Freiheiten von Adel und Kirche anzuerkennen. Die Magna Charta wurde zum Grundstein des englischen Verfassungsrechts.

① ②

Robin Hood

Die Herrschaft König Johann Ohnelands war gekennzeichnet von Steuererhöhungen, Kriegen und Aufständen. In dieser Zeit entstand die Legende von Robin Hood. Der zu Unrecht verfolgte Aristokrat bekämpft von den Wäldern aus die königlichen Verwalter (Sheriffs) der Grafschaften (Shires) und verteilt die Beute unter den Armen.

Hundertjähriger Krieg König Eduard III. (**3**) erhob als Verwandter der Kapetinger 1328 Anspruch auf den französischen Thron. Nach mehreren Erfolgen (**4**), besonders unter Eduards Sohn, dem „Schwarzen Prinzen", und unter König Heinrich V., gerieten die Engländer ab 1429 in die Defensive und verloren schließlich bis 1453 fast ihren gesamten Festlandbesitz in Frankreich.

Rosenkriege In den Rosenkriegen – benannt nach den Wappen der verfeindeten Parteien – bekämpften sich ab 1455 die Häuser Lancaster und York. Richard III. von York (**6**) ließ 1483 seine eigenen Neffen töten (**5**), um selbst den Thron

zu besteigen. Er fiel jedoch 1485 in der Schlacht bei Bosworth gegen Heinrich (VII.) Tudor, den Erben des Hauses Lancaster (S. 202).

» **Hundertjähriger Krieg:** Seiten 124–125

Irland und Schottland

5.–15. Jh.

Irland, ein frühes Zentrum der christlichen Kultur, war aufgeteilt in mehrere Kleinkönigreiche, die ab 1169 unter englische Vorherrschaft gerieten. Hierbei konnten die Engländer die Feindschaft der irischen Stammesverbände untereinander ausnutzen. In Schottland, insbesondere in den Highlands, hatten die Clans große Macht. Trotzdem bildete sich hier ab dem 9. Jh. ein nationales Königtum mit Zentrum in Edinburgh (**1**) heraus, das sich gegen englische Eroberungsversuche behaupten konnte. Obwohl England als Feind galt, übernahmen die Schotten englische Verwaltungs- und Kirchenstrukturen.

Rundturm des Klosters Clonmacnoise, Irland

Irisches Kreuz mit Christusfigur aus dem 12. Jh.

Religion Der hl. Patrick (**2**) missionierte Irland im 5. Jh. Hier entstand ein Christentum ganz eigener Prägung, in dem die Klöster eine große Rolle

Die Stuarts Die Stuarts folgten 1371 den Bruce auf den schottischen Thron. Sie konnten die Verstrickung Englands im Hundertjährigen Krieg und die Wirren der Rosenkriege (S. 131) ausnutzen, um – teilweise mit franzosischer Hilfe – ihre Unabhängigkeit (**4**) zu behaupten.

spielten. Die englische Eroberung Irlands begann im 12. Jh. (**3**). Ab dem 16. Jh. jedoch wurden zur Sicherung der englischen Herrschaft in Irland gezielt Protestanten angesiedelt, vor allem in Ulster. Der religiöse Konflikt bestimmt die irische Politik bis heute (S. 364).

Braveheart Unter der Führung von William Wallace (**5**), genannt Braveheart („der Tapfere"), besiegten die Schotten die englischen Invasionstruppen 1297 in der Schlacht von Sterling. Später wurde Wallace verraten und hingerichtet. Robert Bruce setzte den schottischen Unabhängigkeitskampf fort und wurde 1306 zum schottischen König gekrönt.

Irland und Schottland

⌃ Seite 94

5. Jh. Der hl. Patrick christianisiert Irland

Um 850 Kenneth I. MacAlpin vereinigt die Schotten

1040 Macbeth usurpiert den schottischen Thron

1057 Malcolm III. Canmore besiegt Macbeth

1169 Beginn der englischen Eroberung Irlands

1214–1286 „Goldenes Zeitalter" Schottlands unter Alexander I. und Alexander II.

1286 Ende der Canmore-Dynastie, Thronfolgekämpfe unter den Bruce und Balliol

1292–1296 Engländer greifen in die Kämpfe ein und besetzen Schottland

1297 William Wallace besiegt Engländer bei Sterling

1306–1371 Dynastie der Bruce

1314 Robert I. Bruce besiegt Engländer bei Bannockburn

Ab 1371 Dynastie der Stuart

1541 Heinrich VIII. von England nimmt den irischen Königstitel an. Protestanten lassen sich in Irland nieder

⌄ Seite 202

▶▶ **Die Stuarts:** Seite 204

Italien

Italien – Langobarden und Normannen

6.–12. Jh.

Langobardische Königskrone

Im 6. Jh. begründeten die Langobarden (**2**) in Norditalien, in der nach ihnen benannten Lombardei, ein Königreich. Zudem entstanden im Süden langobardische Fürstentümer, die ab dem 11. Jh. unter normannische Herrschaft gerieten. Im Bündnis mit den Päpsten bekämpften die Franken die Langobarden, bis Karl der Große ihr Reich 774 eroberte (**1**) (S. 112–113). Nach dem Aussterben der Karolinger bemächtigten sich Herrscher verschiedener Familien der italienischen Königskrone, Fürsten und Städte wurden eigenständiger. 951 griff der spätere Kaiser Otto I., der Große, in Italien ein und begründete damit den Anspruch der deutschen Könige und Kaiser auf das Land.

2

verliehen ihnen 1130 den Königstitel. Unter den Normannen und den ihnen nachfolgenden Staufern blieb die Kultur Siziliens stark von byzantinischen und arabischen Einflüssen geprägt (**4**, Krönungsmantel König Rogers II. von Sizilien).

Sizilien Sizilien gehörte noch bis ins 9. Jh. zum Byzantinischen Reich, wurde dann aber von muslimischen Arabern erobert (**3**). Im 11. Jh. unterwarfen die Normannen (S. 142) die Insel. Als Gegengewicht zu den deutschen Kaisern begünstigten die Päpste die normannischen Herrscher und

Deutsche Könige Otto I., der Große (**5**), setzte sich ab 951 als König in Italien durch. Doch seine Herrschaft und die seiner Nachfolger war alles andere als unangefochten. Bemühungen, Adel und Städte durch Zugeständnisse für sich zu gewinnen, schwächten ihre Position. Gegen die Steuerforderungen der deutschen Könige und Kaiser verbündeten sich 1167 die reichen Städte Norditaliens im Lombardenbund. Dieser besiegte 1176 den Stauferkaiser Friedrich I. Barbarossa in der Schlacht von Legnano (**6**).

Italien – Kaiser und Päpste

11.–15.Jh.

Im 11.Jh. erlangte das Papsttum durch seine geistliche Autorität großen politischen Einfluss. Der Herrschaftsanspruch der Staufer in Italien war für sie eine Provokation, daher unterstützten die Päpste im Machtkampf zwischen Welfen und Staufern (S.117), in Italien Guelfen und Ghibellinen genannt, zunächst die Welfen. Zwar ging die Stauferdynastie zugrunde, doch auch das Papsttum hatte Ende des 13.Jh. seinen Zenit überschritten. Unter dem Druck Frankreichs mussten die Päpste 1309 ihre Residenz nach Avignon verlegen (S.125). Als 1378 in Rom ein Gegenpapst gewählt wurde, spaltete das Große Abendländische Schisma die Christenheit bis 1417.

Castel del Monte, Jagdschloss des Stauferkaisers Friedrichs II. in Südtalien

Die Herrschaft der Päpste

*Die Päpste des Mittelalters (**5**) herrschten über Rom und den Kirchenstaat in Mittelitalien. Ihr Recht darauf begründeten sie mit einer angeblichen Schenkung durch den römischen Kaiser Konstantin (**4**). Überdies beanspruchten sie eine generelle Vorrangstellung gegenüber allen weltlichen Fürsten.*

Friedrich II. Durch Erbfolge fiel das normannische Königreich Sizilien im Jahr 1198 an den Staufer Friedrich II., den späteren deutschen Kaiser (S. 117) (**1**). Für den minderjährigen und verwaisten König regierte zunächst Papst Innozenz III., der die Situation ausnutzte, um die Herrschaftsrechte der Staufer in Italien abzubauen. Einmal an der Macht, musste sich Friedrich II. zeitlebens mit der Opposition der Päpste auseinandersetzten. Sizilien blieb die Machtbasis, von der aus er sein Reich regierte.

Das Ende der Staufer Um die Staufer endgültig auszuschalten, rief der Papst den Bruder des französischen Königs, Karl von Anjou, nach Sizilien und

krönte ihn zum König (**3**). Karl besiegte Konradin, den Enkel Kaiser Friedrichs II., und ließ ihn 1268 hinrichten (**2**). Aufstände vertrieben die Anjou wieder, denen in Süditalien bis 1860 andere französische und spanische Herrscherhäuser folgten.

452 *Papst Leo I. rettet Rom vor den Hunnen*
754 *Pippinische Schenkung an den Papst begründet den Kirchenstaat (S. 112)*

8./9. Jh. *Fälschung der Konstantinischen Schenkung*
1054 *Morgenländisches Schisma mit der Ostkirche*
1378–1417 *Großes Abendländisches Schisma*
15./16. Jh. *Die Renaissancepäpste bauen den Kirchenstaat zum Fürstentum aus (S. 212)*

Ab 1517 *Reformation (S. 186)*
1545–1563 *Konzil von Trient (**6**) festigt päpstliche Autorität. Gegenreformation (S. 212)*
1870 *Königreich Italien annektiert den Kirchenstaat (S. 296)*
1929 *Lateranverträge mit Italien sichern den Päpsten den vatikanischen Staat zu (**7**)*

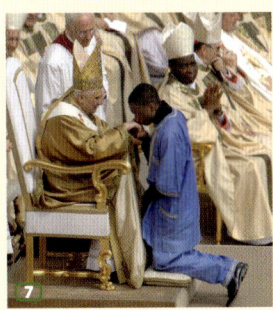

Italien – Signorien und Condottieri

11.–15. Jh.

Die Machtkämpfe zwischen Kaiser und Papst spiegelten sich auch in Parteinahmen innerhalb der Städte wider. Zwischen Guelfen und Ghibellinen entwickelte sich eine eigene Dynamik. Zahllose Stadtherren (Signori) versuchten, die Krise von Kaiser- und Papsttum für sich zu nutzen. Die wehrhaften „Geschlechtertürme" (**1**) in den Städten zeugen von den Auseinandersetzungen. Für ihre Kriege heuerten sie professionelle Söldnerführer (Condottieri) an.

Der Condottiere Gattamelata

Frühkapitalismus In den norditalienischen Handelsstädten entwickelte sich die moderne Geldwirtschaft. Daran erinnern noch heute zahlreiche italienische Begriffe wie Lombard, Giro und Konto. Italienische Bankiers (**2**) und Kaufleute verbreiteten den Frühkapitalismus auf dem ganzen Kontinent. Mit wachsender Wirtschaftskraft nahm auch der Wunsch nach politischer Selbstbestimmung zu. Dementsprechend wehrten sich die Städte gegen die Bevormundung und die Steuerforderungen v. a. der deutschen Könige und Kaiser.

Die italienischen Stadtstaaten
Die guelfisch geprägte, papst-
treue Stadtrepublik Florenz unterwarf mehrere benachbarte

Signorien wie Pisa und baute so
einen Flächenstaat in Mittelitalien auf. Größter Konkurrent
war das ghibellinische, vom

Kaiser privilegierte Siena (**3**).
Verschiedene toskanische Städte kämpften bis ins 16. Jh. wiederholt gegeneinander (**4**).

Marco Polo

*Der venezianische Kaufmann
Marco Polo unternahm 1271
eine Handelsreise nach China
in das Reich des Großkhans
Kubilai. Angeblich bereiste
Marco Polo anschließend als
Vertrauter des Mongolenherr-
schers dessen ausgedehntes
Reich. Nach seiner Rückkehr
1295 verfasste Marco Polo einen Reisebericht, doch seine fan-
tastischen Schilderungen ließen Zweifel an deren Wahrheits-
gehalt aufkommen.*

Seerepubliken Venedig (**5**) und Genua wurden von
Dogen regiert, die der Adel wählte. In der Zeit der
Kreuzzüge wurden beide Republiken zu führenden
Seemächten. Unter dem Dogen Enrico Dandolo be-
trieb Venedig 1204 die Eroberung Konstantinopels
(S. 149) und sicherte sich nicht nur den Großteil der
Beute, sondern auch zahlreiche Stützpunkte am
Mittelmeer.

⌃ Seite 136

Ab 11. Jh. Pisa und Genua kon-
kurrieren um die Vorherrschaft
im Mittelmeer

1176 Bund lombardischer
Städte besiegt Kaiser Fried-
rich I. Barbarossa in der
Schlacht bei Legnano (S. 135)

12./13. Jh. Aufstieg der
Republik Florenz

1204 Vierter Kreuzzug:
Unter Führung der Venezianer
erobern die Kreuzfahrer
Konstantinopel

Ab 1215 Gechlechterkämpfe
erschüttern Florenz

1277 In Mailand setzen sich die
Visconti, Führer der Ghibellinen, gegen die Guelfen durch

1378–1381 Venedig besiegt
Genua im Chioggia-Krieg

1394 Die Visconti von Mailand
erhalten den Herzogstitel

Ab 1406 Pisa gerät unter
florentinische Vorherrschaft

1450 Condottiere Francesco
Sforza erobert das Herzogtum
Mailand

1489 Venedig gewinnt Zypern

Italien

⌄ Seite 214

» **Florenz und Venedig:** Seiten 214–215

Spanien und Portugal

8.–15. Jh.

711–714 eroberten muslimische Araber das Westgotenreich. Nur im Norden der Iberischen Halbinsel hielten sich christliche Herrschaftsgebiete. Mit dem Zerfall des Kalifats der Omaijaden im 11. Jh. setzte die Reconquista (span. „Rückeroberung") ein. Im Verlauf der folgenden Jahrhunderte drängten die christlichen Könige

Alcázar der kastilischen Könige in Segovia

von Portugal, Kastilien und Aragón die muslimischen Herrscher immer weiter nach Süden, bis sie mit der Einnahme Granadas 1492 die gesamte Iberische Halbinsel unterworfen hatten. Architektur und Kunst zeugen noch heute vom Einfluss der Araber.

Muslime und Christen

Die hochentwickelte Kultur der Muslime beeinflusste die Christen auf vielfältige Weise. Zahlreiche Werke antiker Autoren sind nur durch arabische Übersetzungen in Westeuropa bekannt geworden. Auch das Schachspiel gelangte durch die Muslime auf der Iberischen Halbinsel um 1000 nach Europa. Überdies machten erst ihre Bewässerungstechniken aus dem kargen Süden Spaniens ein fruchtbares Agrarland.

Widerstand im Norden In den Bergregionen im Norden Spaniens wurde 718 der Westgote Pelayo (**1**) zum Anführer gegen die Araber gewählt. Er gründete das Königreich Asturien, das spätere León. Auch die Basken kämpften gegen die Araber, mussten aber gleichzeitig Eroberungsversuche des Frankenkönigs, Karls des Großen, abwehren. Sie wählten 824 Iñigo Arista zum ersten König von Navarra. 1035 spalteten sich die Königreiche von Kastilien und Aragón von Navarra ab.

Reconquista Mit dem Niedergang der muslimischen Herrschaft begann im 11. Jh. die christliche (Rück-)Eroberung der Iberischen Halbinsel. Dabei bekämpften sich muslimische und christliche Herrscher oftmals über Glaubensgrenzen hinweg in wechselnden Koalitionen. 1139 machte sich Alfons I. von Portugal von Kastilien und León unabhängig. Er nahm den Königstitel an und eroberte 1147 die spätere Hauptstadt Lissabon (**2**) von den Muslimen.

Christianisierung Die relativ friedliche Koexistenz der Religionen unter der muslimischen Herrschaft endete mit dem Sieg der Christen. Zuerst wandelte man die Moscheen in Kirchen um (**4**), später wurden Muslime und Juden, aber auch die vielfach unter Zwang zum Christentum Bekehrten von der Inquisition (**3**) überwacht und verfolgt. Nach 1492 wurden dann alle Juden und viele der Konvertiten aus Spanien und Portugal vertrieben.

≫ Expansionspolitik Spaniens: Seite 216

Stabkirche in Norwegen

Schwedische Soldaten auf Skiern

Wikinger Die Wikinger wurden in Westeuropa auch Normannen (Männer aus dem Norden), in Osteuropa Waräger genannt. Mit ihren Drachenbooten (**1**) befuhren sie die europäischen Küsten und drangen auf Flüssen weit ins Landesinnere vor. Anfänglich brandschatzten und raubten sie, später traten sie als Händler (**2**) und Siedler in Erscheinung. Schließlich begründeten sie in der nach ihnen benannten Normandie (S. 123) sowie in England (S. 129), in Süditalien (S. 135) und in Russland (S. 147) eigene Staatswesen, die sich durch ihre straffe Verwaltung auszeichneten.

Nordeuropa

8.–16. Jh.

Ab dem 8. Jh. tauchten die skandinavischen Wikinger an den Küsten Europas auf, zunächst als Piraten und Krieger, dann auch als Händler und Siedler. Eine politische oder ethnische Einheit bildeten die Wikinger nicht. In ihrer Heimat setzte sich bis zum 10. Jh. die zentrale Königsherrschaft durch. Dabei spielte die Christianisierung und damit auch die Kirche eine große Rolle. Die einzelnen Reiche waren um Expansion bemüht, doch zeigten Niederlagen wie gegen die Hanse auch die Grenzen der Königsmacht. Unter Vorherrschaft Dänemarks wurden die drei nordischen Reiche 1397 in der sogenannten Kalmarer Union vereinigt.

Auswanderung Neben Abenteuerlust und Hoffnung auf Beute trieben politische Veränderungen, etwa die Durchsetzung der Monarchie, und die

begrenzten Ressourcen in der Heimat die Wikinger auf die Meere. So gelangten sie um 1000 unter Leif Eriksson sogar an die Küste Nordamerikas (**3**).

Knut der Große Knut besiegte 1016 den englischen König, heiratete dessen Witwe Emma von der Normandie und ließ sich taufen (**4**). Nach seinem Tod 1035 zerbrach sein Nordseereich, das auch Dänemark und Norwegen umfasste. In England folgten ihm seine beiden Söhne, dann sein Stiefsohn Eduard der Bekenner nach. Dieser bestimmte 1066 Wilhelm von der Normandie (S. 129) zu seinem Nachfolger, der in Westminster gekrönt wurde.

Die Hanse Im späten 12. Jh. schlossen sich Handelsstädte wie Lübeck, Hamburg und Danzig im Kaufmannsbund der Hanse zusammen. Gemeinsam verteidigte man seine Handelsschiffe, die Koggen (**5**), gegen Piraten, unterhielt Stützpunkte

in ganz Europa und trat gegenüber Königen und Fürsten auf, um Handelsinteressen durchzusetzen – auch mit Waffengewalt. Im 16. Jh. erlebte die Hanse infolge der Verlagerung der Haupthandelswege in den Atlantik ihren Niedergang.

ZEITLEISTE

Um 870 Königreich Norwegen

Um 940 Königreich Dänemark

Um 980 Königreich Schweden

10./11. Jh. Christianisierung

1016–1035 Regierungszeit Knuds des Großen, König von England. Erbt 1019 Dänemark und erobert 1028 Norwegen

12./13. Jh. Schweden erobern Finnland

Ab 12. Jh. Entstehung der ersten Hanse in Wisby

1227 Hanse und norddeutsche Fürsten besiegen bei Bornhöved König Waldemar II. von Dänemark

1261/62 Norweger erobern Grönland und Island

1370 Friede von Stralsund beendet den Hansekrieg, die Hanse sichert sich Handelsprivilegien in Dänemark

1397 Königin Margarete I. vereint Dänemark, Norwegen und Schweden in der Kalmarer Union (bis 1523 bzw. 1814)

⌄ Seite 222

Osteuropa

Die von Kaiser Karl IV. von Luxemburg erbaute Karlsbrücke in Prag

Osteuropa

9.–15. Jh.

Ab dem 9. Jh. bildeten sich in Böhmen, ab dem 10. Jh. in Polen und Ungarn und zuletzt im 14. Jh. in Litauen Territorialstaaten heraus. Die Staatswerdung ging Hand in Hand mit der Christianisierung. Die Könige waren auf das Wohlwollen des Adels und der Kirche angewiesen. Diese wiederum erhielten große Privilegien für die Unterstützung der Expansions- und Heiratspolitik ihrer Herrscher. So konnten die Dynastien der Luxemburger und Habsburger zwar Ungarn und Böhmen vereinigen, wie die Jagiellonen Polen und Litauen, doch die Stellung der Könige im eigenen Land blieb schwach.

Ungarn Die Ungarn ließen sich erst um 900 im Donauraum nieder. Nachdem die deutschen Herrscher die zahlreichen Raubzüge der Ungarn eindämmen konnten, unterstützten sie aktiv den Prozess der Staatsbildung des Landes (S. 115). Stephan I. aus der Familie der Árpáden ließ sich zunächst taufen (**1**). Dann nahm er 1001/02 den Königstitel an und heiratete die bayerische Prinzessin Gisela, eine Schwester des späteren Kaisers Heinrich II. Die Christianisierung und der Aufbau von Kirchenstrukturen sollten den jungen Staat stabilisieren.

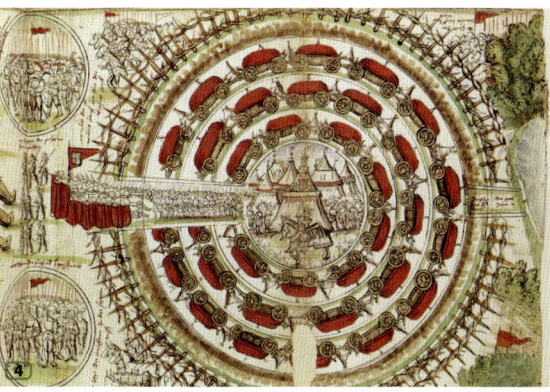

2

3

Tannenberg 1410 besiegten die vereinigten Polen und Litauer den Deutschen Orden in der Schlacht von Tannenberg (**2**). Nach weiteren Kämpfen musste der Orden Gebiete abtreten und die polnische Oberhoheit anerkennen. Polen-Litauen erreichte unter den Jagiellonen seine größte Ausdehnung und erstreckte sich von der Ostsee bis zum Schwarzen Meer. Doch im Inneren wuchs der Einfluss des Adels.

Jan Hus Der böhmische Reformator Jan Hus wurde 1415 auf dem Konstanzer Konzil (S. 119) als Ketzer verbrannt (**3**). In Böhmen erhoben sich seine Anhänger, die Hussiten, gegen die Krone. Der Konflikt weitete sich zum Bürgerkrieg aus (**4**). Erst 1433 kam es zum Kompromiss.

4

⟫ **Christianisierung Osteuropas:** Seiten 147, 154–155

Russland

9.–15. Jh.

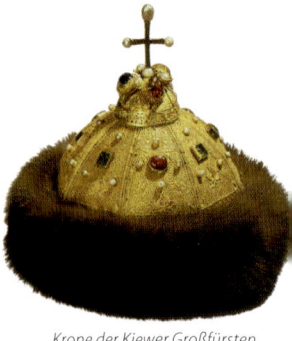

Krone der Kiewer Großfürsten

Unter den Rurikiden entstand im 9. Jh. das Reich der Kiewer Rus. Kulturell und religiös stand es unter dem Einfluss von Byzanz (S. 148). Ab 1054 führten Thronwirren und Erbteilungen zur Zersplitterung des Reiches. Dies nutzten die Mongolen (S. 167) im 13. Jh., um das Land zu unterwerfen. Die Moskauer Fürsten und Großfürsten begannen ihren Aufstieg als Verbündete der Mongolen. Sie vereinten bis ins 15. Jh. die russischen Teilfürstentümer („Sammeln der russischen Erde") und machten sich schließlich 1480 von ihren mongolischen Oberherren unabhängig. Nach zwei Jahrhunderten der Isolierung begann die Hinwendung Russlands nach Westen.

Nowgorod Die Stadt Nowgorod (**1**) war ein alter Handelsstützpunkt der Waräger und im Mittelalter das wirtschaftliche Zentrum Russlands, in dem auch die Hanse (S. 143) eine Niederlassung hatte. Die selbstbewussten Bürger verwalteten sich ab 1136 selbst, betrauten aber die Rurikidenfürsten weiterhin mit ihrer Verteidigung. Der bedeutendste unter ihnen, Alexander Newskij, besiegte 1240 die Schweden an der Newa und 1242 den Deutschen Orden am Peipussee. Erst 1478 kam auch Nowgorod unter die Vorherrschaft Moskaus.

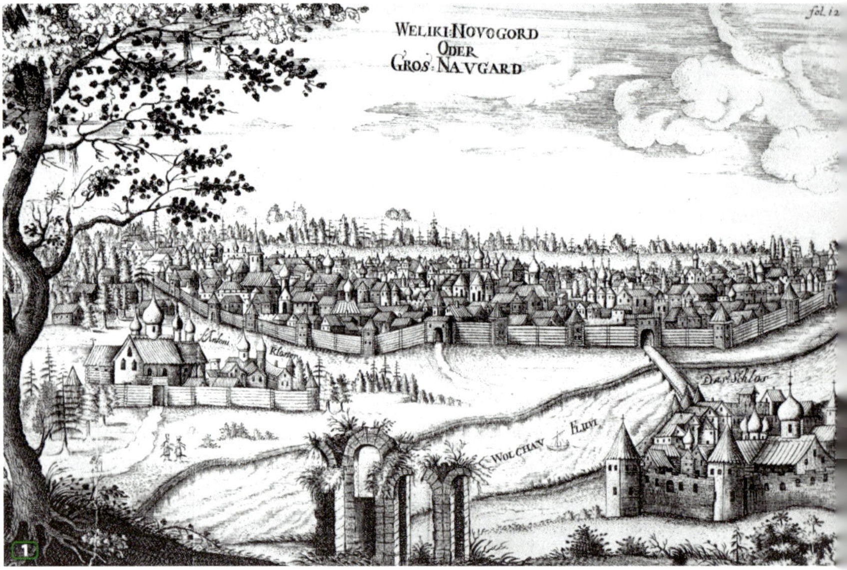
fol. 12
WELIKI NOVOGORD
ODER
GROS NAVGARD
Das Schlos
WOLCHAV
Fluvi

1

Kiewer Rus Ab dem 8. Jh. drangen skandinavische Wikinger, in Osteuropa Waräger (S. 142) bzw. Rus genannt, als Händler und Siedler ins heutige Russland vor, wo sie sich mit den einheimischen Slawen verbanden. 862 wurde der Waräger Rurik Fürst von Nowgorod (**2**), sein Nachfolger Oleg machte 882 Kiew zur neuen Hauptstadt.

Christentum Über das Schwarze Meer bestanden enge Handelskontakte nach Byzanz, an dessen Vorbild sich die russische Kultur stark orientierte (**3**, Sophienkathedrale in Kiew). Von Byzanz aus gelangte im 10. Jh. auch das Christentum nach Russland, das bis 1598 formell dem Patriarchen von Konstantinopel unterstand.

Seite 90

862–1598 Herrschaft der Rurikiden-Dynastie

882 Oleg nimmt Kiew ein

988 Großfürst Wladimir I., der Heilige, wird getauft

1016/19–1054 Regentschaft Jaroslaws I., des Weisen, Blütezeit Russlands

Ab 1054 Erbteilungen und Thronkämpfe

Ab 1223 Die Mongolen („Tataren") unterwerfen die russischen Fürstentümer

1236–1263 Regentschaft Alexander Newskijs, Fürst von Nowgorod, 1252 von den Mongolen zum Großfürsten erhoben

1325 Die Litauer erobern Kiew

1325–1341 Herrschaft Iwans I., Kalita, Fürst, seit 1328 Großfürst von Moskau, Aufstieg Moskaus

1380 Großfürst Dmitrij Donskoj von Moskau besiegt die Mongolen bei Kulikowo

1462–1505 Großfürst Iwan III., der Große, von Moskau vollendet die Vereinigung Russlands, nimmt 1478 Zarentitel an

1480 Die Mongolen müssen die Unabhängigkeit Russlands anerkennen

Ab 1487 Grenzkonflikte mit Polen-Litauen

Seite 227

Mongolen Als besonders ergebene Untertanen der Mongolen erwiesen sich die Fürsten von Moskau, die 1328 für ihre Dienste den Großfürstentitel erhielten. So gestärkt, waren sie schließlich in der Lage, die mongolische Oberherrschaft abzuschütteln und besiegten 1380 die Mongolen bei Kulikowo (**4**).

⏩ **Aufstieg der Mongolen unter Dschingis Khan:** Seite 166

Byzantinisches Reich

Handelsprivilegien Ab dem 11. Jh. gewährte Byzanz italienischen Städten wie Genua und Venedig Handelsprivilegien. In Konstantinopel hatten die Genuesen einen eigenen ummauerten Stadtteil, Pera (**1**), den sie autonom verwalteten. Byzanz geriet so in wirtschaftliche Abhängigkeit, die Italiener wurden zum „Staat im Staat".

Byzanz

867–1453

Byzantinische Münze mit Kaiserbildnis

Unter den Kaisern der Makedonischen Dynastie stieg das Byzantinische Reich (Ostrom) im 10. und 11. Jh. noch einmal zu einer Großmacht auf. Danach geriet das Reich aber in die Defensive: Die abendländische Unterstützung für Ostrom gegen die Bedrohung der Seldschuken führte zum Beginn der Kreuzzüge (S. 152). Hilfe gegen die Normannen in Süditalien (S. 135) gewährten die italienischen Handelsstädte. Die Ohnmacht der Byzantiner zeigte sich 1204, als Kreuzfahrer und Venezianer Konstantinopel einnahmen. Zwar stellten die Palaiologen 1261 das Byzantinische Reich wieder her, doch hielten sie sich nur so lange, bis mit den Osmanen (S. 230) eine neue starke Vormacht in der Region aufstieg.

Der Bulgarentöter Kaiser Basileios II. (**2**) machte Byzanz noch einmal zu einer Großmacht. 1014 besiegte er die Bulgaren und ließ Tausende Gefangene blenden, was ihm seinen Beinamen „Bulgaroktonos" einbrachte.

Handgranaten oder auch „Griechisches Feuer" zur Verteidigung von Byzanz (15. Jh.)

4. Kreuzzug Unter dem Einfluss Venedigs (S. 139) griffen die Teilnehmer des 4. Kreuzzugs in die byzantinischen Thronwirren ein und eroberten 1204 Konstantinopel (**3**). Die Stadt wurde geplündert, das Reich von Byzanz aufgeteilt.

▶▶ **Fall Konstantinopels 1453:** Seiten 230–231

Südosteuropa

7.–15. Jh.

In Südosteuropa entstanden nach dem Niedergang des Oströmischen bzw. Byzantinischen Reiches im 8./9. Jh. zahlreiche Staatswesen, die oft nur von kurzer Dauer waren. Nur Bulgaren und Serben konnten vorübergehend eine Vormachtstellung auf dem Balkan einnehmen. Daneben war das Gebiet vor allem Einflusszone und Aufmarschgebiet der benachbarten Großmächte, zuletzt der Osmanen, die sich bis zum 17. Jh. fast überall durchsetzten.

Bulgaren Um 680 errichteten die Bulgaren an der unteren Donau ein erstes Reich. Boris I. führte 884 das Christentum ein (**2**, Ohrid, im Mittelalter Sitz des bulgarischen Patriarchats). Simeon I., der Große, nahm 913 den Zarentitel an. 1014 wurde das Reich von den Byzantinern annektiert (S. 149). Den Niedergang von Byzanz im 12. Jh. nutzten die Bulgaren zum Aufbau eines zweiten Reiches (**1**, Bulgarenkönig Kalojan Asen). Es geriet 1242/43 in Abhängigkeit von mongolischen Khanen, seit 1330 stand es unter serbischer Vorherrschaft. Ab 1393/96 eroberten die Osmanen Bulgarien.

Die letzten bulgarischen Fürsten aus dem Haus Schischman

Amselfeld Das Reich der Serben, das unter den Nemanjiden ab 1167 große Teile des Balkans unter seine Vorherrschaft gebracht hatte, zerfiel nach 1371 in verschiedene Fürstentümer. In der Schlacht auf dem Amselfeld (Kosovo) (**3**) unterlagen 1389 die Serben der osmanischen Übermacht. 1459 setzten die Osmanen den letzten serbischen Fürsten ab.

Dracula Der rumänische Fürst Vlad III. Dracula Tepes (der „Pfähler") (**4**) erhob sich 1461/62 gegen die Osmanen. Seine Gegner ließ er grausam hinrichten (**5**). Schon zu Lebzeiten eine Legende, wurde er zum Vorbild für die Vampirfigur des Romans „Dracula" aus dem 19. Jh.

Johanniter Nach der Eroberung Konstantinopels im 4. Kreuzzug 1204 (S. 149) entstanden in Griechenland mehrere Feudalstaaten, die aber nach und nach von den Osmanen erobert wurden. Die Ritter des im 11. Jh. gegründeten Johanniterordens (S. 155) mussten 1291 das Heilige Land endgültig verlassen. Ihren neuen Stützpunkt Rhodos verteidigten sie bis 1522/23 gegen die Osmanen (**6**). Anschließend siedelten sie auf die Mittelmeerinsel Malta über, nach der sie seither den Namen Malteserorden tragen.

Seite 84

Um 680–1014 Erstes Bulgarenreich
> **1014** Byzantiner unterwerfen die Bulgaren
>> **1102** Kroatien mit Ungarn vereint

1167–1371 Serbisches Großreich der Nemanjiden
1185–1393/96 Zweites Bulgarisches Reich
1371 Schlacht an der Maritza
1219 Der hl. Sava gründet die serbisch-orthodoxe Kirche
14. Jh. Im heutigen Rumänien entstehen die Fürstentümer Moldau und Walachei
Ab 1331 Serbenkönig Stephan Dusan erobert Teile Griechenlands und Bulgariens
1389 Serben unterliegen den Osmanen auf dem Amselfeld
15./16. Jh. Rumänische Fürsten müssen osmanische Oberhoheit anerkennen (bis 1878)
1443–1468 Georg Kastriota, genannt Skanderbeg, führt die Albaner im Kampf gegen die Osmanen
1453 Osmanen erobern Konstantinopel
1458 Osmanen erobern Athen
1522/23 Osmanen vertreiben Johanniter von Rhodos

Seiten 230, 306

Südosteuropa

▶▶ **Aufstieg der Osmanen:** Seiten 230–231

Seite 68

Naher Osten und Europa

1071 Seldschuken besiegen Byzantiner in der Schlacht von Mantzikert und erobern Syrien, Palästina und große Teile Kleinasiens (S. 164)

1095 Hilferuf des byzantinischen Kaisers Alexios I. Komnenos an den Papst

1095 Synode von Clermont: Papst Urban II. ruft zum Kreuzzug auf

1096 Volkskreuzzug unter der Führung des Mönchs Peter von Amiens wird von Bulgaren und Seldschuken geschlagen

1096–1099 1. Kreuzzug unter der Führung Gottfrieds von Bouillon

1097 Sieg der Kreuzritter über die Seldschuken in der Schlacht bei Doryläum in Anatolien

Ab 1098 Gründung der Grafschaften von Edessa und Tripolis sowie des Fürstentums von Antiochia

1099 Eroberung Jerusalems. Gottfried von Bouillon wird zum Herrscher gewählt und nimmt den Titel „Vogt des Heiligen Grabes" an

1100 Balduin von Boulogne erster König von Jerusalem

1144 Edessa wird von den Muslimen zurückerobert

Seite 154

Die Kreuzzüge

11./12. Jh.

Im 10. und 11. Jh. belebten Kirchenreformen (S. 136) sowie das Wirken von reformorientierten Päpsten und neuer Orden das religiöse Leben in Westeuropa. In diese Atmosphäre fiel 1095 der Hilferuf der Byzantiner, die sich vor den Seldschuken schützen wollten (S. 148). Mit der Aussicht auf ewiges

Kreuzritter auf seinem Pferd

Seelenheil und der Hoffnung auf reiche Beute brachen christliche Ritterheere in den Osten auf, um die Muslime zurückzuschlagen. Nach langen Kämpfen eroberten die Kreuzritter 1099 Jerusalem, das seit dem 7. Jh. unter arabischer Herrschaft stand. Im Nahen Osten bildeten sich mehrere Feudalstaaten nach westeuropäischem Vorbild. Bald folgten weitere Kreuzzüge, um die Kreuzfahrerstaaten in Syrien und Palästina zu verteidigen.

Die Kreuzzüge

Die Kreuzzüge wurden zu einer festen Institution in der europäischen Ritterkultur. In jedem Jahr brachen größere und kleinere Verbände von Kreuzrittern (3) ins Heilige Land oder zu den Kriegsschauplätzen in Europa auf. Davon hoben sich die großen Feldzüge ab, die von bedeutenden europäischen Herrschern angeführt wurden.

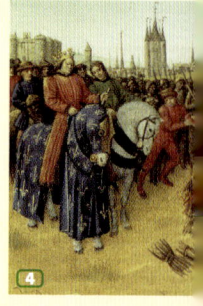

Anlass und Beginn Mit den Seldschuken (S. 164) trat ab 1071 eine neue Vormacht im Nahen Osten auf, die die Existenz des Byzantinischen Reiches und die Sicherheit der Pilgerwege ins Heilige Land gefährdete. 1095 rief der Papst (**2**) zum Kreuzzug zur „Befreiung" Jerusalems auf. Teilnehmern versprach er den Erlass der Sündenstrafen im Jenseits. Fürsten, Ritter, aber auch einfache Menschen folgten dem Ruf.

Der Fall Jerusalems 1097 erreichten die Kreuzritter aus Westeuropa Konstantinopel, wo sie dem byzantinischen Kaiser Treue schwören mussten. Nach mehreren siegreichen Schlachten gegen die Seldschuken nahmen sie 1099 unter der Führung von Gottfried von Bouillon Jerusalem ein (**1**). Die Kreuzritter plünderten die Stadt und massakrierten die Einwohner. Doch statt die eroberten Gebiete den Byzantinern zu überlassen, errichteten die Kreuzritter mehrere Staatswesen mit dem Königreich Jerusalem an der Spitze.

1096–1099 *1. Kreuzzug (Gottfried von Bouillon, Balduin von Boulogne)*
1147–1149 *2. Kreuzzug (Ludwig VII. von Frankreich, Konrad III., deutscher König)*
1189–1192 *3. Kreuzzug (Kaiser Friedrich I. Barbarossa, Philipp II. August von Frankreich, Richard Löwenherz von England)*

1202–1204 *4. Kreuzzug (Enrico Dandolo, Doge von Venedig)*
1209–1229 *Albigenserkriege in Frankreich (**4**) (S. 123)*
1217–1221 *5. Kreuzzug (Andreas II. von Ungarn)*
Ab 1226/31 *Ritter des Deutschen Ordens unterwerfen und christianisieren Preußen und Balten an der Ostsee*

1228/29 *6. Kreuzzug (Kaiser Friedrich II)*
1248–1254 *7. Kreuzzug (Ludwig IX., der Heilige, von Frankreich)*
1269/70 *8. Kreuzzug (Ludwig IX., der Heilige, von Frankreich)*
Ab 1309 *Ritter des Johanniterordens (**5**) kämpfen von Rhodos bzw. von Malta aus gegen Muslime im Mittelmeer*

Das Ende der Kreuzzüge

12.–15. Jh.

Die Herrscher der untereinander verfeindeten Kreuzfahrerstaaten verfügten nur über eine schwache Machtbasis. So gelangten u. a. auch die im 12. Jh. zur Krankenpflege und zur Bewachung von Pilgerzügen ge-gründeten Ritterorden durch reiche

Die Johanniterburg Krak des Chevaliers im heutigen Syrien

Schenkungen und ihre Kampfkraft zu großem Einfluss. Im 12. Jh. mussten die Kreuzfahrerstaaten immer wieder Rückschläge gegen die Aijubiden hin-nehmen, die mittlerweile die Seldschuken als Vormacht im Nahen Osten abge-löst hatten. Die den Aijubiden nachfolgenden Mamluken (S. 164) vertrieben die Christen bis 1291 endgültig aus Palästina.

Bernhard von Clairvaux Als die Muslime 1144 Gebiete in Syrien zurückeroberten, rief der Mönch Bernhard von Clairvaux zum 3. Kreuzzug auf (**1**). Seine Predigten verbreiteten den Kreuzzugsge-danken in ganz Europa. Er belebte nicht nur die Reconquista in Spa-nien und Portugal, Kreuzzüge wurden nun auch gegen die Völker im Ostseeraum und gegen die Albigenser in Südfrankreich ausgerufen.

Kinderkreuzzug 1212 waren Tausende Kinder und Jugendliche zu einem unbewaffneten Kreuzzug aufgebrochen (**2**). In Genua und Marseille angekommen, wurden viele von ihnen in die Sklaverei verkauft, auch an Muslime in Nordafrika.

Ritterorden Nach dem Verlust des Heiligen Landes wendeten sich die Ritterorden nach Europa. Die reichen Templerordensritter (**5**) fielen 1312 den Bereiche-

Verluste Nachdem die Muslime unter dem Aijubidensultan Saladin (**4**) 1187 Jerusalem zurückerobert hatten (S. 164), begann der 3. Kreuzzug, der ruhmlos endete: Kaiser Friedrich II. ertrank 1190 auf dem Weg ins Heilige Land (S. 117), rungsinteressen des französischen Königs zum Opfer (S. 125). Die Johanniter kämpften im Mittelmeer weiter gegen

Philipp II. von Frankreich und Richard Löwenherz von England (**3**) zerstritten sich. Philipp kehrte nach Frankreich zurück und griff Richards Besitzungen an, dieser geriet 1192 in Gefangenschaft (S. 129). Jerusalem blieb in muslimischer Hand.

Muslime, der Deutsche Orden errichtete einen Staat an der Ostsee mit der Marienburg (**6**) in Preußen (S. 194) als Zentrum.

⏩ **Seldschuken, Aijubiden und Mamluken :** Seiten 164–165

Das europäische Judentum

11.–18. Jh.

Schon in römischer Zeit hatten sich Juden in Westeuropa niedergelassen. Mit der religiös aufgeladenen Stimmung der Kreuzzugszeit setzte an der Wende zum 12. Jh. eine gezielte Diskriminierung, Verfolgung und Vertreibung ein. Hierbei spielten auch immer wirtschaftliche Motive eine Rolle. Erst im Zuge der Aufklärung erlangten die Juden, beginnend am Ende des 18. Jh., in den USA und Frankreich die vollen Bürgerrechte.

Judentracht

Aschkenasim Die Juden der Iberischen Halbinsel, Sephardim genannt, waren zur Zeit der muslimischen Herrschaft sozial integriert. Im Gegensatz dazu lebten die Juden Mittel- und Osteuropas, die Aschkenasim (**1**), in einer feindseligen Umwelt. So pflegten sie eine eigene Kultur, zu der z.B. die jiddische Sprache gehörte.

Die Geschichte des Judentums

Im christlichen Mittelalter waren die Juden als Minderheit mehr oder weniger geduldet, dienten aber oft als Sündenbock. Zwar erlangten Juden im 19. Jh. in den meisten Ländern die rechtliche Gleichstellung, dennoch konnte sich aus dem traditionellen, religiös begründeten Antijudaismus der moderne Antisemitismus entwickeln. Dieser gipfelte im 20. Jh. im Massenmord an Juden unter den Nationalsozialisten. Die Zionisten, die seit dem Ende des 19. Jh. für einen eigenen jüdischen Staat gekämpft hatten, setzten 1948 die Gründung Israels durch.

5

6

2

3

Pogrome Schon der erste Kreuzzug 1096 ging in vielen Städten mit Ausschreitungen gegen die Juden einher, die man als Christusmörder verunglimpfte. Seit dem Mittelalter hielten sich Legenden von Ritualmorden, die Juden an christlichen Kindern verübt haben sollten (**2**) und die immer wieder Anlass für blutige Racheaktionen waren (**3**).

Emanzipation Der jüdische Philosoph Moses Mendelssohn (**4**, 1729–1786) war ein Vertreter der deutschen Aufklärung (S. 184–185). Diese Epoche rief zu religiöser Toleranz auf. Teil der Forderung war es, dass Juden als gleichberechtigte Staatsbürger am öffentlichen Leben beteiligt sein sollten.

4

Die Insel Ghetto

Die Regierung Venedigs beschloss im Jahr 1516, die jüdischen Gemeinden der Stadt auf der Insel Ghetto zusammenzulegen. Viele der aus Spanien und Portugal vertriebenen Juden (S. 141) kamen nach Venedig. Hier

konnten sie Synagogen unterhalten und die weitreichenden wirtschaftlichen Verbindungen der Handelsstadt für ihre Geschäfte nutzen. Erst später verbanden sich mit dem Wort „Ghetto" Ausgrenzung und Verfolgung.

7

8

1004–926 v. Chr. *Reich Israel unter David (**5**) und Salomo (S. 42–43)*
587–539 v. Chr. *„Babylonisches Exil" (S. 43)*
70 n. Chr. *Römer zerstören Jerusalem, Beginn der jüdischen Diaspora (S. 69)*
18. Jh. *Beginn der jüdischen Emanzipation*

Ab 1882 *Einwanderungsbewegung nach Palästina*
1896/97 *Theodor Herzl (**6**) begründet den Zionismus*
1933–1945 *Massenmord (Holocaust) an den europäischen Juden durch die Nationalsozialisten (**7**, Konzentrationslager Auschwitz im heutigen Südpolen) (S. 410)*
1948 *Gründung des Staates Israel (**8**, S. 480)*

↑ Seite 68

Islamische Welt

Um 610 Mohammed empfängt durch den Erzengel Gabriel den Auftrag zur Verkündigung des Islam

622 Auswanderung der Muslime von Mekka nach Medina (Hedschra)

630 Mohammed nimmt seine Heimatstadt Mekka ein, befreit die Kaaba von Götzenbildern und macht sie zum Hauptheiligtum des Islam

8.6.632 Mohammed stirbt in Medina

632–634 Abu Bakr ist der erste Kalif, Ausbreitung des Islam im Jemen

634–644 Zweiter Kalif Omar, systematischer Aufbau des Kalifenreichs

635–637 Erste Eroberungen in Nordafrika, Palästina und Persien

644–656 Dritter Kalif Othman

653 Publikation der endgültigen Koranfassung

656–661 Ali, erster Imam der Schiiten, wird der vierte Kalif

657 Aufstand des syrischen Statthalters Muawiya, Abspaltung der Charidjiten („Ausziehende")

661 Ali wird von einem Charidjiten ermordet

↓ Seite 160

Mohammed und die ersten Kalifen

610–661

Im 7. Jh. trat in Arabien der Prophet Mohammed auf und lehrte den Glauben an einen einzigen Gott (Allah). In seiner Heimatstadt Mekka (**1**) wurde er wegen seines Kampfes gegen die Vielgötterei angefeindet. Daher wanderte er 622 mit seinen Anhängern nach Medina aus. Bei seinem Tod hatte er keinen Nachfolger ernannt. So wählte die Umma (Gemeinde) nacheinander vier seiner Gefährten zu seinen „Stellvertretern", den Kalifen. In der Zeit der „Vier Rechtgeleiteten Kalifen" kam es zur Spaltung, da die Mehrheit (Sunniten) die Kalifen anerkannte, eine Minderheit (Schiiten) aber Ali, den Vetter des Propheten, als legitimen Erben ansah.

Die Geschichte des Islam

Den raschen Siegeszug des Islam in den ersten Jahrzehnten nach Mohammeds Tod sehen die Muslime bis heute als eine Art „historischen Beweis" für die Gottgewolltheit der Lehre des Propheten an. Tatsächlich herrschte bereits die Kalifendynastie der Omaijaden im 7. und 8. Jh. über ein Weltreich, das von Spanien im Westen bis nach Pakistan im Osten reichte. Das letzte islamische Großreich war das Osmanische Reich, das 1924 mit der Abschaffung des Kalifats endete.

Mohammed

Mohammed (hier mit Fatima, Ali und seinen Enkeln Hassan und Hussein) verstand sich selber als der letzte in einer Reihe von Propheten (von Abraham bis Jesus), dem aufgetragen worden war, den erstmals durch Abraham offenbarten Glauben an den Einen Gott (Allah) wiederherzustellen. Von Medina aus leitete er nicht nur eine Glaubensgemeinde, sondern schuf auch eine funktionierende politische Ordnung.

Die Schlacht von Kerbela

Die Minderheit der Schiiten erkannte von Anfang an nur den Prophetenvetter und -schwiegersohn Ali und dessen Nachkommen, die Imame, als legitime Nachfolger Mohammeds an. Zur eigentlichen Geburtsstunde der Schia aber wurde das Martyrium des Hussein bei Kerbela (**2**): Er war von den Einwohnern Kufas überredet worden, sich gegen die Omaijaden zu erheben, wurde dann aber von ihnen im Stich gelassen und mit seiner Sippe in der Wüste von den Truppen des Kalifen umzingelt und getötet.

622 Hedschra (**3**)
632 Tod Mohammeds
632–661 Herrschaft der „Vier Rechtgeleiteten Kalifen"
661–1258 Dynastien der Omaijaden und Abbasiden
711–1492 Islamische Herrschaft in Spanien
Ab ca. 800 Zeit der Teildynastien
1258 „Mongolensturm" auf Bagdad, Ende des klassischen Islam
1300–1924 Sultanat der Osmanen in der Türkei, auf dem Balkan und im Vorderen Orient (**4**, Sultan)
1517 Osmanen nehmen den Kalifentitel an
1529/1683 Belagerung von Wien
1501–1722/36 Safawiden in Persien
1526–1857 Groß-Moghule in Indien
1932 Gründung des Königreichs Saudi-Arabien
1979 Islamische Revolution im Iran durch Ayatollah Khomeini (**5**)
1990er-Jahre Erstarken des islamischen Fundamentalismus (**6**)

Die Omaijaden-Moschee
An der Stelle einer christlichen Kirche wurde bis 705 in der syrischen Hauptstadt Damaskus die Omaijaden-Moschee errichtet (**1**). Im Inneren befindet sich das Grab Johannes des Täufers, das von Christen wie Muslimen verehrt wird. Die Moschee zeigt, u. a. durch byzantinische Bauelemente, die enge Verbindung der christlich-byzantinischen und muslimischen Kultur in der Anfangsphase des islamischen Großreichs auf.

Omaijaden und Abbasiden

661–1258

Als erste Dynastie der Kalifen („Stellvertreter" des Propheten) setzten sich 661 die Omaijaden durch, die von Damaskus aus das islamische Reich weiter ausdehnten und ihm feste Strukturen gaben. Nach einer Phase der Kolonisation v. a. unter Abd

Karl Martell schlägt die Araber zurüc

al-Malik begann nach 700 eine Welle von Eroberungszügen nach Westen und Osten. 749/50 wurden die arabisch geprägten Omaijaden durch die Dynastie der Abbasiden gewaltsam gestürzt. Diese herrschte von Bagdad und Samarra aus, gab dem Islam eine deutlich persische Prägung und förderte die Wissenschaften. Seit dem 11. Jh. gerieten die Abbasiden in Abhängigkeit von türkischen Militärdynastien, besonders den Seldschuken, die in ihrem Namen herrschten. Im „Mongolensturm" auf Bagdad ging das Kalifat unter.

Die Schlacht bei Tours und Poitiers Nachdem die Araber fast ganz Spanien erobert hatten, unternahmen sie Streifzüge nach Südfrankreich und besetzten dort Städte und Landstriche. 732 drängte sie der Franke Karl Martell bei Tours und Poitiers zurück (**2**). Der oft als „Rettung des Abendlandes" gefeierte Sieg hielt die Araber aber nicht von weiteren Einfällen in fränkisches Gebiet ab. Martells Enkel Karl der Große (S. 113) zog später selber nach Spanien und gründete die „Spanische Mark der Franken".

Die islamische Wissenschaft

Ab dem 8. Jh. erlebte die islamische Welt eine Blüte der Kunst, Wissenschaft und Gelehrsamkeit. Bedeutende Denker wie Avicenna (Ibn Sina, Bild) und Averroes (Ibn Rushd) übersetzten die Werke der griechischen Philosophen und entwickelten ihre Lehren weiter. Über sie lernte auch das Abendland die griechischen Denker wieder kennen.

Harun ar-Raschid Der Kalif (**3**), bekannt durch die Geschichten aus „Tausendundeiner Nacht", verdankte die politische Stabilität und Blüte seines Reiches der Wesirsamilie der Barmakiden, die es bis 803 verwaltete. Nach seinem Tod entbrannte ein Bruderkrieg unter seinen Söhnen, den al-Mamun 813 gewann.

Samarra Nach 836 verlegten die Abbasidenkalifen ihre Residenz nach Samarra, wo sie die Große Moschee als damals größtes Gotteshaus errichteten, das 150 000 Gläubige fasste. Das spiralförmige Minarett der Moschee (**4**) ist ein einmaliges Bauwerk und scheint Tempeltürmen (Zikkurate) Mesopotamiens nachempfunden zu sein.

Spanien und Nordafrika

711–1574

711 setzten islamische Heere nach Spanien über und eroberten das Land. Es wurde regiert von Emiren (ab 929 Kalifen) aus der Dynastie der Omaijaden, die in Córdoba residierten. Nach dem Untergang des Kalifats 1031 bildeten sich Teilkönigreiche, denen die Berberdynastien der Almorawiden und Almohaden gegen

Der Löwenhof der Alhambra in Granada

die christlichen Könige Spaniens zu Hilfe kamen. Ab dem 11. Jh. rückten diese aber unaufhaltsam nach Süden vor. Als Letzte kapitulierten die Nasriden von Granada. In Nordafrika breiteten sich von 909 bis 1171 die schiitischen Fatimiden aus. Im 13. Jh. etablierten sich in Marokko die Meriniden und in Tunesien die Hafsiden. 1574 eroberten die Osmanen große Teile Nordafrikas.

Große Moschee von Córdoba
Schon der erste spanische Emir, Abd ar-Rahman I., begann mit dem Bau der Großen Moschee als religiösem Zentrum der Muslime in Spanien. Seine Nachfolger ließen den Bau mehrfach erweitern und prächtig ausstatten. Berühmt ist der „Säulenwald" (**1**) mit den rot-weißen Bögen. Kaiser Karl V. ließ später eine christliche Kirche in die Moschee hineinbauen, verbot aber ihre Zerstörung. Bis heute ist sie ein Symbol für die Hochkultur des Islam in Spanien.

Al-Azhar-Moschee Unter den schiitischen Fatimiden entwickelte sich Kairo zu einem Zentrum der islamischen Wissenschaft. 970 bis 972 wurde die Al-Azhar-Moschee (**2**) gebaut. 998 wurde die angeschlossene Universität gegründet, die seit 1171 sunnitisch ist. Sie war bald die angesehenste Bildungsstätte der islamischen Welt. Wo zunächst nur Theologie und Rechtswissenschaften gelehrt wurden, sind heute auch zahlreiche andere Fakultäten beheimatet.

bald in Abhängigkeit von den christlichen Reichen in Nordspanien, denen sie Tribut zahlen mussten. Im Januar 1492 beendeten die „Katholischen Könige" die zuletzt auf Granada beschränkte Herrschaft der Nasriden. Der letzte Maurenherrscher Boabdil musste Granada kampflos übergeben (**3**) und begab sich ins Exil nach Marokko. Bald darauf begann die systematische Vertreibung der Mauren.

Granada Als das letzte islamische Reich in Spanien etablierten sich 1232 in Andalusien die Nasriden. Sie residierten im prachtvollen Palastkomplex der Alhambra (**4**), gerieten aber

Islamische Welt

»» **Spanien im Mittelalter:** Seiten 140–141

Islamische Welt

Naher Osten und Zentralasien

Um 800–1517

Mausoleum der Samaniden in Buchara

Das Kalifenreich der Abbasiden (S. 160) begann im 9. Jh. zu zerfallen. V. a. im Osten des Riesenreiches herrschten selbstständige örtliche Dynastien. In Asien eroberte Mahmud von Ghazna ein gewaltiges Reich. In Zentralasien und im Nahen Osten etablierten sich die turkstämmigen Seldschuken. Sie bauten die Infrastruktur aus und schufen eine hervorragende Verwaltung. Nach 1100 bekämpften die Kurdendynastie der Aijubiden und die tscherkessische Militärdynastie der Mamelucken im Raum Palästina die Kreuzfahrer. Den Sultanen Saladin und Baibars gelang es schließlich, sie zu vertreiben. Saladin wurde als ein großer Held der muslimischen Welt und gerechter Herrscher gefeiert.

Ghaznawiden Mahmud von Ghazna gehörte zu den größten Eroberern des Islam. In 17 Feldzügen unterwarf er bis 1024 Nordindien. Seine Residenzstadt Ghazni ließ er mit Palästen und der Siegessäule (**1**) prächtig ausstatten und holte Dichter und Gelehrte an seinen Hof. In Mahmuds Auftrag schrieb der Dichter Firdausi sein „Königsbuch" und der Gelehrte al-Biruni seine „Gärten der Wissenschaft".

1

Seldschuken Zur Verbreitung des sunnitischen Islam errichteten die Seldschuken in ihrem Herrschaftsgebiet zahlreiche Schulen (Medresen) und Verkehrswege (**2**). So kämpften sie z. B. gegen die Byzantiner (**3**), über die sie unter dem Sultan Alp Arslan 1071 bei Mantzikert einen bedeutenden Sieg errangen.

Sultan Saladin Saladin (**4**) setzte bei Auseinandersetzungen eher auf Verhandlungen als auf offenen Krieg. Als er 1187 über die Kreuzfahrer siegte und ihnen Jerusalem abnahm, zeigte er sich gegenüber der Bevölkerung gnädig: Die Christen konnten sich freikaufen und mit ihrer Habe abziehen. Hunderten von armen Christen schenkte der Sultan die Freiheit und zwang christliche Städte, ihre Glaubensbrüder aufzunehmen.

Mamelucken Zur Sicherung ihrer Herrschaft hatten die Aijubiden eine große Zahl v. a. georgischer und tscherkessischer Militärsklaven ins Land geholt. Diese „Mamelucken" lebten zunächst in Kasernen, abgeschottet von der Bevölkerung. Aber es gelang ihnen, die Macht von den Aijubiden zu übernehmen und von Kairo aus über Ägypten und Syrien zu herrschen. Abbasidische Schattenkalifen verschafften ihnen religiöse Legitimation (**5**). Die Mamelucken wehrten die Kreuzfahrer ab und stellten sich den Mongolen entgegen. Kairo machten sie zu einem blühenden Handelsplatz. 1517 wurden sie von den Osmanen unter Selim I. unterworfen.

Die Weltreiche der Mongolen

Um 1200 – um 1370

Die Herrschaft Dschingis Khans und seiner direkten Nachfolger veränderte die asiatische Welt bis nach Osteuropa hinein grundlegend. Sie eroberten in mehreren Schüben China und unterwarfen und zerstörten viele Städte und Reiche der

Mausoleum des Dschingis Khan in der Inneren Mongolei

alten islamischen Welt. Osteuropa wurde von Südrussland aus von der „Goldenen Horde" mit Feldzügen bis nach Schlesien überzogen. 1260 verhinderten die Mamlucken in Ägypten das weitere Vordringen der Mongolen nach Westen. Gleichzeitig begann der Zerfall des mongolischen Reichs, dessen Hauptstadt Karakorum in der heutigen Mongolei war. Überreste des Khanats der „Goldenen Horde" existierten in der Umgebung von Kiew noch bis 1502. Eigenständige mongolische Herrschaften wurden auch in China und Persien gegründet.

Eurasien

▲ Seite 102

1206–1227 Herrschaft Dschingis Khans

1211–1216 Mongolen erobern Nordchina

Ab 1218 Eroberung des Reichs der Chwaresm-Shahs

1227 Tod Dschingis Khans, Aufteilung des Reichs

1251–1259 Herrschaft Möngke Khans als Großkhan

1256–1260 Hülägü erobert Persien und den Irak, Gründung des Reichs der Il-Khane

1260–1279/94 Kubilai erobert China, macht sich zum Kaiser

1370 Beginn der Eroberungszüge Timur Lenks

▼ Seite 168

Dschingis Khan († 1227)

Im Jahr 1206 gelang es dem in einer Kleinfürstenfamilie in abenteuerlichen Verhältnissen aufgewachsenen Temudschin, sich unter dem Namen Dschingis Khan zum Herrscher der Mongolen zu machen. Nach der Eroberung Südsibiriens und Nordchinas begann er 1219 seinen lang geplanten, unaufhaltsamen Zug nach Westen. Mit enormer Stoßkraft, Schnelligkeit und Skrupellosigkeit unterwarf er Reiche und Völker. Den besiegten Herrschern ließ er nur die Wahl, sich seinem „Freundschaftsverband" anzugliedern und Tributzahlungen zuzustimmen oder vernichtet zu werden.

Leben und Kriegsführung

Die mobile Kampfweise vom Pferd aus (**1**) und in kleinen Verbänden trug zum raschen Vorstoß der Mongolen ebenso bei wie schnell auf- und abbaubare Jurten (**2**). Die gefürchteten Mongolen konnten sogar auf ihren Pferden schlafen.

Die Söhne Dschingis Khans

Beim Tod Dschingis Khans im Jahr 1227 wurde sein Reich unter seinen drei Söhnen (**3**) und den Söhnen seines bereits verstorbenen ältesten Sohnes Djötschi aufgeteilt. So entstanden verschiedene Stammesgebiete (Ulus). Der dritte Sohn Ögedei trat die Nachfolge des Vaters als Großkhan an (1229–1241). Sein Tod und die folgenden unklaren Verhältnisse verhinderten vorerst ein weiteres Vordringen der Mongolen nach Westen. Ein weiterer Eroberungsschub erfolgte in der Enkelgeneration, als der in Karakorum residierende Großkhan Möngke seine Brüder Kubilai und Hülägü aussandte, um den Osten und Süden zu erobern. Die in Russland und Osteuropa herrschenden Khane der „Goldenen Horde" machten sich frühzeitig selbstständig.

Die Mongolen in Europa

Nachdem die mongolischen Heere Batu Khans Ungarn verwüstet hatten, fielen sie in Schlesien ein. Herzog Heinrich II. stellte sich ihnen am 9.4.1241 bei Liegnitz mit einem großen Heer entgegen, doch die polnisch-deutsche Streitmacht erlitt eine katastrophale Niederlage. Heinrich wurde getötet und sein Kopf auf eine Lanze gespießt (**4**). Nur der Tod des Großkhans Ögedei im Dezember 1241 veranlasste die Mongolen, nach Osten abzuziehen.

Die Nachfolger Dschingis Khans und Timur Lenk

1235–1526

Nach dem Tod Dschingis Khans herrschten seine Nachkommen als Yüan-Dynastie in China, als Il-Khane im Iran, als Chagatajiden in Choresmien und als Khane der „Goldenen Horde" in Südrussland. Die meisten traten zum Islam über und förderten die islamische Kunst und Kultur. Timur Lenk vereinigte diese Teilreiche wieder unter seiner Herrschaft. Mit gnadenloser Brutalität unterwarf er riesige Gebiete und gliederte sie in seinen „Freundschaftsverband" ein. Künstler und Wissenschaftler verschleppte er nach Samarkand, das er zur Hauptstadt ausbaute.

Seine Nachkommen, die Timuriden, herrschten nur noch über Teilgebiete und traten vielfach als Förderer von Kunst und Wissenschaft hervor. Der Timuridenabkömmling Babur gründete im 16. Jh. in Indien das Moghulreich (S. 238).

Die Freitagsmoschee von Yazd, Iran, aus der Zeit der Il-Khaniden

Eroberung Bagdads 1256 begann die Eroberung Persiens und des Irak durch Hülägü Khan, die im „Mongolensturm" auf Bagdad 1258 gipfelte (**1**), nachdem der letzte Abbasidenkalif Hülägüs Aufforderung zur Unterwerfung in Verkennung der Lage zurückgewiesen hatte. Es kam zu furchtbaren Gemetzeln und zur Zerstörung großer Kulturgüter. Die Nachkommen Hülägüs herrschten bis 1335 als Dynastie der Il-Khane in Persien und nahmen den Islam an. Sie übten religiöse Toleranz und waren große Bauherren. **①**

Kubilai Khan Kubilai (**2**) trat 1260 die Nachfolge seines Bruders Möngke als Großkhan an. Er eroberte bis 1279 China (**3**), wo er die Yüan-Dynastie etablierte. Als Kaiser von China förderte er Gelehrte und Künstler. Den Europäern berichtete Marco Polo von seinem Hof.

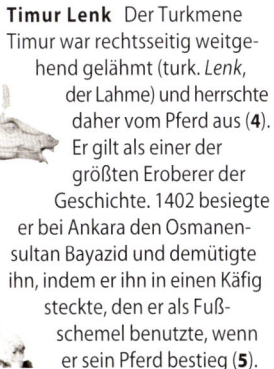

Timur Lenk Der Turkmene Timur war rechtsseitig weitgehend gelähmt (turk. *Lenk*, der Lahme) und herrschte daher vom Pferd aus (**4**). Er gilt als einer der größten Eroberer der Geschichte. 1402 besiegte er bei Ankara den Osmanensultan Bayazid und demütigte ihn, indem er ihn in einen Käfig steckte, den er als Fußschemel benutzte, wenn er sein Pferd bestieg (**5**).

Blütezeit der Wissenschaft
Viele Nachfahren Timur Lenks förderten Kunst und Architektur in besonderem Maße. Timurs Enkel Ulugh Beg war einer der gelehrtesten Männer seiner Zeit. Er ließ Medresen (**6**) und ein großes Observatorium errichten, wo er Sternenberechnungen vornahm und mit Wissenschaftlern disputierte.

Indien

Indien

Um 500 – um 1500

Die zahlreichen Fürstentümer, in die Indien aufgeteilt war, konnten sich den massiven Invasionen muslimischer Eroberer nicht dauerhaft widersetzen. So eroberten die Muslime ab dem 11. Jh. Nordindien und errichteten 1206 das Sultanat von Delhi. Nur im Süden Indiens hielten sich hinduistische Herrscher. Hier entstand parallel zum Niedergang Delhis im 14. Jh. das Hindugroßreich von Vijayanagar. Erst 1565 wurde Vijayanagar von einer Allianz muslimischer Staaten besiegt. Diese hatten sich vom Sultanat von Delhi abgespalten, wurden aber bald – wie zuvor die Lodi-Dynastie in Delhi – vom Moghulreich unterworfen.

Tänzerin aus der Zeit der Calukya-Dynastie (12. Jh.)

Der Ufertempel in der südindischen Hafenstadt Mahabalipuram, erbaut unter der Pallava-Dynastie um 700

Sultanat von Delhi Muslimische Heere drangen seit der Wende zum 8. Jh. immer wieder nach Nordindien vor: Ghaznawiden und Ghuriden (S. 164) eroberten weite Teile Nordindiens. 1206 begründete der Türke Qutb ad-Din Aibak, ein ehemaliger Militärsklave im Dienst der Ghuriden, das Sultanat von Delhi (**1**, Moschee und Siegesturm Aibaks in Delhi). Der Familie Aibaks folgten andere Dynastien zumeist türkischer Herkunft, die das Sultanat weiter nach Süden ausdehnten. Im 14. Jh. zerfiel die Zentralmacht, beschleunigt durch die Invasion der Mongolen (S. 168) im Jahr 1398/99. Neben dem Sultanat Delhi entstanden zahlreiche andere muslimische Fürstentümer. Im Jahr 1526 wurde der letzte Sultan von Delhi, Ibrahim Lodi, von Babur, dem Begründer des Moghulreiches (S. 238), geschlagen.

Vijayanagar Das letzte bedeutende Großreich der Hindus war das Reich von Vijayanagar („Siegesstadt") im Süden Indiens (**2**, **3**). Sein Aufstieg begann im 14. Jh mit dem Zerfall des Sultanats von Delhi. Bis zu seiner Eroberung im Jahr 1565 galt Vijayanagar als ein Bollwerk gegen die vorstoßenden Muslime.

China

Beamtenschaft Die nach den Lehren des Konfuzius (S. 51) ausgebildeten Beamten (**2**) wurden seit dem 7. Jh. über ein landesweites, anonymes schriftliches Prüfungssystem ausgewählt.

China   Um 220–1368

Mit dem Ende der Han-Dynastie zerfiel China in einzelne Reiche. Erst die Tang verhalfen dem Land ab dem 7. Jh. zu alter Größe sowie kultureller und wirtschaftlicher Blüte. Die Tang gingen dann aber an inneren Konflikten zugrunde. Die Song-Dynastie setzte sich mit den Reichen der Steppenvölker in Nordchina auseinander: Sie verbündeten sich mit den Jin gegen das mongolische Liao-Reich, doch nach ihrem Aufstieg vertrieben die Jin 1127 die Song nach Süden. Die sog. Südlichen Song unterstützten daraufhin die Mongolen im Krieg gegen die Jin, von deren Niederlage sie allerdings nicht profitieren konnten. 1279 wurden die Song selbst von den Mongolen unterworfen.

(3)

Song-Dynastie Die Song (**4**, Kaiser Zhao Kuangyin) stützten sich nicht wie die Tang auf das Militär, sondern auf eine breite Schicht gut ausgebildeter Zivilbeamter, die auch Philosophie und Kalligraphie beherrschten.

Tang-Dynastie Zur Kontrolle der Seidenstraße (S. 103) drangen die Tang bis weit nach Zentralasien vor. Das Militär (**3**), das die Grenzen gegen arabische und tibetische Angriffe verteidigen musste, erhielt immer mehr Einfluss und forderte, wie im Jahr 755 General An Lushan Kaiser Xuanzong (**1**), die Kaiser heraus. Die Tang verteilten großzügig Ämter und Ländereien, um Unterstützung zu gewinnen, beschleunigten damit

Die Steppenvölker im Norden wollte man durch Tribute besänftigen und mit Bündnissen gegeneinander ausspielen. Doch deren militärische Überlegenheit führte 1279 zum Untergang der Song.

aber den Verfall der Zentralmacht. Die von den Tang eingeführte Verwaltung und Gesetzgebung blieben in Grundzügen bis ins 20. Jh. erhalten.

(4)

(5)

Tibet Im 7. und 8. Jh. erlebte Tibet seine größte Ausdehnung bis weit nach Indien und China hinein. König Songtsan Gampo

(**5**) führte in der ersten Hälfte des 7. Jh. den Buddhismus ein und gründete die Hauptstadt Lhasa. Der Buddhismus verdrängte in der Folge die alte, vom Adel gepflegte Bon-Religion und untermauerte somit die Macht der Könige.

⟩ Wissenschaft und Kunst bei den Mongolen: Seiten 168–169

Japan

ZEITLEISTE

Bis 400 Vereinigung Japans zum Yamato-Reich

Ab 552 Chinesische Missionare verbreiten den Buddhismus

7. Jh. Reformen Shotoku-Taishis und Taika-Reformen zur Festigung der Kaisermacht

710–784 Nara-Zeit, Verlegung der Kaiserresidenz nach Nara

781–806 Regierungszeit Kaiser Kammus

Ab Ende des 8. Jh. Feldzüge gegen die Ainu in Nordjapan

794 Kaiser Kammu verlegt seinen Hof nach Heian (Kyoto)

794–1185 Heian-Zeit

9. Jh. Aufstieg der Fujiwara-Familie am Kaiserhof

12. Jh. Bürgerkriege zwischen Hof- und Kriegeradel

1192–1333 Shogunat der Minamoto mit der Hauptstadt Kamakura (Kamakura-Shogunat)

Ab 1203 Regentschaft der Familie Hojo

1274/81 Invasionsversuche der Mongolen (S. 166) können abgewehrt werden

1333 Kaiser Go-Daigo übernimmt mithilfe der Ashikaga-Familie selbst die Macht

1338–1573 Ashikaga-Shogunat

Seite 242

Rüstung eines japanischen Samurai aus dem 14. Jh.

Japan   Bis 1338

Um 400 vereinigte die noch heute regierende Kaiserfamilie verschiedene Gemeinwesen im Zentrum Japans zu einem Reich und stützte sich dabei auf den Shintokult (S. 50–51). Die Kaiser gestalteten nach chinesischem Vorbild ihre Herrschaft aus, gerieten aber ab dem 9. Jh. zunehmend in Abhängigkeit vom Hofadel. Lange Machtkämpfe zwischen den verschiedenen Adelsfraktionen verstrickten das Land in Bürgerkriege. Erst nach derem Ende konnte sich im späten 12. Jh. die Militärherrschaft der Shogune etablieren.

Das japanische Kaiserreich

Die bis heute regierenden Kaiser der Yamato-Familie leiteten ihre Herkunft von der Sonnengöttin Amaterasu her. Auf diese Weise vereinten sie politische und religiöse Herrschaft. Später wurden sie von neuen Machthabern in den Hintergrund gedrängt, gelangten im 19. Jh. aber wieder zu Einfluss. Trotz der Rolle Kaiser Hirohitos im Zweiten Weltkrieg hält sich die Monarchie bis heute.

Hof- und Kriegeradel Die eigentliche Macht am Kaiserhof gelangte Mitte des 9. Jh. in die Hand einflussreicher Adelsfamilien wie der Fujiwara (**2**, Fujiwara-Villa in Kyoto). Gegen sie setzten sich im 12. Jh. Familien aus dem Kriegeradel durch. Deren Mitglieder hatten sich bei der Eroberung Nordjapans unter den Anführern der Söldnertruppen, den Samurai, ausgebildet.

Shogune Nachdem die aus dem Kriegeradel hervorgegangene Familie Minamoto (**3**, Minamoto no Yoshitsune) andere mächtige Familien im Bürgerkrieg ausmanövriert hatte (**1**), zwang sie den Kaiser 1192, ihre Macht zu legitimieren und ihr die erbliche Würde eines „Shogun" (Kronfeldherrn) zu verleihen. Mit kurzen Unterbrechungen beherrschten bis 1867/68 Shogune aus verschiedenen Dynastien Japan.

Kulturimport Japan erhielt viele kulturelle Impulse aus China. Von hier aus wurde seit dem 6. Jh. der Buddhismus (**4**) durch Missionare verbreitet. Auch die Schrift wurde von China beeinflusst, ebenso wie Architektur und Kunsthandwerk.

Um 600 v.Chr. *Mythologische Reichsgründung*
Um 400 n.Chr. *Vereinigung Japans unter den Yamato*
710–784 *Nara-Zeit (**5**, Pagode in Nara)*
794–1185 *Heian-Zeit*
1192–1333 *Kamakura-Shogunat (**6**, Shogun Minamoto no Yoritomo)*
1338–1573 *Ashikaga-Shogunat*

1573–1603 *„Zeit der drei Reichseiniger" Oda Nobunaga, Toyotomi Hideyoshi und Tokugawa Ieyasu*
1603–1867/68 *Tokugawa-Shogunat*
1867–1912 *Kaiser Mutsuhito (Meiji) (**7**)*
1926–1989 *Kaiser Hirohito (Showa) (**8**)*
1947 *Einführung der konstitutionellen Monarchie*

Südostasien

Südostasien

Bis zum 15. Jh.

Die Vorherrschaft über Südostasien teilten sich die Khmer mit den Birmanen und den südvietnamesischen Cham. Das Vordringen der Mongolen Ende des 13. Jh. (S. 166) löste eine Machtverschiebung aus: Das Birmanenreich von Pagan wurde zerstört und zerfiel in mehrere Nachfolgestaaten. Die von den

Der Khmerherrscher Jayavarman VII. (12./13. Jh.)

Mongolen nach Süden verdrängten Thai übernahmen die Vormachtstellung der Khmer. Hinzu kamen die Vietnamesen, die sich in Abwehrkämpfen gegen die Mongolen ausgezeichnet hatten und allmählich die Cham unterwarfen. Im Gebiet des indonesischen Archipels lösten sich verschiedene Seereiche ab, von denen Srivijaya und Majapahit die bedeutendsten waren. Ab dem 14. Jh. breitete sich hier der Islam aus. Bis zur Ankunft der Europäer war das Sultanat Malakka die größte Handelsmacht in Südostasien.

Buddhistische Tempelanlage von Borobodur auf Java, Indonesien, erbaut unter der Sailendra-Dynastie im 8. Jh.

Khmer Die Reiche der Khmer standen stark unter indischem Einfluss. Um 900 wurde die Tempelstadt Angkor gegründet (**1**), die bis ins 15. Jh. Hauptstadt eines Großreiches blieb. In zahlreichen Feldzügen (**2**) hatten die Khmer ihre Nachbarvölker im heutigen Thailand und Vietnam unterworfen.

Thai Von den Mongolen aus dem südchinesischen Yunnan verdrängt, gründeten die Thai 1238 in der Mitte des heutigen Thailand das Reich von Sukho–thai (**3**, Mönch vor einer Buddhastatue in Sukhothai). Dieses nutzte die Zerstörung des Birmanenreiches von Pagan und den allmählichen Niedergang des Khmerreiches von Angkor aus, um seine Grenzen weit nach Süden auszudehnen. In der zweiten Hälfte des 14. Jh. mussten sich die Könige von Sukhothai einem ihrer Vasallen unterwerfen, dem Thaifürsten von Ayutthaya (S. 244).

Bali Das heutige Indonesien stand kulturell und religiös unter indischem Einfluss, bis arabische Kaufleute den Islam einführten, der sich ab dem 14. Jh. fast überall durchsetzte. Nur das Inselkönigreich Bali (**4**) blieb hinduistisch.

▸ **Frankreich in Indochina:** Seite 321

Schwarzafrika

Bis zum 15. Jh.

Südlich der Sahara entstanden mehrere Reiche, deren Wirtschaftsgrundlage der Karawanenhandel war. Über die Kontakte zu Nordafrika verbreitete sich der Islam. Die Christen im äthiopischen Hochland und Völker wie die Yoruba hingegen bewahrten ihre alte Religion. Gleichzeitig entstand an der Küste Ostafrikas die afrikanisch-arabische Suaheli-Kultur (S. 247), deren Stadtstaaten Handelsverbindungen bis nach China unterhielten. Im Landesinneren erlangte das Reich von Simbabwe Bedeutung.

Kopf eines Yorubaherrschers von Ife

Simbabwe In der von riesigen Mauern umgebenen Stadt Simbabwe (**1**) lebten Zehntausende Menschen. Sie war die Hauptstadt der Shona, eines Bantuvolkes, das im 12. Jh. ein Staatswesen in Südostafrika aufbaute. Die Shona exportierten viel Erz und Gold. Funde belegen Handelskontakte bis nach China.

1

Äthiopien Die christlichen Herrscher, die die Tradition des Reiches von Aksum (S. 105) fortführten, zogen sich ab dem 8. Jh. vor muslimischen Angriffen in das äthiopische Hochland zurück. Die in Lalibela (**2**) residierende Zagwe-Dynastie wurde 1268 von den Salomoniden abgelöst. Über die Portugiesen, die den Kampf gegen die Muslime unterstützten, bestand ab der Wende zum 16. Jh. wieder Kontakt zu anderen christlichen Mächten.

Kankan Musa Der Herrscher von Mali, Kankan Musa, war ein großer Förderer der islamischen Kultur und Gelehrsamkeit (**4**, Moschee von Djenné in Mali). Um 1325 begab er sich mit etwa 60 000 Begleitern auf eine Pilgerreise nach Mekka (**3**, Pilgerkarawane). Das Gold, das er mit sich führte und großzügig ausgab, löste in Ägypten eine Inflation aus und ruinierte die Landeswährung für Jahrzehnte.

Yoruba In die Küstengebiete am Golf von Guinea war der Islam nicht vorgedrungen. Dort lebte das Volk der Yoruba in verschiedenen Stadtstaaten, an deren Spitze gewählte Könige standen, die Obas (**5**). Die Vormachtstellung der Stadt Ife übernahm ab dem 14. Jh. das Königreich Benin. Dieses gelangte ab dem 15. Jh. durch den Sklavenhandel mit den Europäern zu großem Reichtum, bis die Yoruba schließlich selbst Opfer der Sklaverei wurden.

» **Sklavenhandel:** Seite 323

Amerika

Bis zum 15. Jh.

Amerika wurde wahrscheinlich während der letzten Eiszeit über eine Landbrücke von Asien nach Nordamerika besiedelt. Zeitgleich mit den Hochkulturen im Nahen Osten, Indien und China entstanden auch in Mittel- und Südamerika ab dem 3. Jt. v. Chr. hierarchisch organisierte Gemeinwesen. Die ältesten Zeugnisse einer hohen Zivilisation in Amerika sind die Pyramiden von Caral im heutigen Peru aus der Zeit um 2700 v. Chr. Die älteste überlie-

Kopf einer olmekischen Gottheit

ferte Schrift und Kalenderrechnung stammt von den am Golf von Mexiko lebenden Olmeken. Zahlreiche Hochkulturen entstanden, zerfielen und bildeten sich neu bis zur Ankunft der Europäer Anfang des 16. Jh.

Nordamerika Die Indianer Nordamerikas lebten in sehr unterschiedlichen Gesellschaftsstrukturen. Sesshafte Völker legten komplexe Siedlungen an wie die Pueblodörfer oder die Großstädte der Mississippikultur mit bis zu 40 000 Einwohnern. Nomadische Stämme lebten von der Jagd und zogen den Bisonherden nach (**2**). Zeugen ihrer Alltagskultur sind Keramikfunde und Holzschnitzereien, wie sie sich v. a. an Totempfählen finden (**1**).

³

ZEITLEISTE

Ab ca. 13 000 v. Chr. Besiedlung Amerikas von Norden her

Um 2700 v. Chr. Pyramiden von Caral im heutigen Peru

Um 1500–400 v. Chr. Hochkultur der Olmeken in Mittelamerika

1000–300 v. Chr. Blütezeit der Chavín-Kultur im heutigen Peru

3. Jh. v. Chr.–8./9. Jh. n. Chr. Nazca- und Moche-Kultur im heutigen Peru

Um 200 n. Chr. Blütezeit der Anasazi-Kultur, der Vorfahren der Puebloindianer

300–900 „Altes Mayareich", Kultur von Tiahuanaco am Titicaca-See

Bis 7. Jh. Teotihuacán dominiert das Hochland von Mexiko

8. Jh. Mississippi-Kultur

Ab 10. Jh. „Neues Mayareich"

10.–12. Jh. Reich der Tolteken in Mittelamerika (S. 248)

10.–15. Jh. Reich der Chimú an der Küste Perus

Seiten 248, 250

Teotihuacán Viele bunt bemalte Tempel und die riesigen, um Christi Geburt erbauten Pyramiden von Teotihuacán (**3**) im heutigen Mexiko belegen die Bedeutung der Stadt, in der bis zu 200 000 Menschen lebten. Bis ins 7. Jh. hinein dominierte der Stadtstaat das Hochland von Mexiko. Die Handelsbeziehungen Teotihuacáns umspannten ganz Mittelamerika.

Maya Das Alte Mayareich in Mittelamerika bestand aus vielen Stadtstaaten (**4**, Ruinen von Tikal), die von kriegerischen Priesterfürsten (**5**) geführt wurden. Die Maya waren ausgezeichnete Mathematiker und Baumeister. Aus unbekannten Gründen verließen die Bewohner diese Zentren um 900 und siedelten in das Neue Mayareich weiter nördlich um.

④

⑤

➡ **Maya:** Seite 248

Frühe Neuzeit

16.–18. Jh.

In der Übergangsphase vom Mittelalter zur Neu-
zeit erlebte Europa eine Vielzahl von Umbrüchen:
Humanismus, Aufklärung und Naturwissenschaf-
ten veränderten das Menschen- und Weltbild, die
Kirche verlor ihre Deutungshoheit über viele
Lebensbereiche und die Reformation spaltete die
abendländische Christenheit. Absolutistische
Fürsten bauten den zentralistischen Einheitsstaat
aus, gleichzeitig gewannen bürgerliche Gesell-
schaftsschichten immer mehr an Bedeutung.
Eroberer, Entdecker und Händler begannen, die
Welt zu erkunden und ein Netz von Kolonien und
Handelsstützpunkten aufzubauen. Zur gleichen
Zeit befanden sich außerhalb Europas Großreiche
wie das der Osmanen im Nahen Osten, der
Safawiden im Iran, der Moghuln in Indien oder der
Mandschu in China auf dem Höhepunkt ihrer
Macht und ihres Wohlstands.

Ludwig XIV., König von Frankreich, als siegreicher Kriegsherr dargestellt

Die Grundlagen unserer Zeit: Aufbruch zu neuen Horizonten

Der Übergang vom Mittelalter zur Neuzeit in Europa lässt sich zwar an bezeichnenden Eckdaten wie der Entdeckung Amerikas 1492 oder dem Beginn der Reformation 1517 festmachen, der Umbruch war jedoch ein fließender Prozess und verlief in vielen kleinen Schritten. Schon im Spätmittelalter entwickelten italienische Gelehrte und Künstler wie Dante und Petrarca ein neues, humanistisches Weltbild, das den Menschen in den Mittelpunkt des Denkens stellte und nicht mehr Gott und die Religion. Damit brach der Mensch aus den mittelalterlichen Vorstellungen vom Kosmos und seinem eigenen Stellenwert darin aus (**2**). Durch das Studium antiker Autoren entdeckten die Humanisten die vorchristliche Welt neu. Erasmus von Rotterdam war einer der Humanisten, die eine Erneuerung des Christentums auf der Grundlage des antiken Gedankenguts vorantrieben.

Die Kritik an der verweltlichten Papstkirche mündete in der Reformation. 1517 von Martin Luther eingeleitet, erschütterte sie den Universalitätsanspruch der katholischen Kirche. Forscher und Gelehrte wie Isaac Newton, der Entdecker der Schwerkraft, begründeten eine von den Naturwissenschaften bestimmte Sichtweise auf die Welt. Die Wiedergeburt der Antike, die Renaissance, kam besonders deutlich in der Kunst zum Ausdruck, die klassischen Idealen nachstrebte. Von Europa aus wurden große Expeditionsreisen in die ganze Welt unternommen, angetrieben v.a. von Macht- und Profitstreben. Ab dem 17. Jh. versuchten Aufklärer wie René Descartes (**1**), John Locke oder Gottfried Wilhelm Leibniz philosophische und naturwissenschaftliche Erkenntnisse mit dem Humanismus in Einklang zu bringen. Sie erhoben die Vernunft zum Maß aller Dinge, nach dem alle Lebensbereiche geregelt sein sollten. Im 18. Jh. erhielt die Aufklärung eine deutlich politische Stoßrichtung: Von der prinzipiellen Gleichheit aller Menschen ausgehend, forderten Montesquieu, Voltaire und andere nicht nur Freiheit für Religion und Wissenschaft, sondern auch eine kritische Überprüfung der bestehenden Machtverhältnisse.

Im Verlauf der Frühen Neuzeit hatte sich in den meisten Staaten Europas der Absolutismus nach dem Vorbild Frankreichs durchgesetzt. Alle Entscheidungsgewalt war in der Hand des Landesherrn vereinigt. Manche von ihnen, wie Friedrich II. von Preußen oder Katharina II. von Russland, waren selbst Anhänger der Aufklärung. Der sog. aufgeklärte Absolutismus war bestrebt, Verwaltung und Wirtschaft eines Staates straff zu organisieren und den Einfluss der Kirche und des Adels vollends zurückzudrängen. Die Fürsten förderten das aufstrebende Bürgertum, das sich schon in den Kreisen der Humanisten, Refor-

matoren und Aufklärer hervorgetan hatte und im Frühkapitalismus zu Geld und Ansehen gelangt war. Über ein Studium konnten Bürgerliche in den Staatsdienst aufsteigen, und wenn auch die meisten Staaten noch von der Landwirtschaft geprägt waren, so spielten doch Handel, Gewerbe und Geldwirtschaft eine immer größere Rolle. Von der politischen Mitbestimmung blieb das Bürgertum im absolutistischen Staat allerdings ausgeschlossen. Dieser Widerspruch entlud sich 1789 in der Französischen Revolution, die den Beginn des „Bürgerlichen Zeitalters" markierte.

Deutsches Reich

▲ Seite 119

▼ Seite 188

Wormser Reichstag Auf dem Reichtag zu Worms verteidigte Martin Luther 1521 seine Thesen vor Kaiser Karl V. und Vertretern der Kirche (**2**). Da er einen Widerruf ablehnte, wurde die Reichsacht über ihn verhängt. Daraufhin ließ ihn sein Landesherr, Kurfürst Friedrich der Weise von Sachsen, auf der Wartburg verstecken.

Deutsches Reich – Die Reformation

1517–1531

Immer wieder hatte es Bewegungen innerhalb der Kirche gegeben, die deren Verweltlichung anprangerten. Der deutsche Mönch und Theologe Martin Luther forderte eine strengere Orientierung an der Bibel und wandte sich besonders gegen den Verkauf von sog. Ablassbriefen, die den Gläubigen den Erlass von Sündenstrafen im Jenseits versprachen. In seinen 1517 verfassten 95 Thesen (**1**) machte Luther v. a. den Papst, dem ein erheblicher Teil der Einnahmen aus dem kirchlichen Ablasshandel zufloss, für diesen Missstand verantwortlich. Die Thesen stießen zu Luthers Überraschung schnell auf ungeheure Resonanz. Die Kirche reagierte mit einem Ketzerprozess, doch anders als frühere Reformatoren fand Luther Unterstützung bei mächtigen weltlichen Fürsten, die den Einfluss der Kirche in ihren Territorien gerne zurückdrängen und so ihre Landesherrschaft stärken wollten. Dadurch und durch den Rückhalt im Volk enwickelte die Reformation eine starke Eigendynamik.

Martin Luther (1483–1546)

Martin Luther, Mönch und Theologieprofessor in Wittenberg, war überzeugt, dass der Mensch allein durch die Gnade Gottes Erlösung fände und nicht durch persönliche Leistungen oder den Kauf von Ablässen. Nach seinem Bruch mit Rom hielt er sich auf der Wartburg versteckt, wo er bis 1522 das Neue Testament ins Deutsche übersetzte. 1525 heiratete er die frühere Nonne Katharina von Bora, mit der er sechs Kinder hatte. Sozialrevolutionäre Ideen lehnte Luther ab. Vielmehr sah er jede weltliche Obrigkeit als von Gott eingesetzt an und verurteilte daher auch die Erhebung der Bauern im Bauernkrieg.

Thomas Müntzer Wie Luther verurteilte der radikale Reformator und Prediger Müntzer (**3**) Klerus und Papsttum, sein Widerstand richtete sich aber auch gegen die weltliche Obrigkeit, und er prangerte die soziale Ungerechtigkeit an. Als Anführer der Thüringer Bauern im Bauernkrieg wurde er in der Schlacht von Frankenhausen 1525 gefangen genommen und hingerichtet.

Bauernkrieg Seit dem 15. Jh. begehrten die Bauern gegen zu hohe Abgaben und Zwangsdienste auf, die ihre Grundherren, v.a. Adel und Klöster, einforderten. Angespornt durch die Reformation, eskalierten 1524 lokale Unruhen zu einem landesweiten Aufstand, der 1525/26 niedergeschlagen wurde. Die Bauern zerstörten und plünderten zahlreiche Burgen (**4**) und Klöster. 100 000 Bauern wurden getötet.

Augsburger Bekenntnis Auf dem Augsburger Reichstag von 1530 (**5**) legte Luthers engster Mitarbeiter Philipp Melanchthon eine Bekenntnisschrift vor, die die lutherische Lehre zusammenfasste („Confessio Augustana"). Die Katholiken stellten eine Verteidigungsschrift dagegen, und Kaiser Karl V. bestätigte die Verurteilung der lutherischen Lehre. Daraufhin schlossen sich die Protestanten 1531 im sog. Schmalkaldischen Bund zusammen, um ihre Glaubensfreiheit notfalls auch mit Gewalt zu verteidigen.

» Spanien und der Protestantismus: Seiten 216–217

Deutsches Reich

Deutsches Reich – Protestanten und Katholiken

1531–1614

Aus der Sicht Kaiser Karls V. (**1**) gefährdete die Reformation nicht allein die Religionseinheit, sondern v. a. die Stabilität des Reichs. Von der Notwendigkeit von Reformen überzeugt, drängte er den Papst, 1545 ein Konzil nach Trient einzuberufen. Doch die protestantischen Fürsten lehnten eine Teilnahme ab und setzten die Säkularisierung von Kirchengütern fort. Daraufhin eröffnete der Kaiser den Kampf. Nach seinem Sieg im Schmalkaldischen Krieg unterlag Karl V. aber am Ende der Fürstenopposition, die von Frankreich, dem Rivalen der Habsburger, unterstützt wurde. Im Augsburger Religionsfrieden von 1555 wurde der Protestantismus anerkannt. Karl V. dankte resigniert ab. Doch der Frieden war labil: Andere reformierte Gruppen wie die Kalvinisten waren nicht einbezogen worden, und bald verhärteten sich die Fronten wieder. Protestanten wie Katholiken schlossen sich zusammen und suchten im Ausland nach Verbündeten.

Die Reformation in Europa

*Die Reformation verbreitete sich im 16. Jh. von Deutschland aus in weite Teile Europas. In der Schweiz wirkten Zwingli (**7**) und Calvin (**8**), die die Reformierte Kirche bzw. den Kalvinismus begründeten. Sie vertraten v. a. in der Abendmahlslehre eine andere Meinung als die Lutheraner. Die lutherische Lehre wirkte im Deutschen Reich, in Skandinavien und im Baltikum, der Kalvinismus in Frankreich, den Niederlanden, in England, Schottland und den Kolonien in Nordamerika.*

Gegenreformation Der 1534 gegründete Jesuitenorden wurde unter der Führung von Petrus Canisius (**4**) zum Träger der Gegenreformation (S. 212) im Deutschen Reich. Herzog Maximilian I. (**3**), der die Rekatholisierung mit Gewalt durchsetzte, machte ab 1597 Bayern zur katholischen Vormacht im Deutschen Reich.

Augsburger Religionsfriede Im Schmalkaldischen Krieg (**2**) von 1546/47 und im Fürstenaufstand von 1551/52 verteidigten die Protestanten ihre Glaubensfreiheit. Im Augsburger Religionsfrieden wurde 1555 schließlich festgelegt, das die Konfession des Landesherren über die seiner Untertanen entscheiden sollte („cuius regio, eius religio").

Erbstreit um Jülich-Kleve Nach dem Aussterben der Herzöge von Jülich-Kleve 1609 entbrannte ein Nachfolgekrieg unter den lutheranischen Erben (**5**). Der Pfalzgraf von Neuburg konvertierte zum Katholizismus, um die Unterstützung Spaniens und Bayerns zu erlangen, der Kurfürst von Brandenburg trat zum Kalvinismus über, um sich die Gunst der Niederländer zu sichern. Erst 1614 einigte man sich auf eine Erbteilung.

1517 Martin Luther (**6**) löst mit seinen 95 Thesen die Reformation (S. 186) aus
1529 Abendmahlsstreit zwischen Luther und Zwingli
1530 „Confessio Augustana" (Augsburger Bekenntnis) der Lutheraner (S. 187)
1531/34 König Heinrich VIII. bricht mit Rom und macht sich zum Oberhaupt der Kirche von England (S. 202)

Ab 1536/41 *Johannes Calvin wirkt in Genf, Lehre von der doppelten Prädestination*
1559 Kalvinisten in Frankreich (Hugenotten) formieren sich auf einer Nationalsynode in Paris (S. 196)
1560 John Knox (**9**) verfasst die „Confessio Scotia", die Bekenntnisschrift der schottischen Kalvinisten

Der Dreißig-jährige Krieg

1618–1648

Ein Konflikt um die böhmische Krone entzündete 1618 den Dreißigjährigen Krieg, in dem sich die angestauten Spannungen zwischen Katholiken und Protestanten im Deutschen Reich (S. 188) entluden. Der Krieg weitete sich bald zu einem Kampf der europäischen Mächte aus: Spanien unterstützte

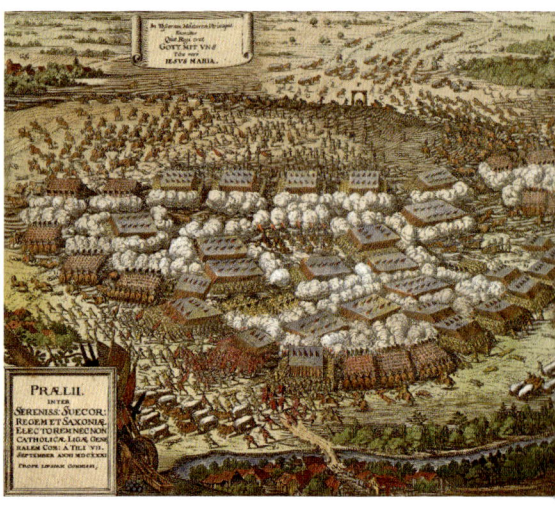

Schwedische und kaiserliche Truppen in der Schlacht von Breitenfeld 1631

seine habsburgischen Verwandten und damit den Kaiser, Schweden die protestantischen Glaubensbrüder im Reich. Auch das katholische Frankreich stand auf der Seite der Protestanten, da es die Stellung der Habsburger schwächen wollte. Weite Teile Deutschlands wurden verwüstet, bis die kriegsmüden Parteien 1648 den Westfälischen Frieden (S. 192) schlossen.

Kriegsgräuel Der Dreißigjährige Krieg brachte großes Elend über die Bevölkerung. Während Heerführer wie Wallenstein durch geschickten Landerwerb und Waffenhandel große Reichtümer anhäufen konnten, erhielten die einfachen Soldaten nur unregelmäßig ihren Sold. Deshalb marodierten und plünderten sie. Massenhafte Folterungen, Morde (**1**) und Vergewaltigungen gehörten in den umkämpften Territorien zum Alltag. In einigen waren am Ende des Krieges bis zu 70 Prozent der Einwohner umgekommen.

1

Seite 188

1618 Prager Fenstersturz

8.11.1620 Friedrich V. von der Pfalz, König von Böhmen, unterliegt der Katholischen Liga in der Schlacht am Weißen Berg

1623 Pfälzische Kurwürde geht an Maximilian I. von Bayern (S. 189)

Bis 1629 Kaiserliche Truppen dringen unter Tilly und Wallenstein bis Norddeutschland vor

1631 König Gustav II. Adolf von Schweden siegt in Breitenfeld über die kaiserlichen Truppen

1632 Gustav II. Adolf fällt in der Schlacht bei Lützen

1634 Ermordung Wallensteins

Ab 1635 Frankreich stachelt Protestanten zur Weiterführung des Krieges an

1648 Westfälischer Friede

Mitteleuropa

Seite 192

Prager Fenstersturz Die mehrheitlich protestantischen böhmischen Stände lehnten die seit 1526 (S. 224) regierenden katholischen Habsburger ab und bestanden auf alten Freiheiten und Mitbestimmungsrechten. 1618 stürzte eine Gruppe Adliger aus Protest drei habsburgische Beamte aus einem Fenster der Prager Burg (**2**). 1619 wählten sie den protestantischen Kurfürsten Friedrich V. von der Pfalz zum neuen König. Doch schon ein Jahr später wurde der „Winterkönig" von den Truppen der Katholischen Liga vertrieben.

Wallenstein Der Böhme Albrecht von Wallenstein (**3**), neben Johann von Tilly der bedeutendste Feldherr des Kaisers, nutzte seine militärischen Erfolge, um sich eine eigene Hausmacht aufzubauen. Eigenmächtige Verhandlungen mit dem Gegner schufen ihm Feinde im eigenen Lager und führten 1634 zu seiner Ermordung (**4**).

Gustav II. Adolf von Schweden Nach den Erfolgen der kaiserlichen Truppen in Norddeutschland griff König Gustav Adolf (**6**) auf der Seite der Protestanten in den Krieg ein. In der Schlacht von Lützen (**5**) 1632 konnten seine Truppen die Katholiken besiegen, doch der König verlor dabei sein Leben.

➤➤ **Kalmarer Union:** Seite 222

▲ Seite 191

Deutsches Reich

▼ Seite 195

Das Deutsche Reich im 17. Jh.

1648–1700

Durch den Westfälischen Frieden von 1648 wurde das Deutsche Reich praktisch zu einem Bund vieler souveräner Staaten. Die Macht der österreichischen Habsburger beruhte weniger auf dem Kaisertitel als auf den ererbten Ländern: In Böhmen hatten sie sich im Dreißigjäh-

Kaiser Leopold I. im Theaterkostüm

rigen Krieg behaupten können, in Ungarn setzten sie sich nach der Abwehr der Osmanen 1683 vor Wien durch. Mächtige Reichsfürsten wie die Kurfürsten von Brandenburg-Preußen oder Bayern betrieben eine eigenständige Politik. Daneben gab es aber auch eine unüberschaubare Vielzahl kleiner Fürstentümer, Herrschaften, Stadtstaaten und geistlicher Gebiete, die kein politisches Gewicht hatten. Diese Schwäche des Reichs nutzte v. a. Frankreich zur Expansion.

Westfälischer Friede Der Friedensschluss (**1**), welcher den Dreißigjährigen Krieg (S. 190–191) beendete, stellte im Großen und Ganzen den konfessionellen Besitzstand von 1618 wieder her. Die Reichsfürsten wurden quasi souverän, der Kaiser war nicht viel mehr als ihr nominelles Oberhaupt. Die Niederlande und die Schweiz schieden aus dem Reichsverband aus. Die eigentlichen Sieger waren Frankreich und Schweden, die neben Kriegsentschädigungen auch territoriale Gewinne – hauptsächlich auf Kosten der Habsburger– verbuchen und ihre Großmachtstellung in Europa ausbauen konnten.

Die Hexenverfolgung

Ab dem Spätmittelalter gab es in Europa Hexenverfolgungen. Den zum größten Teil weiblichen Opfern warf man vor, im Bund mit

dem Teufel zu stehen oder böse Zauber ausgeführt zu haben. Geständnisse wurden durch Folter erpresst, die „Überführten" meist öffentlich verbrannt. Oft mussten die Frauen als Sündenböcke in sozialen Konflikten, beim Ausbruch von Seuchen oder bei Naturkastastrophen herhalten.

Der Große Kurfürst Die Kurfürsten von Brandenburg regierten seit 1618 auch über das Herzogtum Preußen, das 1525 aus dem Staat des Deutschen Ordens (S. 155) hervorgegangen war. Friedrich Wilhelm (**2**), der Große Kurfürst genannt, machte sich nach dem Dreißigjährigen Krieg an den Wiederaufbau und holte zu diesem Zweck 1685 aus Frankreich geflohene Hugenotten (S. 198) als Facharbeiter ins Land.

②

Die Osmanen Der Dauerkonflikt der Habsburger mit den Osmanen, die seit 1526 das von den Habsburgern beanspruchte Ungarn beherrschten (S. 224), gipfelte 1683 in der Belagerung Wiens. In der Schlacht am Kahlenberg (**3**) wurden die Osmanen endgültig besiegt und unter der Führung von Prinz Eugen von Savoyen (**4**) bis 1699 aus Ungarn vertrieben.

③

④

❯ **Die Osmanen:** Seiten 230–233 | **Frankreichs Expansionspolitik:** Seiten 198–200

Das Deutsche Reich im 18. Jh.

1697–1806

Im 18. Jh. wurde die Konkurrenz zwischen Österreich und Preußen zum bestimmenden Faktor im Deutschen Reich. Der preußische König Friedrich Wilhelm I., der Soldatenkönig, hinterließ seinem Sohn Friedrich II., dem Großen (**1**), eine starke Armee. Damit entriss Friedrich II. Maria Theresia, der Tochter des 1740 gestorbenen letzten Habsburgerkaisers Karl VI., das wirtschaftlich wichtige Schlesien.

Als Anhänger des aufgeklärten Absolutismus setzten Friedrich II. und später auch Maria Theresias Sohn Joseph II. zahlreiche Reformen in ihren Ländern durch. Dennoch konnte die alte Ordnung dem Druck des revolutionären Frankreich und später Napoleons nicht standhalten. 1806 zerfiel das Deutsche Reich.

August der Starke Der Kurfürst von Sachsen (**2**) wurde 1697 durch Bestechung des Adels zum König von Polen gewählt (S. 224). Dafür trat er auch zum katholischen Glauben über. Seine politischen Ambitionen und eine glanzvolle Hofhaltung (**3**, Zwinger in Dresden) überforderten die Kräfte Sachsens jedoch und verwickelten das Land in zahllose Kriege.

Maria Theresia Von Schlesien abgesehen, konnte Maria Theresia (**4**) ihr Erbe verteidigen. 1745 setzte sie die Wahl ihres Ehemanns Franz I. von Lothringen zum Kaiser durch. Sie konsolidierte das Habsburgerreich durch erste Finanz- und Verwaltungsreformen. Von der Verheiratung ihrer vielen Kinder mit denen königlicher Familien wie den Bourbonen (S. 196) erhoffte sie sich einen Machtzuwachs für das Haus Österreich.

Josephinismus Im Sinne des aufgeklärten Absolutismus wollte Kaiser Joseph II. (**5**) nach dem Tod seiner Mutter Maria Theresia 1780 eine Vereinheitlichung seines Vielvölkerreiches durchsetzten. Sein überstürztes Vorgehen rief allerdings Unmut hervor und es kam zu Aufständen. Seine Eingriffe in kirchliche Belange wie die Auflösung von Klöstern oder die Abschaffung von Kirchenfesten verletzten das religiöse Empfinden vieler Untertanen.

⌃ Seite 192

1697–1763 Personalunion zwischen Sachsen und Polen
1701–1713/14 Spanischer Erbfolgekrieg (S. 218)
1701 Kurfürst Friedrich III. von Brandenburg krönt sich zu Friedrich I., König „in" Preußen
1711–1740 Kaiser Karl VI.
1713–1740 Friedrich Wilhelm I. von Brandenburg-Preußen
1714–1837 Personalunion zwischen Hannover und Großbritannien (S. 206)
1740–1786 Regierungszeit Friedrichs II., der Große, von Preußen
1740–1780 Regierungszeit Maria Theresias von Österreich
1740–1748 Österreichischer Erbfolgekrieg und Schlesische Kriege
1745 Wahl von Franz I. von Lothringen zum Kaiser, Herrschaft des Hauses Habsburg-Lothringen (bis 1806/1918)
1756–1763 Siebenjähriger Krieg (S. 255)
1765–1790 Kaiser Joseph II.
1806 Ende des Reichs (S. 271)

⌄ Seite 273

Deutsches Reich

Friedrich II. Als machtbewusster Staatsmann festigte Friedrich II. die Position Preußens als europäische Großmacht (**7**, Siegesfeier im Schlesischen Krieg, 1745). Daneben zeichnete sich der Monarch durch sein Interesse an Kunst (**6**, Schloss Sanssouci) und Philosophie aus.

⟩ **Der Dualismus zwischen Österreich und Preußen:** Seite 280

Das unter Franz I. erbaute Schloss Chambord

Frankreich

Frankreich im 16. Jh.

1515–1610

Frankreich war von den Habsburgern eingekreist, die über das Deutsche Reich, Burgund, die Niederlande, Spanien und Norditalien herrschten. Die Könige Franz I. (**1**) und Heinrich II. aus dem Haus Valois konnten die Macht der Habsburgerkaiser mithilfe der deutschen Protestanten (S. 188) zwar schwächen, blieben ihnen aber in mehreren Kriegen um die Vorherrschaft in Italien unterlegen. Im Innern war ihre Position von mächtigen protestantischen (hugenottischen) Adelsfamilien bedroht. Katharina von Medici, die Witwe Heinrichs II., versuchte die Religionsparteien zur Sicherung ihrer Macht als Regentin gegeneinander auszuspielen. Sie verheiratete ihre Tochter Margarete mit dem protestantischen Heinrich von Navarra, der als engster Verwandter der Valois der Erbe ihrer kinderlosen Söhne war. Gleichzeitig konspirierte sie mit den Herzögen von Guise, den Anführern der Katholiken. Nach dem Massaker der Bartholomäusnacht 1572 brach im ganzen Land ein Bürgerkrieg aus, der erst 1598 mit dem Edikt von Nantes endete. ①

Katharina von Medici Zur Festigung eines Bündnisses gegen die Habsburger verheiratete Papst Klemens VII. (S. 212) seine Nichte Katharina von Medici mit dem späteren König Heinrich II. (**2**, Grabplatte des Königspaares). Nach Heinrichs Tod 1559 übernahm Katharina die Herrschaft als Regentin. Auch später blieb sie durch den beherrschenden Einfluss, den sie auf ihre drei einander als Könige nachfolgenden Söhne ausübte, die wahre Machthaberin im Königreich. Katharina starb 1589, ihr dritter Sohn Heinrich III. wurde noch im gleichen Jahr ermordet.

Die Bluthochzeit von Paris
Nach einem gescheiterten Attentat auf den Hugenottenführer Gaspard de Coligny fürchteten Katharina von Medici und der Herzog von Guise einen Racheakt. Um dem zuvorzukommen, provozierten sie mit einem weiteren Anschlag in der Bartholomäusnacht 1572 ein Massaker (**3**) an Tausenden von Hugenotten, die zur Hochzeit Heinrichs von Navarra mit Margarete von Valois in Paris waren.

Das Edikt von Nantes 1589 folgte der Protestant Heinrich von Navarra während der Religionskriege Heinrich III. als König von Frankreich nach. Doch die von Spanien unterstützten Katholiken wollten ihn nicht akzeptieren. Um den Bürgerkrieg zu beenden, trat er 1593 zum Katholizismus über und wurde 1594 als Heinrich IV. offiziell zum König von Frankreich gekrönt. Den Hugenotten gestattete er 1598 im Edikt von Nantes (**4**) die freie Religionsausübung. 1610 ermordete ein katholischer Fanatiker den beim Volk sehr beliebten König.

» Die Habsburger in Spanien: Seiten 216–217

Frankreich im 17. Jh.

1610–1697

Die Kardinäle Richelieu und Mazarin, die im 17. Jh. nacheinander die Regierungsgeschäfte leiteten, nutzten die Verwicklung der Habsburger in den Dreißigjährigen Krieg (S. 190) und den Niedergang des spanischen Weltreichs (S. 218), um Frankreich eine Vormachtstellung auf dem Kontinent zu sichern. Innenpolitisch leiteten sie die Entmachtung des Adels ein. Darauf aufbauend, regierte König Ludwig XIV. (**1**) nach Mazarins Tod als absolutistischer Alleinherrscher. Durch eine gezielte Förderung der Wirtschaft und eine Reihe von Kriegen festigte er Frankreichs Führungsposition weiter. Das Schloss Versailles und der Hof Ludwigs XIV. wurden zum Vorbild für ganz Europa. Französische Kultur und französische Mode gaben den Ton an.

Kardinal Richelieu Die Regierung für Ludwig XIII. und danach für dessen minderjährigen Sohn Ludwig XIV. führte Kardinal Richelieu (**3**). Er beseitigte die Sonderrechte des Adels und eroberte die den Hugenotten im Edikt von Nantes (S. 197) gewährten Sicherheitsplätze (**2**, mit dem König bei der Belagerung von La Rochelle, 1628). Im Dreißigjährigen Krieg hingegen verbündete er sich mit den Protestanten gegen die Habsburger.

Kardinal Mazarin Nachfolger Richelieus als leitender Minister wurde 1643 Kardinal Mazarin (**4**). Er schlug bis 1653 die sog. Fronde nieder, Erhebungen des französischen Adels gegen die Alleinherrschaft des Königs und seiner Minister (**5**, Aufruf zum Aufstand vor dem Louvre in Paris). Die meisten Anführer wurden aus Paris verbannt. Danach fügten sich die Adeligen in die ihnen zugewiesene Rolle als Statisten im Hofzeremoniell.

Das Schloss Versailles

Das Schloss Versailles bei Paris ließ Ludwig XIV. ab 1661 zur neuen Residenz ausbauen. Die strahlenförmig auf das Schlafzimmer und den Spiegelsaal als Mittelpunkt des Hofzeremoniells ausgerichtete Anlage symbolisiert die absolutistische, ganz auf die Person des Königs zugeschnittene Herrschaft.

Ludwig XIV. (1638–1715)

1661 übernahm der junge Ludwig XIV. unter dem Motto „L'État c'est moi" („Der Staat bin ich") die Regierung selbst. Dabei stützte er sich auf fähige Mitarbeiter wie Finanzminister Colbert, der den Staatshaushalt sanierte und Handel und Gewerbe förderte, oder Kriegsminister Louvois, der die Expansion Frankreichs vorantrieb. Ludwig stilisierte sich zum „Roi Soleil", zum Sonnenkönig, von dem alle Entscheidungen im Staat ausgehen sollten.

»» **Kriege Ludwigs XIV:** Seite 200

Frankreich im 18. Jh.

1697–1789

Die Kriege Ludwigs XIV., zuletzt der Spanische Erbfolgekrieg (**1**, Schlacht bei Malplaquet, 1709), schwächten Frankreich. Ludwig XV. überließ

Die Krone Ludwigs XV.

die Regierung erst Kardinal Fleury, später handelte er unter dem Einfluss seiner Mätresse, der Marquise de Pompadour. Sie war am Zustandekommen eines Bündnisses mit Österreich beteiligt, das den habsburgisch-französischen Gegensatz beendete. Im Siebenjährigen Krieg kämpfte Frankreich an der Seite Österreichs und verlor dabei bis 1763 seine Kolonien in Nordamerika und Indien an die Briten (S. 255). Diese Kriege sowie die Verschwendungssucht am Hofe zerrütteten die Staatsfinanzen. Von der Aufklärung beeinflusst, wuchs die Kritik an den politischen Verhältnissen. Mit der Französischen Revolution endete die Herrschaft der Bourbonen.

Kriege Die europäischen Mächte schlossen sich gegen die Expansionspolitik Ludwigs XIV. zu Bündnissen zusammen. 1697 musste er die Pfalz räumen, ließ aber das Land dabei systematisch zerstören (**2**, Ruine des Heidelberger Schlosses).

Voltaire

Voltaire war neben Montesquieu und Rousseau einer der wichtigsten Vertreter der französischen Aufklärung. Sie kritisierten staatliche Willkür und religiöse Intoleranz und forderten Mitbestimmungsrechte. Voltaire schätzte das englische Parlamentssystem.

Marquise de Pompadour Jeanne-Antoinette Poisson (**3**) war die erste Bürgerliche, die zur offiziellen Mätresse eines Königs aufstieg. Sie wurde 1745 zur Marquise erhoben und hatte bis zu ihrem Tod 1764 großen Einfluss am französischen Hof. So unterstützte sie

Frankreichs Teilnahme am Siebenjähriger Krieg, die das Land seine wichtigsten Kolonien kostete (**4**, Québec) und den Staatshaushalt ruinierte. Die Pompadour war eine Förderin der Künste des Rokoko, doch in ihrem Mäzenatentum sahen viele nur Verschwendung.

Finanzkrise Durch die luxuriöse Hofhaltung, insbesondere der Königin Marie Antoinette (**5**), stand der Staat praktisch vor dem Bankrott. Ludwig XVI. versuchte diesen durch eine Finanzreform abzuwenden

(S. 264), die Bauern und Bürger, die einen Großteil der Steuerlast allein trugen (**6**, Karikatur), entlasten sollte. Sein Vorhaben sorgte wiederum für Unmut bei Adel und Klerus, die ihre Privilegien bewahren wollten.

» **Siebenjähriger Krieg:** Seite 255

England, Schottland und Irland im 16. Jh.

1485–1603

Die Machtübernahme der Tudors 1485 beendete die jahrzehntelangen Wirren der Rosenkriege. König Heinrich VIII. und seine Tochter Elisabeth I. begründeten eine starke Monarchie. Durch den Bruch Heinrichs mit Rom und die Ausbreitung der reformatorischen Bewe-

Wappen des Hauses Tudor mit der weißen und der roten Rose der Häuser York und Lancaster

gung kam es zu heftigen Konflikten mit den Katholiken in Schottland und Irland sowie in Europa. Versuche, den alten Glauben zu restaurieren, blieben in England Episode, in Schottland führten sie zum Sturz der Königin Maria Stuart. Marias Hinrichtung durch Elisabeth I. 1587 und die Unterstützung des Freiheitskampfes der Niederlande (S. 208) lösten einen Krieg mit dem katholischen Spanien aus. Die Vernichtung der spanischen Armada 1588 leitete den Aufstieg Englands zur Seemacht ein.

Englische Reformation König Heinrich VIII. heiratete insgesamt sechsmal (**2**). Zwei seiner Ehefrauen ließ er hinrichten. Über die erste Scheidung kam es zum Bruch mit dem Papst, da dieser seine Zustimmung verweigerte. Der König löste sich daraufhin von Rom und erhob sich 1534 selbst zum Haupt der anglikanischen Kirche. Er löste Klöster auf (**1**, Klosterruine in Yorkshire) und bereicherte sich und seine Anhänger am Kirchenbesitz.

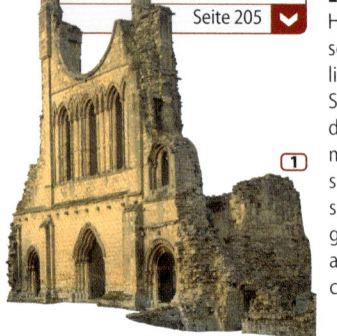

1

2

Rekatholisierung Maria I. (**4**), älteste Tochter Heinrichs VIII., versuchte die Religionspolitik ihres Vaters rückgängig zu machen und die katholische Kirche wieder in England zu etablieren. Andersgläubige ließ sie grausam verfolgen (**3**), das brachte ihr den Beinamen „die Blutige" ein.

Elisabeth I. Tudor, die jungfräuliche Königin (1533–1603)

Im Jahr 1558 kam Elisabeth I., Tochter Heinrichs VIII. und Anna Boleyns, an die Macht. Sie blieb unverheiratet und zelebrierte diesen Status als Zeichen dafür, dass sie sich ganz ihrer Regentschaft widmete. Außerdem wollte sie ihre politische Unabhängigkeit wahren. Das „Elisabethanische Zeitalter" steht für einen Aufschwung von Handel und Gewerbe wie für eine kulturelle Blütezeit.

England wird Seemacht
Im Kampf um die Seeherrschaft unterstützte Elisabeth I. immer wieder Kaperangriffe auf spanische Gold- und Silbertransporte aus Übersee durch Freibeuter wie Sir Francis Drake (**5**). 1588 griffen die Spanier England mit der Armada (**6**) an, einer gewaltigen Kriegsflotte. Die großen Schiffe wurden aber von der zahlenmäßig unterlegenen englischen Flotte geschlagen, deren Schiffe wendiger und schneller waren. Ihr Triumph war der Beginn der englischen Vormachtstellung zur See.

England, Schottland und Irland im 17. Jh.

1603–1707

1603 erbte Jakob VI. von Schottland, der protestantisch erzogene Sohn Maria Stuarts und nächster Verwandter der verstorbenen Königin Elisabeth I., den englischen Thron. Das Bestreben der

Karl I. Stuart in drei Ansichten: Anthonis van Dyck, um 1635

Stuartkönige, namentlich Karls I. und Jakobs II., nach französischem Vorbild (S. 198–199) absolutistisch zu regieren, führte 1642 zum Bürgerkrieg. Der Abschaffung der Monarchie 1648 folgte die Restauration, doch 1688/89 wurde in der „Glorious Revolution" eine vom Parlament kontrollierte konstitutionelle Monarchie durchgesetzt. Die Auseinandersetzungen waren zusätzlich aufgeladen durch Konflikte zwischen Engländern, Schotten und Iren sowie religiöse Gegensätze zwischen Katholiken, Anhängern der anglikanischen Staatskirche und Puritanern, einer radikalen protestantischen Strömung. Um eine katholische Thronfolge endgültig auszuschließen, bestimmte das Parlament 1701 die deutschen protestantischen Kurfürsten von Hannover zu Erben der britischen Krone.

Die Stuarts Maria Stuart (**2**), die katholische Königin von Schottland, erhob als Verwandte der Tudors Anspruch auf den englischen Thron, da sie Elisabeth I. (S. 203) als illegitimes Kind Heinrichs VIII. ansah. 1568 ließ Elisabeth sie in England gefangen nehmen und 1587, nach 19-jähriger Inhaftierung, aufgrund des Vorwurfs der katholischen Verschwörung hinrichten. (**2**) Ihr Sohn Jakob I. regierte ab 1603 als englischer König in Personalunion über England und Schottland. Unter seinem Sohn Karl I. kam es 1642 zum Bürgerkrieg zwischen König und Parlament, dessen Heer von Oliver Cromwell, dem Führer der Puritaner, befehligt wurde. 1648 wurde Karl inhaftiert und 1649 nach einem Prozess in London enthauptet (**1**).

Commonwealth 1648 führte Oliver Cromwell zwar die Republik ein, das sog. Commonwealth (**3**, Parlamentssitzung unter Cromwell), als „Lordprotektor" regierte er jedoch ab 1653 mit diktatorischen Vollmachten. Cromwell konnte in den Handelskriegen mit den Niederlanden große

Erfolge erringen, die rigide Herrschaft der Puritaner, die u. a. ein Verbot von Musik- und Theateraufführungen einschloss, stieß jedoch auf wachsenden Widerstand. 1660, zwei Jahre nach Cromwells Tod, holten die Engländer Karl II., den Sohn Karls I., aus dem Exil nach England zurück.

Glorious Revolution Der katholische König Jakob II. wurde 1688/89 in der „Glorious Revolution" gestürzt. Parlament, Armee und Bürgertum boten seinem protestantischen Schwiegersohn Wilhelm von Oranien (**4**) (S. 211) die Krone an. Er bestieg den Thron, nachdem er auf die „Bill of Rights" geschworen hatte, das Gesetz über die Rechte des Parlaments.

Seite 202

1603 König Jakob VI. Stuart von Schottland besteigt als Jakob I. den englischen Thron

1625–1648 Regierungszeit Karls I. Stuart

1642–1648/49 Bürgerkrieg zwischen Parlament und Krone

1649 Enthauptung Karls I.

1649/1653–1658 Herrschaft Cromwells als „Lordprotektor"

1652–1654 Seekrieg mit den Niederlanden

1660 Restauration der Stuarts

1685–1688 Jakob II. König

1688/89 „Glorious Revolution" und „Bill of Rights"

1688–1702 Regierungszeit Wilhelms III. von Oranien

1690 Schlacht am Fluss Boyne

1701 „Act of Settlement" schließt Katholiken von der Thronfolge aus

1707 Vereinigung Englands und Schottlands zu Großbritannien

Seite 206

Britische Inseln

Irland Seit dem 16. Jh. ließen die englischen Könige Irland systematisch mit englischen Protestanten besiedeln (S. 133), um die einheimischen Katholiken zurückzudrängen. 1649/51 wurden die Iren als Anhänger der Stuarts von Cromwell enteignet, ihr Land an Engländer verteilt. Während der „Glorious Revolution" unterstützten sie Jakob II., der die Protestanten in Irland brutal verfolgen ließ (**5**). Wilhelm III. von Oranien besiegte Jakobs Anhänger 1690 am Fluss Boyne und eroberte die Insel zurück.

Britische Inseln

Großbritannien und Irland im 18. Jh.

1701–1811/1820

1714 bestieg der Kurfürst von Hannover als Georg I. (**1**) den britischen Thron. Unter den hannoverschen Königen wuchs der Einfluss des Parlaments stetig und das Amt des Premierministers als Führer der Regierung bildete sich heraus. Außenpolitisch verteidigte Großbritannien v. a. mithilfe seiner Flotte (**2**) seine Stellung, indem es im Spanischen Erbfolgekrieg, im Siebenjährigen Krieg und in den Koalitionskriegen das Gleichgewicht der Mächte („balance of power") sicherte.

Marlborough Die Erfolge des Feldherrn John Churchill (**4**), ab 1702 erster Herzog von Marlborough, im Spanischen Erbfolgekrieg bescherten Großbritannien einen Teil der bis dahin französischen Kolonien in Nordamerika. Er selbst wurde mit Land belohnt und ließ darauf Blenheim Palace (**3**) errichten.

Schlacht bei Culloden Auch im Exil hielten die Stuarts an ihren Thronansprüchen fest. 1745 landete der Enkel Jakobs II., Charles Edward Stuart, genannt Bonnie Prince Charlie (**5**), in Schottland, wo er v. a. bei den Bewohnern des Hochlands Rückhalt fand. Sein schneller Vormarsch versetzte London in Panik. Doch dann musste er sich wieder nach Schottland zurückziehen, wo er 1746 in der Schlacht bei Culloden vernichtend geschlagen wurde. Er flüchtete nach Frankreich und die Regierung schlug den Aufstand brutal nieder.

Premierminister Die ersten Könige aus dem Haus Hannover kümmerten sich kaum um die Regierungsgeschäfte Großbritanniens und überließen dies Robert Walpole und seiner Partei, den liberalen „Whigs". Walpole gilt als erster Premierminister des Landes, auch wenn diese Position erst gut 150 Jahre später offiziell institutionalisiert wurde. Erst Georg III. (**7**) bemühte sich, persönlich Einfluss zu nehmen. Um die Macht der Whigs nicht zu groß werden zu lassen, stützte er sich dabei auf die oppositionelle Partei der konservativen „Tories". 1783 ernannte er William Pitt, den Jüngeren (**6**) zum Premierminister, der zunächst die nach dem Krieg in Nordamerika zerrütteten Finanzen sanierte und ab 1793 den Kampf gegen das revolutionäre Frankreich und später gegen Napoleon führte.

Karikatur von William Pitt d. J. bei einer Parlamentsdebatte

Die Weltstadt London

Nach einer Pestepidemie 1665/66 und einem verheerenden Brand im Jahr 1666 war London großzügig wiederaufgebaut worden. Die Stadt wuchs zu einer der größten, modernsten und reichsten Metropolen der damaligen Zeit heran. Sie war der Mittelpunkt des britischen Kolonialreichs, das im 18. Jh. trotz der Verluste im amerikanischen Unabhängigkeitskrieg v. a. auf Kosten Frankreichs erheblich vergrößert werden konnte. Ende des 17. Jh. entwickelte sich London zu einem bedeutenden Finanzzentrum.

❯ **Amerikanischer Unabhängigkeitskrieg:** Seiten 256–257

Die Niederlande im 16. Jh.

1477–1648

Die Niederlande waren im 16. Jh. eine der kulturell und wirtschaftlich blühendsten Regionen Europas. Die selbstbewussten Bürger der Städte und die an eine Selbstverwaltung gewöhnten Provinzen widersetzten sich den Machtansprüchen der Habsburger, die seit 1477 in den Niederlanden herrschten. Zu den politischen Konflikten kam der Kampf zwischen Katholiken und Protestanten. 1581 erklärten

Wilhelm I. von Oranien

die überwiegend protestantischen nördlichen Niederlande ihre Unabhängigkeit und verteidigten sie in langen Kämpfen unter der Führung des Fürsten von Oranien-Nassau. Der katholische Süden verblieb hingegen unter der Herrschaft der spanischen Habsburger. Erst 1648 erkannten Spanien und das Deutsche Reich im Westfälischen Frieden die Souveränität der nördlichen Niederlande an.

Herrschaft der Habsburger
Maria (**1**), Tochter des letzten Herzogs von Burgund aus dem Haus Valois und Erbin der Niederlande, heiratete 1477 den späteren Habsburgerkaiser Maximilian I. (S 127). Die Habsburger wollten die verschiedenen Provinzen der Niederlande zentral verwalten. Dabei stießen sie auf den Widerstand der durch Handel und Textilproduktion reich gewordenen Städte und des Adels.

Freiheitskampf Der spätere Kaiser Karl V. war seit 1506 Herr der Niederlande. Ab 1523 versuchte er die Reformation (S. 188), die sich v. a. in den nördlichen Niederlanden rasch ausbreitete, zu unterdrücken. Dagegen wehrten sich die niederländischen Protestanten, und bald verband sich der Wunsch nach religiöser Freiheit mit dem Widerstand gegen den Machtanspruch der Spanier, die die alten Freiheiten beschnitten und zudem hohe Steuern einforderten. 1555/56 dankte Karl V. ab und übertrug die Niederlande seinem Sohn, König Philipp II. von Spanien (**2**).

„80-jähriger Krieg" Ab 1542 spitzte sich der Religionskampf zu, radikale Kalvinisten veranstalteten Bilderstürme in katholischen Kirchen (**3**). Der streng katholische König Philipp II. beauftragte den Herzog von Alba, mit spanischen Truppen hart gegen die Aufständischen vorzugehen. Mit der Hinrichtung der Grafen Egmont und Hoorn entfachte Alba 1568 einen

80 Jahre andauernden Unabhängigkeitskrieg. Auf die Guerillataktik der Niederländer reagierten die Spanier mit blutigen Vergeltungsmaßnahmen wie Massenhinrichtungen (**4**).

Wilhelm von Oranien (1533–1584)

Wilhelm I. von Oranien entstammte dem deutschen Haus Nassau. Er stand bei den spanischen Königen Karl V. und Philipp II. in hohem Ansehen und war Statthalter in mehreren Provinzen. Doch die Sorge um die alten Privilegien und die religiöse Freiheit der Niederlande trieb ihn in die Opposition. 1572 stellte er sich an die Spitze des Unabhängigkeitskampfes und entriss den Spaniern mehrere Städte. 1584 wurde er von einem fanatischen Katholiken ermordet.

Niederlande

∧ Seite 208

∨ Seite 294

Die Niederlande im 17. und 18. Jh.

1648–1795

Während die südlichen Niederlande unter der Herrschaft der spanischen Habsburger verblieben, entwickelte sich die Republik der Vereinigten Niederlande im Norden zu einer der führenden See- und Kolonialmächte der Zeit. Im Innern standen sich die Statthalter aus dem Haus Oranien-Nassau, die eine monarchische Staatsform anstrebten, und die einflussreiche städtische Oberschicht gegenüber. Letztere dominierte die Generalstaaten, die Vertretung der einzelnen Provinzen, und stellte den sog. Ratspensionär, der faktisch die Republik, besonders die auswärtige Politik, leitete. Im 18. Jh. waren es die von der Aufklärung beeinflussten „Patrioten", die auf das republikanische Ideal pochten.

Kolonial- und Seemacht Die Niederländer eroberten spanische und portugiesische Besitzungen in Übersee und bauten ein eigenes Kolonialreich in Amerika und Südostasien auf. Auch an der Südspitze Afrikas ließen sich Niederländer, dort „Buren" (S. 325) genannt, nieder. Die 1602 gegründete Ostindische Kompanie (**2**) und der Handel mit Sklaven (**1**) sorgten für hohe Profite. Später verloren die Niederländer die Seeherrschaft an die Briten, zusammen mit einem Teil der niederländischen Kolonien, darunter Neu-Amsterdam, das heutige New York.

Wilhelm III. von Oranien
Frankreichs Angriff auf die Niederlande 1672 löste einen Volksaufruhr aus, in dem der Ratspensionär Johan de Witt ums Leben kam. Erst der als Oberbefehlshaber und Statthalter eingesetzte Wilhelm III. von Oranien (**3**) vertrieb die Franzosen. Im Verlauf der „Glorious Revolution" 1688/89 (S. 205) erhielt Wilhelm III. als Verwandter der Stuarts die englische Krone. Die Verbindung der beiden Seemächte dämmte die französische Expansionspolitik wirksam ein.

Die Patrioten 1786 erhoben sich die republikanisch gesinnten „Patrioten" gegen Wilhelm V. von Oranien, dem sie vorwarfen, verwandtschaftliche Beziehungen zu anderen Fürstenhäusern beeinflussten seine Politik. Mit Hilfe der preußischen Verwandten wurden die Patrioten unterdrückt (**4**, Karikatur von Wilhelm V.). Viele gingen ins Exil nach Frankreich, von wo sie 1795 mit den französischen Truppen zurückkehrten und sich am Aufbau der „Batavischen Republik" beteiligten.

Die Spanischen Niederlande Philipp II. übertrug 1598 die südlichen Niederlande seiner Tochter Isabella Clara Eugenia (**6**). Durch Aushandeln eines Waffenstillstands mit den nördlichen Provinzen sorgte sie ab 1609 für eine Friedensperiode, in der sich das Land erholte. Ihr Hof in Brüssel (**5**) wurde ein kulturelles Zentrum.

Italien – die Päpste

um 1450–1798

Der Kirchenstaat war im 15. Jh. nur noch eine lokale Macht. Auch wenn die Kunstförderung der Renaissance- und Barockpäpste nach ganz Europa ausstrahlte, war die päpstliche Herrschaft, die sich auf eine ausgeprägte Vetternwirtschaft stützte, gekennzeichnet von moralischem Verfall. Verweltlichung und Prachtliebe des Vatikan führten zur Reformation (S. 186). Erst die Gegenreformation erneuerte die geistliche Autorität des Papsttums, das sich modernen Ideen jedoch verschloss.
Im 18. Jh. nahm der Einfluss der Päpste auf die von der Aufklärung geprägten Staaten ab.

Blick auf den Petersdom in Rom

Die Gegenreformation/Katholische Reform

Der Erfolg der Reformation ab 1517 machte der katholischen Kirche die Notwendigkeit einer Erneuerung deutlich. Auf dem Konzil von Trient (4) wurde die katholische Lehre erstmals zusammengefasst. Weitere Anliegen des Konzils waren die Gründung von Priesterseminaren und die Aufsicht der Bischöfe über ihre Diözesen. Inquisition und Bücherverbote sollten die Verbreitung abweichender Lehrmeinungen eindämmen. Zum Träger der Gegenreformation wurde der von Ignatius von Loyola (3) gegründete Orden der Jesuiten. Sie übernahmen in vielen Ländern Schulen, Seminare und Universitäten. Als Erzieher und Berater von Fürsten hatten sie Einfluss auf die Politik, gerieten dafür im 18. Jh. aber auch in die Kritik der Aufklärung.

Cesare Borgia

Der Sohn von Papst Alexander VI. gilt als Prototyp des Renaissancefürsten. Skrupellos schaltete er mit einem kleinen Söldnerheer die Gegner seines Vaters aus, versäumte es aber, seine eigene Herrschaft rechtzeitig abzusichern. 1504 wurde er vom neuen Papst verbannt.

Sacco di Roma Nach dem Sieg über Frankreich konnte Kaiser Karl V. seine Söldner nicht mehr bezahlen. Sie zogen daraufhin 1527 nach Rom, Sitz des Medicipapstes Klemens VII., der als Verbündeter Frankreichs galt (S. 197), plünderten die Stadt und demütigten den Papst (1) öffentlich. Um sich der Gunst des Kaisers zu versichern, verweigerte der Papst König Heinrich VIII. von England die Scheidung von Karls Tante Katharina von Aragón und provozierte damit die Abspaltung der englischen Kirche 1534 (S. 202).

Nepotismus Papst Paul III. Farnese (2) verdankte seinen Aufstieg einer Affäre seiner Schwester mit dem Borgiapapst Alexander VI. 1534 wurde er selbst zum Papst gewählt und festigte wie viele Päpste dieser Epoche seine Herrschaft durch Protektion von Familienangehörigen (Nepotismus): Seinem illegitimen Sohn verschaffte er das Herzogtum Parma, zwei seiner Enkel erhob er schon als Jugendliche zu Kardinälen.

1534 *Gründung des Jesuitenordens*

Ab 1542 *Einführung der Inquisition, der päpstlichen Zentralbehörde zur Verfolgung von Häresien, heute „Kongregation für die Glaubenslehre"*

1545–1563 *Konzil von Trient*

1555–1590 *Sog. Reformpapsttum (Paul IV., Pius V. Gregor XIII., Sixtus V.)*

1590 *Neue Vulgata-Ausgabe (lateinische Bibel) als Antwort auf Lutherbibel*

Ab 1595/1620 *Rekatholisierung Österreichs und Böhmens, Vertreibung von Protestanten*

1607–1767 *Jesuiten gründen Missionen in Südamerika*

1622 *Gründung der päpstlichen Missionskongregation „Propaganda fide"*

⌃ Seiten 138, 212

Italien

⌄ Seite 296

Italien – Fürstentümer und Republiken

Um 1450–um 1800

Immer wieder forderten die französischen Könige die Vorherrschaft der Habsburger in Italien heraus. Zwischen den

Dom von Florenz

beiden Mächten versuchten mittlere und kleinere Staaten, ihre Eigenständigkeit zu wahren. Die Sforza verloren die Herrschaft über Mailand, doch die Herzöge von Savoyen und die florentinischen Medici konnten in Nord- bzw. Mittelitalien Flächenstaaten aufbauen, während die Adelsrepubliken Genua und Venedig v. a. wirtschaftliche Bedeutung hatten. Viele kleinere Fürstenhöfe wie die der Familien Gonzaga in Mantua, Farnese in Parma oder Este in Ferrara waren blühende kulturelle Zentren. Im 18. Jh. gelangten die meisten Fürstentümer an Seitenlinien der Bourbonen und Habsburger.

Florenz und die Medici Die Kaufmannsfamilie der Medici stieg im 15. Jh. zu inoffiziellen Herren der Stadtrepublik Florenz (S. 139) auf. Lorenzo il Magnifico („der Prächtige") (**1**) war ein bedeutender Förderer der Renaissance. Nach seinem Tod 1494 wurden die Medici kurzzeitig von dem Mönch Savonarola vertrieben, der eine Art Gottesstaat errichtete. Er wurde jedoch gestürzt und 1498 als Ketzer verbrannt (**2**). Die Medici kehrten 1513 zurück, wurden 1569 zu Großherzögen der Toskana und regierten als solche bis 1737.

Habsburger und Franzosen Italien war Schauplatz des Ringens zwischen Habsburgern und Franzosen um die Vorherrschaft in Europa. In der Schlacht von

Pavia (**3**) 1525 geriet König Franz I. von Frankreich in Gefangenschaft und musste einem Frieden zustimmen. Später widerrief er diesen zwar, doch konnte er die Habsburger nicht mehr aus Mailand und Süditalien vertreiben.

Savoyen Abwechselnd mit Franzosen und Habsburgern verbündet, erweiterten die Herzöge von Savoyen ihr Territorium im Nordwesten Italiens. In Folge des Spanischen Erbfolgekriegs erlangten sie Sardinien und damit die Königswürde (**4**, Krönung von Viktor Amadeus II. von Savoyen). Da zu Beginn des 19. Jh. in den übrigen italienischen Staaten Nebenlinien der Habsburger und Bourbonen regierten, stellten sich die Savoyer als letzte „einheimische" Dynastie an die Spitze der italienischen Einigungsbewegung (S. 296).

Genua und Venedig Mit dem Vordringen der Osmanen im Mittelmeer und der Verlagerung des Welthandels in den Atlantik sank der Stern der Seerepubliken Venedig und Genua. Genua, das Admiral Andrea Doria (**5**, als Neptun) 1528 von der französischen Vorherr-

schaft befreite, bewahrte sich einen Platz im europäischen Wirtschaftsleben, denn die genuesischen Bankiers gehörten zu den wichtigsten Geldgebern der spanischen Könige. Venedig verlor fast alle seine Besitzungen an die Osmanen und wurde schon früh ein touristisches Ziel (**6**).

❯❯ **Habsburgisch-französischer Gegensatz:** Seiten 196–198

▲ Seite 140

Spanien

▼ Seite 218

Spanien im 16. Jh.

1469–1598

Die Vereinigung Spaniens, das über Teile Italiens und ein Kolonialreich in Amerika herrschte, mit den Besitzungen der Habsburger im Deutschen Reich, in Burgund und den Niederlanden in den Händen Karls V. begründete die spanische Vorherrschaft im 16. Jh. Doch schon Karl V. stieß mit seinem Ziel, eine christliche Universalmonarchie zu errichten, an Grenzen. Sein Sohn Philipp II. konnte zwar glänzende Erfolge erringen, wie den Anschluss Portugals 1580, doch gleichzeitig provozierte er durch seine unnachgiebige Haltung gegenüber Nichtkatholiken den Abfall der Niederlande. Bei seinen Angriffen auf England und Frankreich unterschätzte er seine Gegner. Die groß angelegte Expansionspolitik wurde mit dem wirtschaftlichen Niedergang Spaniens bezahlt.

Büste König Philipps II.

Das spanische Kolonialreich

Anfangs profitierte Spanien von dem Reichtum, den die amerikanischen Kolonien (S. 252) einbrachten und mit dem es seine Kriege in Europa finanzierte. Doch auf Dauer ruinierte der stetige Zufluss von Edelmetallen die Wirtschaft. Der Inflation folgte der Staatsbankrott. Gleichzeitig raubten die Auswanderung sowie die Verteidigung und Verwaltung der Kolonien dem Mutterland große Ressourcen.

Die „Katholischen Könige" Durch Heirat vereinigten Isabella I. von Kastilien (**1**) und Ferdinand II. von Aragón (**2**) 1469 die beiden spanischen Königreiche. 1492 eroberten sie das muslimische Granada (S. 141). Die Verfolgung und Vertreibung von Juden und Muslimen brachte ihnen den Ehrentitel „Katholische Könige" ein, schädigte aber die Wirtschaft nachhaltig, der wertvolle Fachkräfte verloren gingen. Während Ferdinand die Herrschaft im westlichen Mittelmeer ausdehnte und Süditalien eroberte, förderte Isabella

die Expeditionen von Kolumbus und begründete ein riesiges Kolonialreich. Die Erbtochter des Königspaares, Johanna die Wahnsinnige, heiratete den Sohn des Habsburgerkaisers Maximilian I. Johannas Sohn Karl V. erbte 1516 ganz Spanien samt seinen Besitzungen in Italien und Übersee.

Kaiser Karl V. Als Beherrscher eines Reichs, „in dem die Sonne nie untergeht", kämpfte Karl V. (**3**), Spaniens König Karl I., an vielen Fronten. Zu seinen Hauptgegnern gehörten dabei die protestantischen Fürsten des Deutschen Reiches (S. 188) und die Könige von Frankreich (S.197), die sich von den Habsburgern und deren Besitzungen umklammert fühlten. Resigniert über seinen Misserfolg, die Reformation einzudämmen, dankte Karl 1556 ab. Er starb 1558 in einem spanischen Kloster.

Philipp II. Während sein Vater Karl V. seine Herrschaft zeitlebens als Reisekönigtum ausübte, regierte Philipp II. (**4**) sein Reich von seinem Hof aus, an dem ein besonders strenges Hofzeremoniell galt, v. a. durch schriftliche Verordnungen. Als Symbol seiner Herrschaft ließ der strenggläubige König ab 1563 nördlich von Madrid den gewaltigen Klosterpalast El Escorial errichten (**5**).

🔁 **Spanische Eroberung Südamerikas:** Seiten 248–251

König Philipp III.

Seite 216

Seite 298

Spanien

Spanien im 17. und 18. Jh.

1598–1808

Die Nachfolger Philipps II. überließen die Regierungsgeschäfte zumeist ihren Günstlingen. Die spanische Weltmacht zerfiel, wovon besonders Frankreich profitierte. Nach dem Tod des letzten spanischen Habsburgers entbrannte 1701 ein Erbfolgekrieg. Am Ende wurden die spanischen Gebiete aufgeteilt, der größte Teil fiel an den Enkel Ludwigs XIV. von Frankreich, der als Philipp V. die Linie der spanischen Bourbonen begründete. Dessen Ehefrau, Elisabeth Farnese, Erbin des Herzogtums Parma, verschaffte ihren Söhnen die Herrschaft über Parma und Neapel-Sizilien. Nach einer Phase des Aufschwungs unter der aufgeklärten Herrschaft Karls III. führte das Regime Königin Maria Luisas und ihres Liebhabers Godoy schließlich zur Besetzung Spaniens durch Napoleon Bonaparte.

Spanischer Erbfolgekrieg Um das Gleichgewicht der Mächte zu sichern, beteiligte sich auch Großbritannien am Krieg der österreichischen Habsburger und Frankreichs um die Nachfolge des letzten spanischen Habsburgers. Nach Kämpfen in ganz Europa (**1**, Schlacht von Höchstädt 1704) einigte man sich 1713/14 auf eine Teilung des Erbes.

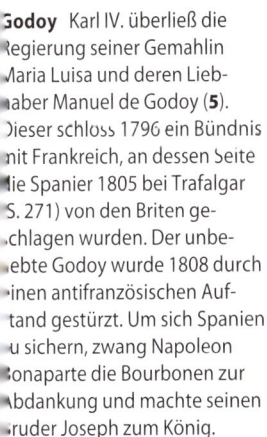

(2)

Karl III. 1759 begann mit dem Regierungsantritt von Karl III. (**2**) die Zeit des aufgeklärten Absolutismus. Konsolidierte Staatseinnahmen investierte er in die Neubesiedlung der durch die Auswanderung nach Amerika verödeten Landstriche. Er förderte die Bildung, wobei er der Kirche die Hoheit über das Schulwesen entzog. Um ihren Einfluss zurückzudrängen, zog er kirchlichen

Grundbesitz (**4**, die Kathedrale von Santiago de Compostela) ein, schaffte die Inquisitionsgerichte ab und wies 1767 die Jesuiten aus Spanien und den spanischen Besitzungen in Übersee aus. 1773 erreichte er beim Papst (S. 212) die Aufhebung des Ordens.

Inquisition Die kirchlichen Inquisitionsgerichte verfolgten nicht nur religiös Andersdenkende, sondern auch Kritiker der sozialen und politischen Verhältnisse, weil sie die „gottgewollte Ordnung" infrage stellten (**3**, Demütigung eines Verurteilten). Die Inquisition war somit ein wirksames Mittel zur Unterdrückung fortschrittlichen Gedankenguts und der Zensur.

(3)

(4)

Godoy Karl IV. überließ die Regierung seiner Gemahlin Maria Luisa und deren Liebhaber Manuel de Godoy (**5**). Dieser schloss 1796 ein Bündnis mit Frankreich, an dessen Seite die Spanier 1805 bei Trafalgar (S. 271) von den Briten geschlagen wurden. Der unbeliebte Godoy wurde 1808 durch einen antifranzösischen Aufstand gestürzt. Um sich Spanien zu sichern, zwang Napoleon Bonaparte die Bourbonen zur Abdankung und machte seinen Bruder Joseph zum König.

(5)

» **Guerillakrieg in Spanien gegen Napoleon:** Seite 271

Portugal

1383–1807

Unter der Herrschaft des Hauses Aviz stieg Portugal bis 1580 kurzzeitig zur führenden Handels- und Seemacht Europas auf. Von einer Zeit der Stag-

Portugiesische Händler in Japan

nation unter spanischer Herrschaft erholte sich Portugal im 17. und 18. Jh. nur langsam. Durch Gold- und Diamantenfunde in Brasilien strömte zwar erneut Reichtum ins Land, der jedoch zum größten Teil für Prachtbauten und den Luxus der Oberschicht verschwendet wurde. Dagegen versuchte der Marquis de Pombal mit diktatorischen Mitteln Reformen durchzusetzen. Als 1807 die Franzosen das mit Großbritannien verbündete Portugal besetzten, floh der Königshof nach Brasilien.

Heinrich der Seefahrer
Prinz Heinrich (**1**) förderte Entdeckungsreisen entlang der afrikanischen Küste. Die dabei gewonnenen Kenntnisse in Navigation, Kartographie und im Schiffsbau (**2**) waren grundlegend für die spätere portugiesische Seeherrschaft.

Vasco da Gama 1498 erreichte der Seefahrer Vasco da Gama (**3**, vor einem indischen Fürsten) Indien. Hier gründeten die Portugiesen Handelsstützpunkte, von denen aus sie weiter ins heutige Indonesien und nach China und Japan gelangten. Unter Ausschaltung der arabischen Zwischenhändler importierten sie Gewürze, Porzellan, Perlen und andere Luxusprodukte nach Europa. Gleichzeitig war Lissabon auch der größte Markt für schwarzafrikanische Sklaven. Die Kolonien in Brasilien gelangten erst später, als Rohstofflieferanten, zu größerer Bedeutung.

Die Braganza Als Sohn und Ehemann portugiesischer Prinzessinnen erbte Philipp II. von Spanien 1580 Portugal. Durch die Verbindung zu Spanien wurde Portugal in Auseinandersetzungen mit England und den Niederlanden verwickelt und verlor einen großen Teil seiner Kolonien an die Niederländer. 1640 erhoben sich die Portugiesen gegen die spanischen Könige (**4**). Der Herzog von Braganza aus einer Seitenlinie des Königshauses von Aviz wurde als Johann IV. zum König ausgerufen.

Das Erdbeben von Lissabon 1755

Im Jahr 1755 wurde die portugiesische Hauptstadt Lissabon von einem verheerenden Erdbeben zerstört, dem eine gewaltige Flutwelle und eine Feuersbrunst folgten. Etwa 60 000 Menschen verloren ihr Leben. Der Marquis de Pombal war verantwortlich für den Wiederaufbau der Stadt, den er nach modernen städtebaulichen Prinzipien plante, und knüpfte daran ein Reformprogramm zur Modernisierung Portugals im Sinne der Aufklärung.

Die Portugiesen in Japan: Seite 242

Nordeuropa

um 1500 – um 1800

Seit 1397 waren die Königreiche von Dänemark, Norwegen und Schweden in der von den Dänen dominierten Kalmarer Union vereinigt. 1523 machte sich Schweden unter den Wasakönigen unabhängig. Seit dem 16. Jh. war Skandinavien eine Bastion der Lutheraner, und so griffen ab 1625 Dänemark und ab 1631 Schweden zugunsten der Protestanten in den Dreißigjährigen Krieg ein (S. 190). Während die Dänen schwere Verluste hinnehmen mussten, zeichnete sich König Gustav II. Adolf von Schweden (**1**) als erfolgreicher Heerführer aus. Schweden gewann Gebiete im Deutschen Reich und erweiterte seine Besitzungen im Baltikum. Um das Baltikum kam es zu Beginn des 18. Jh. zum Konflikt mit Russland, an das Schweden die Vorherrschaft im Norden schließlich abtreten musste. Im Innern waren die nordischen Reiche vom Machtkampf zwischen König und Adel und vom Ringen um Reformen geprägt.

Die Wasa Gegen die Übermacht Dänemarks in der Kalmarer Union erhoben sich die Schweden unter der Führung Gustavs I. Wasa, der die Dänen vertrieb und 1523 ein nationales Königtum begründete. 1527 führte er die Reformation ein. Im Dreißigjährigen Krieg trat sein Enkel König Gustav II. Adolf als Schutzherr der Protestanten auf. Mit Gustav Adolfs Tochter Königin Christine I. (**2**) endete die Königsherrschaft der Wasa in Schweden. Sie dankte 1654 ab, trat zum Katholizismus über und zog sich nach Rom zurück, wo sie 1689 starb. Eine katholische Linie der Wasa regierte noch bis 1668 in Polen-Litauen (S. 224).

3

Großer Nordischer Krieg Ab 1700 kämpften die nordischen Mächte um die Vorherrschaft im Ostseeraum. Zwar besiegte Karl XII. von Schweden 1700 den russischen Zaren Peter den Großen in der Schlacht von Narva (**3**), doch ein weiterer Russlandfeldzug endete 1709 mit der völligen Niederlage der Schweden bei Poltawa. Karl floh zu den Osmanen, die schwedischen Besitzungen im Baltikum gingen an Russland. 1718 fiel Karl in Norwegen. Der Krieg endete erst 1721 mit dem Frieden von Nystad.

König und Adel Das Chaos, das nach dem Tod Karls XII. herrschte, nutzte der schwedische Adel, um 1719 seine Mitspracherechte bedeutend zu erweitern. Erst ein Staatsstreich König Gustavs III. beendete 1772 die sog. Freiheitszeit. Er regierte absolutistisch. Als Gegengewicht zum Adel förderte er das Bürgertum und verbesserte die Lebensbedingungen der Bauern. Die anfängliche Beliebtheit des Königs sank, als er Schweden in verlustreiche Kriege mit Russland verwickelte, das den wachsenden Unmut heimlich unterstützte. 1792 wurde der König im Zuge einer Adelsverschwörung auf einem Maskenball ermordet (**4**).

4

Struensee Als Leibarzt des geisteskranken Königs Christian VII. und Liebhaber der Königin Caroline Mathilde erlangte der Deutsche Johann Friedrich Struensee großen Einfluss am dänischen Hof. 1771 wurde er zum Minister ernannt und in den Grafenstand erhoben. Im Geist der Auf-

Die dänische Königskrone

klärung schaffte er Zensur und Folter ab und verminderte die Lasten der Bauern. Mit seinem raschen Aufstieg und seinen Reformen machte er sich im alteingesessenen Adel jedoch viele Feinde. 1772 wurde Struensee gestürzt (**5**, vor der Hinrichtung).

5

▸ **Dreißigjähriger Krieg:** Seiten 190–191

Osteuropa

um 1500 – um 1800

Die Umwandlung Polens in eine Adelsrepublik mit Wahlmonarchie, wie sie der Adel nach dem Aussterben der Jagiellonendynastie 1572 durchsetzte,

Ludwig II. von Böhmen und Ungarn

brachte eine Schwächung des Königtums mit sich. Dies machte das Land zum Spielball der benachbarten Mächte, die Polen schließlich bis 1795 untereinander aufteilten. In Böhmen und Ungarn folgten den Jagiellonen 1526 die österreichischen Habsburger. Doch auch hier existierte ein starker und selbstbewusster Adel, außerdem große nichtkatholische Minderheiten, die sich dem Herrschaftsanspruch der katholischen Habsburger widersetzten. In Böhmen setzten sich die Habsburger erst im Dreißigjährigen Krieg endgültig durch (S. 190). Ungarn, das unter den Osmanen eine gewisse Autonomie genossen hatte, behielt auch nach der österreichischen Eroberung bis 1699 einige Sonderrechte.

Habsburgische Heiratspolitik Der Habsburgerkaiser Maximilian I. arrangierte 1515 die Doppelhochzeit seiner Enkelkinder mit den Kindern von König Ladislaus II. von Böhmen und Ungarn (**1**). 1526, als Ludwig II. in der Schlacht von Mohács gegen die Osmanen fiel, trat der Erbfall ein. Sein Schwager, der spätere Kaiser Ferdinand I., konnte sich aber nur in Böhmen und im ungarischen Grenzgebiet zu Österreich als Nachfolger durchsetzen. Das restliche Ungarn stand unter Vorherrschaft der Osmanen, die eigene Fürsten einsetzten. Viele protestantische Ungarn zogen die toleranten Osmanen den streng katholischen Habsburgern vor.

Adelsrepublik In Polen etablierte sich keine Erbmonarchie. Der Adel hielt an seinem Wahlrecht fest. Jeder neue König musste die Privilegien des Adels bestätigen oder, um Unterstützung zu finden, noch erweitern. Seit 1625 konnte im Reichstag jeder Adelige durch das „Liberum veto" Entscheidungen verhindern. Während die Zentralmacht immer mehr verfiel (**2**, Kampf zwischen Adelsfraktionen), verwaltete der Adel seine Besitzungen autonom.

Wahlkönige König Johann III. Sobieski, der mit seinen Truppen 1683 die Osmanen vor Wien besiegte (**3**), war der letzte große König Polens. Nach Sobieskis Tod 1697 geriet das Land immer mehr unter fremden Einfluss. Die an einer Schwächung Polens interessierten Nachbarstaa-

ten nutzten das Wahlrecht des polnischen Adels aus, um durch Erpressung und Bestechung Kandidaten ihrer Wahl auf den Thron zu verhelfen. So setzte sich auf Druck Russlands und Österreichs Kurfürst August der Starke von Sachsen unter 18 Kandidaten als Sobieskis Nachfolger durch (S. 194).

Ein Bürgerkrieg sollte das Eingreifen des Auslandes rechtfertigen. In der ersten polnischen Teilung 1772 musste Polen fast ein Drittel seines Territoriums an Russland, Preußen und Österreich abtreten. Nach weiteren Reformbemühungen, gegen die sich wiederum eine Adelsopposition formierte, wurde in zwei weiteren Teilungen 1792 und 1795 auch der Rest des Landes aufgeteilt (**4**).

Polnische Teilungen König Stanislaus II. Poniatowski wollte durch Reformen, namentlich die Abschaffung des Einstimmigkeitsprinzips im Reichstag, die

Macht des Adels gegenüber der Krone eindämmen. Der Adel, der seine Privilegien nicht preisgeben wollte, ließ sich von Russland und Preußen aufwiegeln.

Russland im 16. Jh.

Um 1500–1613

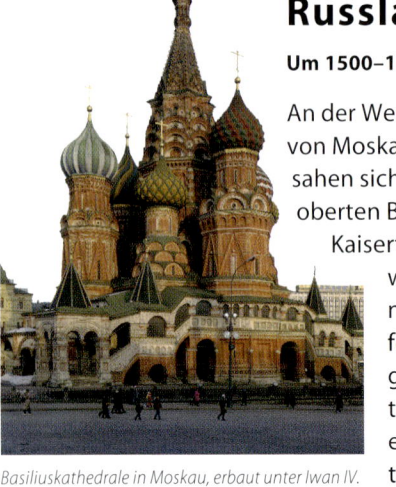

An der Wende zum 16. Jh. hatten die Großfürsten von Moskau ganz Russland unterworfen (S. 146). Sie sahen sich als Erben des 1453 von den Osmanen eroberten Byzantinischen Reiches und nahmen den Kaisertitel (Zar) an. Iwan IV., der Schreckliche, wollte diesem neuen Herrschaftsanspruch nach innen und außen Geltung verschaffen und errichtete dazu ein Schreckensregime, das an den Kräften des Landes zehrte. Das Chaos nach seinem Tod legte sich erst, als die Romanows nach 1613 die politischen Verhältnisse stabilisierten.

Basiliuskathedrale in Moskau, erbaut unter Iwan IV.

Iwan IV., der Schreckliche (1530–1584)

Die Kindheit Iwans IV., der schon als Dreijähriger seinem Vater auf den Zarenthron folgte, war überschattet von den Machtkämpfen des hohen Adels, der sog. Bojaren, um die Regentschaft. Seine Mutter wurde vergiftet, er selbst eingesperrt. Nach Erlangung der Volljährigkeit ließ er die Bojaren brutal verfolgen, ihren Besitz zog er ein. Gestützt auf die Elitetruppe der Strelitzen, einen neuen Dienstadel und die Kirche reformierte Iwan das Rechtswesen und

die Verwaltung. 1565 gründete der Zar die sog. Opritschnina, eine ihm allein verpflichtete Leibgarde und Geheimpolizei, mit deren Hilfe er im Laufe der Zeit ein Terrorregime errichtete. Ganze Städte wurden, wie im Jahr 1570 die Handelsmetropole Nowgorod (S. 146), zerstört und die Bevölkerung getötet. Viele Bauern flohen zu den Kosaken. Der erfolgreichen Expansionspolitik im Osten, die die russische Herrschaft über Nord- und Zentralasien einleitete, stand ein langer und verlustreicher Krieg um den Zugang zur Ostsee im Westen gegenüber, der Russland wirtschaftlich ruinierte. Bei seinem Tod 1584 hinterließ Iwan ein verwüstetes und zerissenes Land.

Die Kosaken Die aus Kriegern und Wehrbauern bestehenden Gemeinschaften der Kosaken (**1**), an deren Spitze gewählte Anführer standen, dienten den Herrschern Polens und Russlands als Söldner. Im Auftrag der Russen besiegten die Kosaken unter Jermak (**2**) 1582/1584 die mongolischen Khane von Sibirien, das damit der russischen Kolonisation offenstand.

Seite 147

1462–1505 Großfürst Iwan III., der Große, von Moskau vollendet Vereinigung Russlands, seit 1478 führt er den Titel Zar

1533–1584 Herrschaft Zar Iwans IV., des Schrecklichen

1552/1556 Eroberung der Khanate von Kasan und Astrachan

1558–1583 Krieg mit Polen und Schweden um das Baltikum

Ab 1558 Erschließung Sibiriens

1570 Zerstörung Nowgorods

1582/1584 Kosakenführer Jermak erobert Sibirien

1584–1598 Boris Godunow regiert für den geistig behinderten Sohn Iwans VI., Zar Fjodor I.

1584–1605 Herrschaft Zar Boris Godunows

1598/1605–1613 „Smuta" („Zeit der Wirren")

1610 Polen besetzen Moskau

1612 Volksaufstand des Kusma Minin vertreibt die Polen

1613 Zar Michail I. begründet die Herrschaft des Hauses Romanow (bis 1917)

Seite 228

Die Romanows Nach dem Ende der Rurikidendynastie 1598 kam es zu Auseinandersetzungen um die Thronfolge, die in einen Bürgerkrieg mündeten. Das benachbarte Polen unterstützte eigene Kandidaten, bis der polnische König den Thron schließlich für einen seiner Söhne beanspruchte und Moskau besetzte. Im Jahr 1612 vertrieb ein Volksaufstand die Polen, 1613 wählten die Bojaren Michail I. Romanow (**3**), der mit den Rurikiden verwandt war, zum neuen Zaren.

 Regentschaft Zar Nikolaus' II. Romanow: Seite 304

Russland im 17. und 18. Jh.

1613–1801

Unter den Zaren aus dem Haus Romanow öffnete sich Russland konsequent dem westlichen Europa. Alexei I. (**1**) begann, den Einfluss von Adel und Kirche zu beschneiden und ehemalige russische, inzwischen an Polen gefallene Gebiete wie die alte Hauptstadt Kiew 1667 zurückzuerobern. Sein Sohn Peter I., der Große, setzte diese Politik fort. Durch Reformen im Inneren und durch Expansion machte er Russland zu einer europäischen Großmacht. Dies zeigte sich im Siebenjährigen Krieg (S. 255), als das Eingreifen Russlands an der Seite Österreichs Preußen an den Rand des Zusammenbruchs brachte. Auch die Witwe des Enkels Peter III., Katharina II., die Große, erweiterte Russland, vor allem auf Kosten Polens und des Osmanischen Reiches.

Peter I., der Große (1672–1725)

In den Thronfolgekämpfen nach dem Tod Alexeis., der Kinder aus zwei Ehen hinterließ, konnte sich Peter I. 1689 mit einem Staatsstreich durchsetzen. Der junge Zar bereiste 1697/98 Westeuropa; in den Niederlanden ließ er sich zum Schiffsingenieur ausbilden. Zurück in Russland begann er mit dem Aufbau einer Flotte und der Umstrukturierung der Armee. Flotte und Heer bewiesen ihre Schlagkraft im Nordischen Krieg, in dem die Russen Teile Finnlands und des Baltikums eroberten und damit endlich Zugang zur Ostsee gewannen. Hier gründete Peter 1703 die neue Hauptstadt Sankt Petersburg. Die auf dem Reißbrett entworfene Stadt wurde zum Symbol für Russlands Hinwendung zum Westen. Auch Peter war zweimal verheiratet, und seine Nachkommen bekämpften sich untereinander erbittert. Bis ins 19. Jh. war jeder Thronwechsel in Russland mit Gewalt verbunden.

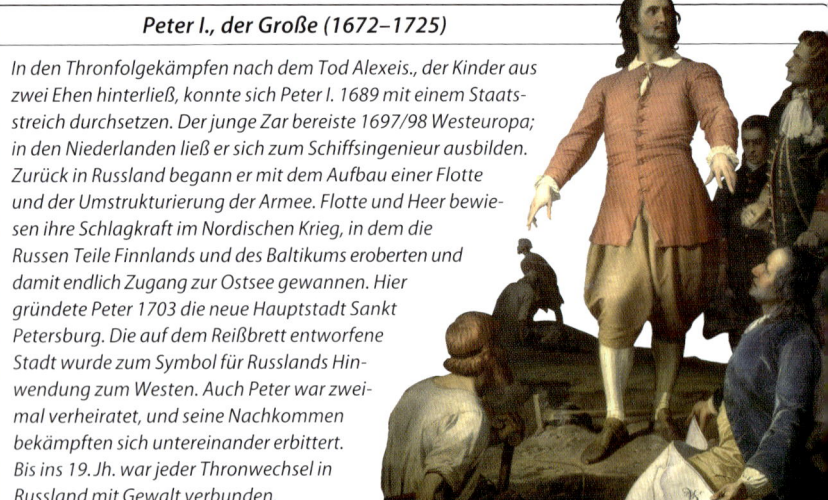

Reformpolitik Auf allen Gebieten führten die Zaren aus dem Haus Romanow Neuerungen ein, insbesondere Peter I., der Große. Neue Bildungseinrichtungen wurden gegründet, das orthodoxe Patriarchat aufgelöst und eine staatliche Kirchenaufsicht eingeführt, der Adel neu gegliedert, Gesetzgebung, Verwaltung und Armee reformiert. Die Leibeigenschaft der Bauern bekam eine gesetzliche Grundlage, der Handel wurde durch Vergünstigungen für ausländische Siedler und Fachleute belebt. Zum Jahr 1700 führte Peter I. den Julianischen Kalender ein. Auch äußerlich sollten sich die Russen dem Westen anpassen: So wurde das Tragen eines langen Barts mit besteuert und schließlich ganz verboten (**2**).

Katharina die Große Mithilfe des Militärs ließ Katharina (**4**) 1762 ihren unbeliebten Ehemann Peter III. beseitigen und bestieg selbst den Zarenthron. In Kriegen mit dem Osmanischen Reich (S. 232) und durch die Polnischen Teilungen (S. 225) dehnte sie Russlands Grenzen weit nach Westen und Süden aus. Wie andere Herrscher ihrer Zeit unterhielt sie öffentlich Liebesbeziehungen, manche ihrer Günstlinge wie Fürst Potemkin (**3**) oder König Stanislaus II. Poniatowski von Polen gelangten auch zu politischem Einfluss.

Leibeigenschaft Während die Zaren in Hinsicht auf Kunst und Lebensstil den westeuropäischen Höfen nacheiferten (**6**), verschärften sie die Situation der leibeigenen Bauern (**5**). Katharina die Große, die mit den großen Denkern ihrer Zeit korrespondierte, verschenkte Tausende Bauern an ihre Liebhaber. Überdies zwang sie freie Bauern in die Leibeigenschaft. Viele von ihnen schlossen sich dem Aufstand des Kosaken Pugatschow an, der 1773/74 mit großer Härte niedergeschlagen wurde.

≫ Kriege mit dem Osmanischen Reich: Seiten 232–233

Osmanisches Reich

Das Osmanische Reich bis zum 16. Jh.

Um 1300–1565

Ursprünglich hatten die Osmanen den Seldschuken (S. 164) als Grenzkrieger gedient. Ausgehend von Nordwestanatolien unterwarfen sie im 14. Jh. immer größere Gebiete Klein-

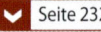

asiens und des Balkan. Nach einer Niederlage gegen den Mongolenführer Timur Lenk 1402 gelang unter Sultan Mehmed II. (**1**) 1453 die langersehnte Eroberung Konstantinopels, das zur neuen Hauptstadt wurde. Im 16. Jh. eroberten die Osmanen den Nahen Osten und Nordafrika. Süleyman I. (**6**) griff indessen mit der Besetzung Ungarns und der Belagerung Wiens nach Mitteleuropa aus. Als Verbündete Frankreichs gegen die Habsburger wurden die Osmanen zu einem Faktor in der europäischen Politik.

Die Tughra (offizielle Unterschrift) Sultan Süleymans I., des Prächtigen

Konstantinopel 1453 holte Sultan Mehmed II. zum letzten Schlag gegen das Byzantinische Reich aus: Nach langer Belagerung eroberten die Osmanen Konstantinopel (**3**), der letzte Kaiser von Byzanz fiel bei der Verteidigung. Nach der Eroberung bemühte sich Mehmed II., die seit Jahrzehnten verfallende und entvölkerte Stadt neu zu beleben. Zwar wurden die Hauptkirchen der Stadt in Moscheen umgewandelt, aber den Christen war es gestattet, sich in eigene Stadtteile zurückzuziehen. In der Blütezeit des Osmanischen Reiches war Konstantinopel die größte und reichste Stadt der Welt.

3

4

Persien Im Osten des Reiches kam es unentwegt zu Auseinandersetzungen mit den persischen Safawiden (S. 236), die ihre schiitischen Glaubensgenossen im Osmanischen Reich gegen die sunnitischen Sultane aufstachelten. 1514 besiegte Selim I. die Perser in der Ebene von Tschaldiran (**4**) und eroberte Aserbaidschan, das die Osmanen jedoch bald wieder verloren. Die Grenzkonflikte mit Persien dauerten bis ins 19. Jh. an.

Blütezeit Süleyman I. eroberte Ungarn, den heutigen Irak und Nordafrika und führte das Osmanische Reich auf den Höhepunkt seiner Macht. In der Hauptstadt Konstantinopel ließ er von seinem Hofbaumeister Sinan Prachtbauten wie die Süleymaniye-Moschee (**2**) errichten. Die Modernisierung des Rechtswesens, die er umsetzte, trug ihm auch den Beinamen „der Gesetzgeber" ein.

6

Die Janitscharen Die im 14. Jh. gegründeten Janitscharen bildeten den Kern des osmanischen Heeres. Die Soldaten (**5**) rekrutierten sich hauptsächlich aus zum Islam konvertierten Christen, für die sich im Militärdienst Aufstiegsmöglichkeiten boten. Als Elitetruppe stellten die Janitscharen auch eine politische Macht dar, sie griffen in die Kämpfe um die Thronfolge ein oder erpressten höhere Soldzahlungen. Erst 1826 wurden sie gewaltsam aufgelöst (S. 308).

5

» Nordafrika unter den Osmanen: Seiten 234-235

Keramikfliesen mit floralen Motiven aus dem türkischen Iznik

Das Osmanische Reich bis zum 18. Jh. 1566–1807

Viele Sultane des späten 16. und 17. Jh. galten als schwache Herrscher. In dieser Zeit bestimmte eine Reihe fähiger Großwesire die osmanische Politik. Doch an der Wende zum 18. Jh. geriet das Reich militärisch immer stärker in die Defensive, zunächst gegen Österreich, dann gegen Russland. Entlegene Provinzen in Nordafrika und im Nahen Osten erlangten immer mehr Selbstständigkeit. Trotz der äußerlich glanzvollen Herrschaft der Sultane, des allgemeinen Wohlstands und der kulturellen Blüte fielen die Osmanen in Technik und Wissenschaft hinter Westeuropa zurück. Doch konservative Kräfte, insbesondere die Janitscharen, stemmten sich gegen Reformen.

Osmanisches Reich

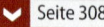

Seemacht 1570 hatten die Osmanen die Venezianer aus Zypern vertrieben. Im Anschluss bildeten Venedig, Spanien und der Papst eine Allianz , deren Flotte 1571 die Osmanen bei Lepanto (**1**) vor der griechischen Küste besiegte. In Europa wurde die Seeschlacht als großer Erfolg gefeiert, die Osmanen stellten jedoch eine neue Flotte auf und blieben zumindest im östlichen Mittelmeer weiterhin die vorherrschende Seemacht.

Die Belagerung Wiens Wie schon 1529 versuchten die Osmanen 1683 Wien einzunehmen, die Hauptstadt der österreichischen Habsburger und das Tor nach Westeuropa. Großwesir Kara Mustafa (**2**) belagerte die Stadt, wurde jedoch durch ein polnisch-deutsches Entsatzheer in der Schlacht am Kahlenberg (**3**) (S. 193) besiegt und vertrieben.

Harem An der Spitze des Harems (**4**) stand die Sultansmutter, die großen Einfluss auf die Politik ausübte. Bis zum 17. Jh. ließen die Sultane bei ihrer Inthronisierung ihre Brüder ermorden, um Thronstreitigkeiten zu vermeiden, später wurden sie wie die Frauen im Palast eingesperrt. Hier warteten sie auf ihre Chance, durch Intrigen ihrer Mütter oder Janitscharenaufstände doch noch an die Macht zu gelangen.

Tulpenzeit Die Tulpe, die als kostbares Luxusgut vom Orient in den Westen gelangte, wurde zum Symbol für die Herrschaft Sultan Ahmeds III. (**5**). Diese war geprägt von einem verstärkten kulturellen Austausch mit Westeuropa. Der Sultan führte den Buchdruck ein und intensivierte die Handelsbeziehungen mit Europa. Zu dieser Zeit wurden Stilelemente des Barock in die osmanische Kunst übernommen. Außenpolitisch siegten die Osmanen in einem Krieg gegen Russland, das sich zunächst vom Schwarzen Meer zurückziehen musste. Doch gegen Österreich kam es zu Niederlagen und Gebietsverlusten. Als auch noch eine persische Invasion drohte, zwangen die Janitscharen Ahmed III. 1730 zur Abdankung.

❯❯ **Ägypten unter den Osmanen:** Seite 310

Nordafrika

16.–18. Jh.

Als die Spanier und Portugiesen die Reconquista (S. 140) beendet hatten, wollten sie in Nordafrika Fuß fassen. Doch ihre Eroberungsversuche konnten von einheimischen Herrschern abgewendet werden. Ihre Unabhängigkeit behaupteten sie zunächst auch gegen die Osmanen. Die Dynastie der Alawiten vereinigte im 17. Jh. ganz

Marokko. Ab 1672 erlebte das Land unter Mulai Ismail eine Glanzzeit. Im gesamten Mittelmeerraum sorgten Korsarenflotten für Unsicherheit. Die Korsaren akzeptierten im 16. Jh. zwar die osmanische Oberhoheit, machten sich aber im 18. Jh. wieder weitgehend unabhängig. Durch ihre Überfälle auf Handelsschiffe gerieten sie in Konflikt mit den europäischen Staaten und den USA, und ab dem 19. Jh. standen sie kolonialen Interessen im Wege.

Landschaft in Marokko mit dem Atlasgebirge im Hintergrund

Korsaren Von Algier, Tunis (**1**) und anderen Küstenstädten Nordafrikas aus machten Piraten und Freibeuter das Mittelmeer und den Atlantik unsicher. Die Beutezüge Khair ed-Din Barbarossas (**3**), der offiziell in osmanischen Diensten stand, provozierten 1535 einen Gegenangriff der Spanier (**2**, Kaiser Karl V. befreit gefangene Christen in Tunis). Bis ins 19. Jh. erkauften sich zahlreiche Staaten die Sicherheit ihrer Schiffe durch Tributzahlungen.

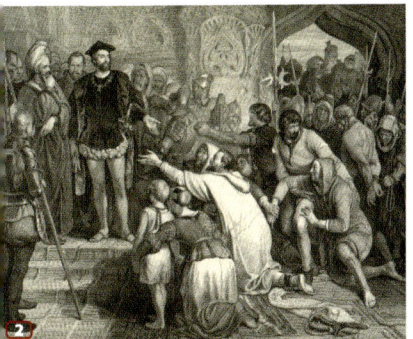

Marokko Der Alawitenherrscher Mulai Ismail führte ab 1672 in Marokko eine zentralistische Verwaltung nach osmanischem Vorbild ein. Gestützt auf eine persönliche Armee aus farbigen Sklaven, brach er die Macht religiöser Führer und lokaler Herrscher. Die Europäer vertrieb er aus einigen ihrer

tützpunkte an der marokkanichen Küste (**5**, Seekarte des Mittelmeeres). In Meknès ließ r sich einen gewaltigen alast (**4**) errichten.

Persien und Zentralasien

Um 1500 – um 1800

Im Verlauf des 15. Jh. wurden die Timuriden (S. 169) im Westiran von turkmenischen Stammesverbänden verdrängt. Im Osten und in Zentralasien gründeten die Usbeken Khanate, die bis ins 20. Jh. bestanden. An der Wende zum 16. Jh. errichteten die Führer des Sufi-Ordens der Safawi in Westiran ein eigenes Staatswesen. Der Ordensführer Ismail I. nahm 1501 den Titel eines Schah an und

Frau in qadjarischer Tracht

dehnte sein Herrschaftsgebiet weit aus. Er und seine Nachfolger, besonders Schah Abbas I., schufen das moderne Persien. Die Safawiden setzten die Schia (S. 159) als Staatsreligion durch, und der Gegensatz zu den sunnitischen Nachbarn förderte die Ausbildung einer gewissen nationalen Identität. Mit dem Niedergang der Safawiden im 18. Jh. machten sich Kurden, Afghanen und Turkmenen unabhängig. Zwar gelangte Nadir Shah aus der Dynastie der Afshariden auf seinen Eroberungszügen bis nach Indien, doch erst die Qadjaren begründeten 1796 wieder eine dauerhafte Herrschaft über ganz Persien.

Abbas I., der Große Abbas I. war der wohl bedeutendste Safawide. Im Jahr 1598 verlegte er seine Residenz nach Isfahan (**1**) und ließ es planmäßig ausbauen. Er siedelte viele christliche Armenier und Georgier an, die als Handwerker und Kaufleute zum Wirtschaftsaufschwung beitrugen. Nach dem Vorbild der osmanischen Janitscharen (S. 231) stellte Abbas ein stehendes Heer auf und eroberte den Irak von den Osmanen und Teile Zentralasiens von den Usbeken zurück. Zu mehreren europäischen Staaten knüpfte er diplomatische Kontakte und Handelsbeziehungen.

2

Gouverneure und Stammesführer

Das ausgedehnte Reich der Safawiden war kein zentralisierter Einheitsstaat. Die Provinzen wurden zumeist von Prinzen (**2**) des Herrscherhauses verwaltet, die eigene Machtinteressen verfolgten. Die teilweise noch als Nomaden lebenden turkmenischen Stämme hatten großen Einfluss,

weil sie die Armee dominierten. Aus ihren Reihen stammten auch die den Safawiden nachfolgenden Dynastien der Afshariden und Qadjaren. Kurden und Georgier unterstanden einheimischen Vasallenfürsten und bewahrten sich so eine teilweise Autonomie.

3

Sufi-Orden Die Sufi-Orden (**3**) vertraten eine mystische Richtung des Islam. In Persien und den Khanaten Zentralasiens waren sie eng mit der Politik verknüpft: Wie der schiitische Safawi-Orden in Persien trug der sunnitische Naqshbandi-Orden in den Khanaten als wichtige gesellschaftliche Kraft zur Ausbildung eines eigenstaatlichen Bewusstseins bei.

Usbeken Die Usbeken, eine Konföderation von Steppennomaden mongolisch-türkischer Herkunft, verdrängten die Timuriden aus Zentralasien. Ihre Anführer, die Khane aus der Shaibanidenfamilie, passten sich schnell der verfeinerten Kultur der

reichen Handelsstädte an (**4**, Medrese in Buchara). Durch äußeren Druck und innere Wirren zerfiel das Khanat im 18. Jh., schließlich errichteten neue Dynastien drei unabhängige Khanate in Chiwa, Buchara und Kokand. Diese kamen im Verlauf des 19. Jh. unter russische Herrschaft, die letzten Khane (**5**, Alim Khan von Buchara) wurden 1920/21 von den Sowjets vertrieben.

4

5

»Timuriden: Seiten 168–169

Indien

1526 – um 1800

Nach der Unterwerfung des Sultanats von Delhi (S. 171) gründete Babur, ein Nachkomme des mongolischen

Ornamentfeld am Taj Mahal

Erobereres Timur Lenk, 1526 das Reich der Moghuln. Unter seinem Enkel Akbar erhielt das Herrschaftsgebiet eine feste Struktur und erstreckte sich von Afghanistan bis nach Bengalen. Die größte Ausdehnung erreichte das Moghulreich um 1700 unter Aurangzeb, der jedoch durch seine Islamisierungspolitik den Niedergang einleitete. Hinduistische Fürsten, aber auch muslimische Provinzgouverneure machten sich unabhängig. Angriffe von Persern und Afghanen konnten nicht länger abgewehr werden, das Reich der Moghuln schrumpfte auf das Gebiet um Delhi zusammen. Die Zerstrittenheit der indischen Herrscher untereinander konnten die Europäer gut für ihre Ziele nutzen. Seit dem 16. Jh. unterhielten sie Niederlassungen an den Küsten und bauten Territorialherrschaften auf.

Das Taj Mahal – ein Monument für eine unsterbliche Liebe

Im Jahr 1631 starb die Lieblingsfrau des Moghulherrschers Shah Jahan. Für sie, für Mumtaz-i-Mahal, ließ er das Taj Mahal erbauen, ein gewaltiges Mausoleum aus weißem Marmor, eingebettet in eine ausgedehnte Gartenanlage. Neben dem Taj Mahal ließ Shah Jahan weitere Prachtbauten und Parkanlagen errichten. Doch seine Liebe zum Prunk belastete die Wirtschaft des Reiches schwer. Zudem kam es schon zu seinen Lebzeiten zu Nachfolgekämpfen unter seinen Söhnen, die den Vater 1658 absetzten.

Vielvölkerreich Der dritte Moghulherrscher, Akbar (**2**), festigte sein Reich, indem er die hinduistischen Fürsten der

muslimischen Militäraristokratie gleichstellte und freie Religionsausübung gewährte. Zeichen der Integrationspolitik war auch die Moghularchitektur (**1**), die Stilelemente verschiedener Kulturen miteinander verband.

Orthodoxie Unter den Söhnen Shah Jahans konnte sich 1658 Aurangzeb (**3**) als neuer Herrscher durchsetzen. Anders als seine Vorfahren war er ein strenggläubiger Muslim. Er führte Sondersteuern für Nichtmuslime ein und ließ nichtmuslimische Heiligtümer abreißen. Dadurch trieb er Hindus und Sikh in die offene Rebellion. Vergeblich bekämpfte er das hinduistische Marathenreich, das schließlich im 18. Jh. die Vormacht in Indien erlangte.

Die Briten Auf die Portugiesen, die 1498 Indien erreicht hatten (S. 221), folgten im 17. Jh. Niederländer, Franzosen und Briten. Die Europäer unterhielten zunächst nur Handelsstützpunkte an den Küsten, doch mit dem Verfall des Moghulreichs im 18. Jh. begannen vor allem Briten und Franzosen, auch Territorien im Hinterland zu erwerben. Im Verlauf des Siebenjährigen Krieges übernahmen die Briten bis 1763 die französischen Besitzungen. Durch Bündnisse mit den untereinander verfeindeten indischen Fürsten (**4**) und eine gezielte Annexionspolitik dehnten die Briten ihre Herrschaft schließlich über ganz Indien aus.

China

1368 – um 1800

Nach langer Fremdherrschaft der Mongolen (S. 166) kam 1368 mit den Ming wieder eine chinesische Dynastie an die Macht. Diese Herrscher beschränkten sich auf das chinesische Kerngebiet, die ab 1644 regierenden Mandschu dehnten die Reichsgrenzen bis weit nach Zentralasien aus, besonders Kaiser Qianlong: Die Mongolei und Xinjiang wurden annektiert, Tibet wurde Protektorat, Staaten wie Korea, Vietnam und

Porzellanvase aus der Mingzeit

Birma akzeptierten die chinesische Oberhoheit. Die Kultur erfuhr in der Zeit der Mandschuren keine wesentliche Weiterentwicklung. Bürokratismus und Traditionalismus verhinderten Reformen, und weder eine Ausdehnung der Anbauflächen noch die Kultivierung neuer Nutzpflanzen wurden dem Bevölkerungswachstum gerecht, so dass ein Großteil der Einwohner verelendete. Am Ende des 18. Jh. kam es zu Aufständen, die häufig von Geheimbünden angeführt wurden. Auch ethnische Minderheiten wehrten sich gegen das Vordringen in ihre Siedlungsgebiete.

Ming Der buddhistische Mönch Zhu Yuanzhang (**2**) stellte sich an die Spitze eines chinesischen Volksaufstandes gegen die Mongolen und begründete 1368 die Herrschaft der Ming-Dynastie. Der Machtkampf am Kaiserhof in Peking (**1**) führte zum Rückgang der Zentralgewalt. Unter den Ming erlebte China durch ein enormes Wirtschafts- und Bevölkerungswachstum eine Blütezeit.

Die Jesuiten in China

Mit den Portugiesen, die im 16. Jh. Handelsniederlassungen in China gründeten, kamen christliche Missionare ins Land. Als Gelehrte erhielten die Jesuiten Zugang zum Kaiserhof. 1613 erlangten sie den Auftrag, den Kalender zu reformieren. Der Jesuit Johann Adam Schall von Bell war Direktor der kaiserlichen Sternwarte und wurde 1651 Ratgeber des Kaisers.

Seite 172

China

1368–1644 Herrschaft der Ming-Dynastie
1368–1398 Regierungszeit Hongwus (Zhu Yuanzhang)
15. Jh. Expeditionen des Seefahrers Zheng He
1421 Verlegung der Hauptstadt nach Peking
1514 Erste Landung portugiesischer Schiffe
1616–1643 Einigung der Mandschu und Gründung der Qing-Dynastie
Ab 1627/37 Herrschaft der Mandschu über Korea
1644–1661 Regierungszeit des Qing-Kaisers Shunzhi
1644 Mandschu nehmen Peking ein
1661–1722 Regierungszeit Kaiser Kangxis, Eroberung des heutigen Taiwan und der Mongolei
1689 Grenzvertrag mit Russland
1720 Protektorat über Tibet
1722–1735 Regierungszeit Kaiser Yongzhengs, Verbot des Christentums
1735–1796/99 Regierungszeit Kaiser Qianlongs, Aufstände von Geheimbünden
1793 Briten ersuchen um Handelskonzessionen

Seite 316

Mandschu Ende des 16. Jh. hatten die Mandschu ein Reich im Norden Chinas errichtet. Nach dem Ende der Ming-Dynastie 1644 herrschte Shunzhi (**4**) 's erster Kaiser der ing-Dynastie ber ganz China, as im 18. Jh. unter Kaiser Qianlong (**3**) seine größte Ausdehnung erfuhr. Die Mandschu bildeten eine schmale Führungsschicht und vermischten sich nicht mit den Chinesen. Nur in ihrer Kultur passten sie sich an. So verteidigten gerade die Kaiser der Qing-Dynastie die Lehre des Konfuzius als alleinige Staatsideologie und bewahrten die klassische chinesische Literatur.

andel mit Europa Expeditionen zur See waren r Zeit der Ming-Dynastie selten. Bewusst konntrierten sich die Chinesen im 15. Jh. darauf, e Binnennachfrage zu bedienen, die durch das völkerungswachstum in dem Riesenreich roße Gewinne versprach. Von Kontakten über e Seidenstraße und zu Russland abgesehen, ieb der Handel mit den Europäern jahrhundertang auf wenige Häfen beschränkt. Auch die iten bemühten sich vergeblich um den Handel t China (**5**) und nahmen zu Beginn des 19. Jh. e illegale Einfuhr von Opium auf.

Niedergang der Mandschu-Dynastie: Seiten 316–317

Japan

1338–1867/68

Das Ashikaga-Shogunat zerfiel nach Thronwirren in einem langen Bürgerkrieg, in dem sich rivalisierende Provinzfürsten, die sog. Daimyos, gegenseitig bekämpften. Erst ab der Mitte des 16. Jh. gelang es den sog. drei Reichseinigern, eine neue starke

Das Symbol Japans, die Chrysantheme

Zentralmacht in Japan aufzubauen und immer größere Gebiete zu unterwerfen. Der letzte von ihnen, Tokugawa Ieyasu, etablierte sich 1603 schließlich als Shogun. Unter den Tokugawa erlebte Japan bis ins 19. Jh. hinein seine längste Friedensperiode. Diese Stabilität erreichte das Land aber vor allem durch eine konsequente Abschottung, die Japan von modernen Entwicklungen ausschloss und zu allgemeiner Stagnation führte.

Kriegsführung 1543 landeten portugiesische Kaufleute (**1**) in Japan. Mit ihnen kamen nicht nur christliche Missionare, sondern auch technische Neuerungen wie Feuerwaffen ins Land. Diese führten zu einer Revolution in der Kriegsführung. Oda Nobunaga, der erste der drei Reichseiniger, nutzte die neuen Waffen zuerst und verdankte ihnen seine durchschlagenden militärischen Erfolge. Er tolerierte das Christentum, in dem er ein Gegengewicht zu den mächtigen buddhistischen Klöstern und Sekten sah.

1

Die drei Reichseiniger

Der Heerführer Oda No-
bunaga brachte einen
Großteil des Landes
unter seine Kontrolle
und beendete 1573
das Ashikaga-Sho-
gunat. Nach seiner
Ermordung 1582
folgte ihm General
Toyotomi Hideyo-

shi nach. Dieser bestimmte seinen Sohn zum Nachfolger, doch 1598 kam
sein Verbündeter Tokugawa Ieyasu an die Macht. 1615 eroberte er die
Burg Osaka (**3**), den letzten Stützpunkt der Getreuen Toyotomis.

Das Tokugawa-Shogunat Mit
der Eroberung Osakas (**4**) 1615
setzte sich Tokugawa Ieyasu als
alleiniger Machthaber in Japan
durch. Schon 1603 hatte ihm
der Kaiser die Würde eines
Shogun verliehen. Die Tokugawa befriedeten das Land und
führten eine straffe Militärregie-
rung sowie eine Ständeord-
nung ein. Den Samurai (**2**),
die als Einzige Waffen tragen
durften, oblag der Staats- und
Kriegsdienst, die restlichen Daimyos wurden entmachtet.

Christenverfolgung Um ihre
Macht zu festigen, verfolgten
die Tokugawa-Shogune die
Christen und ihre Missionare
(**5**), die immer mehr Einfluss
gewonnen hatten 1639 wurde
zudem die „Landesabschlie-
ßung" verkündet. Nur noch den
Niederländern, die keine Missionare mitbrachten, war es er-
laubt, von einer Insel vor Nagasaki aus Handel zu treiben.
Trotzdem erfuhr die Wirtschaft
durch den Frieden und die Binnennachfrage ein Wachstum.

Südostasien

Südostasien

Um 1500–um 1800

Ab dem 16. Jh. bereisten europäische Händler, Missionare und Eroberer die Reiche Südostasiens. In Vietnam erlangten bis zum Ende des 18. Jh. die Franzosen, auf den Inseln Indonesiens die Niederländer großen

Thailändischer Buddhakopf im Ayutthayastil

Einfluss und beherrschten sie schließlich ganz. In der zweiten Hälfte des 18. Jh. übernahm in Birma die Konbaung-Dynastie die Herrschaft. Sie baute eine starke Militärmacht auf und zerstörte das Thaireich von Ayutthaya. Während die Birmanen in Konflikt mit den Briten gerieten (S. 320), gelang es der Chakri-Dynastie, in Thailand die Unabhängigkeit des Landes zu bewahren.

Thailand Das Thaireich von Ayutthaya wurde 1767 von den Birmanen zerschlagen, die Hauptstadt niedergebrannt. Nur ein chinesischer Angriff auf Birma bewahrte die Thai vor der Unterwerfung. Mehrere Generäle versuchten, ein neues Reich zu begründen. 1782 setzte sich Phraya Chakri als Herrscher durch und nahm als Rama I. den Königstitel an. Er erhob Bangkok (**1**) zur neuen Hauptstadt Thailands.

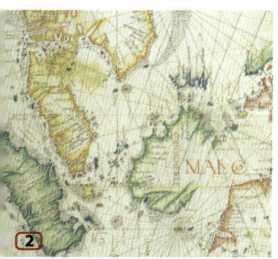

Indonesien Die Portugiesen eroberten 1511 das Sultanat Malakka, die wichtigste Seemacht Südostasiens. Doch im 17. Jh. wurden die Portugiesen von den Niederländern (**3**) verdrängt. Diese fassten 1614 auf der Insel Java Fuß, die vom Sultanat Mataram beherrscht wurde. Von hier aus brachten die Niederländer allmählich den Indonesischen Archipel unter ihre Kontrolle (**2**). Durch wechselnde Bündnisse spielten sie die einheimischen Machthaber gegeneinander aus, bis diese die Oberhoheit der Europäer anerkennen mussten. 1755 nutzten die Niederländer Thronfolgekämpfe aus und bewirkten die Teilung Matarams in die Sultanate von Surakarta und Yogyakarta.

Geschichte des vietnamesischen Kaiserreiches

Das Reich Annam, das heutige Vietnam, stand kulturell und politisch unter chinesischem Einfluss. 1428 kam die Le-Dynastie an die Macht. Sie eroberte bis 1471 weitere Regionen und sorgte für eine kulturelle Blüte. Obwohl die Le-Kaiser offiziell bis 1788 regierten, lag die Macht seit Ende des 16. Jh. bei den Familien der Trinh im Norden und der Nguyen im Süden, jeweils mit Unterstützung ausländischer Mächte. In einem Bürgerkrieg setzte sich schließlich mit französischer Hilfe Nguyen Anh (**4**) durch und ließ sich 1802 zum Kaiser Gia Long krönen. Er unterwarf das ganze Land, das in Vietnam umbenannt wurde, und machte Laos und Kambodscha zu Vasallen. Doch dem wachsenden Einfluss der Franzosen konnte er sich nicht mehr entziehen.

Philippinen Der Seefahrer Magellan befand sich in spanischen Diensten auf einer Weltumsegelung, als er 1521 bei seiner Ankunft auf den Philippinen von Einheimischen angegriffen (**5**) und ermordet wurde. Erst 1571 konnten die Spanier die Inselgruppe unterwerfen und benannten sie nach ihrem König Philipp II. (S. 217). Die lokalen Machthaber traten zum Katholizismus über und behielten ihre Privilegien. Der Islam, der sich seit dem 15./16. Jh. in Indonesien verbreitet hatte, war auf den Philippinen noch nicht fest verwurzelt. Nur im Süden hielt sich das Sultanat Sulu.

Afrika

Afrika

um 1500 – um 1800

Seit dem 15. Jh. drangen die Europäer an den afrikanischen Küsten vor. Einige einheimische Staaten wie der der Yoruba profitierten vom lukrativen Sklavenhandel, andere wie das Königreich Kongo fielen den Machtinteressen der Europäer zum Opfer. Die Songhai bauten im 15. Jh. das größte Reich in der Geschichte Westafrikas auf, in Ostafrika behauptete sich das Kaiserreich Äthiopien gegen muslimische Angriffe und Einmischungen der Europäer. Dies änderte sich auch nicht, als die äthiopischen Kaiser im 18. Jh. zu Marionetten der Provinzgouverneure wurden. An der Küste Ostafrikas gewannen muslimische Händler verlorene Handelsstandorte zurück.

Kopf eines Yorubakönigs (Oba) von Benin

Europäische Stützpunkte Auf dem Weg nach Indien gründeten die Portugiesen im 15. Jh. an den Küsten Afrikas Versorgungsstützpunkte. Durch die Nachfrage nach Sklaven für die Kolonien in Übersee erhielten diese bald eine eigene wirtschaftliche Bedeutung. Den Portugiesen folgten ab dem 17. Jh. Franzosen, Briten (**1**, Burg in Westafrika) und Niederländer.

2

Songhai Die Songhai lösten in der Mitte des 15. Jh. das Reich von Mali (S. 178) als Vormacht südlich der Sahara ab. Unter Askia Mohammed (**2**, Grabanlage in Gao) erstreckte sich Songhai zu Beginn des 16. Jh. vom Atlantik bis zum Tschadsee. Durch den Karawanenhandel mit Gold, Salz und Sklaven gelangte es zu großem Wohlstand. Der Islam wurde von den Herrschern als verbindendes Element stark gefördert, so wurde das Reich auch zum Zentrum islamischer Gelehrsamkeit und Kultur. Nach einem Bürgerkrieg und einem Angriff der Marokkaner 1590/91 zerfiel Songhai.

Kongo Unter dem Einfluss der Portugiesen (**3**) nahmen die Herrscher des Kongoreiches (**4**) 1491 das Christentum an. Ein Königssohn wurde 1522 in Rom zum ersten schwarzen Bischof geweiht. Als sich die Könige aber gegen die Jagd auf Sklaven wehrten, zerschlugen die Portugiesen das Reich.

3

4

Suaheli Entlang der ostafrikanischen Küste erstreckte sich eine Reihe von Hafenstädten unter arabischem Einfluss. Von hier aus verbreitete sich in ganz Ostafrika die Sprache und Kultur der Suaheli (von arab. *sahil*, Küste), in denen sich arabische und afrikanische Elemente vermischten. Grundlage des Wohlstandes war der Handel mit Sklaven (**5**), Elfenbein und Erz, der bis nach China reichte. Die Portugiesen eroberten die Region im 16. Jh., doch die Imame und Sultane des Oman in Südarabien drängten die Portugiesen im 17. und 18. Jh. wieder zurück, die sich schließlich nur in Mosambik halten konnten.

5

Kolonialmächte in Afrika: Seite 323

Maya und Azteken

Bis ins 16. Jh.

Das „Neue Mayareich" bestand aus Stadtstaaten,
die von toltekischen Dynastien regiert wurden und
unter denen einzelne eine Vormachtstellung inne-
hatten. Die Tolteken, die lange Zeit das Hochland von
Mexiko beherrschten, waren um 900 auf die Halbinsel
Yucatán vorgedrungen. Im 15. Jh. führten Aufstände
gegen ihre Herrschaft zum politischen Zerfall. Dennoch konnten
sich die Maya lange der spanischen Eroberung widersetzen.
In Zentralmexiko bauten im 15. Jh. die Azteken (**1**) ein Reich
auf, das sich zuletzt vom Golf von Mexiko bis zum Pazifik erstreckte. Es war eine Konföderation von Stadtstaaten, die von
der Hauptstadt Tenochtitlán und ihren Herrschern dominiert
wurde. Regelmäßige Kriegszüge brachten den Azteken Tribute
und Kriegsgefangene ein, die als Menschenopfer benötigt wurden.
Einige Staatswesen wie Tlaxcala oder die Städte der
Mixteken bewahrten ihre Unabhängigkeit. Sie verbündeten
sich mit den Spaniern und beteiligten sich 1519/21 an der Zer
störung des Aztekenreiches.

Neues Mayareich Das „Neue Mayareich" ist ein Sammelbegriff für die
Stadtstaaten der Maya mit dem
Schwerpunkt auf der Halbinsel Yucatán. Unter ihnen waren zunächst
Chichén Itzá (**3**), dann Mayapán und
seine Priesterfürsten (**2**) vorherrschend. Ab 1441 ging der politische
Zusammenhalt der Stadtstaaten verloren. Gerade diese Zersplitterung er
schwerte es den Spaniern aber, die
Maya zu unterwerfen.

Tenochtitlán An der Stelle des heutigen Zentrums von Mexiko City lag im Texcoco-See die aztekische Hauptstadt Tenochtitlán (**5**). Die Stadt, in der bis zu 200 000 Menschen lebten, war nur über Dämme zu erreichen. Im Zentrum stand der Pyramidentempel des Sonnen- und Kriegsgottes Huitzilopochtli. Ihm wurden Kriegsgefangene geopfert (**4**), damit er die Sonne jeden Tag aufgehen ließ.

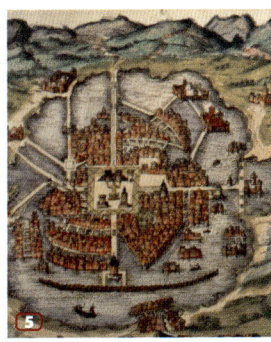

Cortés Unter Moctezuma II. erreichte das Aztekenreich seine größte Ausdehnung. Seine Expansionspolitik trieb zahlreiche Völker auf die Seite der Spanier, die 1519 unter Führung von Hernán Cortés (**6**) an der Küste Mexikos landeten. Moctezuma empfing Cortés freundlich, da er ihn für einen Gott hielt. Doch Cortés nahm ihn als Geisel gefangen. 1520 erhoben sich die Azteken gegen die Spanier, die in der Hauptstadt ihr Unwesen trieben. Moctezuma wurde getötet und die Spanier mussten fliehen. Erst 1521 konnte Cortés die Stadt mithilfe einheimischer Verbündeter einnehmen. Die letzten Aztekenherrscher wurden getötet und Tenochtitlán völlig zerstört.

▲ Seite 181

Mittelamerika

Ab 10. Jh. „Neues Mayareich"
Um 1000–1221 Vorherrschaft von Chichén Itzá über die Maya
12. Jh. Einfall von Kriegernomaden zerstört das Reich der Tolteken in Zentralmexiko
13. Jh. Einwanderung der Azteken in Zentralmexiko
1221–1441 Vorherrschaft von Mayapán über die Maya („Liga von Mayapán")
Um 1325 Azteken gründen Tenochtitlán
1428 Bündnis der drei aztekischen Stadtstaaten Tenochtitlán, Texcoco und Tlacopán
Ab 1441 Politischer Niedergang des „Neuen Mayareiches"
1502–1520 Regierungszeit Moctezumas II.
1519 Hernán Cortés landet in Mexiko
1520/21 Spanier erobern und zerstören Tenochtitlán
Bis 1697 Spanier unterwerfen die Mayastadtstaaten

▼ Seite 252

ᐅᐅ **Zeitalter der großen Entdeckungen:** Seiten 252–253

Seite 181

13. Jh. Gründung des Inkareichs

13.–15. Jh. Reich der Chimú an der Küste Perus

Ab 15. Jh. Expansion der Inka

1471–1493 Unter Túpac Yupanqui Feldzüge bis nach Ecuador und Chile

Um 1471 Chimú-Reich erobert

Ab 1527 Nachfolgekrieg zwischen den Brüdern Huáscar und Atahualpa

Ab 1531 Spanier unter Pizarro erobern das Inkareich

1532 Schlacht von Cajamarca, Ermordung Atahualpas

1533 Eroberung des Tals von Cuzco durch die Spanier

1572 Spanier richten den letzten Inkaherrscher hin

1780/81 „Inkaaufstand" des Túpac Amaru

Seite 252

Die Inka

Bis ins 16. Jh.

1

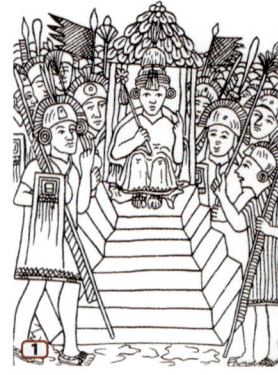

Die Inka standen in einer langen Tradition von hochentwickelten Staatswesen in Südamerika (S. 180). Ausgehend vom Tal von Cuzco im Hochgebirge des heutigen Peru dehnten sie im 15. und 16. Jh. ihre Herrschaft über die gesamte Andenregion und entlang der Pazifikküste aus. Ihr Reich war nicht nur das größte Altamerikas, sondern eines der größten der damaligen Welt überhaupt. An der Spitze stand der wie ein Gott verehrte „Sapa Inka" (**1**), der Volk und Reich den Namen gab. Die starke Zentralisierung ermöglichte den Spaniern die Eroberung des Großreichs ab 1531 mit nur wenigen Truppen.

Machu Picchu Die im 15. Jh. erbaute Palastanlage (**2**) erstreckt sich über einen steilen Bergrücken. Den Spaniern blieb die Anlage verborgen. So geriet sie in Vergessenheit und wurde erst im 20. Jh. wiederentdeckt.

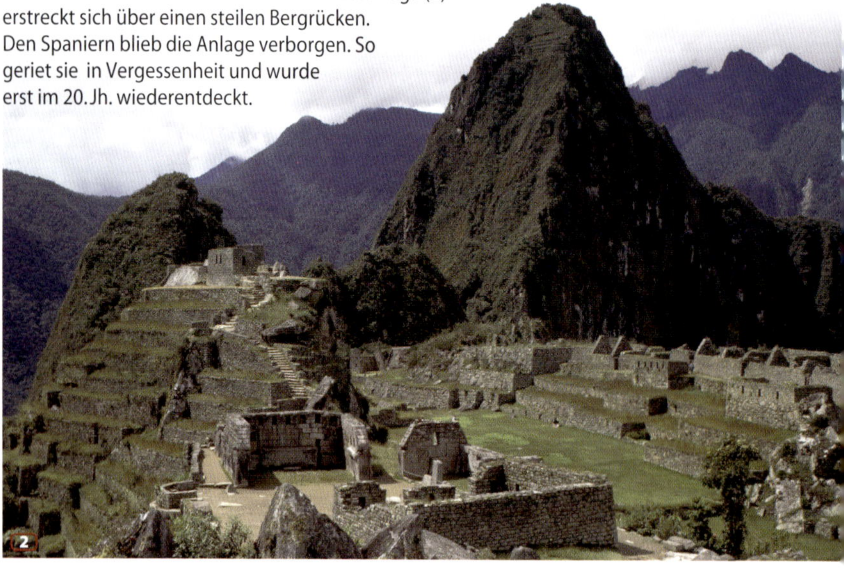
2

Sonnenkult Im 15. Jh. setzten die Inkaherrscher die Verehrung des Sonnengottes Inti als Staatskult durch. Sie selbst ließen sich als Söhne des Sonnengottes verehren. Die unterworfenen Völker durften ihre kulturellen und religiösen Traditionen weiter ausüben, mussten aber den Sonnenkult akzeptieren. In den mit Gold ausgeschmückten Tempeln (**3**) wurde der Lauf der Sonne beobachtet (**4**, Kultanlage). Anders als in den mittelamerikanischen Kulturen waren

Menschenopfer selten. Vom Volk hoch verehrt wurde die Fruchtbarkeitsgöttin Pachamama, die Erdmutter. Ihr Bild verwob sich nach der Eroberung durch die Spanier mit dem der Jungfrau Maria.

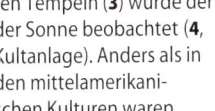

Der Inkastaat Das Inkareich war ein gut organisierter Beamtenstaat, der alle Lebensbereiche seiner Untertanen regelte. Die Inka selbst bildeten eine schmale Führungsschicht, die über die unterworfenen Völker herrschte. Gut ausgebaute Straßen führten in die entlegensten Regionen. Selbst an steilen Berghängen legten die Inka Terrassen für die Landwirtschaft an, Bewässerungssysteme (**5**) ermöglichten auch im kargen Hochland gute Ernten. Bis zur Ankunft der Spanier waren die Anden eine dicht besiedelte Region.

Untergang Zur Zeit der Ankunft der Spanier unter Fransisco Pizarro spaltete ein Erbfolgekrieg das Inkareich. Die Spanier verbündeten sich mit von den Inka unterworfenen Völkern und drangen schnell vor. Als sie 1532 den Inkaherrscher Atahualpa gefangen nahmen (**6**) und töteten, war das führerlose Reich wie gelähmt.

» Spanische Eroberung: Seiten 252–253

Mittel- und Südamerika

Um 1500 – um 1800

Ausgerüstet mit Schusswaffen und Pferden, die den einheimischen Völkern bis dahin unbekannt waren, unterwarfen die Konquistadoren („Eroberer") die altamerikanischen Reiche. Die anschließende Christianisierung war zumeist nur oberflächlich. Die alten Eliten passten sich an und bildeten zusammen mit den Europäern eine schmale Oberschicht. Aber die Kriege, Ausbeutung und Seuchen wie Masern und Pocken, die die Europäer einschleppten, dezimierten die Bevölkerung. Millionen von afrikanischen Sklaven wurden als Arbeitskräfte nach Amerika verschleppt. Vizekönige verwalteten die Kolonien, die ganz nach den Bedürfnissen des Mutterlandes ausgerichtet waren.

Christoph Kolumbus (1451–1506)

Der gebürtige Genuese Kolumbus suchte einen Weg über den Atlantik nach Indien. Vom spanischen Königspaar (S. 216) unterstützt, erreichte er 1492 die Bahamas. Kolumbus glaubte, er sei auf einer Insel vor der Küste Indiens, und nannte die Einheimischen „Indianer". Erst nach seinem Tod setzte sich die Erkenntnis durch, dass es sich um einen neuen Kontinent handelte.

Das Zeitalter der großen Entdeckungen

Die Suche nach einem Seeweg nach Indien war der Auslöser für große Entdeckungsreisen. Während die Portugiesen sich auf die Umsegelung Afrikas konzentrierten, erreichten die Spanier bei der Überquerung des Atlantik Amerika. Dies leitete die Kolonisierung weiterer Teile der Erde durch Europa ein. Die Haupthandelswege verlagerten sich aus den Binnenmeeren in den Atlantik. Die Bedeutung alter Handelsstädte wie Venedig und Lübeck nahm ab, dafür stiegen Portugal und Spanien, anschließend die Niederlande und England zu Seemächten auf. Der Welthandel erlebte durch das konkurrierende Streben der Staaten nach Wohlstand einen enormen Aufschwung.

Ab 1418 *Heinrich der Seefahrer fördert erste Schiffsexpeditionen (S. 220)*

1487 *Bartolomeu Diaz umsegelt Südafrika*

1492 *Kolumbus erreicht Amerika (4, Karte mit Kolumbus, Vespucci, Magellan und Pizarro)*

1494 *Vertrag von Tordesillas, Portugiesen und Spanier teilen die Welt in Einflusssphären auf*

1497/98 *Caboto erreicht das nordamerikanische Festland*

1497/98 *Da Gama in Indien (S. 221)*

Christianisierung Die Mission war ein willkommener Vorwand zur Unterwerfung der Einheimischen. Sie ging mit der Zerstörung alter Kultanlagen und Zwangstaufen (**1**) einher. Es gab aber auch Missionare, die die Einheimischen friedlich bekehren wollten. Unter ihrem Einfluss wurde die Versklavung verboten. Im 17. und 18. Jh. unterhielt v. a. der Jesuitenorden sog. Reduktionen, in denen die Indianer vor Sklavenjägern sicher waren. Die Siedlungen waren Spaniern und Portugiesen ein Dorn im Auge und wurden 1767 noch vor Auflösung des Ordens geschlossen.

klaverei Schon zu Beginn des 16. Jh. wurden klaven aus Afrika (**3**) eingeführt. Sie wurden statt der Indianer als Arbeitskräfte eingesetzt, da sie als kräftiger und weniger anfällig für die von den Europäern verbreiteten Krankheiten galten. Die Sklaven wurden meist auf großen Plantagen eingesetzt. In Brasilien hielt sich die Sklaverei bis 1888 (S. 334).

Ein Berg aus Silber Die Kolonien wurden rücksichtslos ausgebeutet. In den Silberminen des Cerro Rico („Reicher Berg"), der sich über Potosí (**2**) im heutigen Bolivien erhebt, starben Zehntausende von Zwangsarbeitern und Sklaven, doch das auf 4000 m Höhe gelegene Potosí wurde zu einer der größten und reichsten Städte der Welt. Das Silber finanzierte Spaniens Aufstieg zur Großmacht im 16. Jh.

Ab 1499 *Amerigo Vespucci erforscht die Ostküste Südamerikas. Er geht als Erster davon aus, dass es sich um einen neuen Kontinent handelt, der schließlich nach ihm benannt wird*

1500 *Cabral landet in Brasilien*

1519–1521 *Erste Erdumsegelung durch Magellan (S. 245) bzw. durch Teilnehmer seiner Expedition*

Ab 1534 *Fahrten Jacques Cartiers nach Nordamerika*

1577–1580 *Zweite Erdumsegelung durch Francis Drake (S. 203)*

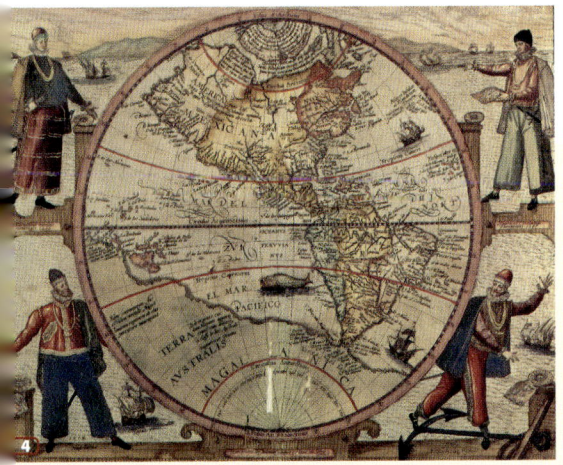

Nordamerika

Um 1500–1763

Neben England und Frankreich gründeten auch Spanien und die Niederlande Kolonien in Nordamerika, doch im Verlauf des 17. Jh. erlangten Engländer und Franzosen die Vorherrschaft. Die Konflikte der Großmächte in Europa wurden auch in Amerika ausgetragen. So verloren die Franzosen nach ihrer Niederlage im Siebenjährigen Krieg 1763 ihre Besitzungen im Norden an die Briten. Diese vereinigten nun die bedeutendsten Territorien in ihrer Hand. In Neuengland und den Mittelatlantikkolonien spielten Handel und Gewerbe eine wichtige Rolle. Der Süden dagegen war überwiegend landwirtschaftlich geprägt, mit großen Plantagen, deren Bedarf an Arbeitskräften zunehmend durch afrikanische Sklaven gedeckt wurde. Die Ureinwohner wurden von den weißen Siedlern immer weiter nach Westen abgedrängt.

Erste Siedler 1620 landeten die ersten englischen Siedler, die puritanischen „Pilgerväter", mit der Mayflower (**1**) in Neuengland. Ihr Streben nach Glaubensfreiheit (S. 204) und Selbstständigkeit prägte die Geisteshaltung der entstehenden amerikanischen Gesellschaft. Später, im 19. Jh., hatte die Emigration nach Amerika überwiegend wirtschaftliche Gründe.

Virginia Der englische Seefahrer Walter Raleigh gründete 1584 die erste englische Kolonie in Nordamerika, Virginia (**2**). Andere Kolonien entstanden auf Initiative von privaten Eigentümern, religiösen Gemeinschaften und Handelskompanien. An der Spitze standen üblicherweise königliche Gouverneure, nach dem Vorbild des Mutterlandes bildeten sich aber auch eigene Parlamente zur Selbstverwaltung.

Irokesen Die in einer Konföderation organisierten Irokesen lebten in festen Siedlungen (**3**) und belieferten die Briten mit Pelzen. Als deren Verbündete wurden viele von ihnen nach dem Amerikanischen Unabhängigkeitskrieg (S. 256–257) von Strafexpeditionen gezwungen, diese Siedlungen zu verlassen.

Siebenjähriger Krieg Briten und Franzosen (**4**) sowie ihre jeweiligen Verbündeten kämpften im Siebenjährigen Krieg um die Vorherrschaft in Nordamerika und Indien (S. 239). Parallel dazu führte in Mitteleuropa Preußen als Verbündeter Großbritanniens Krieg gegen Österreich und Russland, die auf der Seite Frankreichs standen. Im Pariser Frieden 1763 verlor Frankreich einen Großteil seiner Kolonien an die Briten.

❯ **Frankreich im Siebenjährigen Krieg:** Seite 201

Die USA

1763/1776–1800

Großbritannien betrachtete seine Kolonien in Nordamerika vornehmlich als Rohstofflieferanten und Absatzmärkte und gestand ihnen keine unabhängige Wirtschaftsentwicklung zu. Auch im Parlament in London waren sie nicht vertreten. Dagegen erreichten die Kolonien im Innern ein hohes Maß an Selbstverwaltung, und es entwickelte sich allmählich ein amerikanisches Zusammengehörigkeitsgefühl. Als die Briten zur Finanzierung des Siebenjährigen Kriegs die Steuern erhöhten, weigerten sich die selbstbewussten Kolonisten, einen Staat zu finanzieren, in dem sie kein Mitspracherecht hatten. Der Konflikt spitzte sich zu und mündete schließlich 1776 in der Unabhängigkeitserklärung der Vereinigten Staaten von Amerika (**1**). Im Unabhängigkeitskrieg blieben die Amerikaner, die von den Franzosen unterstützt wurden, siegreich und gründeten die Vereinigten Staaten von Amerika.

George Washington (1732–1797)

Washington war ein Plantagenbesitzer aus Virginia. Militärische Erfahrungen sammelte er im Siebenjährigen Krieg. Er war Abgeordneter im Kolonialparlament und Delegierter seiner Kolonie im Kontinentalkongress, der ihn 1775 zum Oberbefehlshaber der amerikanischen Truppen ernannte. Mithilfe europäischer Offiziere baute er eine schlagkräftige Armee auf und zwang die Briten 1781 bei Yorktown zur Kapitulation. Er wurde der erste Präsident der USA und hielt die Bundesstaaten erfolgreich zusammen.

Boston Tea Party Aus Protest gegen Handelsbeschränkungen und Steuererhöhungen begannen die Kolonien mit dem Boykott britischer Waren. 1773 warfen als Indianer verkleidete Männer die Teeladungen von drei britischen Frachtschiffen in das Hafenbecken von Boston (**2**). Die darauffolgenden Sanktionen der britischen Regierung verschärften die Spannungen weiter.

Benjamin Franklin Der Publizist, Naturwissenschaftler, Philosoph und Staatsmann Benjamin Franklin (**3**) gilt als einer der Gründerväter der USA. Er vermittelte als Gesandter in Paris 1778 das Bündnis mit Frankreich, war Mitglied des Kontinentalkongresses und gehörte zu den Verfassern und Unterzeichnern der Unabhängigkeitserklärung und der Verfassung der USA.

⌃ Seite 254

Ab 1765 Briten erhöhen Steuern (Stempelsteuergesetz)

1773 Boston Tea Party

1774 Erster Kontinentalkongress in Philadelphia

1775–1789 Zweiter Kontinentalkongress, Aufstellung einer Armee unter George Washington

1775–1783 Amerikanischer Unabhängigkeitskrieg

1776 Unabhängigkeitserklärung durch den Zweiten Kontinentalkongress

1777 Sieg über die Briten in der Schlacht von Saratoga

1778 Bündnis mit Frankreich

1779 Strafexpedition gegen Irokesen

1781 Amerikaner und Franzosen besiegen Briten in der Schlacht von Yorktown

1783 Frieden von Paris, Großbritannien akzeptiert die Unabhängigkeit der USA

1787 Verfassungskonvent in Philadelphia

1789–1797 Amtszeit George Washingtons, des ersten Präsidenten der USA

Nordamerika

⌄ Seite 326

Die Unabhängigkeitserklärung Am 4. Juli 1776 beschloss der Kontinentalkongress mit Delegierten der 13 aufständischen Kolonien (**4**) die Loslösung von Großbritannien und verteidigte sie anschließend im Unabhängigkeitskrieg. Auf beiden Seiten kämpften auch Indianer sowie deutsche Söldner. 1789 einigten sich die Gründerstaaten auf eine Verfassung.

 Indianerkriege: Seite 327

Polynesische Frau aus Tahiti

ZEITLEISTE

Um 50 000/40 000 v. Chr. Besiedlung Australiens

1. Jt. n. Chr. Polynesier besiedeln die Osterinseln, Tonga, Tahiti, Hawaii und Neuseeland

1519–1521 Erste Erdumsegelung durch Magellan streift die Inseln Polynesiens

1606 Landung von Willem Jansz in Australien

1642–1644 Expeditionen des Niederländers Abel Tasman im Indischen Ozean und Pazifik

1722 Entdeckung Osterinseln

1768–1779/80 Erdumsegelungen James Cooks

1788 Erste britische Strafkolonie in Australien, Gründung Sydneys

Bis 1810 Vereinigung Hawaiis zu einem Königreich

1840 Vertrag zwischen den Maori auf Neuseeland und weißen Siedlern

1842/80 Franzosen annektieren das Königreich Tahiti

1898 USA annektieren Hawaii

1899/1900 Königreich Tonga wird britisches Protektorat

⌄ Seite 398

Ozeanien und Australien

Bis ins 19. Jh.

Die verschiedenen Völker Ozeaniens und Australiens werden grob in Sprachfamilien eingeteilt, die aber auch manche kulturellen und gesellschaftlichen Gemeinsamkeiten aufweisen. So lebten die Polynesier in ausgeprägt hierarchischen Gesellschaften mit Adel und Königen an der Spitze. Sie waren ausgezeichnete Seefahrer und besiedelten zahlreiche der in den Weiten des Pazifik gelegenen Inseln (**1**). Manche Völker wie die australischen Aborigines lebten fast völlig abgeschlossen von der Außenwelt und entwickelten dadurch ganz eigene Traditionen. Zu regelmäßigen Kontakten mit den Europäern kam es erst spät. Im 18. Jh. begann eine gezielte Kolonialisierung.

Die Osterinseln Als am Ostersonntag 1722 niederländische Seefahrer die Osterinseln (**2**) entdeckten, war die einst blühende Kultur der Insel, die als einzige in Polynesien eine Schrift entwickelt hatte, schon im Niedergang begriffen. Die Insulaner hatten durch das Abholzen der Wälder das ökologische Gleichgewicht zerstört und sich damit ihrer Lebensgrundlage beraubt. Von Europäern eingeführte Krankheiten dezimierten die Bevölkerung. 1862 verschleppten Peruaner die Überlebenden als Zwangsarbeiter nach Südamerika.

Aborigines Bis zur Ankunft der Europäer lebten die Ureinwohner Australiens auf einem steinzeitlichen Kulturniveau. Sie organisierten sich in Stämmen und lokalen Clans, meist geführt von einem Altenrat. Im Zentrum ihrer religiösen und kulturellen Vorstellungen stehen bis heute die mythologische „Traumzeit", Ahnenverehrung und Geisterglaube. Malerei (**3**), Musik, Tanz und das Storytelling als Form der Wissensver

mittlung durchziehen alle Lebensbereiche. Ihre Kultur wurde von den Europäern größtenteils zerstört. Die Aborigines wurden vertrieben und z. T. ausgerottet. Entwurzelung und Bevormundung führten zum Identitätsverlust. Erst in den 1960er-Jahren erhielten sie volle Bürgerrechte.

James Cook (1728–1779)

Der britische Seefahrer James Cook erkundete auf drei Erdumsegelungen den Pazifik vom südlichen bis zum nördlichen Polarkreis. Er suchte nach einer Durchfahrt zum Atlantik nördlich von Sibirien. Auf seinen Reisen erforschte er den Europäern unbekannte Inseln und Küstengebiete, besonders in Neuseeland, Australien, Alaska und auf Hawaii, wo er 1779 von Eingeborenen getötet wurde.

Kolonialherrschaft: Seiten 314–317

Neuere Geschichte

1789–1914

Mit der Französischen Revolution 1789 begann eine Umwälzung der Herrschafts- und Staatsgefüge in ganz Europa, die die politische Landschaft bis heute prägt und politische, soziale und wirtschaftliche Veränderungen in bis dahin nicht gekannter Geschwindigkeit in Gang setzte. Im 19. Jh. begann der erbitterte Streit der politischen Ideologien, der sich bis ins 20. Jh. fortsetzte. Er entzündete sich v. a. am Kampf um demokratische Regierungsformen und nationale Selbstbestimmung. Ab Mitte des 19. Jh. führte die rapide voranschreitende Industrialisierung zu einer Veränderung der bisherigen Arbeitswelt und der Entstehung einer neuen Gesellschaftsschicht, der Arbeiterklasse. Diese kämpfte für eine Verbesserung ihrer sozialen Lage sowie um politische Rechte. Nach Jahrzehnten der Stabilität und des relativen Wohlstandes führte der Prestigekampf der europäischen Mächte um Kolonien und politische Dominanz unaufhaltsam zur großen Konfrontation im Ersten Weltkrieg.

Allegorie auf die Julirevolution in Frankreich 1830

Industrialisierung und Imperialismus

Innerhalb kürzester Zeit stürzte die Französische Revolution (1789–1799) die alte Ordnung Europas. Unter der Parole „Freiheit – Gleichheit – Brüderlichkeit" wurden die allgemeinen Menschenrechte proklamiert, zumindest die beiden ersten Begriffe prägen seither das politische Denken der Völker. Napoleon Bonaparte trug die Ideen der Revolution nach ganz Europa, unterdrückte aber gleichzeitig die nationale Selbstbestimmung der Völker, die sich gegen ihn erhoben. Der Kampf um nationale Einheit in Freiheit prägte das 19. Jh. nicht nur in Deutschland, Italien und Österreich-Ungarn. Auch die Befreiungsbewegungen in Lateinamerika und den osteuropäischen Ländern wurden von ihm angetrieben. Auch wenn nach 1815 in Europa zunächst wieder die alten monarchistischen Kräfte (**2**) dominierten, bildete das meist liberal eingestellte Bürgertum, das durch den stark expandierenden Handelsverkehr zu Wohlstand gelangt war, zunehmend politisches Selbstbewusstsein.

Mit neuen Erfindungen wie Dampfmaschine und Eisenbahn begann die Industrielle Revolution, die innerhalb weniger Jahrzehnte die Lebens- und Arbeitswelt der Menschen in Europa völlig veränderte. Die Industrialisierung ließ gewaltige Industrieimperien entstehen, der Rohstoffbedarf stieg. Zu den Hauptnutznießern dieser Entwicklung gehörte neben Großbritannien auch der Norden der jungen USA. Hier führte der Gegensatz zu den Südstaaten, die weiterhin an Plantagenbewirtschaftung und Sklaverei festhielten, zum Amerikanischen Bürgerkrieg (1861–1865), den der Norden gewann.

In Europa drängten Massen von Arbeitern in die industriellen Zentren. Sie waren arm und rechtlos, viele hausten

in Elendsquartieren. Sozialtheoretiker wie Karl Marx (1818–1883) (**1**) und Friedrich Engels (1820–1895) prophezeiten einen „Klassenkampf" zwischen Bourgeoisie und Proletariat, gefolgt von der Herrschaft der Arbeiterklasse. Sozialistische und sozialdemokratische Bewegungen formierten sich, Gewerkschaften erzwangen bessere Arbeitsbedingungen und soziale Grundsicherungen.
Ab Mitte des 19. Jh. traten die europäischen Mächte in einen Wettbewerb um überseeische Besitzungen in Afrika und Asien. Zur Rechtfertigung des Imperia-

ismus diente die Ideologie von der Überlegenheit der „weißen Rasse". Die führende Kolonialmacht war Großbritannien, während Russland, Frankreich und das Deutsche Reich ihren Expansionsdrang auf dem Kontinent miteinander aushandelten. Eine allgemeine Aufrüstung erhöhte die Kriegsgefahr. Nach zahlreichen kleineren Krisen ab 1900 genügte 1914 ein Funke – die Ermordung des österreichischen Thronfolgerpaares in Sarajewo –, um den Ersten Weltkrieg zu entfachen.

Der Beginn der Französischen Revolution

1789–1792

Die Französische Revolution hatte Auswirkungen weit über Frankreich hinaus. Ursprünglich der Kampf um eine Verfassung für Frankreich, for-derte sie die Umsetzung des Gedan-kenguts der Aufklärung, wie die Deklaration der Menschenrechte, die Gleichheit aller vor dem Gesetz und

„Flintenweib", bewaffnete Revo-lutionärin

die Beseitigung der Standesschranken. Die Unfähig-keit von König und Adel bei der Bewältigung der akuten wirtschaftlichen Krise Frankreichs (S. 201) brachte jedoch bald For-derungen nach einer grundsätzlichen Neu-ordnung des Staates auf. Der Aufruhr der besitz-losen und hungernden Massen in den Städten beschleunigte den Aus-bruch der Revolution.

UNITE·INDIVISIBILITE DE·LA·REPUBLIQUE LIBERTE·EGALITE FRATERNITE OU LA MORT

Die Französische Revolution

Die Ideen der Französischen Revolution verbreiteten sich in ganz Europa. Das Streben nach Freiheit und Selbstbestim-mung, nach Gleichheit vor dem Gesetz und allgemeinen Menschenrechten (5) fand breite Unterstützung in den bürger-lichen Schichten Europas. Auch wenn die Terrorherrschaft der späten Revolution auf Ablehnung stieß, lebten die Ideale der Revolution in den Köpfen fort.

Die Nationalversammlung

Im Juni 1789 schlossen sich die Abgeordneten des dritten (bürgerlichen) Standes zur Nationalversammlung zusammen. Auf die Versuche von König und Adel, die Versammlung aufzulösen, antworteten die Abgeordneten mit dem „Ballhausschwur" (**2**). Sie versprachen, erst wieder auseinanderzugehen, wenn Frankreich eine Verfassung habe.

Die Erstürmung der Bastille

Am 14. Juli 1789 stürmten die Einwohner von Paris die Bastille (**3**, **4**). Auch wenn in dem Gefängnis nur noch wenige Gefangene eingekerkert waren, galt es als Symbol für die absolute Herrschaft des Königs. Die Nationalversammlung zwang den König zwei Tage später, die Trikolore als Symbol für die Einheit von König und Volk anzuerkennen. Diese Ereignisse markieren den Beginn der Revolution, die sich die demokratischen Ideale

„Freiheit, Gleichheit und Brüderlichkeit" (**1**) auf die Fahnen schrieb.

14.7.1789 *Sturm auf die Rastille, Beginn der Französischen Revolution*
1789 *Erklärung der Menschenrechte*
1789–1791 *Gemäßigte Phase*
1792 *Radikalisierung, Dominanz politischer*

Clubs, Beginn der Koalitionskriege (**6**)
1792/93 *Machtkampf zwischen Jakobinern und Girondisten, Sieg der radikalen Kräfte*
1793/94 *Schreckensherrschaft der Jakobiner*
1795–1799 *Herrschaft des Direktoriums*
9.11.1799 *Staatsstreich Napoleons* (**7**)

Phase der Radikalisierung

1793–1799

Revolutionskokarde in den Farben der Trikolore

Die Revolution war im In- und Ausland zahlreichen Widerständen ausgesetzt. Radikale und Gemäßigte stritten über das weitere Vorgehen, die radikalen Jakobiner gewannen die Kontrolle. Der Machtkampf zwischen den verschiedenen Strömungen innerhalb der Jakobiner führte zur Schreckensherrschaft. Nach einer Phase des Terrors kamen wieder die Gemäßigten ans Ruder. Ende 1799 übernahm schließlich Napoleon die Macht.

Hinrichtung mit der Guillotine

Erster Koalitionskrieg Die anfänglichen Erfolge der Koalitionstruppen kehrten sich bald um. Das Revolutionsheer, dem viele Freiwillige angehörten, gewann die Oberhand (**1**) und besiegte die Gegnermächte nach und nach bis 1797.

①

Das Ende der Monarchie Mit der Radikalisierung richtete sich die Aufmerksamkeit der Revolutionäre zunehmend auf Ludwig XVI. Der König wurde als „Bürger Louis Capet" wegen Hochverrats angeklagt und am 21.1.1793 in Paris auf der Guillotine öffentlich hingerichtet (**2**). Damit brach das revolutionäre Frankreich alle Brücken zu seinen monarchisch regierten europäischen Nachbarn hinter sich ab.

Jakobiner und Girondisten
Ab Ende 1792 kämpften die radikalen Jakobiner gegen die gemäßigten Girondisten um die Führung der Revolution. Das gewaltsame Vorgehen gegen angebliche Feinde der Revolution wurde dabei immer radikaler. Der Volksführer Jean-Paul Marat wurde 1793 von der Girondistin Charlotte Corday ermordet (**3**).

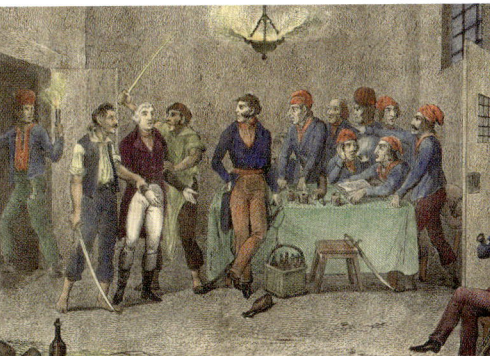

Schreckensherrschaft 1794 litt Frankreich drei Monate lang unter dem Terrorregime der radikalen Jakobiner, angeführt von Maximilien de Robespierre (**5**). Feinde wie frühere Freunde wurden von den gefürchteten Revolutionstribunalen (**4**) verurteilt und massenhaft hingerichtet. Im Juli 1794 wurde Robespierre gestürzt und kam selbst auf die Guillotine. Ein gemäßigtes Direktorium übernahm die Regierung. In seinem Auftrag schlug Napoleon 1795 einen Aufstand nieder und gewann bald politischen Einfluss.

Europa

Seite 266

9.11.1799 Napoleon Bonaparte Erster Konsul von Frankreich, Ende der Revolution

14.6.1800 Schlacht von Marengo, Niederlage Österreichs, Frieden von Lunéville

2.12.1804 Napoleon krönt sich zum Kaiser der Franzosen

21.10.1805 Seeschlacht von Trafalgar, Sieg der Engländer

2.12.1805 „Dreikaiserschlacht" bei Austerlitz, Sieg Napoleons über Österreich und Russland

14.10.1806 Doppelschlacht von Jena und Auerstedt, Sieg Napoleons über Preußen

1806–1814 Kontinentalsperre, Handelsblockade gegen England

7./8. 2.1807 Schlacht bei Preußisch-Eylau zwischen Russland/Preußen und Frankreich endet sieglos

21./22.5.1809 Schlacht bei Aspern und Eßling, erster Sieg Österreichs über Napoleon

5./6.7.1809 Schlacht bei Wagram, Sieg Napoleons über Österreich

Seite 270

Der Aufstieg Napoleons

1799–1809

Napoleons Aufstieg (**1**) begann als Heerführer der revolutionären Truppen im Ersten Koalitionskrieg. Er erkämpfte für die Republik Siege gegen die europäischen Monarchien. 1799 machte er sich in einem Staatsstreich zum Ersten Konsul und krönte sich später zum Kaiser. Napoleon verstand sich selbst als „Vollender" der Revolution, doch seine Herrschaft nahm zunehmend monarchische Züge an. Er setzte Mitglieder seiner Familie auf die Throne Europas und stattete seine Marschälle mit Fürstentümern und Herzogtiteln aus. Nachdem er sich politische Kontrolle über große Teile des Deutschen Reichs gesichert hatte, war ab 1803 Großbritannien der Hauptgegner Frankreichs. Auf dem Höhepunkt seiner Macht war Napoleon nach den Siegen über Österreich und Preußen (1805/06) und dem Ausgleich mit Russland.

Napoleon Bonaparte (1769–1821)

Napoleon stammte aus adligem Haus mit Sympathien für die korsische Separatistenbewegung. Sein Vater schickte ihn auf die renommierteste Militärschule Frankreichs – die Grundlage seiner legendären Karriere in der Armee. Durch Heirat mit der Aristokratin Joséphine de Beauharnais 1796 fand Napoleon Zugang zu politisch einflussreichen Kreisen. Sein militärisches Genie wurde bewundert. Nach 1808 unterschätzte er jedoch die Kriegsmüdigkeit der Franzosen. Die Befreiungskriege der unterworfenen Länder und der in einer Katastrophe endende Russlandfeldzug dezimierten die Grande Armée um die Hälfte. Die Niederlage von Waterloo beendete Napoleons Herrschaft endgültig. Er wurde auf St. Helena interniert und starb dort 1821.

Napoleons Aufstieg Nachdem Napoleon im Oktober 1795 einen Aufstand gegen den Nationalkonvent, den Nachfolger der Nationalversammlung, niedergeschlagen hatte (**2**), führte er in dessen Auftrag ab 1796 Feldzüge in Oberitalien und Ägypten (S. 310). Zu Anfang des Zweiten Koalitionskriegs nutzte er sein Ansehen 1799 für einen Staatsstreich. Er stürzte das Direktorium (S. 267) und führte eine Konsulatsregierung mit ihm als Erstem Konsul ein.

Napoleon als Kaiser Im Dezember 1804 krönte Napoleon sich in Anwesenheit von Papst Pius VII. selbst zum Kaiser (**3**). Mit der durch eine Volksabstimmung bestätigten Kaiserkrönung wurde Frankreich wieder Monarchie. Zur Sicherung seiner Macht schuf er in den von ihm eroberten Gebieten Königreiche und Fürstentümer, die er von Verwandten und Vertrauten regieren ließ.

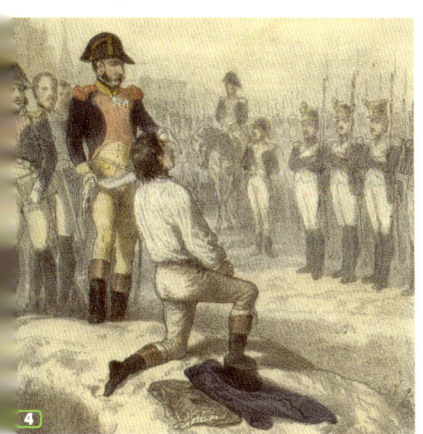

Napoleons Herrschaft Seit 1804 setzte Napoleon in Frankreich und später auch in den besetzten Gebieten den „Code civil" (**5**) ein. Das Gesetzeswerk nahm viele Prinzipien der Französischen Revolution auf (Gleichheit vor dem Gesetz, Recht auf Freiheit und Eigentum) und modernisierte das Rechtswesen grundlegend. Gleichzeitig unterdrückte Napoleon jedes Streben nach Unabhängigkeit in den besetzten Ländern und ließ Regimegegner hinrichten (**4**).

⌃ Seite 268

Europa

⌄ Seite 273

Die Herrschaft Napoleons bis zum Niedergang

1810–1815

Bis 1812 eroberte und kontrollierte Napoleon (**1**) weite Teile Europas. Die Gründung des Rheinbundes (S. 272) stärkte seine Macht noch weiter. Die Wende kam mit dem Russlandfeldzug und der Besetzung Moskaus. Nach ersten Erfolgen mussten die französischen Truppen im Winter aus Moskau fliehen. Russland, Preußen und Österreich schlossen eine Allianz gegen Napoleon, zwangen seine Truppen zum Rückzug und ihn ins Exil auf Elba.

Napoleons Siegeszug Seine Vorherrschaft in Europa weitete Napoleon durch zahlreiche Kriege und Verträge aus (**2**, Einzug in Berlin). Preußen verlo nach Niederlagen 1805 und 1806 alle Gebiete westlich der Elbe.

Seeschlacht bei Trafalgar Seine erste große Niederlage erlitt Napoleon im Oktober 1805 in der Seeschlacht von Trafalgar (**3**) im Dritten Koalitionskrieg. Die französische Mittelmeerflotte wurde von der spanischen verstärkt, war aber trotzdem der englischen Flotte unterlegen. Damit vereitelte Admiral Horatio Nelson die Pläne Napoleons, in Großbritannien einzumarschieren. Dessen Sieg bei Austerlitz überstrahlte allerdings bald die Niederlage.

Napoleon und das Deutsche Reich Napoleon, der Bayern und Württemberg zum Dank für ihre Loyalität zu Königreichen erhoben hatte (**5**, Karikatur „Napoleon backt Könige"), trieb den Zusammenschluss der süd- und westdeutschen Staaten im Rheinbund voran, die Frankreich künftig auch militärische Gefolgschaft leisten sollten. Der Austritt der Fürsten, denen sich später weitere anschlossen, aus dem Reichsverband bedeutete absehbar das Ende des Deutschen Reiches. 1806 dankte Franz II. (**4**) als deutscher Kaiser ab.

Spanien 1808 hatte Napoleon große Teile Spaniens besetzt, die Bourbonen vertrieben und seinen Bruder Joseph zum König gemacht. Die Spanier widersetzten sich heftig und verwickelten die französischen Truppen in einen verlustreichen Guerillakrieg. Die Besatzer gingen ihrerseits mit großer Härte gegen die Zivilbevölkerung vor (**6**). Der Krieg rieb die Franzosen auf, bis sie 1813 vertrieben wurden. Ein Zeichen für die anderen Nationen Europas, dass Widerstand gegen Napoleon erfolgreich sein konnte.

Befreiungskriege und Wiener Kongress

1806–1815

Das preußische „Eiserne Kreuz"

Als im Juli 1806 16 deutsche Staaten das Reich verließen und sich zum Rheinbund zusammenschlossen, bedeutete das das Ende des Heiligen Römischen Reichs Deutscher Nation. Auf Druck von Napoleon dankte Kaiser Franz II., der vorher den Titel „Kaiser von Österreich" angenommen hatte, ab. Aber in den Einzelstaaten wuchs das National-bewusstsein und der Widerstand gegen die französische Besatzung. Neben den regulären Armeen beteiligten sich auch Volksmilizen und Freikorps am Kampf gegen Napoleon. Die Befreiungskriege endeten mit den Einmarsch der Koalition in Paris. Der Erste Pariser Friede stellte Frank-reichs Grenzen von 1792 wieder her und brachte mit Ludwig XVIII. die Bourbonen zurück auf den Thron.

Die Befreiungskriege Nachdem Napoleon 1812 das brennende Moskau (**1**) hatte aufgeben müssen, wurde er 1813 in der Völker-schlacht bei Leipzig von Österreich, Russland und Preußen entschei-dend geschlagen (**2**). Er konnte mit seiner Armee zwar noch fliehen, wurde aber gezwungen abzudan-ken und ins Exil geschickt.

(3)

Seiten 195, 270

Juli 1806 Gründung des Rheinbundes

August 1806 Kaiser Franz II. dankt ab, Auflösung des Heiligen Römischen Reichs Deutscher Nation

7./9.7.1807 Frieden von Tilsit zwischen Frankreich und Russland/Preußen, Preußen verliert Gebiete westlich der Elbe

30.12.1812 Konvention von Tauroggen, Preußen erklärt seine Neutralität im Russlandfeldzug Napoleons

28.2.1813 Vertrag von Kalisch, Bündnis von Preußen und Russland gegen Napoleon

27.3.1813 Kriegserklärung Preußens an Frankreich, Beginn der Befreiungskriege

16.–19.10.1813 Völkerschlacht bei Leipzig

Mai 1814 Erster Pariser Friede

31.3.1814 Koalitionstruppen besetzen Paris

September 1814–Juni 1815 Wiener Kongress

8.6.1815 Verabschiedung der Bundesakte

15.5.1820 Wiener Schlussakte, gibt der Verfassung des Deutschen Bundes die endgültige Form

Europa

Seiten 276, 287

Wiener Kongress Unter Führung des österreichischen Staatskanzlers von Metternich (3) beschloss der Wiener Kongress die territoriale Neuordnung Europas. Frankreich musste die besetzten Gebiete aufgeben, und die alten Monarchien wurden wieder eingesetzt (4, Karikatur). Mit der Bundesakte wurde der Deutsche Bund zum Nachfolger des aufgelösten alten Reichs.

LE CONGRÈS. (4)

Schlacht bei Waterloo Im März 1815 verließ Napoleon sein Exil auf Elba und übernahm erneut die Macht in Frankreich. Seine „Herrschaft der Hundert Tage" begann. Die Alliierten setzten sofort zur Gegenwehr an. Ihre Truppen unter dem preußischen Generalfeldmarschall Blücher und dem englischen General Wellington (5) brachten Napoleons Armee in der Schlacht von Waterloo (6) in Belgien die endgültige Niederlage bei. Napoleon wurde starb. Der während der Hundert Tage geflohene Ludwig XVIII. kehrte nach Frankreich zurück.

(5)

(6)

Westeuropa

ZEITLEISTE

1764 Erfindung der Spinnmaschine durch James Hargreaves

1784 Erfindung der Dampfmaschine durch James Watt

1785 Beginn der Industriellen Revolution

1786 Erste Fabrik in Manchester

1796 Erster Hochofen in Deutschland

1822 Erfindung maschineller Webstühle

1830 Eröffnung der ersten Eisenbahnstrecke in England. Märzrevolution in Frankreich

1834 Gründung des Deutschen Zollvereins

1837 Sendung des ersten Morse-Telegramms. August Borsig gründet seine Maschinen- und Lokomotivenfabrik in Berlin

1844 Weberaufstand in Schlesien

1848 Revolution in Deutschland, Österreich und Frankreich. Marx und Engels verfassen das „Kommunistische Manifest"

 Seite 278

Fabrikanlagen im 19. Jh.

Die Industrielle Revolution in Europa

Um 1750–1848

Technische Erfindungen und Weiterentwicklungen revolutionierten die Arbeitswelt und führten zu gesellschaftlichen Umbrüchen. Der Kapitalismus löste den Feudalismus ab. Das Festhalten der Herrscher und des Großbürgertums an alten Ordnungsvorstellungen führte beim liberalen Wirtschaftsbürgertum zu demokratischen Tendenzen. Radikale Kräfte erhoben sich in den Revolutionen des 19. Jh., und die organisierte Arbeiterschaft zeigte Sympathie mit dem Sozialismus bzw. Kommunismus. Die Verelendung der Massen in den explosionsartig anwachsenden Industriestädten erzwang die Einführung sozialer Sicherungssysteme und ließ Arbeiterparteien und Gewerkschaften entstehen.

Personenzug auf der ersten Eisenbahnstrecke in England

Biedermeierzeit Das Bürgertum dieser Zeit war von Obrigkeitstreue und der Sehnsucht nach behaglicher Idylle geprägt (**1**). Den Veränderungen des 19. Jh. standen die Bürger meist skeptisch gegenüber und grenzten sich von der Arbeiterschaft ab, die zunehmend politisch wurde. Das sog. Bildungsbürgertum verstand sich als Bewahrer traditioneller Werte und Kultur.

Karl Marx – Theoretiker der Emanzipation und Revolution

Das Bestreben von Karl Marx (1818–1883) und Friedrich Engels (1820–1895) war es, den Sozialismus von einer romantischen Utopie in eine Wissenschaft zu überführen. Nach ihrer Theorie entwickeln sich gesellschaftliche Zustände bis zu einem Punkt, an dem sie notwendigerweise in ihr Gegenteil umschlagen. Daher waren beide davon überzeugt, dass der Kapitalismus so lange den Reichtum einiger weniger Kapitalisten steigert und die Armut immer größerer Arbeitermassen (Proletarier) so lange vergrößert, bis die Arbeiterschaft sich ihrer Stärke bewusst wird. In der Folge werde das Proletariat die Herrschaft der Bourgeoisie stürzen und die Produktionsmittel vergesellschaften, so dass alle Produzierenden am Gewinn beteiligt seien. Dieser Schritt werde der Beginn einer freien, dem Gemeinsinn verpflichteten sozialistischen bzw. kommunistischen Gesellschaft sein.

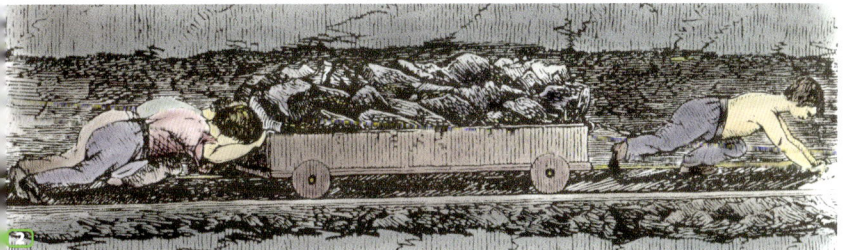

Massenelend Unter unmenschlichen Bedingungen mussten bereits Kinder bis zu zehn Stunden täglich in Bergwerken (**2**) oder an Webstühlen arbeiten. Obwohl immer wieder auf die katastrophalen Verhältnisse in den Bergarbeitersiedlungen aufmerksam gemacht wurde, gab es besonders in England lange Zeit nur halbherzige oder gar keine Reformen. Arbeiterproteste wurden gewaltsam unterdrückt. Friedrich Engels' aufrüttelnde Schrift „Die Lage der arbeitenden Klasse in England" von 1845 machte die Zustände europaweit bekannt.

➔ **Gesellschaftlicher Wandel:** Seiten 262–263

Deutsche Staaten

Deutsche Staaten – Restauration und Vormärz

1815–1848

1815 hatten sich Fürstentümer und freie Städte zum Deutschen Bund zusammengeschlossen, der sich bemühte, die erstarkende liberal-demokratische nationale Bewegung zu unterdrücken. Auf internationaler Ebene sollte die „Heilige Allianz" für die Wiederherstellung (Restauration) der alten Gesellschaftsordnung sorgen. Die Vertreter der liberalen Ideen waren häufig Burschenschaften, weshalb insbesondere die Hochschulen ins Visier jener Behörden gerieten, die unter dem Einfluss Fürst von Metternichs (**1**) mit dem Auspähen revolutionärer Umtriebe beauftragt wurden. Viele Herrscher wehrten sich gegen eine konstitutionelle Monarchie. Diese Haltung sowie ihre Unfähigkeit, den veränderten Verhältnissen ihrer Gegenwart Rechnung zu tragen, führte in der Zeit vor der Märzrevolution 1848 landesweit zu politischen Unruhen.

Pressezensur Die Zensurbehörde Metternichs trat so borniert und zugleich ängstlich auf, dass sie den ätzenden Spott der Dichter und Karikaturisten herausforderte (**2**, „Der Denker-Club"). Einer, der die Zensurpolitik scharf angriff, war der Dichter Georg Büchner in seiner Kampfschrift „Der Hessische Landbote".

Stein-Hardenberg'sche Reformen Bereits vor den Befreiungskriegen (S. 272) erkannten führende Staatsmänner Preußens wie Fürst von Hardenberg und Reichsfreiherr vom und zum Stein (**3**, mit General von Scharnhorst), dass es an der Zeit war für grundlegende Reformen in Politik, Verwaltung und Armee. Ihre Umsetzung konnten sie gegen die Zweifel König Friedrich Wilhelms III. realisieren. Durch restaurative Kräfte immer stärker eingeschränkt, zogen sich Stein und Hardenberg nach 1815 zunehmend aus der Politik zurück.

Hambacher Fest Unter den „deutschen Farben" Schwarz-Rot-Gold trafen sich 1832 auf dem Hambacher Schloss (**5**) mehr als 30 000 Menschen. Sie forderten ein Ende der Pressezensur und ein freies, vereinigtes und demokratisches Deutschland mit einer Verfassung. Die deutschen Fürsten gingen später besonders hart gegen die „Rädelsführer" vor, die zu Haft oder Exil verurteilt wurden.

Die Göttinger Sieben König Ernst August I. von Hannover trat 1837 die Regierung an und hob sogleich die liberale Verfassung des Landes auf. Dagegen protestierten einige Professoren der Universität Göttingen (**4**), darunter die Brüder Wilhelm und Jacob Grimm. Alle sieben wurden der Universität verwiesen, drei von ihnen außer Landes gejagt. Für viele wurden sie zum Vorbild.

⌃ Seite 274

Westeuropa

⌄ Seite 340

Revolution in Europa

1848

Wieder einmal von Frankreich ging 1848 eine Welle von Revolutionen aus, die vor allem in der Donaumonarchie Österreich-Ungarn zu lang anhaltenden politischen Krisen führte. In Italien erzwang sie den Beginn der nationalen Einigung, während die demokratischen Ansätze in Deutschland bald wieder beseitigt wurden. Auch in Frankreich war die Republik nur von kurzer Dauer. Fast überall zeigte sich die lähmende Uneinigkeit der demokratischen Kräfte, die keinerlei politische Erfahrungen besaßen.

Bei der Februarrevolution stürmen Protestierende den Regierungssitz in Paris.

Die Revolution in Europa

Nach den Bauernkriegen war die Französische Revolution die erste europäische Revolution mit weitreichenden Folgen. Gegen die sich daran anschließende Zeit der Reaktion erhob sich die Revolution von 1848. In Deutschland und Italien beförderte sie die nationale Einheit, scheiterte jedoch in ihren demokratischen Forderungen. Die Oktoberrevolution 1917 in Russland führte letztlich zu einer Zweiteilung Europas und begünstigte weitere Revolutionen am Ende des Ersten Weltkrieges. Der Zusammenbruch des Ostblocks ab 1989 wird als „friedliche Revolution" bezeichnet.

①

Straßenkämpfe in Berlin 1848

Viele Hoffnungen richteten sich auf Friedrich Wilhelm IV. von Preußen. Zunächst zeigte er liberale Tendenzen, aber auch er war nicht bereit, Preußen eine konstitutionelle Verfassung zu geben. Es sollte sich „kein Blatt Papier zwischen mich und mein Volk schieben". Die Revolutionäre zwangen den König 1848, vor den „März-Gefallenen" der Straßenkämpfe (**1**) zu salutieren, doch schließlich ließ der König alle Aufstände blutig niederschlagen.

Paulskirchenparlament

Die in der Frankfurter Paulskirche tagende Nationalversammlung (**2**) war vollkommen zerstritten, gespalten in liberale und radikale Kräfte. Kritiker bezeichneten sie als „professorale Schwatzbude", und die deutschen Fürsten und Angehörigen des Militärs ließen keine Gelegenheit aus, dem Parlament ihre Verachtung zu zeigen. Kein Fürst folgte den dort gefassten Beschlüssen, das Parlament war zum Scheitern verurteilt.

②

⑤

1524–1526 *Bauernkriege und soziale Revolten in Deutschland und Österreich (S. 186)*
1789–1794/99 *Französische Revolution (**3**) (S. 264-267)*
1830 *Juli-Revolution in Frankreich und einigen deutschen Staaten*
1848/49 *Revolutionen in Frankreich (**4**), den deutschen Staaten, Österreich, Ungarn und Italien*
1917 *Bürgerliche Februar-*

*Revolution und sozialistische Oktober-Revolution unter Führung Lenins (**5**) in Russland (UdSSR); Sturz der Monarchie (S. 378)*
1918/19 *Revolutionen und Sturz der Monarchie in Deutschland und Österreich-Ungarn*
1989–1991 *„Friedliche Revolutionen" in Polen, der DDR, der CSSR, Ungarn, Bulgarien und der UdSSR; Ende der sozialistischen Regime (S. 420)*

*Otto von Bismarck –
Eiserner Kanzler*

Der im Grunde konservative preußische Junker baute als preußischer Ministerpräsident (ab 1862) Preußen zielstrebig zur führenden Macht in Deutschland unter Ausschaltung Österreichs aus (Kriege 1864–1871). 1871 drängte er König Wilhelm I. von Preußen zur Annahme der deutschen Kaiserkrone und wurde Reichskanzler (bis 1890). Mit den Sozialistengesetzen (1878–1890) (S. 283) und dem Kulturkampf (1871–1887) (S. 282) setzte er eine Zentralisierung der Regierungsgewalt durch. Durch die Sozialgesetzgebung (ab 1883) versuchte er, sozialistische Bewegungen zu schwächen und die Arbeiter in den Staat einzubinden, konnte jedoch ein Erstarken der Sozialdemokratie nicht verhindern. Außenpolitisch war er um ein Gleichgewicht der europäischen Mächte bemüht.

Deutsche Staaten – Österreich und Preußen

1848–1871

Das Jahr 1848 brachte in Österreich den Sturz des allmächtigen Staatskanzlers Metternich und die Abdankung des weitgehend regierungsunfähigen Kaisers Ferdinand I. Metternichs Restaurationspolitik, die ganz Europa prägte, ließ Österreich der Moderne hinterherhinken. Nach einer Phase der Konsolidierung und Reformen nutzte Preußen seine Chance, sich an die Spitze der deutschen Fürstentümer zu stellen. Es optierte seit den 1860er-Jahren für eine „kleindeutsche Lösung", also die Einigung Deutschlands ohne Österreich – auch, um nicht in die Nationalitätenkonflikte innerhalb der Donaumonarchie zu geraten (S. 284). Die Bündnispolitik und Kriegsführung Preußens führte 1866 zum Ende des Deutschen Bundes. 1871 folgte mit dem Beitritt der süddeutschen Staaten zum Norddeutschen Bund die Gründung des Deutschen Reichs unter Preußenkönig Wilhelm I. als Kaiser.

Schlacht bei Königgrätz

Mit dem Sieg der preußischen Armee unter Generalstabschef von Moltke (**1**) über die Österreicher 1866 sah sich Bismarck seinem Ziel einer „kleindeutschen Lösung" unter Ausschluss Österreichs einen entscheidenden Schritt näher. In den folgenden Jahren gelang es Bismarck, die deutschen Fürsten von der Notwendigkeit eines geeinten Reichs unter preußischer Führung zu überzeugen.

Seite 276

1848 Abdankung Kaiser Ferdinands I. unter dem Eindruck der Revolution, sein Neffe Franz Joseph I. wird Kaiser von Österreich

1861 Wilhelm I. wird König von Preußen

1862 Bismarck wird preußischer Ministerpräsident

1864 Die Erstürmung der Düppeler Schanzen durch preußische Truppen bedeutet die Entscheidung im Deutsch-Dänischen Krieg

1866 Sieg der Preußen über die Österreicher und Sachsen bei Königgrätz, Ende des Deutschen Bundes

Juli 1870 Emser Depesche provoziert Kriegserklärung Frankreichs an Preußen

September 1870 Sieg der deutschen Truppen über Frankreich in der Schlacht von Sedan

1871 Kaiserproklamation Wilhelms I. in Versailles, Gründung des Deutschen Kaiserreiches, Bismarck wird Reichskanzler

Seite 282

Deutsche Staaten

Erstürmung der Düppeler Schanzen Im 19. Jh. erwachte der nationale Gegensatz zwischen den Dänen und den deutschsprachigen Schleswig-Holsteinern, die mit Dänemark verbunden waren. Bereits zwischen 1848 und 1851 führten die Schleswig-Holsteiner Krieg, um den Anschluss an Deutschland zu erzwingen. Sie unterlagen jedoch, als die Frankfurter Nationalversammlung (S. 279) sie im Stich ließ. König Christian IX. versuchte 1863 mithilfe seiner Anhänger, der „Eiderdänen" in Nordschleswig, die Herzogtümer Schleswig und Holstein endgültig Dänemark anzugliedern. Im Krieg von 1864 (**2**) verlor Dänemark Schleswig und Holstein sowie 1865 das Herzogtum Lauenburg an Preußen.

Kaiserproklamation 1871 Die Proklamation Wilhelms I. von Preußen zum deutschen Kaiser im Spiegelsaal von Versailles (**3**) empfand Bismarck als Krönung seiner Bemühungen um die Einigung Deutschlands und die Vorherrschaft Preußens. Der Sieg über Kaiser Napoléon III. verschaffte dem Reich eine führende Rolle in Europa.

Deutschland und Napoleon: Seite 287

Deutsches Reich

⌃ Seite 281

⌄ Seite 346

Das Deutsche Reich

1871–1914

Die Jahre nach der Reichsgründung 1871 brachten wirtschaftlichen und technischen Aufschwung. Die Frage der politischen Mitbestimmung der Arbeiterschaft wurde immer dringlicher und führte ab 1883 zu Bismarcks Sozialgesetzgebung. Der von Bismarck verwirklichte Ausgleich mit Österreich, Russland und Großbritannien wurde nach der Thronbesteigung Wilhelms II. (**1**, **2**) 1888 zunehmend brüchig. Gründe dafür waren auch die deutsche Kolonialpolitik und Flottenrüstung. Das Bündnis zwischen Frankreich, Großbritannien und Russland führte Deutschland zu einer engen Anlehnung an Österreich-Ungarn. Der Konflikt mit den Westmächten und Russland verschärfte sich und führte schließlich zum Ersten Weltkrieg.

2

Kulturkampf Bismarck setzte die staatliche Aufsicht über alle Schulen durch, auch über die konfessionellen, schrieb ein staatliches Examen für lehrende Geistliche vor und entzog der katholischen Kirche alle staatliche Unterstützung. Bischöfe, die sich widersetzten, wurden inhaftiert oder ins Exil getrieben. Erst unter Papst Leo XIII. kam es zu einer Entspannung (**3**, Karikatur).

3

Sozialistengesetze August Bebel (**5**) gelang es als Führer der deutschen Sozialdemokraten, die Richtungskämpfe der Frühphase zu überwinden. Er machte die SPD zur bedeutendsten Oppositionspartei im Reichstag. Die 1878 erlassenen Sozialistengesetze verboten sozialistische Aktivitäten, stärkten die Partei jedoch eher. Bebel hielt am Klassenkampf fest, unterstützte die Gewerkschaftsbewegung, die Arbeiter-Bildungsvereine und den Internationalen Sozialismus.

„Der Lotse geht von Bord" Um eine eigene Politik zu gestalten, frei von Bismarcks Einfluss, entließ Wilhelm II. den Reichskanzler 1890 . Schon bald zeichnete sich ab, dass der junge Kaiser in der Außenpolitik auf Konfrontationskurs gehen wollte (**4**, Karikatur).

Flottenbauprogramm Die Überzeugung, dass Deutschland ein Platz unter den Kolonialmächten zustehe, wurde zur fixen Idee Wilhelms II. 1898 begann der impulsive und selbstgefällige Herrscher mit einem gigantischen Flottenbauprogramm unter der Leitung von Großadmiral Alfred von Tirpitz. Deutschland wurde innerhalb kurzer Zeit zur zweitstärksten Flottenmacht (**6**) nach Großbritannien, das sich bedroht fühlte. Tirpitz' Theorie, eine große deutsche Flotte werde Großbritannien vom Kriegseintritt abschrecken , erwies sich jedoch als Irrtum.

Kolonialismus: Seite 322

Österreich–Ungarn

1867–1914

Kaiser Franz Joseph I. (**1**) folgte
Ferdinand I. 1848 als junger Mann
auf den Thron und regierte 68
Jahre lang. Er stärkte zunächst
die zentrale Autorität der Krone,
strebte aber nach dem Verlust
Oberitaliens 1867 einen Ausgleich mit Ungarn an. Die „k.u.k."
(kaiserliche und königliche) Doppelmonarchie Österreich-Ungarn prägte
er mit väterlicher Strenge, Pflichtgefühl
und kulturellem Liberalismus. Den sich
verschärfenden politischen Konflikten mit den
slawischen Ländern der Monarchie („Pulverfass
Balkan") stand er weitgehend verständnislos gegenüber. Nach der Balkankrise 1912/13 war die Ermordung des Thronfolgers Franz Ferdinand, der den
Slawen größere Rechte zubilligen wollte, der Funke,
der zum Ausbruch des Krieges führte.

Austroslawismus Böhmen
und Ungarn hatten im Revoluti-
onsjahr 1848 größeres Gewicht
innerhalb der Donaumonarchie
sowie Sonderrechte für ihre
nationalen Institutionen ge-
fordert. Ungarn hatte sich
unabhängig erklärt und
eine Sonderverfassung
verabschiedet. Doch
Österreich schlug alle
Aufstände nieder (**2**).
Die slawische National-
bewegung im 19. Jh.
in den Ländern der
Donaumonarchie wird
als Austroslawismus
bezeichnet.

▲ Seite 194

1848–1916 Herrschaft Kaiser Franz Josephs I.

1866 Österreich unterliegt den Preußen bei Königgrätz (S. 280)

1867 Ausgleich mit Ungarn, Begründung der Doppelmonarchie

Ab 1870er-Jahre „Magyarisierungspolitik" in Ungarn provoziert slawische Minderheiten

1879 Zweibund: Verteidigungsbündnis mit dem Deutschen Reich

Ab 1880/90er-Jahre „Sprachenstreit" über die Gleichberechtigung der verschiedenen Volkssprachen in der Monarchie

1908 Annexion Bosnien-Herzegowinas verschärft Balkankrise

Juni 1914 Ermordung des Thronfolgers Franz Ferdinand in der bosnischen Hauptstadt Sarajewo durch einen serbischen Nationalisten (S. 340)

Juli 1914 Kriegserklärung Österreich-Ungarns an Serbien

▼ Seite 352

Doppelmonarchie Nach dem Verlust seiner führenden Position in Deutschland (S. 280) erstrebte Österreich einen Ausgleich mit den nationalbewussten Ungarn. Kaiser Franz Joseph ließ sich 1867 in Budapest erneut zum König von Ungarn krönen (**3**) und stellte die aufgehobene Sonderverfassung von 1848 wieder her.

„Sisi"

Die freiheitsliebende Kaiserin Elisabeth, „Sisi" genannt, entfremdete sich von ihrem Ehemann Franz Joseph und zog sich immer mehr aus der Öffentlichkeit zurück. Nur einmal trat sie politisch in Erscheinung, als sie sich für den Ausgleich mit den Ungarn einsetzte. 1898 wurde die Kaiserin in Genf von einem Anarchisten erdolcht.

Zweibund Deutschland und Österreich-Ungarn unterzeichneten 1879 den Zweibund, der die beiden Länder bis in den Weltkrieg aneinander band (**4**, Wilhelm I. und Franz Joseph I., Ministerpräsidenten Bismarck und Gyula Graf Andrássy).

▶ **Der Beginn des Ersten Weltkriegs:** Seiten 340–341

Frankreich

Bis 1871

Die wiedereingesetzten Bourbonen fuhren schon nach kurzer Zeit einen offen reaktionären Kurs, der in den Repressalien König Karls X. gipfelte. Die Julirevolution 1830 brachte den sog. Bürgerkönig Louis-Philippe auf den Thron. Zu echten demokratischen Zugeständnissen war er aber ebenfalls nicht bereit. 1848 wurde daher die Monarchie gestürzt und die (Zweite) Republik ausgerufen. In dieser entwickelte sich Louis Napoléon Bonaparte zur beherrschenden Figur. Seine Amtszeit als Präsident beendete er 1851 mit einem Staatsstreich und ließ sich 1852 zum Kaiser proklamieren.

Allegorie auf die Julirevolution 1830

Das Engagement Napoléons III. in Europa, Amerika und Afrika stärkte zwar die internationale Stellung Frankreichs, führte aber auch zu zahlreichen politischen Krisen, und soziale Fragen wurden nur schleppend gelöst. Der Krieg gegen Deutschland unter der Führung Preußens führte zum Sturz des Kaisers.

Exil Bereits vor seiner Thronbesteigung nach dem Tod seines Bruders 1824 war Karl X. als Haupt der Ultraroyalisten die treibende Kraft hinter allen harten und konservativen Maßnahmen der wieder eingesetzten Bourbonenkönige. Im Gegensatz zu seinem umsichtigen Bruder Ludwig XVIII. provozierte er durch eine maßlose Betonung des absolutistischen Gottesgnadentums (**2**). Seine Erlasse zur Einschränkung der Pressefreiheit und des Wahlrechts im Juli 1830 führten zur Revolution, die seinen Vetter Louis-Philippe auf den Thron brachte. Karl musste abdanken und ging nach England ins Exil (**1**).

3

⌃ Seite 270

1814 Abdankung Napoleons. Restauration der Bourbonen, Ludwig XVIII. wird König

1814 „Charte constitutionelle" wird neue Verfassung

1815 Napoleons „Herrschaft der 100 Tage" endet mit der Schlacht bei Waterloo (S. 273)

1818 Aachener Kongress: Frankreich wird Mitglied der „Heiligen Allianz"

1824 Karl X. wird König

1830 Erlasse Karls X. provozieren die Juli-Revolution. Abdankung und Exil Karls X. Louis-Philippe von Orléans wird König

1836/1840 Putschversuche des Prinzen Louis Napoléon Bonaparte

1848 Februarrevolution. Flucht des Königs, Proklamation der Zweiten Republik und Ernennung Louis Napoléons zum Präsidenten

1851 Staatsstreich Louis Napoléons

1852 Louis Napoléon lässt sich als Napoléon III. zum Kaiser ausrufen

1854–1856 Napoléon III. greift gegen Russland im Krimkrieg ein

1859/60 Napoléon III. greift gegen Österreich in Italien ein. Frankreich erhält Nizza und Savoyen

1861–1867 Frankreich kämpft für Kaiser Maximilian in Mexiko (S. 335)

1870/71 Deutsch-Französischer Krieg

1.9.1870 Schlacht von Sedan. Napoléon III. wird geschlagen und gefangen genommen

4.9.1870 Revolution in Paris. Der Kaiser wird abgesetzt. Ausrufung der Dritten Republik

⌄ Seite 288

Bürgerkönig Die Juli-Revolution 1830 (**3**) stürzte das Regime der Bourbonen, und das Volk hoffte auf den als liberal geltenden „Bürgerkönig" Louis- Philippe (**4**). Dieser erwies sich jedoch als ebenso unfähig, die drängenden sozialen Probleme anzugehen, wodurch es zu Unruhen und Wirtschaftskrisen kam. Der König setzte allein auf das wohlhabende Großbürgertum. Ein ständiges Herauszögern politischer Reformen führte in der Revolution von 1848 auch zu seinem Sturz und anschließendem Exil.

4

Kaisertum Louis Napoléon (**6**), der Präsident der Republik, sicherte sich mit einem Staatsstreich 1851 endgültig die Macht. Als Kaiser Napoléon III. wollte er an die Größe seines Onkels anknüpfen und stürzte sich in zahlreiche politische Abenteuer. Er war allen technischen und wissenschaftlichen Neuerungen gegenüber aufgeschlossen, und Paris wurde unter seiner Regierung zu einer Weltmetropole. 1870 wurde er in den Krieg gegen Deutschland hineingezogen. Bei Ausbruch der Aufstände in Paris (S. 289) musste er abdanken und ins Exil gehen.

6

❯ **Europa unter Napoleon:** Seiten 272–273

Frankreich

Frankreich

1871–1914

Die junge Republik musste sich zunächst mit den deutschen Besatzern arrangieren und in Paris den Aufstand der sozialistischen Kommune niederschlagen. In der Folge traten zahlreiche bedeutende Politiker an die Spitze der Republik, doch stürzten die oft kurzlebigen Regierungen immer wieder über die unsicheren Mehrheiten im Parlament. Die Dreyfus-Affäre offenbarte eine tiefgreifende Spaltung der Gesellschaft, während sich politisch seit 1898 die radikal antiklerikalen und sozialistischen Kräfte immer mehr durchsetzten und die strenge Trennung von Kirche und Staat forderten. Die Gegnerschaft zum Nachbarn Deutschland verschärfte sich bis 1914.

Der zur Weltausstellung 1889 eingeweihte Eiffelturm in Paris

Schlacht von Sedan Als sich die Vereinigung der deutschen Staaten unter Führung des militärisch starken Preußen abzeichnete, fühlte sich Frankreich zunehmend bedroht. In Spanien kam die Frage einer Thronkandidatur der Hohenzollern hinzu, nun sah sich Frankreich eingekreist. Bismarck provozierte den Nachbarn, ein Krieg gegen den „Erbfeind" war in Deutschland populär. Die deutschen Truppen annektierten Elsass-Lothringen und brachten den Franzosen bei Sedan eine entscheidende Niederlage bei (**1**).

Pariser Kommune Nach dem Fall von Paris ergriffen radikalsozialistische und kommunistische Kräfte im März 1871 die Macht und errichteten die „Pariser Kommune". Sie nahmen bürgerliche Geiseln und leisteten den republikanischen Truppen, die Paris einschlossen, erbitterten Widerstand (**3**). Dabei ging auch das Pariser Rathaus in Flammen auf (**2**). Die Kommune, die im Mai zerschlagen wurde, war der erste Versuch, eine Art Räteherrschaft auf der Grundlage des Kommunismus zu errichten.

Die Dreyfus-Affäre

Der jüdische Hauptmann Alfred Dreyfus wurde 1894 wegen angeblichen Geheimnisverrats zu lebenslanger Haft verurteilt. Als der Schriftsteller Émile Zola öffentlich Partei für den Verbannten ergriff, wurde der Prozess neu aufgerollt und Dreyfus 1906 rehabilitiert. Die Affäre brachte einen extremen Antisemitismus im Frankreich jener Zeit zutage.

Le Petit Journal

Le nouveau Président de la République
M. RAYMOND POINCARÉ

Revanchismus Staatspräsident Raymond Poincaré (**4**), ein entschiedener Nationalist, sah in der verstärkten Rüstungspolitik des deutschen Kaisers Wilhelm II. eine große Gefahr für Frankreich. Er bemühte sich intensiv um eine Isolierung Deutschlands, indem er die Bündnisse mit Großbritannien und Russland verstärkte. Der ehemalige Ministerpräsident und Außenminister befürwortete den Krieg gegen Deutschland und drängte nach Kriegsende 1919 im Versailler Vertrag auf hohe Reparationsforderungen. Erneut Ministerpräsident und Außenminister, ließ Poincaré 1923 das Ruhrgebiet als „Pfand" für säumige Sachlieferungen besetzen (S. 357).

❯ **Kommunismus:** Seite 275

Großbritannien

1811–1861

Während König Georg III. aus gesundheitlichen
Gründen durch seinen Sohn, den späteren
Georg IV., vertreten wurde, traf das Parlament ei-
genmächtig weitreichende Entscheidungen. Die
Staatsgeschäfte wurden von fortschrittlichen Män-
nern gelenkt, die eine wirtschaftliche und politische
Expansion des Königreichs anstrebten. Es entstand
ein modernes Parteiensystem. Themen wie der freie
Handel führten zu harten Auseinandersetzungen.
Ein dauerhaftes Problem der Industrienationen war
die Armut der Arbeiterschaft. Die Chartisten und
ihre Anhänger kämpften für Reformen, die jedoch
nur langsam auf den Weg gebracht wurden. Ihr
Leben lang unterstützten Königin Viktoria und Prinz
Albert diese Bewegung und setzten sich für eine
zumindest bescheidene Verbesserung der Lebensbedingungen der Arbeiter ein.

Kinderarbeit in einem englischen Steinkohle-Bergwerk

Der „Rosenkrieg" im Königshaus

Heftige Vater-Sohn-Konflikte prägten die Regentschaft des Hauses Hannover. So gab es auch einen scharfen persönlichen Gegensatz zwischen Georg III. und dem ältesten seiner neun Söhne, die allesamt einen dandyhaften Lebensstil pflegten. Der Prinzregent und spätere König Georg IV. verspielte seine anfängliche Beliebtheit durch den Rosenkrieg mit seiner Gattin Karoline von Braunschweig. Beide sorgten durch Affären und öffentliche Szenen europaweit für Klatsch und schwächten so die Monarchie.

Monarchie und Parlament
Der Held von Waterloo (S. 273), Arthur Wellesley, Herzog von Wellington (**1**), bekleidete 1828–1830 das Amt des Premierministers. 1829 sorgte er mit der „Roman Catholic Relief Bill" für die rechtliche Gleichstellung der Katholiken. Er war Tory, also Mitglied der Konservativen Partei, die sich in dieser Zeit gründete, aber bereits 1846 spaltete. Anlass war das Eintreten des Innenministers Sir Robert Peel für eine Aufhebung der 1815 eingeführten Getreidezölle und seine Befürwortung des Freihandels. Die Monarchen bemühten sich um ein gutes Einvernehmen mit dem Parlament, das nach 1811 immer größere Entscheidungsbefugnisse an sich zu ziehen vermochte, wobei die politischen Führer geschickt die Konflikte im Königshaus für sich zu nutzen verstanden.

Die Chartisten 1837 präsentierte der Londoner Arbeiterverein im Parlament die „People's Charter" und forderte damit eine endgültige Demokratisierung des Wahlrechts (**2**). Das Parlament ignorierte die Petition und ließ die Chartistenführer nach einem Aufruf zum Generalstreik 1839 verhaften. Doch die Arbeiterbewegung, unterstützt von Teilen der Mittelschicht, wurde immer stärker und setzte zahlreiche soziale Verbesserungen durch.

Industrielle Revolution: Seiten 274–275

Königin Viktoria

Mit einer Regierungszeit von fast 64 Jahren prägte Königin Viktoria (1819–1901) eine ganze Epoche. Das „Viktorianische Zeitalter" war v. a. durch wirtschaftlichen Wohlstand und expansiven Imperialismus gekennzeichnet, aber auch durch den von ihr und ihrem deutschen Gatten, Prinz Albert, vorgelebten konservativen bis prüden Lebensstil. Durch die Ehen ihrer neun Kinder wurde Viktoria zur „Großmutter Europas", so war z. B. der deutsche Kaiser Wilhelm II. (S. 282) ihr Enkel. 1877 wurde sie Kaiserin von Indien.

Großbritannien

1851–1914

Das „Viktorianische Zeitalter" war geprägt vom zivilisatorischen Sendungsbewusstsein des Empire. Die Regierungen Disraeli, Gladstone und Salisbury setzten politische und soziale Reformen um, die die Selbstverwaltung der großen Industriestädte stärkten. Auch das britische Engagement in der Welt, v. a. in Indien und im Raum Ägypten–Sudan sowie später in Südafrika, bauten sie aus. Das selbstbewusste Bürgertum verstand es, die Arbeiterorganisationen einzubinden, so dass größere Revolten ausblieben. Zahlreiche ehemalige Kolonien (Kanada, Australien, Neuseeland, Südafrikanische Union) wurden zwischen 1855 und 1910 in „Dominions" umgewandelt, wurden also weitgehend unabhängig und verblieben beim Commonwealth. Unter Edward VII. verschlechterten sich die Beziehungen zum Deutschen Reich rapide. Großbritannien schloss 1904 ein enges Bündnis mit Frankreich, dem auch Russland beitrat. Damit waren die Fronten des Ersten Weltkrieges abgesteckt.

Irland Die Kraut- und Knollenfäule verursachte zwischen 1845 und 1849 eine große Hungersnot in Irland. Anstelle von Hilfe schickte der Premierminister Soldaten, um Unruhen zu unterdrücken. Dies löste eine gewaltige Auswanderungswelle (**1**) v. a. nach Amerika aus. Der Status Irlands blieb ein drängendes Problem der englischen Politik (S. 364).

Weltausstellung Auf der Weltausstellung 1851 in London präsentierte Großbritannien architektonische Wunderwerke wie Palmenwälder unter Glaskuppeln oder den Kristallpalast im Hyde Park (**2**). Im 19. Jh. zelebrierte das Königreich seine kulturelle Vielfalt, seine Fortschrittlichkeit sowie die Exotik seiner Kolonien und beeindruckte damit ganz Europa.

British Empire Premierminister Benjamin Disraeli (**3**) prägte die Politik Großbritanniens Ende des 19. Jh. Er schwor die Konservativen auf demokratische Prinzipien ein und machte sie für die breiten Massen wählbar. Er realisierte zahlreiche Reformvorhaben, darunter die Parlamentsreform von 1867. 1875 erwarb er einen Großteil der Aktien des 1869 eröffneten Suezkanals und trieb den Imperialismus voran. Auf seinen Rat nahm König Viktoria den Titel Kaiserin von Indien an.

Seite 290

Großbritannien

1867 Zweite „Reform Bill" (Disraeli): Umverteilung der Mandate zugunsten der Industriestädte

1868–1902 Abwechselnde Regierungen der Premierminister Benjamin Disraeli (Tory), William Gladstone (Liberaler) und Robert Cecil, Lord Salisbury (Konservativer)

1868 Erster Gewerkschaftskongress in Manchester

1870 Einführung der allgemeinen Schulpflicht

1877 Königin Viktoria nimmt den Titel „Kaiserin von Indien" an

1882 Ägypten wird britisches Protektorat

1884 Dritte „Reform Bill": Ausdehnung des Wahlrechts

Ab 1887 Kolonial-Konferenzen in London

1889 Streik der Londoner Hafenarbeiter

1900 Gründung der Labour-Partei

1901–1910 Regentschaft Eduards VII.

1904 „Entene cordiale" mit Frankreich

1910–1936 Regentschaft Georgs V.

Seite 360

Die Suffragetten

Im 19. Jh. formierten sich europaweit die ersten Verbände, die für die politische Gleichberechtigung der Frau kämpften. In England organisierten die nach dem lateinischen Wort für Stimmrecht „Suffragetten" genannten Frauenrechtlerinnen Protestmärsche und Kundgebungen. Für das konservative Bürgertum waren die Frauen die Ursache größter Besorgnis.

Seite 210

Benelux-Staaten

1815–1830 Vereinigtes Königreich der Niederlande. Wilhelm I. regiert als König der Niederlande und Großherzog von Luxemburg

1830 Aufstand und „Septemberrevolution" in Brüssel. Unabhängigkeit Belgiens

1831 Liberale Verfassung in Belgien

1831–1865 Regentschaft Leopolds I., König der Belgier

1840–1849 Regentschaft Wilhelms II., König der Niederlande und Großherzog von Luxemburg

1848 Verfassungsreform und Regierung der Liberalen in den Niederlanden

1849–1890 Regentschaft Wilhelms III., König der Niederlande und Großherzog von Luxemburg

1865–1909 Regentschaft Leopolds II., König der Belgier

Seite 295

Die Benelux-Staaten

1815–1914

Die Niederlande erlebten nach 1815 einen starken wirtschaftlichen Aufschwung. Auf dem Wiener Kongress wurde

Wirtschaftsboom der 1880er-Jahre

ihnen Belgien zugesprochen, das sich aber 1830/31 unabhängig machte und zu einer konstitutionellen Monarchie entwickelte. Unter Leopold II. betrieb Belgien eine brutale Politik der Ausbeutung im Kongo. 1890 machte sich auch Luxemburg von den Niederlanden unabhängig. Alle Benelux-Länder vermochten das Wirken der Monarchen weitgehend auf Repräsentationspflichten zu beschränken. Außenpolitisch versuchten die kleinen Länder, zwischen den Großmächten zu taktieren, meist mit Erfolg. Doch Belgien wurde 1914 von deutschen Truppen okkupiert.

Belgien In der „Septemberrevolution" von 1830 erkämpfte sich Belgien seine Unabängigkeit. 1839 garantierten die europäischen Großmächte im Londoner Protokoll Belgiens

Neutralität. Leopold I. (**1**, Thronbesteigung) festigte durch eine zurückhaltende Innenpolitik das Vertrauen des Volks zum Königshaus.

①

Niederlande Wilhelm I. (**2**) förderte Wirtschaft und Handel. Dem katholischen, teils französisch sprechenden Süden seines Königreiches gegenüber war er unsensibel – ein Grund für die Revolution der Belgier 1830/31 (**3**). Vor dem Parlament bestand er auf seinen monarchischen Vorrechten und bewirkte damit 1840 eine politische Krise, die seine Abdankung erzwang.

Thronfolge Wilhelmina begründete 1890 die bis heute bestehende Tradition der weiblichen Regentschaft in den Niederlanden. Luxemburg, wo Frauen noch von der Thronfolge ausgeschlossen waren, wurde eigenständig. Nach Erreichen der Volljährigkeit (**4**) beendete sie die Konflikte mit dem Parlament. Während ihrer Regierungszeit vollzog sich die Demokratisierung aller politischen Institutionen, zugleich stärkte ihre Beliebtheit das Ansehen der Monarchie. 1948 dankte sie zugunsten ihrer Tochter Juliana ab.

Seite 294

1867 Luxemburgkrise: Frankreich versucht, Luxemburg von den Niederlanden zu kaufen

1868 Verfassung für Luxemburg

1881–1885 Erforschung und Eroberung des Kongo im Auftrag Leopolds II.

1885 Die Berliner Kongo-Konferenz bestätigt Leopold II. den Kongo als „Privatbesitz" (S. 323)

1890–1848 Regentschaft Wilhelminas, Königin der Niederlande (1898 volljährig). Luxemburg wird eigenständiges Großherzogtum unter Adolf von Nassau (bis 1905)

1905–1912 Wilhelm IV. wird Großherzog von Luxemburg

1908 Nach Unruhen tritt Leopold II. Kongo an Belgien ab

1909–1934 Regentschaft Alberts I., König der Belgier

1912 Nach Änderung der Erbfolge unter Wilhelm IV. wird Marie Adelheid Großherzogin von Luxemburg (bis 1919)

1914 Unter Bruch der Neutralität wird Belgien von deutschen Truppen besetzt

Seite 366

Benelux-Staaten

Die nationale Einigung Italiens

1815–1914

Der Wiener Kongress (S. 273) war für Italien mit der Wiederherstellung der alten Fürstentümer sowie des Kirchenstaats verbunden. Dagegen begehrten die verschiedenen demokratischen Kräfte des „Risorgimento" auf. 1848/49 versuchten sie, von Rom aus die nationale Einigung Italiens zu erzielen. Dies scheiterte, doch später gelang es Cavour und Garibaldi, den Führern der Einigungsbewegung, die Österreicher aus Oberitalien zu verdrängen und die Königreiche Neapel und Sizilien aufzulösen.1861 wurde die Einheit Italiens unter den Savoyern verkündet, die Eingliederung des Kirchenstaats wurde 1870 gegen den Willen des Papstes gewaltsam durchgesetzt. Obwohl die Republik unter dem liberalen Ministerpräsidenten Giolitti eine säkulare, sozialreformerische Ausrichtung erhielt, wuchs die Kluft zwischen dem industrialisierten Norden und dem armen Süden stetig. Koloniale Bestrebungen in Abessinien und Libyen blieben im Land auch deshalb umstritten.

Denkmal in Rom für Viktor Emanuel II. (1820–1878), den ersten König Italiens

und floh nach ihrem Scheitern in die USA. 1859 kämpfte er gegen die Österreicher und eroberte mit seinem „Zug der Tausend" (**1**) 1860 das Königreich Sizilien. Ab 1862 versuchte er, auch den Kirchenstaat dem Königreich Italien einzugliedern.

Giuseppe Garibaldi Garibaldi (**2**) war seit den 1830er-Jahren wichtiger Protagonist der Einigungsbewegung Italiens. Er verteidigte mit seinen Truppen 1848/49 die Römische Republik

Camillo Benso di Cavour
Der erste Ministerpräsident Gesamtitaliens (**4**) war der politische Führer der nationalen Einigungsbewegung. Mit großem diplomatischem Geschick gelang es ihm nach der siegreichen Schlacht von Solferino (**3**), mit der Hilfe Frankreichs die Österreicher schrittweise aus Oberitalien zu verdrängen. 1860/61 war die Einigung Italiens erreicht, zunächst allerdings ohne Venetien und den Kirchenstaat. Cavours Bemühungen um Einigung mit dem Papst scheiterten.

Papst Pius IX. – „Gefangener des Vatikans"

Der Pontifikat Pius' IX. war der längste der Geschichte. Der Papst trat 1846 sein Amt als Liberaler an, entwickelte aber unter dem Eindruck der Revolution von 1848/49 eine konservative Haltung. Die nationale Einigung Italiens lehnte er ebenso ab wie einen Verzicht auf die weltliche Herrschaft in Mittelitalien. 1870 besetzten staatliche Truppen den Kirchenstaat – mit Ausnahme von Vatikanstadt – und gliederten ihn dem Königreich an. Bis 1929 bezeichneten sich die Päpste als „Gefangene des Vatikans" und lehnten Kontakte zur italienischen Regierung ab.

➤ **Wiener Kongress:** Seite 272

Spanien und Portugal

1815–1914

Die Iberische Halbinsel wurde nach dem Wiener Kongress 1815 wieder absolutistisch und klerikal regiert. Wirtschaftlich war sie auch wegen der mächtigen Stellung der Großgrundbesitzer rückständig. Zaghafte Industrialisierungsversuche wurden in Spanien und Portugal durch die langwierigen Bürgerkriege (Miguelisten- und Karlistenkriege) und anschließenden Kämpfe zwischen demokratischen Liberalen und klerikalen Konservativen überdeckt. Mit Brasiliens Erlangung der Unabhängigkeit verlor Portugal seine Haupteinnahmequellen. In Spanien kamen die inneren Konflikte und Autonomiebestrebungen der Regionen nicht zur Ruhe und offenbarten damit die Schwäche der wechselnden Zentralregierungen. Obwohl seit 1874 die Bourbonen wieder auf dem spanischen Thron saßen, formierten sich hier radikale sozialistische und anarchistische Gruppierungen, die auch zu terroristischen Mitteln griffen. In Portugal setzten sich indessen nach dem Staatsbankrott die demokratischen Kräfte durch. 1910/11 sorgten sie für das Ende der portugiesischen Monarchie.

Amerikanisches Handelsschiff vor der Küste Portugals

Karlistenkriege Als 1833 Isabella II. (**1**) als Kind den spanischen Thron bestieg, erhoben sich Konservative und der Klerus. Die sog. Karlisten forderten

einen männlichen Thronfolger, Isabellas Onkel Don Carlos, und eroberten große Teile des Landes (**2**). 1839 wurden sie zunächst besiegt. Basken und Katalanen schlossen sich ihnen jedoch an, um ihre kulturelle Autonomie zu stärken. Nach der Absetzung Isabellas (1868) durch einen Staatsstreich flammten die Kriege 1872–1886 wieder auf und führten 1873/74 zum kurzfristigen Sturz der Monarchie. 1874 brachten monarchistische Kräfte Isabellas Sohn Alfons XII. auf den Thron.

Der Aufstand der Kubaner

In ihrer Kolonie Kuba hielten die Spanier lange Zeit am System der Sklaverei zur Bearbeitung der Zuckerrohr-Plantagen fest. Ein erster Aufstand der Kreolen führte zwischen 1868 und 1874 zu einer Verwüstung der Insel. Erst 1880 schafften die Spanier die Sklaverei ab, doch brach 1895 ein neuer Aufstand unter den Kubanern aus, diesmal mit Unterstützung der USA. Dieser mündete in den Spanisch-Amerikanischen Krieg (1898), infolge dessen Spanien Kuba aufgeben musste. 1901 wurde das Land schließlich Republik.

Ende der Monarchie in Portugal Als erstes europäisches Land im 20. Jh. schaffte Portugal 1910/11 die Monarchie ab. Bereits zur Zeit Napoleons war der Hauptzweig des portugiesischen Königshauses nach Brasilien gegangen und hatte dort ein eigenes Kaiserreich etabliert. In Portugal setzte sich

zunächst der Konservative Dom Miguel durch, doch die von ihm entfesselten Miguelistenkriege und Volksaufstände schwächten das Land bis hin zum Staatsbankrott 1892. 1908 wurde König Karl I. ermordet; der letzte König Manuel II. begab sich 1911 nach der Ausrufung der Republik ins Exil (**3**).

◐ **Spanien unter Napoleon:** Seite 271

Seite 222

1814 Kieler Frieden: Dänemark verliert Helgoland und Norwegen, das an Schweden fällt

1815 Selbstverwaltung in Norwegen

1818 Bernadotte wird als Karl XIV. Johann König von Schweden

1844 Tod Bernadottes, Oskar I. wird König von Schweden

1848–1850 Erster Deutsch-Dänischer Krieg

1849 Dänemark wird konstitutionelle Monarchie

1859–1872 Regierungszeit Karls XV. König von Schweden

1863–1906 Regierungszeit Christians IX. von Dänemark

1864 Zweiter Deutsch-Dänischer Krieg, Dänemark verliert Schleswig-Holstein

1865 Repräsentativ-Verfassung in Schweden

1872–1907 Regierungszeit Oskars II. von Schweden

Seite 301

Skandinavien

Um 1800–1917

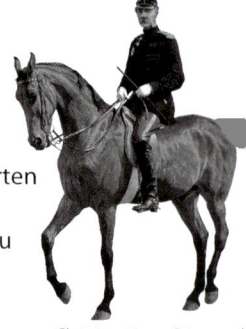

Christian IX. von Dänemark

Schweden, das mit den Alliierten gegen Napoleon gekämpft hatte, gehörte 1815 (S. 273) zu den Siegern und erhielt die Oberhoheit über Norwegen. Dänemark war mit Napoleon verbündet gewesen und hatte daher keine Vorteile. Finnland kam endgültig unter russische Oberhoheit. Insbesondere in Schweden, letztlich aber auch in Dänemark ermöglichten Wohlstand und starke Parlamente eine innenpolitische Liberalisierung. Finnland und Norwegen erkämpften sich im 19. Jh. eine schrittweise Selbstverwaltung, die 1905 in Norwegen und 1917 in Finnland zur Unabhängigkeit führte. Kulturell setzte der „Skandinavismus" auf die eigene nordeuropäische Identität und drängte den Einfluss Deutschlands zurück. Im Ersten Weltkrieg erklärten sich alle skandinavischen Länder für neutral.

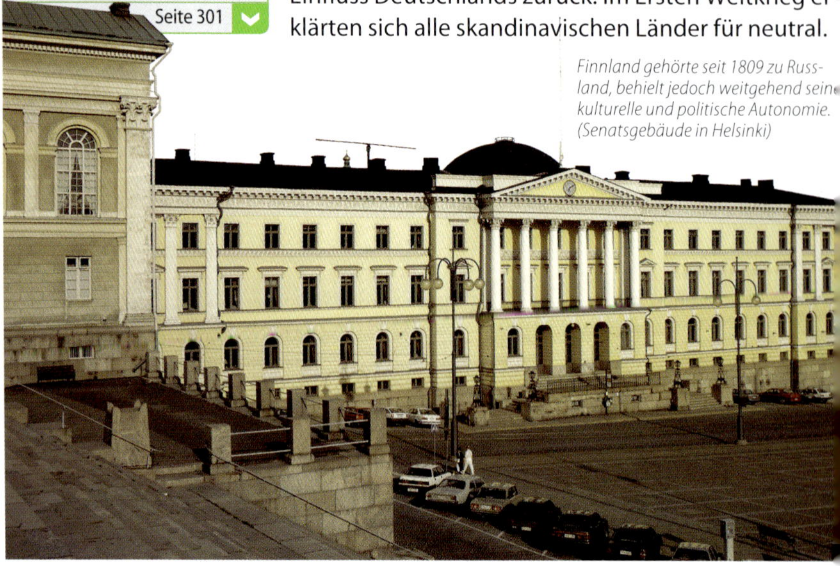

Finnland gehörte seit 1809 zu Russland, behielt jedoch weitgehend seine kulturelle und politische Autonomie. (Senatsgebäude in Helsinki)

Das neue Herr-scherhaus In den napoleonischen Kriegen (S. 270–273) stieg Jean-Baptiste Bernadotte (**1**) zum Marschall von Frankreich auf. 1810 wurde er vom schwedischen König adoptiert. Als Thronfolger beteiligte er sich

seit 1813 auf Seiten der Alliierten am Kampf gegen Napoleon und wurde 1818 als Karl XIV. Johann König von Schweden. Er verfolgte eine friedliche, sehr konservative Politik und berücksichtigte stets die Verfassung des Landes.

Demokratische Kräfte Nachdem in Dänemark 1849 eine liberale Verfassung durchgesetzt und in Schweden durch König Oskar I. liberale Reformen auf den Weg gebracht wurden, war die Macht des Parlaments in den skandinavischen Ländern relativ groß. Neben den bürgerlichen Parteien organisierten sich v.a. in Schweden

auch die Arbeiter und Sozialisten (**2**). In Dänemark berief Christian IX. nach heftigem Kampf mit den bäuerlichen Demokraten 1901 die Linke in die Regierung. Die bürgerlich-demokratischen Kräfte waren in der Regel nationalbewusst und traten für eine Zurückdrängung des deutschen Einflusses auf die skandinavische Kultur ein.

Seite 300

1873 Schweden schafft den Posten eines Statthalters von Norwegen ab

Ab 1889 Organisation der Sozialisten und Arbeiter in Schweden

1898 Allgemeines Wahlrecht in Norwegen

13.8.1905 Volksabstimmung in Norwegen beschließt Selbstständigkeit Norwegens

2.11.1905 Vertrag von Christiania: Großmächte bestätigen Norwegens Integrität

18.11.1905 Carl von Dänemark wird als Håkon VII. zum König von Norwegen gewählt

1906–1912 Regierungszeit Friedrichs VIII. von Dänemark

1906 Finnland führt als erstes europäisches Land das Frauenwahlrecht ein

1907–1950 Regierungszeit Gustavs V. von Schweden

1909 Allgemeines Wahlrecht in Schweden

1912–1947 Regierungszeit Christians X. von Dänemark

1914–1918 Skandinavische Länder bleiben im Ersten Weltkrieg neutral

1917 Finnland wird zur unabhängigen Republik

Seite 372

Skandinavien

Håkon VII. von Norwegen Norwegen hatte jahrhundertelang zu Dänemark gehört und am 1814 zu Schweden. In den 1870er-Jahren bildete sich

dann eine starke linke Bewegung für die politische Eigenständigkeit. Eine Volksabstimmung erzwang 1905 die Unabhängigkeit und die Wahl

des Prinzen Carl von Dänemark zum König (**3**), der im Gedenken an den letzten eigenständigen König Norwegens im 14. Jh. den Namen Håkon annahm.

❯ **Napoleonische Kriege:** Seiten 270–273

Russland

1801–1856

Zar Alexander I. kam 1801 auf den Thron. Es gelang ihm als Verbündeter Napoleons, später als
sein erbitterter Gegner (S. 272), Russlands Macht
zu stärken und das Territorium, u. a. durch die Einnahme Polens, zu erweitern. Zunächst stellte er innenpolitische Reformen und die Einführung einer
konstitutionellen Monarchie in Aussicht, unterstützte
dann aber nachhaltig die konservative „Heilige Al-

Zar Nikolaus I.

lianz". Unter Nikolaus I. trat Russland als Garant der alten Ordnung auf und
schlug als „Gendarm Europas" die Freiheitsbestrebungen seit 1830 nieder. Erste
Industrialisierungsmaßnahmen kamen gegen die traditionelle bäuerliche Ordnung und die Reformfeindlichkeit des Zaren nicht an. Im Krimkrieg schoben
die anderen Großmächte der russischen Expansion erstmals einen Riegel vor.

Die Heilige Allianz Als Gegenspieler Napoleons entwickelte
Zar Alexander I. bereits beim
Drei-Monarchen-Treffen 1814
(**1**) die Idee einer „Heiligen Allianz" zur Bewahrung der konservativen christlichen Werte in
Europa. 1815 schloss er die
Allianz mit Kaiser Franz I. von
Österreich und König Friedrich
Wilhelm III. von Preußen (**2**);
später trat auch das bourboni-
sche Frankreich bei. Unter
Alexanders Bruder Nikolaus I.
wurden Russland und die Allianz zum Inbegriff der Reaktion.

Dekabristenaufstand Tief enttäuscht über das Ausbleiben der versprochenen Reformen Zar Alexanders I., nutzten Intellektuelle und Offiziere die Thronbesteigung seines Bruders Nikolaus I., um 1825 den Aufstand zu proben. Die Revolte sollte die konstitutionelle Monarchie herbeiführen, scheiterte aber u. a. am Zerwürfnis ihrer Anführer. Der Zar verurteilte die Führer der sog. Dekabristen

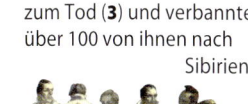

zum Tod (**3**) und verbannte über 100 von ihnen nach Sibirien.

Freiheitskampf der Polen 1830 erhoben sich die nationalistischen Kräfte Polens (**5**) erfolglos gegen das harte Regiment, das die Russen seit dem Wiener Kongress führten (**4**, der russische Adler über dem „Polnischen Prometheus".)

Krimkrieg Der Krimkrieg bedeutete das Ende der „Heiligen Allianz". Zar Nikolaus wollte den schwelenden Konflikt mit dem Osmanischen Reich zur Besetzung der Krim nutzen. Großbritannien und Frankreich stellten sich dem russischen Expansionsstreben entschieden entgegen und griffen mit der Erstürmung von Sewastopol (**6**) 1855 auf Seiten der Osmanen ein. Der neue Zar Alexander II. beeilte sich 1856, den verlustreichen Krieg zu beenden.

▲ Seite 228

1801 Alexander I. wird Zar
1807 Friede von Tilsit
1812 Russlandfeldzug Napoleons
1813 Krieg gegen Persien
26.9.1815 Gründung der Heiligen Allianz
19.11.1825 Tod Alexanders I., sein Bruder Nikolaus I. wird Zar
Dezember 1825 Dekabristen-Aufstand
1826 Gründung der politischen Geheimpolizei („Dritte Sektion")
1826–1828 Krieg gegen Persien
1828/29 Krieg gegen die Türkei
1830/31 Aufstand in Polen
1848 Zensurkomitee zur Unterdrückung revolutionärer Ideen wird gebildet
1849 Russland unterstützt Niederschlagung der Revolution in Ungarn
1853–1856 Krimkrieg
Oktober 1854–September 1855 Belagerung Sewastopols
2.3.1855 Tod Nikolaus' I., Alexander II. wird Zar
30.3.1856 Friede von Paris: Neutralisierung des Schwarzen Meers, Unabhängigkeit der Donau-Fürstentümer

▼ Seite 304

Russland

❯ **Europa unter Napoleon:** Seiten 272–273

Russland

Russland

1856–1917

Alexander II. beendete 1856 den Krimkrieg und dehnte das Reich in der Folge v. a. nach Asien aus. Er hob die Leibeigenschaft auf, hielt aber am autokratischen Regime der Zaren fest. Es formierten sich anarchistische Kreise, seit den

Karikatur auf Zar Nikolaus II. und die Russische Revolution von 1905

1880er-Jahren kam es zu spektakulären Attentaten auf führende Politiker. Nach dem Tod Alexanders III. leitete Nikolaus II. als Reaktion auf die Forderungen der Revolutionäre von 1905 zunächst Reformen ein, v. a. mit der Gründung eines Scheinparlaments. Diese gefährdeten jedoch nicht die Stellung des Zaren. Das sozialistische Lager erstarkte und fand, auch infolge des Ausbleibens von Erfolgen Russlands im Ersten Weltkrieg, neue Anhänger.

Der Anschluss Russlands an die Moderne

Die weitblickenden russischen Politiker des 19. Jh. erkannten die industrielle Rückständigkeit Russlands. Seit den 1850er-Jahren gründeten zumeist in Westeuropa geschulte Ingenieure erste nennenswerte Fabriken und erbauten 1891–1904 die Transsibirische Eisenbahn (Bild). So ließen sich die weit auseinanderliegenden Reichsteile miteinander verbinden und der besonders rückständige Osten erschließen.

Alexander II. Die größte Tat des „Zar-Befreiers" (**2**) war die Aufhebung der Leibeigenschaft 1861, die er mit einer Landverteilung an die Bauern verband. Dennoch hielt er unbeirrbar an der zaristischen Autokratie fest . Er starb bei einem Bombenattentat russischer Anarchisten im Jahr 1881 (**1**).

Alexander III. Auf die zahlreicher werdenden Anschläge der Anarchisten reagierte der Zar (**3**) mit extrem brutalen Maßnahmen und unterdrückte jeden Ansatz von Reform und Liberalisierung. Außenpolitisch suchte er das Bündnis mit Frankreich (1891). Seit den 1880er-Jahren kam es zu einer Reihe von Judenpogromen (**4**), die auch eine Folge der Durchsetzung der russischen Sprache und Kultur in allen Reichsteilen waren. Anhänger sozialistischer und demokratischer Ideen wurden verbannt.

Im Juli 1905 wurde das Parlament (Duma) aufgelöst. Die Repressionen förderten die Kräfte, die zum Sturz des Zaren aufriefen. Doch mit dem erneuten Erstarken der Konservativen 1907 endeten die Unruhen.

Petersburger Blutsonntag" Die elenden Lebensbedingungen der russischen Bauern und Arbeiter sowie die Verluste im Krieg gegen Japan (1904/05) führten am 22.1.1905 zu einem Protestmarsch von etwa 200 000 Menschen vor dem Winterpalais. Der Zar reagierte radikal und ließ in die unbewaffnete Menge feuern (**5**), wobei Hunderte umkamen.

Die Entstehung des Kommunismus: Seite 275

Der Balkan

Der Balkan

1821–1914

Mit dem Freiheitskampf der Griechen begann 1821 das Ende der osmanischen Oberhoheit in Osteuropa. Die neuen Staaten auf dem Balkan wurden jedoch von Russland bzw. Österreich bedrängt und kämpften um ihre Eigenständigkeit. Auseinandersetzungen

Die Brücke von Mostar

untereinander und eine angespannte Atmosphäre machten die Region zum „Pulverfass" – die „Lunte" war nach den Balkankriegen die Ermordung des österreichischen Thronfolgerpaars 1914.

Griechischer Freiheitskampf Viele Intellektuelle aus ganz Europa wie der englische Dichter Lord Byron (**1**) engagierten sich für die Griechen. Die Brutalität der Türken gegen die Zivilbevölkerung wie beim „Massaker von Chios" 1822 (**2**) löste weltweite Proteste aus.

Der Balkan – ein „Pulverfass"

Das oft mit Gewalt verbundene Streben nach Unabhängigkeit in den Balkanländern, wechselnde Bündnisse und Kriege untereinander sowie das Eingreifen der Großmächte – v. a. die Einmischung Russlands und der Türkei, die durch den Balkan ihre Vormachtstellung ausbauen wollten – machten den Balkan im 19. Jh. über lange Zeit unregierbar. Die Labilität der komplizierten politischen Gebilde dort war eine Ursache für die Balkankriege von 1912/13, Vorläufer des Ersten Weltkriegs.

Montenegro – Ein eigenständiges Gebilde

Die seit dem 16. Jh. türkisch besetzten Bergregionen Montenegros erkämpften sich im Lauf der Zeit ein hohes Maß an Unabhängigkeit. 1697 begründete Danilo I. Petrovic Njegos die erbliche Herrschaft der Metropoliten (Vladika). Einer seiner Nachfolger, Danilo II., machte Montenegro 1852 zum erblichen Fürstentum. 1860 bestieg Nikola I. Petrovic Njegos (Bild) den Thron. Er unterstützte den Aufstand gegen die Osmanen in der Herzegowina und führte seit 1876 selber Krieg gegen sie. 1878 wurde Montenegro unter russischem Schutz selbstständig und 1910 zum Königreich. In den Balkankriegen und im Ersten Weltkrieg stand Montenegro an der Seite Serbiens. 1918 musste Nikola abdanken, als Montenegro zu Jugoslawien kam.

Der Berliner Kongress Im Juni und Juli 1878 berieten das Deutsche Reich, Österreich-Ungarn, Großbritannien, Frankreich, Italien, Russland und das Osmanische Reich über die Entschärfung der Lage auf dem Balkan (**3**). Russlands Expansion am Schwarzen Meer stellten sich die übrigen Mächte entgegen und erreichten die Autonomie Nordbulgariens und des südlichen Osmanenreichs vom Zaren. Dieser erhielt dafür Teile Bessarabiens von Rumänien, das mit Serbien und Montenegro unabhängig wurde.

3

821–1828 *Freiheitskampf der Griechen*
859 *Gründung der „Vereinigten Fürstentümer" Moldau und Walachei als Vorläufer Rumäniens*
878 *Berliner Kongress zur Lösung der Balkanfrage*
912/13 *Balkankriege, Abzug der Türken aus verlorenen Gebieten* (**4**)
8.6.1914 *Ermordung des österreichischen Thronfol-*

gerpaares in Sarajewo (**5**)
1918 *Bildung Jugoslawiens als „Königreich der Serben,*

6

Kroaten und Slowenen"
1934 *Ermordung Alexanders I. von Jugoslawien*
1941–1944 *Deutsch-italienische Besetzung Serbiens*
1941–1945 *Partisanenkampf der Serben unter Marschall Tito und Bürgerkrieg in Jugoslawien*

1946/47 *Wiederherstellung Jugoslawiens unter Tito*
1990 *Beginn des Zerfalls Jugoslawiens*
1991–1995 *Bürgerkrieg und „ethnische Säuberungen" in fast allen Teilrepubliken Jugoslawiens*
Juli 1995 *Massaker von Srebrenica an 8000 bosnischen Muslimen* (**6**)
November 1995 *Friedensabkommen von Dayton*

Das Osmanische Reich

1808–1914

Das Osmanische Reich, das den Balkan und die arabischen Länder vom Maghreb bis nach Syrien und Palästina umfasste, erwies sich im 19. Jh. zunehmend als unregierbar. Der Sultan musste große Gebietsverluste hinnehmen und kämpfte im Innern gegen den Verlust der Zentralmacht.

Sultan Abdülhamid II.

Nach der Entmachtung der alten Eliten sollten die sog. Tanzimat-Reformen Staatsverwaltung, Armee und Bildungswesen nach westlichem Vorbild modernisieren. Nach 1876 formierten sich die nationalistischen Jungtürken, die außenpolitische Misserfolge und die Zerrüttung der Staatsfinanzen zum Anlass nahmen, eine umfassende Neugestaltung zu fordern. 1909 ergriffen sie in einem Staatsstreich faktisch die Macht, die sie zeitweise diktatorisch führten. Im Ersten Weltkrieg trieb die Frontstellung gegen Russland das Osmanische Reich an die Seite der Mittelmächte.

Janitscharen Die Elitetruppe im osmanischen Heer hatte sich über die Jahrhunderte zu einem „Staat im Staate" entwickelt (S. 231). Besorgt um ihre Privilegien, boykottierten die Janitscharen jede Art militärischer oder politischer Reform und waren an der Ermordung der Reformsultane Selim III. und Mustafa IV. führend beteiligt. Mahmud II. nutzte 1826 einen Aufstand der Janitscharen (**1**) zu ihrer Zerschlagung: Er ließ die Truppen in ihren Kasernen einschließen und niedermachen. Anschließend betrieb er mithilfe westlicher Militärberater den Aufbau einer modernen Armee. Auch Verwaltung und Schulwesen ließ er nach europäischem Vorbild reformieren.

Die Kultur des Osmanischen Reichs geriet im 19. Jh. verstärkt unter abendländischen Einfluss. Der Dolmabahçe-Palast in Istanbul wurde als ein Mix verschiedener Stile der europäischen Architektur gebaut. Sultan Abdülaziz investierte Unsummen in neue Uniformen für seine nach westlichem Vorbild modernisierte Armee. Solche Auswüchse weckten den Widerstand gegen die Sultanherrschaft und ließen den Nationalismus der nichttürkischen Minderheiten wachsen.

Erste Demokratisierung Als Sultan Abdülhamid II. 1876 den Thron bestieg, erklärte er sich zur Einberufung eines Parlaments (**2**) bereit, das er schon zwei Jahre später wieder auflöste. Danach herrschte er zunehmend autoritär und spielte die ethnischen Gruppen gegeneinander aus. So blieb der Bestand des Reiches gesichert, aber das Ausbleiben von Reformen stärkte die Jungtürken, die den Sultan 1909 absetzten.

Jungtürken Die um 1876 entstandene Reformpartei der Jungtürken verband eine Begeisterung für die Regierungssysteme und wirtschaftlich-technischen Errungenschaften des Westens mit einem militanten Nationalismus, der eine „Türkisierung" aller Ethnien zum Ziel hatte. Von ihrem Zentrum Saloniki aus gewann sie nach 1900 großen Einfluss auf das türkische Offi-

zierskorps und gründete 1907 das „Komitee für Einheit und Fortschritt". Unter General Enver Pascha (**3**) ergriffen die Jungtürken 1908 die Macht, stürzten 1909 Sultan Abdülhamid (**4**) und ersetzten ihn durch seine Brüder. Sie setzten Verfassung und Parlament wieder ein, beschnitten den Einfluss der Religion im Schul- und im Rechtswesen und brachten die Industrialisierung in Gang. Sie waren aber auch für den Völkermord an rund 1,5 Millionen Armeniern und Assyrern 1914/15 verantwortlich, in denen sie Gegner ihrer

Nationalisierungspolitik sahen, und führten das Osmanische Reich in den Ersten Weltkrieg.

Ägypten

Ägypten

1798–1914

Der osmanische Offizier Mohammed Ali nutzte nach dem Abzug Napoleons die schwindende Zentralmacht der Osmanen, um das Land schrittweise in die Unabhängigkeit zu führen und eine Dynastie zu gründen. Die Modernisierung unter seinen Nachfolgern brachte eine wachsende Verschuldung mit sich, die wiederum die ägyptischen Herrscher in Abhängigkeit von den europäischen Großmächten geraten ließ. Der 1869 eröffnete Suezkanal besaß besonders für Großbritannien große Bedeutung, denn er verkürzte den Seeweg nach Indien. 1882 besetzten die Briten die Kanalzone und waren faktisch Herren des Landes. Sie unterdrückten nationale Volksbewegungen und machten Ägypten 1914 zum Protektorat. Gegen den Mahdiaufstand im Osten des Sudan waren die angloägyptischen Streitkräfte zunächst machtlos. Erst kurz vor der Jahrhundertwende, 1898, konnten sie die letzten Mahdisten aus Omdurman vertreiben.

Napoleon in Ägypten In der Absicht, den Nahen Osten unter seine Kontrolle zu bringen, landete Napoleon 1798 in Ägypten. In der Schlacht bei den Pyramiden (**2**) wurden die Mamelucken (**1**) (S. 165) geschlagen. Mit der Erforschung und Plünderung der archäologischen Schätze, von denen Napoleon viele fortbringen ließ, löste die Expedition in Europa eine Welle der Orientbegeisterung aus.

Mohammed Ali Seit 1805 regierte Mohammed Ali (**3**, vorne) als Statthalter Ägypten weitgehend unabhängig. Sein Sohn Ibrahim Pascha (**3**, hinten) unterstützte den osmanischen Sultan zwar im Unabhängigkeitskampf der Griechen und verlor 1827 in der die Seeschlacht von Navarino (**4**) seine Flotte, wandte sich aber später auf mehreren Kriegszügen zur Ausdehnung des Herrschaftsbereichs seines Vaters gegen ihn. 1841 sprachen die Osmanen Mohammed Ali die erbliche Würde eines Vizekönigs zu.

Der Suezkanal: Nadelöhr des Handels

1854 erhielt der französische Diplomat und Unternehmer Ferdinand de Lesseps von Mohammed Said die Konzession zum Bau einer Verbindung zwischen Mittelmeer und Rotem Meer. 1869 wurde der Kanal eröffnet. Lesseps sicherte seiner Suezkanal-Gesellschaft die Eigentumsrechte für 99 Jahre. 1875 erwarben die Briten die Aktienmehrheit, ab 1882 stand

der Kanal unter ihrer Kontrolle. An der Konvention von Konstantinopel, die allen Schiffen im Frieden wie im Krieg das Recht auf freie Durchfahrt garantiert, änderte sich auch durch die Verstaatlichung des Kanals 1957 nichts. Zu Zeiten der ägyptisch-israelischen Kriege zwischen 1967 und 1975 ruhte der Schiffsverkehr.

Britische Besatzung Kostspielige Entwicklungsprojekte brachten die ägyptischen Khediven in immer stärkere Abhängigkeit von Geld aus dem Ausland. Damit wuchs der Einfluss der europäischen Großmächte. Gegen die Kontrolle des Suezkanals durch die Briten und ihre faktische Herrschaft über Ägypten ab 1882 unterstützte Khedive Abbas Hilmi II. nach 1892 nationale Unabhängigkeitsbestrebungen und antibritische Propaganda (**5**). Die Briten setzten ihn 1914 ab und beendeten die formelle Oberhoheit des osmanischen Sultans.

Persien und Afghanistan

1796–1914

1796 wurde Persien unter den Qadscharen-Schahs vereinigt. Seit Anfang des 19. Jh. geriet es wie Afghanistan unter den Einfluss Russlands und Großbritanniens. Beide Großmächte griffen mehrfach in die inneren Verhältnisse der Länder ein und erzwangen Wirtschaftskonzessionen. In Persien, wo eine Modernisierung nach westlichem Vorbild einsetzte, wuchs der Unmut über die „Europäisierung". Demo-

Asker Khan, Botschafter von Persien

kraten und schiitische Mullahs schlossen ein Bündnis, das 1906 die Einberufung eines Parlamentes erreichte. Die afghanischen Herrscher konnten die Macht der Europäer in Grenzen halten, wenngleich sie den Briten 1879 die Erlaubnis zur Einfuhr ihrer Waren erteilten und ihnen den Khaiber-Pass als sicheren Zugang nach Indien überließen.

Russische Besatzung Zwischen 1868 und 1876 schob sich Russland östlich des Kaspischen Meeres immer weiter in persisches Hoheitsgebiet (**1**) vor. Die Herrschaft der Qadscharen-Schahs stand von Anfang an im Spannungsfeld der Großmächte Russland und Großbritannien, die um Einfluss in der Region kämpften und die Schahs durch Kredite von sich abhängig machten. Dagegen bildete sich eine starke nationalistische Opposition in Persien.

Persien nach 1848 Schah Nasir ad-Din (**3**) betrieb ab 1848 eine behutsame Reformpolitik, v.a. in der Wirtschaft. Seine Nachfolger waren jedoch ausschließlich schwache Herrscher. 1908 wurde am Persischen Golf erstmals Erdöl entdeckt und gefördert (**2**). Dem Versuch der Briten, die Ölförderung durch Aktienmehrheit bei der Anglo Persian Oil Company und die Besetzung einer eigentlich als neutral vereinbarten Zone unter ihre Kontrolle zu bringen, setzte die Bevölkerung erbitterten Widerstand entgegen.

Afghanistan zwischen den Mächten
Noch offener als in Persien kämpften Russen und Briten in Afghanistan um Macht und Einfluss (**5**). Nach der Eroberung von Kabul 1879 (**4**) setzten die Briten einen Marionettenherrscher ein, die Stammesführer in den Bergregionen jedoch bewahrten ihre Unabhängigkeit. Die Briten besaßen Einfluss v.a. auf die Außenpolitik, aber 1907 verpflichteten sie sich wie die Russen, die Grenzen und die Eigenständigkeit Afghanistans anzuerkennen. Das Land wurde zum Pufferstaat zwischen den Großmächten.

Seite 236

Persien und Afghanistan

1796 Agha Mohammed begründet die Dynastie der Qadscharen

1818 Ende der Durrani-Herrschaft über Afghanistan

1826 Dynastie der Barakzai in Afghanistan (bis 1973)

1838–1842 Erster Britisch-Afghanischer Krieg

1848–1896 Nasir ad-Din Schah von Persien

1878–1880 Zweiter Britisch-Afghanischer Krieg

1879 Vertrag von Gandamak, Afghanistan tritt den Khaiber-Pass an Großbritannien ab

1890 Britisches Tabakhandelsmonopol führt zu Unruhen in Persien

1893 Durand-Abkommen regelt Grenzverlauf zwischen Afghanistan und Britisch-Indien

1906 Einberufung des ersten Parlaments in Persien

1907 Vertrag von Petersburg, Abgrenzung britischer und russischer Interessensphären in Zentralasien

1909–1925 Ahmed Mirza letzter Qadscharen-Schah in Persien

Seite 388

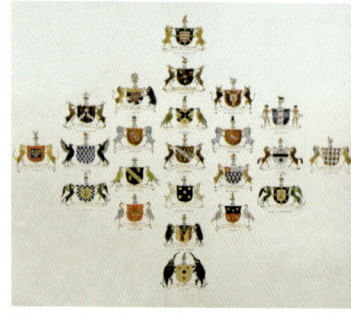

Wappen der indischen Rajas

Indien

Seite 238

Seite 390

Indien

1775–1914

Die Schwäche der letzten Moghul-Kaiser und den Kleinkrieg der Marathenfürsten untereinander nutzte die Ostindien-Kompanie ab 1775 zum Ausbau ihrer Stützpunkte. Sie übte quasi die britische Kolonialherrschaft in Indien aus, bevor nach dem Sepoy-Aufstand 1857/58 die Krone den letzten Moghul verbannte, die Kompanie auflöste und die Macht direkt übernahm. Den Rajas beließ man ihre zeremonielle Stellung. Die Proklamation der Königin zur „Kaiserin von Indien" 1877 bekräftigte Indiens Rang als „Juwel in der Krone Englands". Indische Intellektuelle nutzten den Indischen Nationalkongress als Forum für den Kampf um Unabhängigkeit und Selbstbestimmung – Forderungen, auf die die Briten mit zunehmender Härte reagierten.

Panorama der Stadt Delhi

Sepoy-Aufstand Meuternde indische Soldaten (Sepoys) (**1**) eroberten 1857/58 kurzfristig Delhi und Lucknow. Ihre Erhebung wurde zum Volksaufstand. Morde an Zivilisten lieferten den Briten den Vorwand zum uneingeschränkten Durchgreifen und zu brutalen Hinrichtungen (**2**).

Rabindranath Tagore – Vermittler der indischen Kultur

Neben Gandhi war der Schriftsteller und Philosoph Tagore (1861–1941) der führende Repräsentant der Auseinandersetzung der indischen Geisteswelt mit der westlichen Zivilisation. In seinen Schriften plädierte er für Toleranz und gewaltfreien Protest, wie auch für die Anerkennung der Wahrheit aller Religionen. Zur Verbreitung seiner Überzeugungen gründete er 1901 eine Universität in Shantiniketan. Seine Lyrik hatte großen Einfluss auf die indische Kultur und Literatur. 1913 erhielt er den Nobelpreis für Literatur. Er war es, der Gandhi 1915 den Ehrennamen „Mahatma" („Große Seele") verlieh.

Kaiserin von Indien Nach längerem Zögern entschloss sich Königin Viktoria 1877, den Titel einer „Kaiserin von Indien" anzunehmen und ließ sich als solche krönen. Ihre Nachfolger, z. B. König Georg V. (**3**), taten es ihr gleich. Die Übernahme der von dem 1858 entthronten letzten Großmoghul geführten Anrede sollte die besondere Stellung Indiens unter den britischen Kolonien verdeutlichen. Nach der Unabhängigkeit Indiens und der Konstituierung des Landes als Republik 1949 legte König Georg VI. den Titel offiziell nieder.

China

China bis zum Ende der Kaiserzeit

um 1807–1912

Die kaiserliche Macht in China befand sich im 19. Jh. im Niedergang, geschwächt durch Aufstände verschiedener Ethnien, Religionsgruppen und Regionen. Die Briten erzwangen im Vertrag von Nanking die Öffnung des Landes für ihre Waren, andere Großmächte folgten dem Beispiel. Der kaiserliche Hof reagierte mit Rückzug und Erstarrung im Hofzeremoniell. Die von Kaiser Guangxu begonnene Reform von 1898 wurde von der Hofkamarilla unterdrückt, der Kaiser faktisch entmachtet. Der Hof setzte auf die nationalistischen Geheimbünde und begünstigte den Boxeraufstand, der letztlich zu einer Dauerpräsenz der Großmächte führte. 1911/12 wurde die Monarchie gestürzt und China zur Republik erklärt.

Der kaiserliche Sommerpalast in Peking

Opiumkriege Zur Verbesserung ihrer Handelsbilanz begannen die Briten Anfang des 19. Jh. mit der illegalen Einfuhr von indischem Opium nach China. Die Beschlagnahme großer Opiummengen durch die chinesische Regierung in Kanton führte 1840 bis 1842 zum Ersten Opiumkrieg, in dem China hoffnungslos unterlag

(**1**, Karikatur). Es musste der Opiumeinfuhr zustimmen und die Stadt Hongkong an die Briten abtreten. Der Zweite Opiumkrieg führte 1858 zum Vertrag von Tianjin, der die Chinesen zwang, den Europäern elf weitere Häfen zu öffnen. Die Einfuhr billigerer europäischer Ware richtete die chinesische Wirtschaft zugrunde.

Kaiserin Cixi Die Geburt eines Thronfolgers sicherte der kaiserlichen Konkubine Cixi (**2**, **3**) ab 1861 eine einzigartige Machtstellung. 1898 ließ sie die gerade begonnenen Reformen stoppen und unterstützte stattdessen in Übereinstimmung mit ihren konservativen Beratern den Geheimbund der „Boxer".

Chinesisch-Japanischer Krieg Zu den außenpolitischen Missrfolgen Chinas im 19. Jh. zählte der Versuch, die Rolle Chinas als Schutzmacht Koreas gegen die Japaner zu verteidigen. Im Krieg 1894/95 erlitten die zahlenmäßig überlegenen Chinesen an der Mündung des Yalu eine vernichtende Niederlage (**4**). China musste die Unabhängigkeit Koreas anerkennen und verlor große Gebiete an Japan.

Boxeraufstand Der nach der von ihm praktizierten Kampfkunst des Schattenboxens im Ausland als „Boxer" bezeichnete Geheimbund „Vereinigung für Recht und Einigkeit" (**6**) setzte mit der Ermordung des deutschen Gesandten von Ketteler (**5**) 1900 das Fanal für einen gewalttätigen Aufstand nationalistischer Kräfte zur Befreiung Chinas von ausländischer Einflussnahme. Europäische Truppen schlugen die Erhebung nieder, wobei unzählige Kulturschätze Chinas zerstört wurden.

Samurai beim Angriff

Japan

1853–1912

1853/54 erzwangen Amerikaner und Russen die Öffnung der japanischen Häfen für den Handel und beendeten die jahrhundertelange Isolation Japans. Im Nachhinein führte dies 1867/68 zum Sturz des Shogunats und der Regierung des Kaisers Mutsuhito, genannt Meiji („der Erleuchtete"). Nach Niederschlagung der letzten Rebellion und Abschaffung der alten Feudalordnung stand die Meiji-Epoche im Zeichen von umfassender Modernisierung nach westlichem Vorbild. Die Industrialisierung drängte Japan zur territorialen Expansion im südostasiatischen Raum. Siegreiche Kriege gegen China und Russland sicherten Japan um 1900 einen Platz unter den Großmächten.

Japan und Amerika 1853/54 zwangen die Amerikaner Japan zur Aufgabe der seit 1637 andauernden Isolation (**1**, Gesandtschaft beim Kaiser). Industrialisierung und Aufrüstung bewahrten Japan aber vor dem Schicksal Chinas, das den westlichen Mächten schmerzhafte Konzessionen machen musste.

Der Meiji-Kaiser

Unter der Regierungsdevise „Meiji" („erleuchtete Herrschaft") beendete Kaiser Mutsuhito 1867/68 die Herrschaft der Tokugawa-Shogune und übernahm die politische Gewalt. Als er 1912 starb, hatte sich Japan zu einem modernen Rechtsstaat und einer imperialistischen Großmacht entwickelt. Mit dem ab 1890 erkennbaren militanten Nationalismus legte Kaiser Meiji den Grundstein für die schonungslose Expansionspolitik Japans gegenüber China und in Südostasien in den kommenden Jahrzehnten.

Modernisierung Der Reformprozess wurde mit aller Kraft angegangen. Ingenieure, Wissenschaftler und Lehrer aus Europa wurden als Berater geholt. Auf technischem (**2**, Bahnstation) und militärischem Gebiet waren die Fortschritte gewaltig. Aus dem rückständigen Feudalstaat wurde eine moderne Großmacht. Mit der Verfassung von 1889 wurde Japan formell zur konstitutionellen Monarchie.

Japans Expansion Auch das japanische Militär wurde in der Meiji-Zeit nach westlichem Vorbild reformiert. Durch ihre Pflichttreue und Loyalität Kaiserhaus und Vaterland gegenüber fühlten sich die Japaner überlegen (**3**), besonders den Chinesen, die sie für dekadent und ausbeuterisch hielten. Im Chinesisch-Japanischen Krieg 1894/95 errangen die Japaner einen leichten Sieg. Sie erhielten Formosa (Taiwan) und die Pescadores-Inseln. Der Sieg über Russland 1904/05 stärkte das japanische Selbstbewusstsein weiter. Im Frieden von Portsmouth wurde ihnen Südsachalin und die Halbinsel Liaodong mit Port Arthur zur Pacht zugesprochen. 1910 annektierte Japan Korea und dehnte danach seinen Einfluss in Südostasien weiter aus.

Südostasien

Südostasien

Um 1800–1914

Seit dem 18. Jh. versuchten zuerst die Handelskompanien, dann auch die Regierungen der Kolonialmächte, die Herrschaft über die Reiche Südostasiens zu erlangen, indem sie in interne Machtkämpfe eingriffen. Großbritannien weitete im 19. Jh. sein Kolonialreich von Indien bis nach Birma aus, während Frankreich sich die Herrschaft über

Wächterfigur am Tempel des Smaragd-Buddhas (Wat Phra Kaeo) in Bangkok

Vietnam, Kambodscha und Laos sicherte. Die Machtausübung erfolgte beinahe überall durch Handelsverträge und Druck auf die in ihren Rechten belassenen einheimischen Herrscher. Einzig Siam (Thailand) gelang es, durch eine kluge und fortschrittliche Politik die direkte Kolonialisierung abzuwehren.

Großer Palast (Chakri Maha Prasat) in Bangkok, erbaut unter Rama V.

Franzosen in Indochina Im 19. Jh. breiteten sich die Franzosen in Indochina aus. Die Christenverfolgung (**1**) lieferte Frankreich einen Vorwand, um bis 1867 Südvietnam zu erobern und den Norden 1883/84 zum Protektorat zu machen. Die Behandlung der Einheimischen war oft unmenschlich (**2**).

Arbeit für die weißen Herren Wie in Afrika entbrannte auch in Südostasien zwischen Briten und Franzosen ein erbitterter Kampf um Rohstoffe. In Siam gewährte ein Handelsabkommen mit den Briten 1826 diesen zwar Vorteile, verhinderte aber die Besetzung des Landes. Die Bevölkerung Südostasiens stellte Korbwaren (**3**) und andere Produkte für den europäischen Markt her und sammelte Kautschuk (**4**).

Siam König Chulalongkorn Rama V. (**5**) zeigte sich Modernisierungen gegenüber aufgeschlossen und bereiste als erster Herrscher Siams Asien (1871) und Europa (1897 und 1907). Mehrere Umsturzversuche zwangen ihn, Reformen behutsamer durchzuführen. Doch schaffte er die Sklaverei ab, errichtete Krankenhäuser, baute das Postwesen und ein Eisenbahnnetz auf. Trotz einiger territorialer Verluste bewahrte seine Politik Siam vor dem Verlust der Unabhängigkeit.

Indochinakrieg: Seite 436

Afrika

∧ Seite 246

∨ Seite 400

West- und Mittelafrika

Um 1800–1914

Bis auf die Küstengebiete war Afrika Anfang des 19. Jh. kaum kolonialisiert. Nachdem 1814/15 der Sklavenhandel offiziell verboten wurde, begann die Erforschung Innerafrikas und wurde zum Wettlauf der Kolonialmächte, die um die Aufteilung des Kontinents untereinander rangen. Auch wenn der Kolonialismus teilweise industriell-technischen Fortschritt brachte, bestand er doch vor allem in wirtschaftlicher Ausbeutung.

Afrikanischer Hilfssoldat

Besetzung Tunesiens durch Frankreich nach Unruhen 1881

Kolonialismus und Imperialismus

*Seit der Erforschung Afrikas durch David Livingstone (**3**) besetzten die westeuropäischen Großmächte in einem Wettlauf den Kontinent und errichteten Kolonien (**5**). Sie verbanden den Imperialismus als Form der Erweiterung von Landbesitz, Einfluss und Absatzmärkten mit der rassistischen Ideologie von der „zivilisatorischen Überlegenheit des weißen Mannes". Die kolonialisierten Völker wurden in Kolonialausstellungen (**4**) gezeigt.*

Kongo-Konferenz Die Berliner Kongo-Konferenz kam 1884/85 unter Leitung des deutschen Reichskanzlers Bismarck zustande (**1**). Sie bestätigte den bisherigen kolonialen Besitz der Teilnehmerländer in Afrika sowie den Kongo als Privatbesitz Leopolds II. von Belgien, der dieses Land besonders grausam ausbeutete (S. 294). Die Konferenz wurde

als Freibrief für die endgültige Eroberung und Aufteilung auch der bisher noch nicht besetzten innerafrikanischen Gebiete verstanden. Die Grenzen und Einflusszonen wurden mit dem Lineal auf der Landkarte gezogen, ohne Berücksichtigung bestehender Stammesgebiete oder gewachsener Strukturen. Vertreter Afrikas wurden nicht hinzugezogen, da man die Einheimischen für „zu primitiv" hielt, um die politischen Zusammenhänge zu verstehen.

Rivalität Die Konkurrenz der großen Kolonialmächte Großbritannien und Frankreich führte in der Faschodakrise 1898, benannt nach einem Ort im Sudan (**2**), beinahe zum Krieg.

Die Sklaverei in Afrika

Obwohl die Briten die Sklaverei in Afrika im 19. Jh. offiziell abschafften, ging der Sklavenhandel v. a. im Sudan und den westafrikanischen Küstenländern weiter. Seit dem 16. Jh. arbeiteten skrupellose weiße und arabische Sklavenhändler mit einheimischen Häuptlingen zusammen, die gegen begehrte europäische Luxuswaren Kriegsgefangene oder auch ihre eigenen Leute als Sklaven verkauften. Sklavenschiffe brachten die Menschen unter katastrophalen Bedingungen in die Neue Welt.

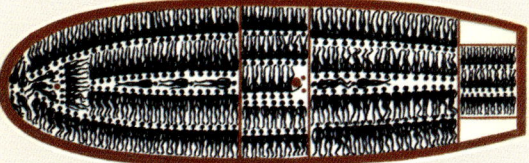

b 1806 *Großbritannien errichtet ein Kolonialreich in Kapland (bis 1814) und ganz Südafrika (bis 1890), Ägypten und im Sudan (ab 1881/82), Ostafrika (1887–90), Nigeria und Teilen Westafrikas (1886)*

b 1830 *Frankreich kolonialisiert Algerien (1830), West- und Äquatorialafrika, Tunesien (1881), Madagaskar (1895/96) und Marokko (1911/12)*

1881–1885 *Belgien annektiert den Kongo*

1881–1885 *Italien besetzt Eritrea und 1889 Somalia*

1884/85 *Deutsches Reich erwirbt Togo, Kamerun, Deutsch-Südwest (Namibia) und Deutsch-Ostafrika (Tansania)*

19. Jh. *Portugal erweitert Küstenstützpunkte in Angola und Mosambik (seit dem 16. Jh.) zu Kolonien*

Afrika

Südafrika und Äthiopien

Um 1800–1914

Nach dem Untergang des Zulu-reiches unter Häuptling Chaka verdrängten die Briten die nieder-ländischstämmigen Buren aus den Küstenregionen Südafrikas, und diese bildeten Burenstaa-ten im Landesinneren. Nach der Entdeckung wertvoller Boden-

Grabmal des Zulu-häuptlings Chaka

schätze führten britische Übergriffe auf Burengebiet zum massiven Widerstand. Dieser entlud sich im Bu-renkrieg, der mit einem Sieg der Briten endete. Das christliche Äthiopien vermochte sich mit wechseln-den Bündnissen einer Kolonialisierung zu entziehen. Nach der Kongo-Konferenz (S. 323) meldete auch das Deutsche Reich koloniale Ansprüche in Afrika an.

Zulufrauen beim Tanz auf einer Hochzeit

Menelik II. (1844–1913)

Als die Italiener versuchten, Äthiopien zu besetzen, setzte sich Menelik II. erfolgreich zur Wehr und sicherte im Frieden von Addis Abeba seinem Land 1896 die Unabhängigkeit. Um zu verhindern, dass Äthiopien eine britische oder italienische Kolonie würde, schloss er Verträge mit den anderen Kolonialmächten. Besonders gute Kontakte unterhielt Menelik II. zu Deutschland. 1905 wurde ein Freundschafts- und Handelsvertrag zwischen dem Deutschen Reich und Äthiopien geschlossen. In der Folgezeit wurde Äthiopien zügig modernisiert.

Burenkrieg Durch den Aufmarsch von Truppen provozierten die Briten 1899 eine Kriegserklärung durch den Präsidenten der Burenrepublik Transvaal, Paulus „Ohm" Krüger (**2**). Um den Guerillakrieg, den die Buren zunächst erfolgreich führten, zu unterbinden, richteten sie Konzentrationslager ein, in denen burische Frauen und Kinder interniert wurden (**1**).

Der Afrikahandel

Die Kolonialisierung und Ausbeutung der Länder Afrikas brachte Europa und den USA einen gewaltigen wirtschaftlichen Aufschwung, v. a. ihrer Handelsschifffahrt. Mit den sog. Kolonialwaren, die in der Heimat vertrieben wurden, lernten die Europäer exotische Güter kennen und schätzen.

Hereroaufstand Der von deutschen Truppen niedergeworfene Aufstand kostete Zehntausende Hereros das Leben (**3**).

Die USA

1789-1848

Washington und Jefferson

USA

Die ersten Jahrzehnte der jungen Republik waren geprägt vom Gegensatz zwischen Föderalisten, die eine starke Zentralgewalt befürworteten, und Demokraten, die sich für die Eigenständigkeit der Einzelstaaten einsetzten. Nach dem Britisch-Amerikanischen Krieg von 1812 legte die Monroe-Doktrin von 1823 eine Politik der Nichteinmischung in europäische Konflikte fest, die bis 1917 beibehalten wurde. Die Besiedlung des Westens verlief ab 1800 in mehreren Schüben, begünstigt durch Landkäufe und die Annexion mexikanischer Territorien. Damit einher ging eine massive und häufig gewaltsame Landenteignung der Indianer, die in Reservate umgesiedelt wurden. Durch die beginnende Industrialisierung des Nordens wuchs seit den 1820er Jahren ein Gegensatz zwischen den Nord- und den landwirtschaftlich geprägten Südstaaten. Zum Hauptstreitpunkt mit explosivem Potenzial wurde die Frage der Slaverei .

Washington, D.C. Das Weiße Haus (**1**) ist seit 1800 Amtssitz des Präsidenten. Die Hauptstadt wurde an der Scheidelinie zwischen Nord- und Südstaate gegründet, um Neutralität in dem sich anbahnenden Nord-Süd-Konflikt zu demonstrieren

Goldrausch Als 1848 in einem Fluss in Kalifornien Gold gefunden wurde (**2**), löste das den größten Goldrausch aller Zeiten aus. Die Goldsucher zogen in Trecks (**3**) Richtung Westen und gründeten dort neue Dörfer und Städte.

Expansionspolitik Mit der Aufnahme von Texas, das sich von Mexiko unabhängig erklärt hatte, in die USA provozierte Präsident Polk 1845 den Krieg mit Mexiko, den die US-Truppen schnell für sich entschieden (**4**). 1848 musste Mexiko mehr als die Hälfte seines Staatsgebiets abtreten. Im Oregon-Vertrag mit Großbritannien sicherten sich die USA 1846 außerdem einen Großteil des Gebiets zwischen Rocky Mountains und Pazifikküste. Das Gebiet der Vereinigten Staaten erstreckte sich nun von Küste zu Küste. Die neuen Gebiete wurde vielfach von Einwanderern besiedelt.

Die Indianerkriege – Vom Little Bighorn zum Wounded Knee

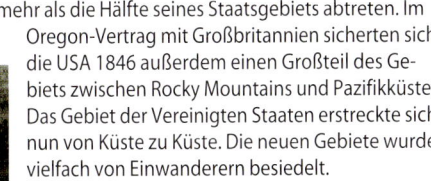

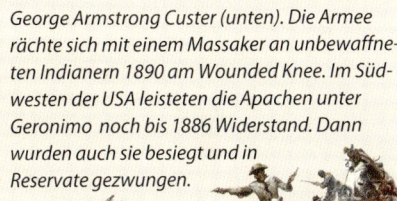

Seit den 1830er Jahren versuchte die US-Regierung, die Indianerstämme in Reservaten zu konzentrieren und zu kontrollieren. Ihre traditionellen Stammes- und Jagdgebiete wurden von weißen Siedlern besetzt, zahllose Verträge abgeschlossen und gebrochen. Nach mehreren blutigen Auseinandersetzungen kam es zur Vereinigung mehrerer Tausend zum Widerstand entschlossener Sioux- und Oglala-Indianer. Unter der Führung von Sitting Bull (oben) und Crazy Horse schlugen sie 1876 am Little Bighorn vernichtend das 7. US-Kavallerieregiment unter General

George Armstrong Custer (unten). Die Armee rächte sich mit einem Massaker an unbewaffneten Indianern 1890 am Wounded Knee. Im Südwesten der USA leisteten die Apachen unter Geronimo noch bis 1886 Widerstand. Dann wurden auch sie besiegt und in Reservate gezwungen.

Seite 326

USA

Seite 330

Amerikanischer Bürgerkrieg

1860-1865

Ab 1832 verschärfte sich der Konflikt zwischen Nord- und Südstaaten. Hinter dem Disput über die Sklaverei stand der ältere und größere Konflikt um die Souveränität der Einzelstaaten (S. 324). Als Abraham Lincoln, ein erklärter Gegner der Sklaverei, 1860 zum Präsidenten gewählt wurde, traten elf Südstaaten aus der Union aus und gründeten die „Konföderierten Staaten". Der Versuch des Nordens, die abtrünnigen Staaten zurückzuholen, gipfelte 1861 im Bürgerkrieg (**1**). Die Südstaaten erlitten nach anfänglichen Erfolgen eine vernichtende Niederlage, deren Folgen sie noch lange spürten.

1

Der Amerikanische Bürgerkrieg

Anfang des 19. Jh. wuchs der Widerstand im industrialisierten Norden gegen die Sklaverei im ländlich geprägten Süden. Viele Südstaatler sahen dies als Angriff auf ihre traditionelle Lebensweise. Der Konflikt spaltete die Nation tief, der von beiden Seiten erbittert geführte Krieg entzweite ganze Familien. Nach anfänglichen Erfolgen der konföderierten Truppen unter Robert E. Lee (7) wendete sich das Blatt 1863 mit dem Sieg der Unionstruppen unter Ulysses S. Grant (9) und William Tecumseh Sherman (6) in der Schlacht von Gettysburg (8). Nach dem Krieg wurde die Sklaverei per Gesetz verboten.

6

7

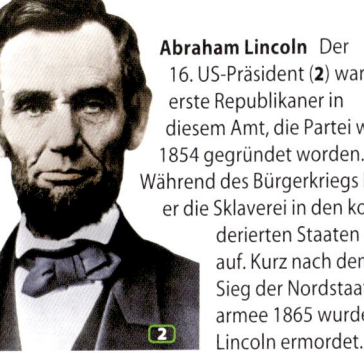

Abraham Lincoln Der 16. US-Präsident (**2**) war der erste Republikaner in diesem Amt, die Partei war 1854 gegründet worden. Während des Bürgerkriegs hob er die Sklaverei in den konföderierten Staaten (**3**) auf. Kurz nach dem Sieg der Nordstaatenarmee 1865 wurde Lincoln ermordet.

Sklavenbefreiung Die anfängliche Begeisterung (**4**) konnte nicht darüber hinwegtäuschen, dass sich die Lage der Schwarzen kaum verbesserte. Die ehemaligen Sklaven waren mit Armut und Massenarbeitslosigkeit konfrontiert, Bürgerrechte blieben ihnen vorenthalten. In den Südstaaten gründeten sich

zahlreiche rassistische Vereinigungen wie der Ku-Klux-Klan (**5**), die mit Gewalt und Terror das Sklavenhaltertum wiederherstellen wollten. Andere plädierten aus „christlichen" Gründen für eine strenge Rassentrennung.

12.4.1861 Beginn des Bürgerkriegs: Angriff der Konföderierten auf Fort Sumter bei Charleston

1.–3.7.1863 Schlacht von Gettysburg endet mit Sieg der Unionstruppen, Wende zugunsten der Union

4.7.1863 Unionstruppen unter Grant nehmen Vicksburg ein

15.11.1864 Unionstruppen unter Sherman stecken Atlanta in Brand

21.12.1864 Sherman erobert Savannah

9.4.1865 Kapitulation der Südstaaten bei Appomattox

26.4.1865 Die letzten Konföderierten kapitulieren gegenüber Sherman bei Durham

USA

Die USA

1865–1917

Die Erschließung des Kontinents durch den Eisenbahnbau und die Entdeckung von Öl verhalfen den USA zu einem Wirtschaftsboom, von dem zunächst besonders der Norden, dann aber die gesamten USA profitierten. Ab den 1870er-Jahren bildeten sich namentlich in der Erdölförderung und in der Stahl- und Autoindustrie die großen Trusts, deren Macht die Regierung mit wenig Erfolg einzuschränken versuchte. Unter Präsident McKinley begann eine offen imperialistische Politik. Interventionen in Lateinamerika ab 1897

Die Freiheitsstatue in New York

sicherten den USA die Kontrolle über den Panamakanal. Der Eintritt in den Ersten Weltkrieg 1917 bedeutete die Abkehr von der Monroe-Doktrin (S. 326).

Neues Wachstum Bis 1893 war der bis dahin dünn besiedelte Westen durch den Bau von Eisenbahnstrecken (**2**) vollständig an den Rest des Landes angeschlossen. Das beschleunigte nicht nur die wirtschaftliche Entwicklung, sondern auch die Niederlassung von Siedlern und Einwanderern (**1**).

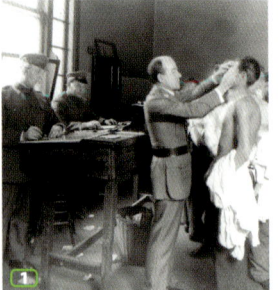

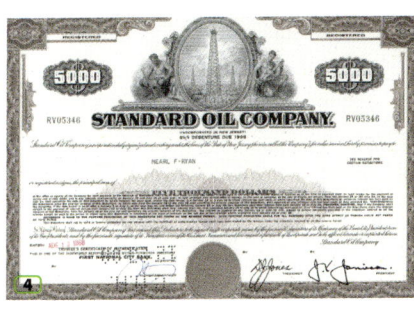

Trusts Ende des 19. Jh. schlossen sich zahlreiche kleinere Unternehmen, v. a. in der Stahl- und Ölindustrie (**3**), zu marktbeherrschenden Konzernen (Trusts) zusammen. Den Anfang machte Rockefeller mit der Standard Oil Company (**4**).

Imperialismus Theodore Roosevelt (**6**) setzte die imperialistische Politik seines 1901 ermordeten Vorgängers William McKinley fort. So unterstützte er 1903 Panama bei der Loslösung von Kolumbien und installierte eine Regierung, die den USA die Hoheit über das 1881 begon- nene und 1914 abgeschlossene Kanalbauprojekt (**5**) überließ. Zur nachträglichen Bestätigung seiner Außenpolitik ließ er 1904 der Monroe-Doktrin den Roosevelt-Corollary anfügen, ein Zusatz, der den Führungsanspruch der USA auf dem amerikanischen Kontinent verkündete.

"New Freedom" Der demokratische Präsident Woodrow Wilson (**7**) lehnte die imperialistische Expansionspolitik seiner Vorgänger ab und befürwortete das Selbstbestimmungsrecht der Völker. Er wandte sich innenpolitischen Fragen zu und führte große, liberale Sozialreformen durch. Seine Bemühungen, die USA aus dem Ersten Weltkrieg herauszuhalten, scheiterten jedoch. Im April 1917 gaben die USA ihre Neutralität auf und erklärten Deutschland den Krieg (**8**).

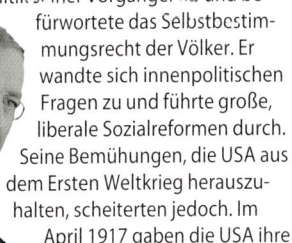

Lateinamerika

1810–1914

Ausgehend von Venezuela 1810, erfasste bis 1830 eine Welle von nationalen Erhebungen und Befreiungskriegen unter der Führung von Simón Bolívar und José de San Martín die von Spanien beherrschten lateinamerikanischen Länder. Bolívars Versuche, die Länder zu vereinigen, scheiterten allerdings an nationalen Unterschieden und Einzelinteressen. Fast alle Länder gründeten sich als Republiken. Meist erlebten sie jedoch nur kurze, unruhige Perioden der Demokratie, die immer wieder von Militärputschen und längeren Phasen der Diktatur unterbrochen wurden. Der Kampf der Indios um politische Rechte, die Gegensätze unter den Bevölkerungsgruppen, Bürgerkriege, soziale und wirtschaftliche Krisen und die faktische Unregierbarkeit ganzer Regionen kennzeichneten das Bild von den Staaten Lateinamerikas. Auch die demokratisch gewählten Präsidenten griffen oft zu autoritären Maßnahmen, um ihre Politik durchzusetzen.

Die peruanische Hauptstadt Lima im 19. Jh.

„Libertador" Bis heute wird Bolívar als Befreier Lateinamerikas (**1**) verehrt. 1819 wurde er Präsident von Großkolumbien (das heutige Kolumbien und Venezuela), später auch von Peru und Bolivien, ab 1828 mit diktatorischen Vollmachten. Mit dem Abfall von Peru und Venezuela 1830 scheiterten Bolívars Einigungspläne, er dankte ab.

José de San Martin Der argentinische General (**2**) befreite 1817 Chile und 1820/21 Peru von den Spaniern. Er wurde zum Protektor von Peru ernannt. 1822 traf er auf Simón Bolívar. Da sie sich nicht auf ein gemeinsames Vorgehen einigen konnten, zog sich San Martín zurück.

Salpeterkrieg Im Streit um die Ausbeutung der Salpetervorkommen in der Atacama-Wüste (**3**) griff Chile 1879 Peru und Bolivien an. 1881 besetzte Chile für zwei Jahre Lima. In den Friedensabkommen 1883 und 1884 mussten Peru und Bolivien Land an Chile abtreten. Bolivien büßte den Zugang zum Meer ein.

Seite 252

1810 Freiheitskampf Lateinamerikas beginnt in Venezuela
1816 Föderation der Vereinigten Provinzen des Rio de La Plata um Argentinien
1818 Chile wird Republik
1819 Simón Bolívar wird Präsident Großkolumbiens
1821 Peru wird Republik
1824 Ende der spanischen Herrschaft in Südamerika
1825 Bolivien und Uruguay werden unabhängige Republiken
1829–1839 Andrés de Santa Cruz Diktator von Peru und ab 1836 auch von Bolivien
1829–1832 und 1835–1852 Herrschaft von Juan Manuel de Rosas in Buenos Aires
1830 Rücktritt Bolivars und Zerfall Großkolumbiens, Ecuador wird Republik
1839 Unabhängigkeit Guatemalas
1841 Unabhängigkeit El Salvadors
1879/80 Wüstenkrieg, Argentinien erobert Pampa
1879–1883 Salpeterkrieg
1883 Frieden von Ancón
1884 Frieden von Valparaiso

Seite 406

Brasilien und Mexiko

1822–1919

Brasilien erreichte die Unabhängigkeit von Portugal 1822 auf friedlichem Weg und wurde zunächst sogar vom portugiesischen Herrscherhaus weiterregiert. Die Abschaffung der Sklaverei 1888 brachte Kaiser Pedro II. internationale Anerkennung, er verlor

Flugblatt der Revolution in Mexiko

aber die Unterstützung der brasilianischen Oberschicht. 1889 führte ein Putsch zum Sturz der Monarchie. Mexiko löste sich 1813 von Spanien. Von der Republik Mexiko spalteten sich 1823 die Vereinigten Staaten von Zentralamerika ab, bestehend aus den bis heute existierenden zentralamerikanischen Ländern. 1848 verlor Mexiko den gesamten Norden an die USA (S. 330). 1861 wurde der von den Vereinigten Staaten unterstützte Benito Juárez Präsident. Bis zur Verabschiedung der Verfassung 1917 wurde das Land immer wieder von Unruhen erschüttert.

Unabhängigkeit Brasiliens

Pedro I., Sohn des portugiesischen Königs, erklärte Brasilien 1822 für unabhängig und ließ sich zum Kaiser krönen (**1**). Nach dem Tod seines Vaters 1826 bestieg er auch den portugiesischen Thron. Er blieb in Brasilien, bis 1828 innenpolitische Auseinandersetzungen (Miguelistenkriege, S. 298) seine Anwesenheit in Portugal erforderten. 1831 dankte er ab

Kaiser Maximilian von Mexiko Um die wirtschaftliche Situation Mexikos zu stabilisieren, setzte der liberale Präsident und entschlossene Reformer Benito Juárez kurz nach seiner Amtsübernahme die Schuldenrückzahlungen an das Ausland aus. Großbritannien, Spanien und Frankreich nahmen dies zum Anlass einer Intervention und ernannten 1864 den österreichischen Erzherzog Maximilian zum Kaiser von Mexiko. Mit Unterstützung der USA konnte Juárez die französischen Truppen, die Mexiko-Stadt seit 1863 besetzt hielten, vertreiben. Erzherzog Maximilian ließ er 1867 standrechtlich erschießen (**2**).

Pedro II. von Brasilien Der dem Fortschritt gegenüber aufgeschlossene Kaiser (**4**) förderte Wirtschaft, Kunst und Wissenschaft. 1888 schaffte der liberale Monarch die Sklaverei (**3**) ab, ohne aber die ehemaligen Eigentümer zu entschädigen. Ohne deren Rückhalt konnte er sich gegen einen Militärputsch 1889 nicht durchsetzen.

Mexiko Porfirio Díaz (**6**) regierte Mexiko mit Unterbrechung von 1877 bis 1911 als Präsident mit diktatorischer Gewalt. Der Kampf des Bürgertums um politische Mitbestimmung und die rechtlose Lage der Bauern und Indios führten 1910 zum Ausbruch einer langen und blutigen Revolution. Die über zehn Jahre dauernden Kämpfe wurden angeführt von Francisco „Pancho" Villa, Emiliano Zapata (**5**) und Venustiano Carranza. 1917 wurde Carranza Präsident und verabschiedete im selben Jahr eine neue Verfassung und soziale Reformen. Aber erst nach 1920 beruhigte sich die Lage im Land.

Weltkriege und Zwischen- kriegszeit

1914–1945

Die beiden Weltkriege in der ersten Hälfte des 20. Jh.
kosteten ungeheuer viele Menschenleben – im
Zweiten Weltkrieg starben mehr als 60 Millionen –
und traumatisierten die Überlebenden. Am Ende
beider Kriege stand eine Neuordnung Europas. Als
folgenreichste Entwicklung nach dem Ersten Weltkrieg erwies sich der Sieg der Bolschewisten 1917 in
Russland. Der technische und wirtschaftliche Aufschwung der Goldenen Zwanziger bedeutete ein
blühendes Kulturleben, führte aber auch in die
Weltwirtschaftskrise und Massenarbeitslosigkeit.
Das war der Nährboden für totalitäre Ideologien.
Der Nationalsozialismus in Deutschland war verbunden mit einem Rassenwahn, der zur planmäßi-
gen Vernichtung der europäischen Juden führte.

Ermordung des Erzherzogs Franz Ferdinand in Sarajewo

Technologie und Totalitarismus

Die Materialschlachten und Stellungskriege des Ersten Weltkrieges entwickelten eine bis dahin unbekannte Zerstörungskraft, die die bürgerlichen Gesellschaften bis in die Grundfesten erschütterte. Der Kriegseintritt der USA 1917 entschied den Krieg und bereitete den Aufstieg Amerikas zur Weltmacht vor. Die Niederlage der Mittelmächte führte zum Sturz der Monarchien, zur territorialen Beschneidung Deutschlands und zur Zerschlagung der Donaumonarchie und des Osmanischen Reiches. Die selbstständig gewordenen Völker Osteuropas und des arabischen Raumes erkämpften sich in der Folgezeit ihre nationale Identität, während Japan aufrüstete und China im Bürgerkrieg versank. Die harten Friedensbedingungen von 1919/20 erlegten den jungen, ungeübten Demokratien v. a. in Deutschland und Österreich schwere Hypotheken auf. Vom Bolschewismus der Sowjetunion (**1**) ging nach 1917 ein starker Einfluss auf die kommunistischen und linksradikalen Bewegungen in Europa aus. Sie

propagierten einen neuen Sozialismus
und riefen zu Unruhen und Streiks auf.
Ab 1922 strahlte der italienische Faschismus Mussolinis mit seinem religiös aufgeladenen Führerkult auf nationalistische und rechtskonservative
Bewegungen in Europa aus: In vielen
Ländern, etwa Ungarn, Portugal und

Spanien, etablierten sich nach Bürgerkriegen autoritäre Systeme. Trotz gewal-
tiger Fortschritte in den Naturwissenschaften und der industriellen Produktion
2) erfassten Wirtschaftskrisen verstärkt ab 1929 nahezu alle Länder der Welt.
Großbritannien verlor seine Position als führende Finanzmacht. Die USA versuchten die Wirtschaftskrise mit der Politik des „New Deal" abzufedern.
Ein Gefühl der Entwurzelung und Perspektivlosigkeit trieb den radikalen und
antidemokratischen Gruppen immer mehr Anhänger zu. Mit der Machtübernahme Hitlers 1933 begann in Deutschland eine aggressive Rassen- und Natio-
nalpolitik, die die Welt 1939 in einen erneuten Krieg stürzte. Mit dem Zweiten
Weltkrieg begann auch die systematische Erfassung und Deportation von Millionen von europäischen Juden, zahlreichen Sinti und Roma, psychisch Kranken und angeblichen Feinden des Regimes durch SS- und Polizeitruppen sowie deren Ermordung in Konzentrations- und Vernichtungslagern. Zeitgleich
hatte Stalin den Sowjetkommunismus in eine Überwachungsdiktatur verwan-
delt und vernichtete erbarmungslos die alten Partei- und Staatskader sowie
„Abweichler" und anderweitig Verdächtige.
Im Zweiten Weltkrieg eroberten deutsche Truppen bis 1942 einen Großteil
Europas und Nordafrikas. Nach der Niederlage der deutschen Truppen vor
Stalingrad 1943 trat die Wende ein: Alliierte Fliegerangriffe zerstörten deutsche Städte, durch den Einsatz moderner Kriegstechnologie und unter großen
Opfern wurde Deutschland schließlich besiegt. In Asien ging der Krieg weiter,
bis Japan nach dem Abwurf der ersten amerikanischen Atombomben ebenfalls
kapitulierte. Nach dem Krieg zerbrach das Bündnis der unterschiedlichen Ideologien, das Deutschland besiegt hatte. Die Welt teilte sich in zwei Lager auf.

Weltpolitik

Der Beginn des Ersten Weltkriegs

1914–1916

Die Ermordung der österreichischen Thronfolgerpaars 1914 in Sarajewo war der Funke, an dem sich in der angespannten Lage in Europa der Erste Weltkrieg entzündete. Letzte diplomatische Bemühungen scheiterten in der Juli-Krise. Das Deutsche Reich siegte anfangs über die schlecht ausgerüsteten Truppen des Zaren und versuchte, mit einem schnellen Sieg über Frankreich die Gefahr eines Zweifrontenkriegs zu bannen. Doch 1915/16 begann im Westen ein Stellungskrieg gegen die französischen und britischen Verbände.

Giftgas zählte zu den verheerendsten Waffen des Ersten Weltkriegs. Es führt zum Verlust des Augenlichts und zu Lungenverätzungen.

Der Erste Weltkrieg

Der Erste Weltkrieg gilt als Europas blutiger Eintritt ins 20. Jh. Materialschlachten und zermürbende Stellungskriege führten zu einer Verrohung und vollkommenen Desillusionierung der ursprünglich kriegsbegeisterten Soldaten. Neue Kriegs- und Waffentechniken ließen die Zahl der Toten rasant in die Höhe schnellen, und auch die Zivilbevölkerung hatte unter dem langen Krieg zu leiden. Tausende von Soldaten kehrten als demoralisierte Kriegskrüppel und seelische Wracks in die Heimat zurück. Die Schlachtfelder glichen zerpflügten Mondlandschaften.

Ausweitung des Konflikts

Gemäß dem 1905 vom deutschen Generalstabschef entwickelten Schlieffen-Plan rückten im August 1914 deutsche Truppen in das neutrale Belgien (**1**) ein, um von Norden her eine Front gegen Frankreich aufzumachen. Diese Verletzung der Neutralität der Benelux-Staaten nahm Großbritannien zum Anlass, in den Krieg gegen Deutschland einzutreten. An der Seite Großbritanniens beteiligten sich auch Kontingente der Dominion-Staaten Kanada, Australien, Neuseeland und Südafrika am Krieg, womit der europäische Konflikt wirklich zum Weltkrieg wurde.

Das Attentat von Sarajewo

Viele Völker der Donaumonarchie (S. 284) fühlten sich unterdrückt, v. a. der Balkan war zum Krisenherd geworden. Der österreichische Thronfolger Franz Ferdinand hatte dort viele Feinde. Am 28.6.1914 wurde er in Sarajewo von einem serbischen Nationalisten erschossen.

Die Kriegsgegner Im Ersten Weltkrieg standen sich die Mittelmächte Deutsches Reich, Österreich-Ungarn, Bulgarien und das Osmanische Reich (**2**) auf der einen und die Ententemächte Frankreich mit seinen Kolonien, Großbritannien mit den Dominion-Staaten (S. 292), Russland, Serbien, das deutsch besetzte Belgien und Japan auf der anderen Seite gegenüber. 1915 traten Italien und 1917 die USA auf Seiten der Entente in den Krieg ein. Der Kriegseintritt der USA, die Großbritannien seit 1914 mit Waffen und Gütern unterstützt hatten, erwies sich als kriegsentscheidend.

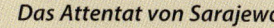

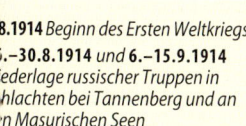

8.1914 *Beginn des Ersten Weltkriegs*
...–30.8.1914 *und* **6.–15.9.1914** *Niederlage russischer Truppen in Schlachten bei Tannenberg und an den Masurischen Seen*

Ab 22.2.1915 *U-Boot-Handelskrieg*
7.5.1915 *Versenkung der „Lusitania"*
21.2.–21.7.1916 *Kampf um Verdun (**3**), eine der größten Schlachten des Ersten Weltkriegs*

31.5./1.6.1916 *Seeschlacht am Skagerrak*
24.6.–26.11.1916 *Schlacht an der Somme (**5**)*
Ab Februar 1917 *Unbeschränkter*

U-Boot-Krieg
April 1917 *Kriegseintritt der USA*
November 1918 *Novemberrevolution*
28.6.1919 *Vertrag von Versailles (**4**)*

Weltpolitik

Der Kriegsverlauf

1916–1918

Ende 1916 befanden sich die Kriegsparteien in einer Pattsituation. Die Mittelmächte hofften auf eine Schwächung Russlands durch die dort seit Februar 1917 wütende Revolution. Sie begünstigten die Machtübernahme der Bolschewiki,

Der erste Luftkrieg der Geschichte

und Russland schied Anfang 1918 aus dem Krieg aus. Bereits im April 1917 waren jedoch die USA infolge des verschärften Seekriegs in den Krieg eingetreten. Dies brachte die entscheidende Wende zugunsten der Entente. Nach einer überraschenden Gegenoffensive der Entente brach die Front der Mittelmächte zusammen. Die hoffnungslose Lage in den Heimatländern und das militärische Scheitern führten zum Sturz der Monarchien in Deutschland und Österreich-Ungarn.

Kriegsbegeisterung In fast allen europäischen Ländern begrüßten besonders junge Männer den Kriegsausbruch und meldeten sich scharenweise freiwillig an die Front (**1**). Der Krieg galt als „großes Abenteuer", um der Enge der bürgerlichen Gesellschaft Anfang des 20. Jh. zu entfliehen. Doch wegen hoher Verluste an der Front und der immer schlechter werdenden Versorgungslage wuchs ab dem Frühjahr 1917 überall der Widerstand.

Gaskrieg Obwohl die Haager Landkriegsordnung von 1907 den Einsatz von Giftgas verbot, glaubte jede Seite, mit dem Einsatz der neuen „Wunderwaffe" den Krieg für sich entscheiden zu können. Nachdem die Franzosen 1914 Tränengas verwendet hatten, setzten die Deutschen 1915 bei Ypern erstmals das tödliche Chlorgas ein. Der Gaskrieg brachte keiner Seite einen Vorteil, aber die Folgen waren verheerend (**3**).

Grabenkrieg Der zermürbende Stellungskrieg an der Westfront (**2**) brachte beiden Seiten keinen Geländegewinn. Die Soldaten lebten in den Gräben unter katastrophalen hygienischen Bedingungen und ständigem Granatbeschuss. Hunderttausende starben, viele erlitten schwere psychische Schäden. Die Moral der Frontsoldaten sank.

Die USA im Ersten Weltkrieg
Zunächst wollten sich die USA, der Monroe-Doktrin gemäß, aus dem Krieg in Europa heraushalten. Doch ab Februar 1915 weitete das Deutsche Reich den U-Boot-Krieg aus und griff auch Handelsschiffe neutraler Staaten an. Bei der Versenkung des britischen Dampfers „Lusitania" (**4**) am 7. Mai kamen auch 124 Amerikaner ums Leben. Dies bewirkte einen Stimmungsumschwung in den USA. Sie gaben ihre Neutralität auf und traten am 6.4.1917 in den Krieg ein (**5**, Anwerbung Freiwilliger).

▷ **Monroe-Doktrin:** Seite 326

Friedensver- handlungen

1918/19

Vor allem die USA hatten seit 1917 auf eine für alle Kriegsparteien tragbare Friedensordnung ge- drängt. Die Grundzüge eines solchen „Friedens ohne Sieg" formulierte US-Präsident Wilson in seinem 14-Punkte-Programm von 1918. Frankreich dagegen wollte eine territoriale, militärische und wirt- schaftliche Schwächung Deutschlands erreichen. Nach hartem Ringen setzten sich auf der Pariser Friedenskonferenz die französischen Interessen durch: Im Versailler Vertrag (**1**) wurden Deutschland hohe Reparationszahlungen auf- erlegt, den Mittelmächten wurde die alleinige Kriegsschuld zugewiesen. Sämt- liche Staaten der Mittelmächte mussten z.T. einschneidende Gebietsverluste hinnehmen. Damit trug die neue Friedensordnung den Keim für eine wach- sende Unzufriedenheit und den Wunsch der Kriegsverlierer nach einer Revision des Vertrags in sich.

Waffenstillstand von Compiègne Nach der Abdankung des Kaisers unterzeichnete am 11.11.1918 der Zentrumspolitiker Matthias Erz- berger für das Deutsche Reich den Waffenstill- standsvertrag (**2**), mit dem die Kapitulation Deutschlands angenommen wurde.

Die Siegermächte Über die Behandlung Deutschlands nach dem Kriege herrschte Uneinigkeit unter den Siegermächten. US-Präsident Woodrow Wilson (**3**) setzte sich für maßvolle Friedensbedingungen ein und wollte ein friedliches Deutschland wieder in den Kreis der Nationen aufnehmen. Großbritannien unter David Lloyd George (**5**) stimmte dem zu, schon aus Angst, dass sich ein zu schwaches Deutschland dem Bolschewismus anschließen könnte.

Frankreichs Regierungschef Georges Clemenceau (**4**) dagegen wollte Deutschland durch hohe Reparationsleistungen, die Verkleinerung des Heers und die Entmilitarisierung des Rheinlands strafen.

Versailler Vertrag Die Verhandlungen über den Frieden wurden allein von den Siegermächten geführt, ohne Beteiligung der Verlierer. Frankreich konnte seine harten Forderungen weitgehend durchsetzen und stimmte dafür dem von Wilson geforderten Völkerbund zu (S. 354). Der abschließende Vertrag von Versailles (**6**) wurde den deutschen Delegierten vorgelegt, die ihn auf Druck der Siegermächte unterschrieben. Besonders umstritten war der Kriegsschuldparagraph.

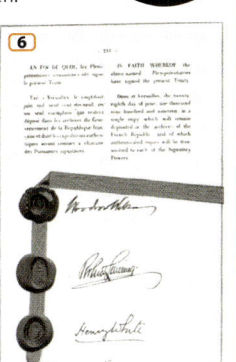

Seite 342

12. Dezember 1916 Erstes Friedensangebot Deutschlands

Januar 1917 US-Präsident Wilson propagiert einen „Frieden ohne Sieg"

Januar 1918 Wilson legt 14-Punkte-Programm vor

3.3.1918 Friede von Brest-Litowsk zwischen Russland und Deutschland

3./4.10.1918 Friedensangebot Deutschlands an Wilson

23.10.1918 Deutschland nimmt Wilsons 14-Punkte-Programm an

November 1918 Novemberrevolution, Sturz der Monarchien in Deutschland und Österreich (S. 346, 352)

11.11.1918 Waffenstillstand von Compiègne

18.1.1919 Beginn der Pariser Friedenskonferenz

28.6.1919 Unterzeichnung des Versailler Vertrags zwischen den Entente-Mächten und Deutschem Reich

10.9.1919 Friedensvertrag von St. Germain mit Österreich

7.11.1919 Friede von Neuilly mit Bulgarien

4.6.1920 Friede von Trianon mit Ungarn

10.8.1920 Friede von Sèvres, Auflösung des Osmanischen Reichs

Seite 346

Welt

Entmilitarisierung Frankreich strebte danach, Deutschland dauerhaft zu schwächen. Im Versailler Vertrag wurde eine Begrenzung des Heers auf 100 000 Mann und eine deutliche Verkleinerung der Marine festgelegt. Luftwaffe, schwere Artillerie und Panzer mussten demontiert werden (**7**), ein Wiederaufbau war verboten. Die „Schmach" der Besetzung des Rheinlands und der völligen Entwaffnung entlang der Besatzungszone wurde ein Kampfbegriff der nationalen Rechten.

Das Deutsche Reich – Die Weimarer Republik

1918–1933

Soldaten- und Arbeiterunruhen führten 1918 zum Zusammenbruch der Monarchie und zum Rücktritt Wilhelms II. Doch war die deutsche Demokratie von Anfang an von radikalen politischen Kräften in ihrer Existenz bedroht: Kommunistische Aufstände, rechte Attentate und Putschversuche, rasch wechselnde Mehrheiten und Regierungen prägten die Republik. Hinzu kamen finanzielle Probleme, Wirtschaftskrisen, hohe Inflation und Massenelend. Rechts- und linksextreme Parteien erstarkten, und schließlich beseitigte Hitlers NSDAP die ungeliebte Republik.

Geldschein aus der Inflationszeit

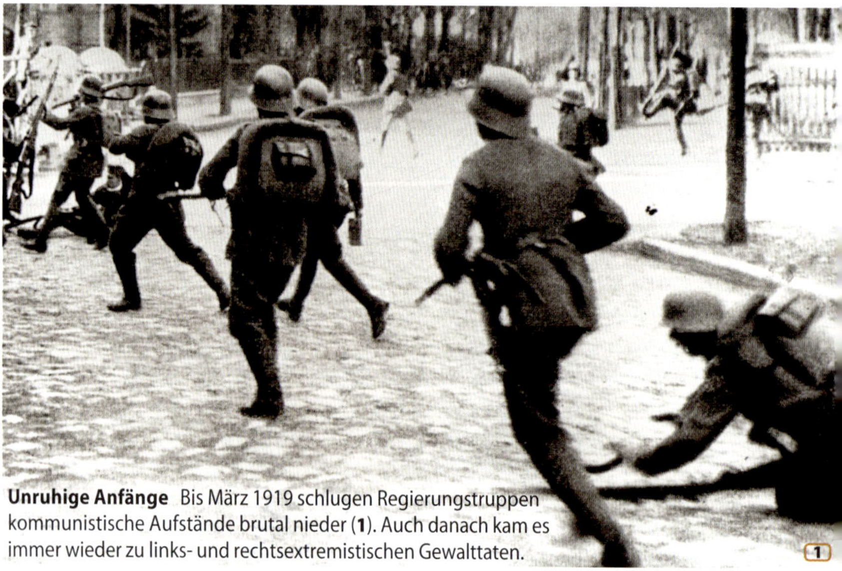

Unruhige Anfänge Bis März 1919 schlugen Regierungstruppen kommunistische Aufstände brutal nieder (**1**). Auch danach kam es immer wieder zu links- und rechtsextremistischen Gewalttaten.

1

Die ungeliebte Demokratie
Der SPD-Vorsitzende Friedrich Ebert (**2**) wurde 1919 zum ersten Reichspräsidenten gewählt. Er versuchte, die junge Republik gegen Angriffe von links und rechts zu stärken. Ab 1924 schien sich die Situation zu beruhigen, doch die Weltwirtschaftskrise 1929 verschaffte den extremen Parteien starken Zulauf. Die rechten Parteien, v. a. die NSDAP, hetzten mit der „Dolchstoßlegende" gegen die Republik: Demnach sei die Revolution von 1918 dem „im Felde unbesiegten deutschen Heer" in den Rücken gefallen (**3**).

Entspannung Die Friedenspolitik des nationalliberalen Außenministers Gustav Stresemann (**5**, links) und des französischen Außenministers Aristide Briand (**5**, rechts, mit dem britischen Außenminister Austen Chamberlain) ermöglichte den Abschluss der Locarno-Verträge von 1925. Die Anerkennung der Westgrenze und der Verzicht auf eine gewaltsame Revision der Ostgrenze ebneten Deutschland den Weg zur Aufnahme in den Völkerbund 1926. Stresemann und Briand bekamen den Friedensnobelpreis. Doch die hoffnungsvolle Stimmung hielt nur wenige Jahre.

Das Ende der Republik Im November 1923 versuchte Hitler vergeblich, die Regierungsmacht an sich zu reißen. Nach der Weltwirtschaftskrise 1929 trieben jedoch die hohe Zahl von fast sechs Millionen Arbeitslosen, die Instabilität der rasch wechselnden Regierungen und das gewalttätige politische Klima Hitler und seiner Partei immer mehr Wähler zu (**4**). Die Parteien der Mitte verloren an Rückhalt, ihre Wähler wandten sich der NSDAP zu, die einen Wiederaufstieg Deutschlands versprach.

Weltwirtschaftskrise: Seiten 356 (Frankreich), 360 (Großbritannien), 404 (USA)

Die Errichtung der NS-Diktatur

1933–1936

Am 30.1.1933 ernannte Reichspräsident von Hindenburg Adolf Hitler zum Reichskanzler. Dieser wandelte mithilfe seiner Nationalsozialistischen Deutschen Arbeiterpartei (NSDAP) den Staat bis 1934 in eine Diktatur um. Jede Opposition wurde erstickt und das Land mittels gezielter Propaganda „gleichgeschaltet". 1933 begann die sich in den Folgejahren verschärfende systematische Diskriminierung und Verfolgung der Juden und ihre Entfernung aus dem öffentlichen Leben (**1**). NS-Organisationen durchdrangen das gesamte Alltagsleben der Bürger. Mit staatlichen Beschäftigungsprogrammen zur Senkung der Arbeitslosigkeit, gezielten Sozialmaßnahmen sowie außenpolitischen Erfolgen gelang es Hitler, den Führermythos aufzubauen.

⌃ Seite 346

⌄ Seite 350

Aufstieg zum Führer Nach seiner Ernennung zum Reichskanzler durch Reichspräsident Paul von Hindenburg (**2,** links) war Hitler zunächst auf die Unterstützung der bürgerlichen Mitte-Rechts-Parteien angewiesen, die er aber schon bald ausschaltete. Nach Hindenburgs Tod 1934 übernahm Hitler dessen Amt und bezeichnete sich als „Führer und Reichskanzler". Er ließ die Reichswehr auf seine Person vereidigen und agierte nun als Diktator. Deutschland war zum Führerstaat geworden.

Deutschland

Erste Terrormaßnahmen Nach dem Reichstagsbrand im Februar 1933 (**3**) leitete Hitler erste Verfolgungsaktionen gegen Sozialdemokraten und Kommunisten ein. Im März 1933 verabschiedete der Reichstag das Ermächtigungsgesetz, das Hitler faktisch diktatorische Vollmachten verlieh. Im Mai 1933 initiierten NS-Studentenorganisationen, unterstützt von Propaganda-

minister Joseph Goebbels, Bücherverbrennungen (**4**), denen die Werke kritischer Intellektueller, Künstler und Wissenschaftler zum Opfer fielen.

SA und SS Die SA hatte als Terror- und Propagandatruppe den Aufstieg der NSDAP in der Weimarer Republik begleitet. Nach der Machtübernahme gefährdete sie durch eigenmächtige Aktionen jedoch die Führungsposition Hitlers. Dieser nutzte den sog. Röhm-Putsch, um 1934 den Stabschef der SA, Ernst Röhm, zu ermorden und sich der SA-Führung zu entledigen (**6**, französische Karikatur). An die Stelle der SA trat die SS unter dem „Reichsführer SS" Heinrich Himmler (**5**, mit Hitler), die Hitler direkt unterstellt war. Auch durch die Verflechtung mit Polizei und Gestapo

wurde sie zum allmächtigen Instrument des NS-Terrors. Sie galt als „völkische Elite" und war maßgeblich am Völkermord an den Juden beteiligt.

Die Hitlerjugend

Der NS-Staat wollte die Bevölkerung durch diverse Parteiorganisationen „von der Wiege bis zur Bahre" ins System einbinden. Besonderer Wert wurde auf die sog. völkische Erziehung der Jugend gelegt, die in Hitlerjugend (HJ) und Bund Deutscher Mädel (BDM) zusammengebracht wurde, um auf die Kriegsziele und die Rassenlehre des Nationalsozialismus eingeschworen zu werden. Ab 1936 war die Mitgliedschaft Pflicht.

Deutschland

1936–1939

Mit den Olympischen Spielen 1936 demonstrierte NS-Deutschland noch einmal Weltoffenheit, während im Innern längst die massive Verfolgung der Juden eingesetzt hatte. Bereits 1935 hatte Hitler ein Bündnis mit

Reichsadler und Hakenkreuz

dem faschistischen Italien geschlossen und begonnen, seine aggressive Territorialpolitik in die Tat umzusetzen. Ohne auf nennenswerten Widerstand in Europa zu stoßen, gelang ihm nach der Eingliederung des Saarlands und der Wiederbesetzung des Rheinlandes 1938/39 der Anschluss Österreichs und des Sudetenlands sowie die Zerschlagung der CSR (S. 376). Mit dem Überfall auf Polen entfesselte das Deutsche Reich am 1.9.1939 den Zweiten Weltkrieg.

Bündnispolitik Ab 1935 festigte sich die „Achse Berlin–Rom". Hitler verstand es, Mussolini (**1**) an seine Seite zu ziehen. Auch der gegen die Sowjetunion gerichtete Antikominternpakt mit Japan 1936, dem Italien ebenfalls beitrat, wurde im Hinblick auf künftige Kriegsbündnisse geschlossen.

Faschismus und Nationalsozialismus

Der Faschismus war eine antibürgerliche und antikommunistische Ideologie, die die eigene Nation verherrlichte und die Demokratie zugunsten einer hierarchischen Führerdiktatur bekämpfte. Der Nationalsozialismus übernahm viele Elemente des Faschismus, im Mittelpunkt aber standen der Antisemitismus, Rassenideologie und Lebensraumdoktrin. Beiden Ideologien war gemeinsam, dass ihnen die Anwendung von Gewalt als legitimes Instrument der Politik galt.

Die Olympischen Spiele in Berlin 1936

Anlässlich der Olympischen Spiele 1936, die auch sportlich zu einem großen Erfolg für Deutschland wurden, verstand es das Hitler-Regime mit Erfolg, den Eindruck einer weltoffenen, zukunftsorientierten und friedliebenden Nation zu vermitteln. Die Verfolgung der Juden und politischen Gegner wurde zeitweise ausgesetzt, aggressive Parolen verschwanden von den Straßen und die internationale Presse wurde hofiert. Jazz und andere, sonst verbannte „undeutsche Musik" war in diesen Tagen offiziell zugelassen. Die ausländischen Besucher konnten sich frei

2

bewegen. Nicht zuletzt die Olympiafilme von Leni Riefenstahl mit ihren atemberaubenden filmtechnischen Neuerungen vermittelten ein Bild vom „edlen neuen Menschen nordischer Schönheit", dem das Ausland nur zu gerne Glauben schenken wollte. Ein Erfolg für die NS-Propaganda war bereits der Einzug fast aller Olympiamannschaften mit dem Hitlergruß.

Reichspogromnacht In der Nacht vom 9. zum 10. November 1938 erreichte die seit 1933 kontinuierlich verschärfte Hetze gegen die Juden ihren ersten gewaltsamen Höhepunkt. Der NS-Führung diente ein Attentat auf einen deutschen Diplomaten in Paris zum Vorwand, in ganz Deutschland Synagogen (**2**) und jüdische Geschäfte in Brand stecken zu lassen. Über 100 Menschen wurden ermordet, weitere 30 000 in Konzentrationslager verschleppt.

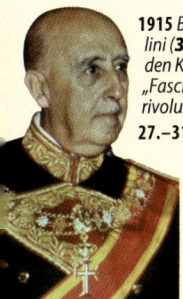

1915 Benito Mussolini (**3**) gründet den Kampfbund „Fascio d´azione rivoluzionaria"
27.–31.10.1922 „Marsch auf Rom"
31.10.1922 Mussolini Ministerpräsident von Italien („Il Duce")

Ab Mai 1932 Engelbert Dollfuß regiert mit der Vaterländischen Front in Österreich (Austrofaschismus)
30.1.1933 Adolf Hitler wird Reichskanzler (**4**)
25.7.1934 Ermordung Dollfuß' bei Putschversuch der österreichischen NSDAP
2.8.1934 Hitler wird „Führer und

Reichskanzler"
1936–1939 Spanischer Bürgerkrieg, Francisco Franco (**5**) wird diktatorischer Staatschef („El Caudillo")
26.10.1939 Jozef Tiso wird Staatspräsident der Slowakei
16.4.1941 Ante Pavelic wird Staats- und Regierungschef Kroatiens

25.7.1943 Sturz Mussolinis
September 1943 Gründung der „Republik von Salo"
15.10.1944 Die Pfeilkreuzler unter Ferenc Szálasi übernehmen die Macht in Ungarn
28.4.1945 Ermordung Mussolinis
30.4.1945 Selbstmord Hitlers

Ausrufung der Republik Österreich

Österreich – Erste Republik und deutsche „Ostmark"

1918–1938

Die Donaumonarchie war militärisch am Ende und zerfiel im November 1918 bei der Abdankung des Kaisers in ihre Bestandteile. Österreich verlor drei Viertel seines Territoriums und durfte sich auch Deutschland nicht anschließen. In den 1920er-Jahren durchlebte die junge Republik schwere Wirtschaftskrisen und einen scharfen ideologischen Kampf der sozialdemokratischen und der christlichsozialen Partei. Paramilitärische Heimwehrverbände und die immer stärker werdende illegale NSDAP verfolgten eigene Ziele. Nach dem kurzen Intermezzo des autoritären Austrofaschismus (1932–1934) geriet die Regierung unter immer stärkeren Druck Hitler-Deutschlands, das 1938 den „Anschluss" Österreichs erzwang.

Der letzte Kaiser Kaiser Karl I. (**1**) dankte nur widerwillig im November 1918 ab. Unterstützt von vielen Monarchisten, versuchte er 1919 und 1921 vergeblich, zumindest die Krone Ungarns zurückzugewinnen. 1922 starb er im Exil auf Madeira.

Wien Nach 1918 sank die Millionenmetropole zur Hauptstadt eines Kleinstaats mit großen wirtschaftlichen und sozialen Problemen ab. Kommunale Wohnungsbauprojekte (**2**, Karl-Marx-Höfe) sollten die Not der Bevölkerung lindern.

Das Wiener Bürgertum

Das liberale Wien galt den rechtsnationalen Kräften als „Hochburg des westeuropäischen Judentums". Wie in Deutschland 1933 mussten 1938 in Österreich eine große Anzahl jüdi-

Der „Anschluss" Hitler übte seit 1934 Druck auf die österreichische Regierung aus, um die Eingliederung ins Deutsche Reich zu erzwingen. Zugleich wurde die NSDAP in Österreich immer aggressiver (**3**) und stärker. Einen Tag vor der geplanten Abstimmung über die Unabhängigkeit Österreichs im März 1938 marschierten Wehrmachtstruppen ein, und Hitler vollzog unter dem Jubel der meisten Österreicher den „Anschluss" (**4**).

scher sowie demokratisch gesinnter Künstler und Wissenschaftler das Land verlassen, so auch Sigmund Freud (1856–1939), Begründer der Psychoanalyse. Er emigrierte nach London.

Austrofaschismus Nach dem Vorbild Mussolinis errichtete Bundeskanzler Engelbert Dollfuß 1933 ein autoritäres Regierungssystem, getragen von der Vaterländischen Front (**5**). Dollfuß wurde bei einem Putschversuch der NSDAP im Juli 1934 erschossen.

▶ **Aufstieg der NSDAP in Deutschland:** Seiten 346–347

Schweiz

1914–1945

Seit dem 19. Jh. war die Schweiz eine neutrale Insel inmitten Europas. Sie entwickelte eine unabhängige Demokratie und föderalistische Traditionen. Ab 1914 empfahl sie sich als humanitärer und politischer Vermittler, 1920 nahm der Völkerbund seinen Sitz in Genf. Von den Ideologien des Faschismus und des Nationalsozialismus blieb die Schweiz ebenso unberührt wie vom Sozialismus. Dennoch nahm es die Schweizer Regierung in Kauf, dass Schweizer Unternehmen in vielfältiger Weise wirtschaftliche Vorteile aus dem Zweiten Weltkrieg und der Ausplünderung der europäischen Juden zogen. Die mehr oder weniger freiwillige Kollaboration führte nach Kriegsende zu heftigen, bis heute andauernden Debatten.

Grenzschutz 1939

Der Völkerbund – Vorgänger der UNO

1916 hatte US-Präsident Wilson die Schaffung des Völkerbunds angeregt, als internationales Gremium für den politischen Austausch und die Sicherung des Weltfriedens, wie im Versailler Vertrag festgelegt wurde (S. 345). Bei seiner konstituierenden Sitzung im Januar 1920 umfasste der Bund 45 Staaten, eine führende Rolle spielten die Siegermächte des Ersten Weltkriegs mit Ausnahme der USA, die nicht beigetreten waren. Später kamen weitere hinzu: Noch im selben Jahr Österreich, 1926 Deutschland und 1934 die UdSSR. In den ersten Jahren bestand die Aufgabe des Völkerbunds v. a. in der friedlichen Sicherung der neuen Grenzen in Europa und der Regelung der Abrüstungsfragen. Der aggressiven Politik der faschistischen Mächte hatte er jedoch kaum etwas entgegenzusetzen. 1933 traten Deutschland und Japan, 1937 Italien demonstrativ aus dem Völkerbund aus.

1

Das Internationale Rote Kreuz (IRK)

Der Schweizer Geschäftsmann Henri Dunant (1828–1910) entwickelte die Idee von einer neutralen Hilfsorganisation für Kriegsverwundete, die 1863 in Genf als „Internationales Komitee vom Roten Kreuz" gegründet und im 20. Jh. zu einer weltweit tätigen Bewegung wurde. Das Rote Kreuz ermöglichte in beiden Weltkriegen Verwundeten aller Seiten, sich als „Internierte" in der neutralen Schweiz zu erholen. 1917 und 1944 erhielt das IRK den Friedensnobelpreis, dessen erster Träger 1901 Henri Dunant gewesen war.

Die Schweiz und der Krieg Trotz der latenten Bedrohung von außen demonstrierte die Schweiz bis 1939 bei vielen Gelegenheiten ihre politische Unabhängigkeit. 1939 ließ sie symbolisch mobilmachen, enthielt sich aber jeder militärischen Aktion und leistete humanitäre Dienste. Unter der Führung von Bundesrat Marcel Pilet-Golaz setzte sich jedoch eine Kompromisspolitik gegenüber den faschistischen Nachbarstaaten zum eigenen wirtschaftlichen Vorteil durch: Die Aufnahme jüdischer Flüchtlinge wurde eingeschränkt sowie die Gotthardbahn (**1**) 1939 für Militärtransporte zwischen Deutschland und Italien zur Verfügung gestellt. Von den Nationalsozialisten beschlagnahmtes jüdisches Vermögen, sog. Raubgold, wurde auf Schweizer Konten und Depots eingelagert (**2**).

2

UNO: Seite 420–421

Frankreich

Frankreich – Die unruhige Republik

1918–1940

Mit dem Gewinn Elsass-Lothringens wurde Frankreich nach 1918 zur führenden Macht in Kontinentaleuropa. Es erhielt den Hauptteil der deutschen Reparationsleistungen und hatte eine relativ stabile Wirtschaft. Erst in den 1920er-Jahren setzte im bis dahin stark agrarisch geprägten Frankreich eine verstärkte Industrialisierung ein, weshalb es auch erst verspätet von den Auswirkungen der Weltwirtschaftskrise betroffen war. Ab 1931 führte diese jedoch auch in Frankreich zu politischer Instabilität und ideologischen Radikalisierungen: Die linke Volksfront-Regierung unter Léon Blum (1936/37) verstand sich als Bollwerk gegen wachsende faschistische Einflüsse. International wollte sich Frankreich durch Bündnisse und ab 1938 durch eine Appeasement-Politik gegenüber Deutschland absichern.

Siegesfeiern in Paris 1919

Raymond Poincaré Als Staatspräsident (1913–1920) und Ministerpräsident (1922–1924 und 1926–1929) vertrat der Nationalkonservative (**1**) eine Politik der militärischen Sicherung gegenüber Deutschland und führte eine dreijährige Militärdienstzeit in Frankreich ein. Als Vorsitzender der Reparationskommission trieb er die deutschen Reparationsleistungen unerbittlich ein und stand hinter der Ruhrbesetzung 1923.

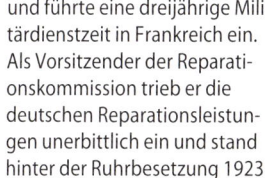

Ruhrkampf Sicherheit war das wichtigste Ziel der französischen Außenpolitik. Um Deutschland weiter zu schwächen und als Ausgleich für ausgebliebene Reparationszahlungen besetzte Frankreich im Januar 1923 gegen den Widerstand Großbritanniens und der USA das Ruhrgebiet (**3**). Die deutsche Bevölkerung setzte auf passiven Widerstand (**2**), bis Frankreich das Ruhrgebiet 1925 wieder räumte. Schrittweise näherten sich Deutschland und Frankreich einander wieder an.

Die Maginot-Linie

Bereits 1919 hatte es in Frankreich erste Überlegungen zur Schaffung einer Grenzbefestigung im Norden und Osten gegeben, um sich vor einem erneuten Einfall deutscher Truppen zu schützen. Zwischen 1929 und 1932 (mit späteren Erweiterungen) wurde der aus zahllosen betonierten Artillerie- und Infanteriewerken, Kommunikations- und Bunkeranlagen sowie Panzersperren bestehende Festungsgürtel für rund drei Milliarden Francs an der Grenze zu Deutschland

errichtet. Er wurde nach Kriegsminister André Maginot benannt. Hitler antwortete darauf 1938/39 mit dem Bau des Westwalls zwischen Aachen und der Schweizer Grenze. Im Zweiten Weltkrieg umgingen deutsche Truppen 1940 die Maginot-Linie, indem sie – genau wie 1914 – die Neutralität Belgiens ignorierten und von Norden her nach Frankreich vorstießen.

◗ **Britische Appeasement-Politik:** Seite 362

Frankreich im Krieg

1940–1945

In einem „Blitzkrieg" überrannten deutsche Truppen im Mai/Juni 1940 den Norden Frankreichs und besetzten Paris (**1**). Die im zunächst unbesetzten Süden in Vichy errichtete neue Regierung entschloss sich unter wachsendem Druck zur Kollaboration mit NS-Deutschland. Zugleich fanden sich Exil-Franzosen unter der Führung von Charles de Gaulle zum „Freien Frankreich" zusammen. Während ein Teil der Franzosen aktiv mit den deutschen Besatzern zusammenarbeitete, z.B. bei der Deportation der Juden, leistete die Résistance u.a. mit Sabotageakten Widerstand. Nach der Landung der Alliierten in der Normandie organisierte die Résistance einen Aufstand in Paris und bildete eine provisorische Regierung.

Das Vichy-Regime Marschall Philippe Pétain (**3**) stand der Regierung vor, die 1940 im unbesetzten Süden in Vichy gebildet wurde. Die antirepublikanische, konservativ-autoritäre Politik des zunehmend diktatorischen Vichy-Regimes wurde aber von immer mehr Franzosen abgelehnt. Unter diesem Druck entschloss sich die Regierung zur Kollaboration mit Deutschland und beteiligte sich maßgeblich an der Deportation französischer Juden in die Vernichtungslager im Osten (**2**). Mit dem Einmarsch deutscher Truppen in Südfrankreich im November 1942 schwand ihre Macht zusehend

(4)

Die Résistance General Charles de Gaulle (**5**) stellte sich 1940 an die Spitze der Bewegung „Freies Frankreich", die sich als rechtmäßige Regierung verstand und 1943 nach Algerien übersiedelte. Innerhalb Frankreichs leisteten die Kämpfer der Résistance in einem Gueril-

lakrieg mit Anschlägen, Sabotage (**4**) und Propaganda-Aktionen Widerstand gegen die deutschen Besatzer.

(5)

Die Abrechnung Die Résistance unterstützte die alliierten Truppen nach der Landung in der Normandie und organisierte im August 1944 einen Aufstand in Paris (**8**). In der provisorischen Regierung arbeiteten die überwiegend konservativen Mitglieder der Exilregierung Seite an Seite mit den linken Widerstandskämpfern, um Frankreich von der Vichy-Regierung zu befreien. Immer wieder kam es dabei zu Ausschreitungen gegen mutmaßliche Kollaborateure, so wurde Frauen, denen ein Verhältnis mit einem Deutschen zur Last gelegt wurde, der Kopf geschoren (**7**).

(6)

Befreiung Frankreichs Im August 1944 marschierte de Gaulle an der Spitze der Widerstandsbewegung im Triumph in Paris ein – Frankreich war befreit und die Franzosen feierten begeistert (**6**). Schon bald entstand die Legende vom „ganzen Volk im Widerstand", die erst in den 1980er-Jahren durch die Forschungsarbeit der Historiker infrage gestellt wurde.

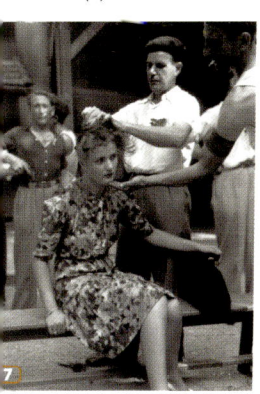

(7)

(8)

Großbritannien

Seite 293

Ab 1919 Streikwelle

1923 Ende des Protektorats über Ägypten (S. 310)

1923/24, 1924–1929 und 1935–1937 Konservative Regierung unter Stanley Baldwin

1924 und 1929–1931 Labour-Regierung unter Ramsay MacDonald

Februar 1924 Anerkennung der UdSSR

1925 Stabilisierung des Pfunds

1926 Bergarbeiter- und Generalstreik

1927 Gewerkschaftsgesetz

1931–1935 Nach Auszug der Labour-Minister „Nationale Regierung" unter MacDonald

1931 Westminster-Statut zum Status ehemaliger Kolonien

Juni 1935 Deutsch-Britisches Flottenabkommen

Seite 362

Großbritannien zwischen den Weltkriegen

1919–1935

Das britische Weltreich erreichte nach dem Ersten Weltkrieg seine größte Ausdehnung, wurde jedoch innenpolitisch von schweren Wirtschaftskrisen und Streikwellen erschüttert. Trotz der Krisen war die parlamentarische Grundordnung nicht gefährdet, anders als in den meisten Ländern auf dem Kontinent hatten radikale Parteien hier kaum Zulauf. Wechselnde Regierungen, an denen ab 1924 auch die Labour-Partei beteiligt war, bemühten sich um einen Ausgleich mit den Gewerkschaften und stabilisierten die Wirtschaft ab Mitte der 1920er-Jahre. Außenpolitisch bemühte sich Großbritannien um eine Beruhigung der Lage in Mitteleuropa durch die wirtschaftliche und politische Rehabilitierung Deutschlands.

London in den 1920er-Jahren

1

Das Königshaus

Die antideutsche Stimmung im Ersten Weltkrieg ließ das deutschstämmige englische Königshaus nicht unberührt. 1917 gab es

den Namen „Sachsen-Coburg Gotha" auf und nannte sich fortan Windsor, nach der königlichen Residenz Windsor Castle. Georg V. nutzte die ihm in der konstitutionellen Monarchie zur Verfügung stehenden Mittel, um Einfluss auf die Politik auszuüben: Auf sein Drängen hin stand Premierminister Ramsay MacDonald auch nach dem Ausscheiden seiner Labour-Partei aus der Regierungsverantwortung von 1931 bis 1935 einer Koalition aus Konservativen und Liberalen vor.

Labour Die angespannte Wirtschaftslage nach 1918 gab der reformsozialistischen Labour-Partei Auftrieb. Der Aufstieg der Arbeiterpartei sprengte das traditionelle Zweiparteiensystem von Liberalen und Konservativen. Ramsay MacDonald (**2,** Mitte) war 1924 der erste Labour-Premierminister, wurde aber nach nur elf Monaten abgewählt, weil er die Sowjetunion anerkannte. 1929 wurde er zum zweiten Mal Regierungschef.

Streiks Die anhaltende Wirtschaftskrise und die Verschleppung der überfälligen Modernisierung der Schlüsselindustrien ließen die Arbeitslosenzahlen rasant steigen. Ab 1919 kam es wiederholt zu Streiks, die soziale Verbesserungen einforderten, die aber die Wirtschaft weiter schädigten. Höhepunkt war ein von vielen Gegendemonstrationen (**3**) begleiteter Generalstreik 1926.

„Große Depression": Seiten 404–405

Groß- britannien

1936–1945

Die britische Außenpolitik war bestrebt, den Frieden zu wahren und so den Einfluss des Empires und seinen Handel zu schützen. Die Regierung hoffte, mit einer sog. Appeasement-Politik gegenüber dem nationalsozialistischen Deutschland einen weiteren Krieg vermeiden zu können. Dafür billigte sie zahlreiche Verstöße Deutschlands gegen den Versailler Vertrag. Nach dem deutschen Einmarsch in Prag erkannte auch Chamberlain, dass die Beschwichtigungspolitik gescheitert war: Nach Hitlers Überfall auf Polen erklärte Großbritannien Deutschland den Krieg. Chamberlain trat 1940 als Premierminister zurück, sein Nachfolger, Winston Churchill, schwor Großbritannien auf den Krieg ein. 1945 gehörte Großbritannien zu den Kriegsgewinnern, die Regierung Churchill wurde jedoch abgewählt.

Chamberlain und Mussolini, 1938

Appeasement-Politik Um ohne ausreichend gerüstete Armee Großbritanniens Stellung im internationalen System zu sichern und einen Weltkrieg zu verhindern, betrieben die konservativen Premierminister Stanley Baldwin (**2**) und Arthur Neville Chamberlain eine Außenpolitik der Konfliktvermeidung und diplomatischen Vermittlung, der sich ab 1934 auch Frankreich anschloss. Erst Winston Churchill stellte sich 1940 dem Expansionsdrang Deutschlands, Italiens und Japans entgegen (**1**, Karikatur).

HOLDING THE LINE!

Eduard VIII. (1894–1972)

1936 folgte Eduard VIII. seinem Vater Georg V. auf den Thron. Er stürzte die Monarchie noch im selben Jahr in

eine Krise, als er zum Missfallen des Volks und gegen den Rat von Premierminister Baldwin an der Hochzeit mit der zweimal geschiedenen Amerikanerin Wallis Simpson festhielt. Auf Druck der Regierung verzichtete er auf den Thron. Ihm folgte sein Bruder Georg VI.

Münchner Abkommen Nach dem „Anschluss" Österreichs (S. 353) im März 1938 verschärften sich die internationalen Spannungen angesichts des aggressiven deutschen Expansionsdrangs. Als Hitler Anspruch auf die deutsch besiedelten Sudetengebiete der Tschechoslowakei erhob, kam es auf Vermittlung Mussolinis hin im September 1938 in München zum Vertrag zwischen Hitler, dem britischen Premierminister Chamberlain (**3**), dem französischen Regierungschef Daladier und Mussolini. Ohne tschechische Beteiligung wurden dem Deutschen Reich die Sudetengebiete zugesprochen. Im Gegenzug garantierten die unterzeichnenden Mächte die Sicherheit der restlichen Gebiete der Tschechoslowakei. Der Frieden schien gerettet, doch Hitler brach auch diesen Vertrag und marschierte im März 1939 in Prag ein.

③

Winston Churchill (1874–1965)

Als Churchill im Mai 1940 Premierminister einer Allparteienregierung wurde, lag bereits eine Karriere als Soldat im Sudan, Kriegsberichterstatter im Burenkrieg, Abgeordneter, Erster Lord der Admiralität im Ersten Weltkrieg und mehrfacher Minister hinter ihm. Schon in den 1930er-Jahren hatte er entschieden vor den Absichten Hitlers gewarnt. 1939 wurde er zunächst wieder Erster Lord der Admiralität. Als Premierminister symbolisierte er v. a. nach der Niederlage Frankreichs und den deutschen Bombenangriffen auf London und Coventry britischen Widerstandsgeist und Durchhaltewillen. Während des Kriegs strebte er danach, Großbritannien als eine von drei Großmächten neben den USA und der UdSSR zu etablieren. 1945 musste er nach der Wahlniederlage der Konservativen zurücktreten, war aber von 1951 bis 1955 erneut Premierminister.

⟫ **Bombenkrieg:** Seite 413

Irland

Irland

1914–1949

1914 setzte die britische Regierung die „Home Rule Bill", die Irland eine Teilautonomie zusicherte, aus. 1916 rief die irisch-katholische Unabhängigkeitsbewegung Sinn Féin die Irische Republik aus, der „Osteraufstand" wurde aber vom britischen Militär niederge-

Rathaus von Derry-Londonderry

schlagen. Nach einem blutigen Bürgerkrieg erhielt Irland 1921 als „Freistaat" den Status eines Dominions, wobei das protestantische Nordirland bei Großbritannien verblieb. 1949 schied die Republik Irland aus dem Commonwealth aus.

Osteraufstand Als Reaktion auf die Aussetzung der „Home Rule Bill" brach am 24.4.1916 in Dublin (**1**) ein Aufstand aus. Großbritannien schlug ihn blutig nieder und ließ die Anführer hinrichten. Dieses Vorgehen heizte die antibritische Stimmung in Irland weiter an.

1

Bürgerkrieg Nach 1916 herrschte in Irland ein jahrelanger Kleinkrieg, Gewalt und Gegengewalt (**2**) folgten aufeinander innerhalb kürzester Zeit. Ein Höhepunkt der Straßenkämpfe war der „Bloody Sunday" am 21.11.1920: Für die Exekution von rund 50 britischen Offizieren durch die IRA in Dublin rächte sich das britische Militär mit einem Blutbad, bei dem es wahllos in die Zuschauer- menge eines Gaelic-Football-Spiels feuerte.

Die Irisch-Republikanische Armee Die nationalistisch- katholische IRA gründete sich 1919, ein Jahr nachdem unter Eamon de Valera ein revolutionäres Parlament und eine illegale Regierung zusammengetreten waren. Mit Attentaten und Anschlägen auf britische Einrichtungen in Irland und Großbritannien (**3**) beabsichtigte sie, die Briten zu zermürben und aus Irland zu vertreiben. Zusammen mit Mi- chael Collins (**4**), ihrem Begrün- der, ging ein Teil der IRA nach der Gründung des Freistaats in der irischen Armee auf, wäh- rend der andere Teil weiter für die Ein- heit Irlands kämpfte und 1936 verboten wurde. 1922 wurde Collins erschossen.

Unabhängigkeit und Spaltung Anfang 1919 bildeten irische Abgeordnete in Dublin ein Na- tionalparlament, gründeten eine Regierung unter Eamon de Valera (**5**), dem Führer der Sinn Féin, und erklärten Irlands Un- abhängigkeit. Großbritannien erkannte die Regierung nicht an, und es kam in ganz Irland zum blutigen Kampf gegen die britische Obrigkeit. Nach dem Waffenstill- stand im Juli 1921 schlossen die britische Regierung und die ge- mäßigte irische Unabhän- gigkeitsbewegung im Dezember 1921 den Anglo- Irischen Vertrag, mit dem Irland zum Freistaat wurde. Die mehrheitlich pro- testantische Provinz Ulster entschloss sich jedoch, unter britischer Herrschaft zu verbleiben. Versuche, die Einheit wieder- herzustellen, scheiterten.

>> **Irischer Nationalismus:** Seiten 440–445

Benelux-Staaten

Seite 294

Seite 446

Die Benelux-Staaten

1914–1945

Belgien und Luxemburg wurden in beiden Weltkriegen zum Kampfgebiet zwischen deutschen und französischen Truppen. Dagegen konnten die Niederlande bis 1940 ihre Neutralität behaupten. In allen drei Ländern konnten sich die Besatzer auf rechte

Antideutsche Propaganda

Gruppen stützen, von denen einige auch während der Besatzung eng mit ihnen zusammenarbeiteten. Es formierten sich aber auch Widerstandsbewegungen, gegen die hart vorgegangen wurde. Belgien und Luxemburg wurden 1944 befreit, 1945 konnten die Alliierten auch die Niederlande befreien

Belgien im Ersten Weltkrieg
1914 besetzten deutsche Truppen Belgien, um Frankreich von Norden anzugreifen. Die belgische Bevölkerung leistete z.T. heftigen Widerstand, worauf die Besatzer mit Repressionen und brutalen Übergriffen reagierten Im Westen, wo deutsche und französische Truppen während des gesamten Krieges gegeneinander kämpften, wurden zahlreiche Städte wie Ypern (**1**) zerstört und das Land verwüstet.

1

Bombardierung Rotterdams
Im Mai 1940 flog die deutsche Luftwaffe einen verheerenden Angriff auf die niederländische Hafenstadt Rotterdam, wobei große Teile der Innenstadt vollständig zerstört wurden (**2**). Etwa 900 Menschen starben und 78 000 wurden obdachlos. Die Stadt wurde deutsch besetzt und später auch noch von den Alliierten unter Beschuss genommen.

Kollaboration In den Niederlanden hatte Anton Adriaan Mussert (**3**) bereits 1931 eine

nationalsozialistische Partei gegründet. In Belgien erstarkte in den 1930er-Jahren die faschistische Rexbewegung. Nach der Besetzung 1940 kollaborierten diese Gruppen mit den Deutschen, die in den Niederlanden einen nationalsozialistischen Staat aufzubauen versuchten. Es kam zur Verfolgung und Deportation von Juden (**4**) und es gab freiwillige Waffen-SS-Divisionen. Neben dieser z. T. offenen Hin-

wendung zu den neuen Machthabern existierten Widerstandsbewegungen.

Alliierte Befreiung Nach der Landung in der Normandie im Juni 1944 rückten alliierte Verbände ab September 1944 auch in die Benelux-Staaten vor und befreiten Belgien und Luxemburg, unterstützt von den Widerstandsbewegungen mit Sabotageakten und Streiks. Die flämischen SS-Freiwilligenverbände kämpften so ausdauernd auf Seiten der Deutschen,

dass die Niederlande erst im Mai 1945 (**5**) befreit werden konnten. Sie erhielten auch ihre von Japan besetzte Kolonie Indonesien zurück, die aber bald darauf unabhängig wurde. Nach dem Krieg wurden v. a. in den Niederlanden mutmaßliche Kollaborateure hart verfolgt. In Belgien musste Leopold III. wegen des Verdachts der Kollaboration abdanken.

◯ **Kollaboration in Frankreich:** Seiten 358–359

Italien

1919–1945

Nach dem Ersten Welt-
krieg wurde Italien von
schweren inneren Un-
ruhen erschüttert. 1922
nutzte Benito Mussolini
die Unfähigkeit der ge-
mäßigten Parteien, die
Situation zu stabilisieren,

Faschistische Jugendorganisation

zum Staatsstreich. König Viktor Emanuel III. berief ihn
zum Ministerpräsidenten. Ab 1924 baute Mussolini
Italien zur Führerdiktatur aus. Die Kooperation mit
Hitler begann mit der deutschen Unterstützung im
Abessinienkrieg 1935/36 (S. 403). An der Seite
Deutschlands nahm Italien am Zweiten Weltkrieg
teil. 1943 musste Mussolini abdanken, 1945 wurde
er auf der Flucht erschossen.

①

Marsch auf Rom Im Oktober
1922 drohte Mussolini an, er
werde notfalls gewaltsam in die
Regierung eintreten. Zwischen
dem 27. und dem 31. des Mo-
nats setzten sich Zehntausende

bewaffneter Faschisten in ganz
Italien in Bewegung und
rückten im Sternmarsch auf
Rom vor (**1**). Um einen Bürger-
krieg zu verhindern, ernannte
König Viktor Emanuel III. am

31.10.1922 Mussolini zum
Ministerpräsidenten. Mit Billi-
gung des Königs errichtete er
eine Diktatur. Der Marsch auf
Rom war Hitlers Vorbild beim
Putschversuch in München 192

Die Lateranverträge

Die Lateranverträge von 1929 beendeten den unsichere Status, den der Vatikan seit der Auflösung des Kirchenstaats 1870 hatte (S. 297). Dem Vatikanstaat wurde Souveränität garantiert, und im Gegenzug erkannte Papst Pius XI. Rom als Hauptstadt Italiens an. Mit dem Abschluss sicherte sich Mussolini die Unterstützung der bürgerlichen konservativ-katholischen Mehrheit in Italien. Es gelang Mussolini, dass führende Repräsentanten der Kirche ihn als „Erretter Europas vor dem Bolschewismus" priesen. Dem Faschismus gegenüber blieben die Päpste zurückhaltend und verwahrten sich gegen Übergriffe auf das katholische Bildungswesen. Das Schweigen der Kirchenführung zur Judenverfolgung durch die Nationalsozialisten wird bis heute kontrovers diskutiert.

Italien im Krieg Mitte der 1930er-Jahre festigte sich die „Achse Berlin–Rom" (S. 350). Mit dem „Stahlpakt" schlossen Mussolini und Hitler im Mai 1939 ein Militärbündnis und im Juni 1940 trat Italien mit dem Ziel in den Krieg, ein neues „Römisches Reich" im Mittelmeerraum (**2**) zu schaffen, das Griechenland und Nordafrika einschließen sollte. Im selben Jahr verpflichteten sich Italien, Deutschland und Japan im Dreimächtepakt zum gemeinsamen Kampf gegen die Alliierten. Militärische Misserfolge führten dazu, dass Italien in vollkommene Abhängigkeit von NS-Deutschland geriet.

Kriegsende Mit Scheitern der Kriegsanstrengungen und angesichts wachsender wirtschaftlicher Not wuchs der Widerstand gegen Mussolini. Auf Druck des Königs musste er nach der alliierten Invasion Siziliens im Juli 1943 zurücktreten und wurde verhaftet. Italien kämpfte nach dem Abschluss eines Waffenstillstands an der Seite der Alliierten weiter. Deutsche Truppen besetzten Teile

Norditaliens. Hier gründete der von deutschen Fallschirmjägern befreite Mussolini die „Republik von Salò". Auch nachdem die Alliierten Rom am 9.6.1944 eingenommen hatten, existierte sie noch bis Ende April 1945. Mussolini wurde am 28.4.1945 auf der Flucht von italienischen Partisanen gefangen genommen und ermordet (**3**).

Faschismus in Spanien und Portugal: Seiten 370–371

Spanien und Portugal

1918–1945

Portugiesische Jugendorganisation

Instabile Regierungen und chaotische innenpolitische Zustände begünstigten in Portugal ab 1928 den Aufstieg António de Oliveira Salazars. Als Ministerpräsident verwandelte er Portugal 1933 weitgehend unblutig in eine Diktatur mit faschistischen Strukturen. Seine lange Herrschaft bis 1968 bedingte eine gesellschaftliche und wirtschaftliche Rückständigkeit des Landes, deren Überwindung es bis heute beschäftigt. In Spanien trat General Primo de Rivera 1930 nach sieben Jahren Diktatur zur Vermeidung sozialer Unruhen zurück. Im April 1931 musste auch König Alfons XIII. das Land verlassen. Die neu gegründete Zweite Republik war von Anfang an umkämpft. In dem gewalttätigen Klima löste der rechtsgerichtete Putschversuch General Francos 1936 einen Bürgerkrieg aus, der 1939 mit dem Ende der Republik und der Errichtung einer Diktatur unter Franco endete. Im Zweiten Weltkrieg waren Spanien und Portugal zunächst neutral.

Das Salazar-Regime Mithilfe von Beschäftigungsprogrammen sanierte Finanzminister António de Oliveira Salazar (**1**) ab 1928 die portugiesische Wirtschaft. 1932–1968 regierte er als Ministerpräsident mit diktatorischen Vollmachten, gestützt auf die 1930 gegründete faschistische União Nacional. Mit einer neuen Vefassung errichtete er 1933 den ständisch autoritären „Estado Novo" (Neuer Staat). Im Zweiten Weltkrieg blieb Portugal zuerst neutral, näherte sich aber ab 1943 den Alliierten an.

Die Spanische Republik Seit Gründung der Republik 1931 polarisierten radikale Tendenzen die Gesellschaft. Im Streit um die Stellung der

Kirche kam es noch im selben Jahr zur Zerstörung von Kirchen und Klöstern (**2**), in der sozialen Frage 1933 zu Aufständen der Arbeiterschaft. Während besonders Studenten (**3**) und Intellektuelle leidenschaftlich Partei für die Republik nahmen, kämpften verschiedene Regionen um ihre Autonomie.

Der Bürgerkrieg Mit einer Militärrevolte begann der dreijährige Bürgerkrieg, der Zehntausende von Menschen das Leben kostete. Beide Seiten nahmen massenhaft Hinrichtungen vor und zahlreiche Spanier flohen nach Frankreich (**4**). In den internationalen Brigaden kämpften begeisterte Republikaner und Sozialisten aus aller Welt für die Republik, während Franco von

den faschistischen Mächten Deutschland und Italien unterstützt wurde. Zu Beginn des Zweiten Weltkriegs erklärte Spanien seine Neutralität, wandte sich aber später den Alliierten zu.

Das Ende des Bürgerkriegs Während des Bürgerkriegs wurde im April 1937 die baskische Stadt Guernica von den deutschen Fliegern, die Francos Truppen unterstützten, bombardiert und zerstört (**5**). Der Angriff bereitete Francos Truppen den Weg, die 1938 den Krieg für sich entschieden. Nach dem Ende der Republik errichtete General Francisco Franco (**6**) eine Diktatur in Spanien, in der er die Opposition brutal unterdrückte, Hunderttausende seiner Gegner inhaftieren und mehr als 350 000 hinrichten ließ.

❯ **Faschismus in Europa:** Seiten 348–351, 368

Skandinavien und das Baltikum

1917–1944

Freiheitsdenkmal in Riga, Lettland

In der Zwischenkriegszeit entwickelten sich die parlamentarischen Demokratien in den skandinavischen Ländern weiter zu Wohlfahrtsstaaten. Finnland erlangte 1917 seine Unabhängigkeit von Russland, musste sich aber im Zweiten Weltkrieg wieder gegen Übergriffe wehren. Nur Schweden konnte seine Neutralität bis 1945 aufrechterhalten, Dänemark und Norwegen wurden von deutschen Truppen besetzt. Die baltischen Staaten, die erst mit Ende des Ersten Weltkriegs Eigenständigkeit errangen, verloren diese im Zweiten Weltkrieg wieder.

Norwegen und Dänemark Während sich die norwegische Königsfamilie nach der Besetzung ihres Landes durch deutsche Truppen 1940 ins Londoner Exil begab und von dort aus den Widerstand zu führen versuchte, blieb Christian X. von Dänemark (**1**, Mitte) im Land und wurde zum Exponenten des passiven Widerstands. Mit den Besatzern kooperierte er nur, wenn es sich zum Wohle des Landes nicht vermeiden ließ.

Der Nobelpreis

Seit 1901 wird alljährlich der Nobelpreis auf den Gebieten Physik, Chemie, Physiologie oder Medizin und Literatur sowie für den Frieden verliehen. Er geht zurück auf eine Stiftung des schwedischen Industriellen Alfred Nobel (1833–1896), dem Erfinder des Dynamits. 1968 kam der von der schwedischen Regierung gestiftete Nobelpreis für Wirtschaftswissenschaften hinzu. Die Verleihung erfolgt stets am 10. Dezember, dem Todestag Nobels, durch den schwedischen König in Stockholm. Nur der Friedensnobelpreis wird vom norwegischen König in Oslo überreicht. Die Auswahl der Preisträger liegt in der Hand von drei Nobel-Instituten in Schweden und einem in Norwegen.

Das Baltikum Erst 1918 hatten die baltischen Staaten ihre Unabhängigkeit von Sowjetrussland errungen. Doch gedeckt durch den Hitler-Stalin-Pakt (S. 381), rückten 1940 wieder sowjetische Truppen ein. Der Annexion folgte die Gleichschaltung, Gegner wurden deportiert und liquidiert (**2**). 1941 besetzten deutsche Truppen das Baltikum, das 1944 von der Roten Armee zurückerobert und der Sowjetunion angeschlossen wurde (**3**).

Norwegen 1940 besetzten die Deutschen Norwegen (**5**), wo sie 1942 Faschistenführer Vidkun Quisling (**4**, Mitte) zum Ministerpräsidenten ernannten. Die norwegische Bevölkerung leistete erbitterten Widerstand, der mit größter Härte bekämpft wurde.

Finnland Bis 1917 gehörte Finnland zum Zarenreich. Im Zuge der Russischen Revolution löste es sich von Russland und rief eine unabhängige Republik aus. Als im November 1939 gemäß den Vereinbarungen im Hitler-Stalin-Pakt sowjetische Truppen in Finnland einmarschierten, wehrte sich die finnische Armee unter Feldmarschall Carl-Gustav von Mannerheim

(**7**) im Winterkrieg (**6**) zunächst erfolgreich, wurde aber schließlich doch geschlagen. Als Hitler 1941 die Sowjetunion angriff, kämpfte Finnland bis 1944 auf der Seite Deutschlands.

Sozialistische Diktaturen in Europa: Seiten 428–429, 460–463, 470–473

Polen

⌃ Seite 224

11. November 1918 Proklamation der Republik Polen

1918–1922 Amtszeit von Staatspräsident Józef Pilsudski

1920/21 Polnisch-Sowjetischer Krieg

1921 Bündnisse mit Frankreich und Rumänien, Teilung Oberschlesiens

17. März 1921 Verabschiedung der Verfassung

1922 Pilsudski legt sein Amt als Staatsoberhaupt nieder

1926–1935 Diktatur Pilsudskis

1932 Nichtangriffspakt mit der UdSSR

1934 Nichtangriffspakt mit Deutschland

April 1935 Neue Verfassung

Mai 1935 Tod Pilsudskis

August 1939 Bündnis mit Großbritannien

1./17.9.1939 Deutscher und sowjetischer Angriff auf Polen

28.9.1939 Kapitulation Warschaus

⌄ Seite 460

Józef Pilsudski 1918 erklärte Pilsudski (**1**) die Unabhängigkeit Polens und sich zum „Vorläufigen Staatschef" der Republik. 1926 führte er mit Hilfe der Armee einen Staatsstreich durch und errichtete ein diktatorisches Regime, das ganz auf seine Person zugeschnitten war und mit seinem Tod 1935 endete.

Allegorie der Unabhängigkeit Polens 1918

Polen

1918–1945

Nach 123 Jahren Fremdherrschaft wurde Polen 1918 wieder ein eigenständiger Staat. Seine Grenzen blieben jedoch umstritten, weshalb seine Existenz weiterhin von außen bedroht war. Im Polnisch-Sowjetischen Krieg 1920 konnte Polen die polnisch-russische Grenze um etwa 250 km nach Osten verschieben. Doch dann teilten Hitler und Stalin Polen 1939 erneut unter sich auf.

Kampf um Oberschlesien Im deutsch-polnischen Grenzgebiet von Oberschlesien sollte die Bevölkerung selbst über die Zugehörigkeit entscheiden. In einer Volksabstimmung stimmten 1921 fast 60 Prozent für einen Anschluss an das Deutsche Reich. Daraufhin brachen blutige Kämpfe aus. Schließlich teilte der Völkerbund das Gebiet: Polen erhielt den kleineren, aber wirtschaftlich ertragreicheren Ostteil, das Deutsche Reich den Westen (**2**, Karikatur).

Mein Körbchen liegt Dir wohl im Sinn?
Da ist mein liebes Schlesien drin!
Untrennbar bleibt es stets bei mir,
Denn öd' und wild säh's aus bei Dir.

2

Die Freie Stadt Danzig

Danzig griißt seinen Führer!

Danzig war im Versailler Vertrag (S. 345) 1919 vom Deutschen Reich abgetrennt worden und hatte den völkerrechtlichen Status einer „Freien Stadt" unter internationalem Mandat. Wirtschaftlich war es Polen zugeschlagen worden. Wie der sog. polnische Korridor, ein 30 bis 90 km breiter Landstreifen, den das Deutsche Reich an Polen abtreten musste, um Polen Zugang zum Meer zu ermöglichen, sorgte auch der Status von Danzig für heftige Kontroversen zwischen
Polen und Deutschland. 1933 erlangten im Volkstag der zu mehr als 90 Prozent von Deutschen bewohnten Stadt die Nationalsozialisten die Mehrheit. Hitler nahm die sich rasch verschärfenden Spannungen zum Anlass für den Angriff auf Polen, mit dem er den Zweiten Weltkrieg auslöste.

3

Deutsche Besetzung Am 1.9.1939 marschierten deutsche Truppen in Polen ein (**3**) und besetzten am 27.9. Warschau. Der Westen wurde dem Deutschen Reich angegliedert, der Rest zum Generalgouvernement erklärt und brutal ausgebeutet. Die Juden (**4**) wurden in abgeriegelte Ghettos gezwungen, in denen Zehntausende verhungerten, und die Überlebenden in Vernichtungslager deportiert.

4

» Hitler-Stalin-Pakt: Seite 381

Ungarn und die Tschechoslowakei

1918–1945

Nach dem Ende Österreich-Ungarns 1918 entstanden die unabhängigen Republiken Ungarn und Tschechoslowakei (CSR). Ungarn wurde 1919 eine Räterepublik, doch schon ein Jahr später wieder Monarchie. Der  Reichsverweser Miklós Horthy errichtete ein autoritäres Rechtsregime, das sich in den 1930er-Jahren dem nationalsozialistischen Deutschland annäherte. Der Vielvölkerstaat CSR unter Staatspräsident Tomás Masaryk (**1**) erwies sich trotz innerer Konflikte bis zu seiner Zerschlagung 1938 als relativ stabile Demokratie. 1945 besetzte die Rote Armee beide Staaten, die in den Ostblock eingegliedert wurden.

Deutsche Besetzung der CSR   Seit ihrer Gründung hatte die CSR mit nationalen Minderheiten zu kämpfen, die größte bildeten die Sudetendeutschen mit fast 25 Prozent Bevölkerungsanteil. Dies nutzte Hitler zur schrittweisen Zerschlagung der CSR: Im Münchner Abkommen (S. 363) wurde sie 1938 gezwungen, das Sudetenland an das Deutsche Reich abzutreten, und verlor weitere Gebiete an Ungarn und Polen. Als im März 1939 die Slowakei unter deutschem Schutz ihre Unabhängigkeit erklärte, besetzten einen Tag später deutsche Truppen das übrige Staatsgebiet (**2**), das als „Protektorat Böhmen und Mähren" dem Deutschen Reich unterstellt wurde. Bis zum Attentat auf den stellvertretenden Reichsprotektor Heydrich 1942 hielt sich der Terror der Besatzer etwa im Vergleich zu deren Vorgehen in Polen in Grenzen.

Reichs-Grenze

Die Slowakei Im September 1939 erklärte sich die Slowakei für unabhängig und bildete einen sog. Schutzstaat, abhängig vom Deutschen Reich. Präsident Jozef Tiso (**3**) regierte autoritär, mithilfe der Slowakischen Volkspartei und der Hlinka-Garde, die nach dem

Ungarn bis 1945 Nach der Niederschlagung der Räterepublik 1919 errichtete der Reichsverweser Miklós Horthy (**4**, mit Hitler) ab 1920 ein autoritärkonservatives Regime. Als Antikommunist stand er Hitler wohlwollend, aber vorsichtig gegenüber, da er die politische

Unabhängigkeit seines Landes wahren wollte. Trotzdem trat Ungarn 1941 an der Seite Hitlers in den Krieg ein. Als Horthy im Oktober 1944 einen Waffenstillstand mit den vorrückenden Sowjettruppen schloss, übernahmen die faschistischen und radikal antisemitischen Pfeil-

Vorbild der NSDAP und der SA (S. 349) gebildet worden waren. Ein Aufstand 1944 wurde von deutschen Truppen blutig niedergeschlagen. 1945 wurde die Slowakei von sowjetischen Truppen besetzt und in die wiedergegründete Tschechoslowakei eingegliedert.

kreuzler unter Ferenc Szálasi mit Unterstützung deutscher Truppen die Macht. Sie internierten Horthy und verübten Massaker an Juden und potenziellen Regimegegnern (**5**). Dem Vormarsch der sowjetischen Truppen hielten sie allerdings nicht lange stand.

Die Pfeilkreuzler Mithilfe deutscher SS-Verbände führte die nationalsozialistische Partei der Pfeilkreuzler im eigentlich schon geschlagenen Ungarn einen brutalen Kampf gegen die Sowjets. Die Rote Armee schloss Budapest ein und im Häuserkampf wurde die Stadt schwer zerstört (**6**). Erst im April 1945 gelang den Sowjettruppen die vollständige Eroberung Ungarns. Das Regime der Pfeilkreuzler hatte in den wenigen Monaten seiner Herrschaft die bis dahin verschont gebliebenen ungarischen Juden ermordet oder deportiert.

» **Holocaust:** Seiten 410–411

Propagandaplakat

Die Sowjetunion

1917–1939

Angesichts der katastrophalen Zustände im Krieg und der hohen Zahl von Gefallenen gärte es im russischen Volk wie auch beim Militär. Was im März 1917 als bürgerliche Februarrevolution begann, wurde von der Oktoberrevolution der linksradikalen Bolschewiki unter Lenin abgelöst. Die Bolschewiki beendeten den Kriegseinsatz und setzten sich im Bürgerkrieg gegen ihre Gegner durch. Mit der Union der Sozialistischen Sowjetrepubliken (UdSSR) entstand 1922 der erste kommunistische Staat der Welt. Nach Lenins Tod errichtete Stalin eine blutige Diktatur.

Das Ende der Zarenfamilie

Seit dem „Petersburger Blutsonntag" 1905 (S. 305) war die Unzufriedenheit der russischen Bevölkerung mit der Politik des Zaren Nikolaus II. stetig gewachsen. Im Ersten Weltkrieg erreichte sie ihren Höhepunkt. Aber der Zar war zu keinen Zugeständnissen bereit. Die „Februarrevolution" 1917 zwang den Zar zur Abdankung. Im Jahr darauf wurde die Zarenfamilie erschossen.

Sozialismus und Kommunismus

*Bereits im 19. Jh. spaltete sich der Sozialismus, insbesondere über die Frage der politischen Mitbestimmung der Arbeiter und der Verteilung des gesellschaftlichen Reichtums. Während sich der rechte Flügel in den Industrieländern zur Sozialdemokratie entwickelte, die für Reformen in den bestehenden Staaten eintrat, setzte der linke Flügel, Kommunisten und Sozialrevolutionäre (**2**), auf den Umsturz und die „Diktatur des Proletariats".*

2

Lenin (1870–1924)

Bereits Ende des 19. Jh. beteiligte sich Lenin an der revolutionären Bewegung in Russland und wurde dafür nach Sibirien verbannt. Er entwickelte die Idee einer Kaderpartei als Avantgarde der Revolution, die 1903 zur Spaltung der russischen Sozialdemokratie führte. Ab 1900 lebte Lenin im Exil, hielt sich aber während der Revolution 1905 bis 1907 in Russland auf. Nachdem diese gescheitert war, kehrte er 1917 mit deutscher Hilfe nach Russland zurück. Er forderte eine Räteherrschaft und das sofortige Kriegsende. In der „Oktoberrevolution" eroberten die von Lenin geführten Bolschewiki die Macht und Lenin wurde neuer Regierungschef. Er schuf die Grundlagen der späteren Parteidiktatur und billigte Terror als Mittel im Bürgerkrieg. Ab 1922 zog sich Lenin, geschwächt durch Krankheit und die Folgen eines Attentats, aus der Politik zurück. Nach seinem Tod 1924 wurde er im Mausoleum (links) auf dem Roten Platz aufgebahrt. Lenins Lehren wurden zur Grundlage des Kommunismus im 20. Jh.

Bürgerkrieg Die bolschewistische Herrschaft traf anfangs überall auf Widerstand: Die Westmächte verhängten ein Handelsembargo, Polen dehnte sich nach Osten aus und in Russland stellte sich die Weiße Armee aus Monarchisten, Sozialdemokraten und bürgerlichen Kräften der Revolution entgegen. Doch der von Leo Trotzki aufgebauten Roten Armee (**1**) gelang es nach und nach, ihre Gegner zu besiegen. Der Bürgerkrieg verlangte dem russischen Volk bis 1922 große Opfer ab, da beide Seiten gnadenlos gegen vermeintliche Gegner vorgingen. Aus dieser Zeit stammt die später allmächtige Geheimpolizei Tscheka.

917–1924 Oktoberrevolution in Russland
918/19 Kommunistische Umsturzversuche und Räterepubliken in Deutschland
945–1949 Machtübernahme der Kommunisten in Osteuropa und in der DDR
945/1954 Kommunistische Herrschaft in Südvietnam
b 1948 Kommunistisches Regime in Nordkorea
1949–1976 Herrschaft Mao Tse-tungs in China
1959 Revolution Fidel

Castros auf Kuba (**4**)
1960er- bis 1980er-Jahre Kommunistische Regime in Afrika

1976–1979 Pol-Pot-Regime in Kambodscha
Ab 1976 Reformkommunismus unter Deng

Xiaoping (**3**) in China
1978/79 Sowjetischer Einmarsch in Afghanistan
Ab 1989 Zusammenbruch des Ostblocks

Die Sowjetunion

1939–1945

Bis 1929 war Stalin (**1**) zum Alleinherrscher aufgestiegen und festigte seine Position mit einem beispiellosen Personenkult. 1939 legte er im Bündnis mit Hitler die Aufteilung Osteuropas fest: Der UdSSR sollten das Baltikum und Ostpolen zufallen. Mit dem Einmarsch deutscher Truppen in die UdSSR 1941 zerbrach der Pakt, in dessen Gefolge bis 1942 fast eine Million Menschen, zumeist Juden, ermordet wurden. Nach anfänglich zügigem Vorrücken der Wehrmacht zeichnete sich mit dem Kampf um Stalingrad im Winter 1942/43 die Wende ab. In den folgenden Monaten drängten die sowjetischen Truppen die Deutschen immer weiter nach Westen zurück und befreiten Osteuropa. Stalin gehörte zu den Siegern des Zweiten Weltkriegs.

Die Landwirtschaft Von Anfang an war das erklärte Ziel der sowjetischen Landwirtschaftspolitik der Kampf gegen den Großgrundbesitz. Nachdem jedoch Misswirtschaft und Schwarzhandel während der Hungersnot im Winter 1921/22 rund vier Millionen Menschen das Leben gekostet hatten (**4**), liberalisierte Lenins „Neue Ökonomische Politik" die Wirtschaft wieder ein wenig. Stalin dagegen trieb ab 1928 die Zwangskollektivierung der Bauern in Kolchosen (Produktionsgenossenschaften) (**2**) mit aller Härte voran.

Kunst als Erziehung Stalin setzte auch in der Kunst die Parteilinie durch: Ab 1932 galt der „Sozialistische Realismus" in der bildenden Kunst und in der Literatur als verbindlich. Der „neue sozialistische Mensch" musste als bedürfnisloser, aufopferungsbereiter „Held der Arbeit" (**3**) dargestellt werden.

Stalins Gegner

Nach Lenins Tod war der charismatische und wortgewaltige Intellektuelle Leo Trotzki der mächtigste Rivale Stalins. Er hatte bereits 1905/06 den Petersburger Sowjet (Rat) geführt und die Theorie von der „Permanenten Revolution" als Prinzip gesellschaftlicher Weiterentwicklung entworfen. Er galt als aussichtsreichster Kandidat für die Nachfolge seines Kampfgefährtens, war aber der skrupellosen Machtpolitik Stalins nicht gewachsen. 1927 wurde er aus der Partei ausgeschlossen und 1928 des Landes verwiesen. 1940 wurde er in Mexiko von einem sowjetischen Agenten ermordet.

5

Zwangsarbeit Vermeintliche und tatsächliche Gegner Stalins wurden millionenfach getötet oder in Zwangsarbeitslager (Gulags) nach Sibirien deportiert, wo sie in Steinbrüchen (**5**), Bergwerken oder beim Bau von Kanälen und Eisenbahnlinien unter erbärmlichen Bedingungen und strengster Bewachung arbeiten mussten. Viele überlebten diese Aufenthalte nicht.

Der Hitler-Stalin-Pakt In einem geheimen Zusatzprotokoll zum Hitler-Stalin-Pakt einigten sich die Diktatoren u. a. auf eine Aufteilung und Unterjochung Polens, die 1939 bei Kriegsbeginn erfolgte (**6**, Deutsch-sowjetisches Treffen an der polnischen Demarkationslinie). Beide Länder setzten ihre Propaganda gegeneinander kurzfristig aus. Ob der deutsche Angriff 1941 die UdSSR wirklich unerwartet traf oder ob die Rote Armee nur schlecht vorbereitet war, ist ungeklärt.

Französische Karikatur zum Hitler-Stalin-Pakt 1939

6

❯ **Anfänge des Kommunismus:** Seite 275

Südosteuropa

Südosteuropa: Weltkriege und Zwischenkriegszeit

1914–1945

Griechenland und der Balkan kamen auch nach 1914 nicht zur Ruhe. 1918 wurde das Staatsgebilde Jugoslawien gegründet, das 1941 von deutschen Truppen besetzt wurde und sich in das deutschfreundliche Kroatien und das Widerstand leistende Serbien teilte. Nachdem sich die osteuropäischen Staaten 1941 zunächst mit den Achsenmächten (S. 350) verbündet hatten, schlossen sie 1944 Frieden mit der UdSSR und gerieten dauerhaft unter sowjetischen Einfluss. Einzig Griechenland konnte sich diesem – nach einem blutigen Bürgerkrieg – entziehen.

Bulgarien 1915 war Bulgarien auf Druck seiner Verbündeten (**3**, Karikatur) an der Seite der Mittelmächte in den Krieg eingetreten und hatte 1919 im Frieden von Neuilly u. a. den Verlust wirtschaftlich wichtiger Provinzen anerkennen müssen. Zar Boris III. (**2**) verbündete sich 1939 mit den Achsenmächten und trat 1941 mit ihnen in den Krieg gegen die UdSSR ein.

Griechenland Gegen den Willen des Königs und der Öffentlichkeit betrieb der griechische Ministerpräsident Eleutherios Venizelos (**4**) eine Politik an der Seite der Entente. 1917 trat Griechenland in den Krieg ein und gehörte zu den Begünstigten der Friedensverträge von Neuilly und Sèvres (1919/20), in denen Griechenland etliche Gebiete zugesprochen wurden. 1924 wurde die Republik ausgerufen.

Die Weltwirtschaftskrise (S. 404) traf das Land hart, in der Folgezeit erstarkten die radikalen Kräfte der Rechten und Linken. 1941 bis 1944 hielten deutsche Truppen das Land besetzt (**1**). Danach lösten die Kommunisten, die bereits den Widerstand gegen die Faschisten geführt hatten, einen Aufstand aus – gegen die unter dem Schutz der Briten eingesetzte konservative Exilregierung. Er wurde niedergeschlagen.

Jugoslawien Das Königreich Jugoslawien geriet v. a. aufgrund seiner wirtschaftlichen Schwierigkeiten in den 1930er-Jahren unter deutschen Einfluss. Als Prinzregent Paul (**5**, mit Hitler) sich dem Dreimächtepakt anschloss, wurde er im März 1941 gestürzt, woraufhin Italiener und Deutsche das Land besetzten. Während sich die

Kroaten den Besatzern großteils anschlossen („Ustascha-Faschisten"), entfachten die Serben unter Führung von Josip Tito (**6**) einen auf beiden Seiten mit äußerster Grausamkeit geführten Partisanenkrieg gegen die Besatzungstruppen. Nach dem Krieg versuchte Tito, das Land Jugoslawien zusammenzuhalten (S. 464).

Die Türkische Republik

1918–1945

Das Osmanische Reich gehörte 1918 zu den Verlierern des Weltkrieges. Es wurde zerschlagen und auf die anatolischen Stammgebiete beschränkt. Der Erneuerer Mustafa Kemal, genannt Atatürk, rief 1923 die Republik aus und sorgte für eine umfassende Modernisierung der Gesellschaft. Durch eine Trennung von Staat und Religion brachte er die Türkei auf den Weg zu einem säkularen Staat mit westlicher Orientierung.

Türkische Frau 1917 (rechts) und bewaffnete junge Türkin nach der Kleiderreform, um 1935 (oben)

Türkei

Vater der Türken

Kemal Atatürk („Vater der Türken") beteiligte sich 1908/09 am Aufstand der Jungtürken (S. 309) und war im Ersten Weltkrieg Armeeführer. 1920–1923 war er Präsident der „Ersten Großen Nationalversammlung". Die Beschränkung der Türkei auf ihre Kerngebiete im Vertrag von Sèvres (1920) verstand er als Signal für die Modernisierung und Nationalisierung der Türkei.

Als Staatspräsident verkündete er 1931 die Grundsätze des „Kemalismus": eine strikte Trennung von Staat und Religion und eine republikanisch-säkulare Staatsform bei staatlicher Lenkung der Wirtschaft. Mit autoritären Methoden erzwang er eine nationale Vereinheitlichung, die zur Unterdrückung ethnischer und religiöser Minderheiten, v. a. der Kurden, führte.

Ende des Sultanats Als Atatürk 1922 die Abschaffung des Sultanats verkündete, floh der letzte Sultan, Mehmed VI. (**1**, sitzend), ins Exil. Als Staatspräsident drängte Atatürk den Einfluss der Religion in allen Bereichen des öffentlichen Lebens zurück. Er lehnte den Panislamismus ab und bemühte sich um eine Anbindung an Europa. Nach seinem Tod wurde v. a. die Armee zum Garanten seiner Politik, allerdings auch zum Instrument der Unterdrückung von Minderheiten.

Der Völkermord an den Armeniern

Die zum Osmanischen Reich gehörenden Gebiete der Armenier wurden im 19. Jh. zu großen Teilen von Russland annektiert. Besonders die Jungtürken beschuldigten die christlichen Armenier, mit den Russen im Bunde zu sein und einen Hort des Widerstandes gegen den türkischen Nationalismus zu bilden. 1895/96 kam es zu ersten Massakern an ganzen armenischen Gemeinden. 1914/15 starben etwa 1,5 Mio. Armenier einen grausamen Tod – entweder wurden sie von der Armee ermordet oder sie erlitten den Hungertod auf Deportationsmärschen. Die türkische Regierung leugnet das Ausmaß des Verbrechens bis heute. 1920 sah der Vertrag von Sèvres einen eigenen Staat der Armenier vor, doch hielten türkische Truppen den Westen Armeniens weiterhin besetzt. Der Osten wurde 1920 von Sowjettruppen erobert und 1936 der UdSSR einverleibt. Exil-Armenier bemühten sich vergebens, die Verantwortlichen für den Völkermord von 1914/15 vor Gericht zu bringen.

esellschaftlicher Wandel
ur Modernisierung nach westchem Vorbild gehörte auch
e Einführung der Einehe und
e Gleichberechtigung der
au, wenngleich dies nur
ruchstückhaft gelang. Das
rauenwahlrecht wurde eingehrt. Eine Kleiderreform verbot
en Schleier für Frauen und den

Fez, die traditionelle Kopfbedeckung der Männer. Im Zuge der Reform des Bildungswesens wurde in allen Schulen die arabische Schrift durch die lateinische ersetzt. Der Aufbau der modernen Türkei wurde autoritär gelenkt. Atatürk selbst propagierte und überwachte die Durchsetzung der Reformen (**2**).

Naher Osten

Die Neuordnung Arabiens

1916–1945

Mit britischer Hilfe breitete sich der Aufstand der Araber gegen die Osmanen vom Hedschas bis in den Raum Irak-Palästina aus. Die versprochene Selbstständigkeit erhielten die arabischen Gebiete nach 1918 jedoch nicht, da der gesamte Vordere Orient zwischen Briten und Franzosen in Mandatsgebiete aufgeteilt wurde. Einzig Zentralarabien machte sich unter der Herrscherfamilie der Saud selbstständig. Die Briten wurden im Raum Palästina durch den Zuzug jüdischer Immigranten aus Europa in zunehmend gewalttätige Konflikte zwischen Juden und palästinensischen Arabern hineingezogen, konnten einen offenen Bürgerkrieg jedoch durch harte Kontrollpolitik zunächst verhindern.

Aufstand der Araber Um das Osmanische Reich zu schwächen, setzte die britische Regierung im Ersten Weltkrieg auf die Autonomiebestrebungen der Araber und versprach ihren Verhandlungspartnern, der Familie des Sherifen Hussein von Mekka, die Unabhängigkeit von Syrien, Libanon, Irak (**1**, Ölfelder) und Mittelarabien, wenn sie für die Entente kämpften. Im Juni 1916 erhob sich Hussein und vertrieb die Türken aus Mekka (**2**). Briten und Franzosen hatten jedoch in einer geheimen Übereinkunft, dem Sykes-Picot-Abkommen (nach den verhandelnden Diplomaten) von 1915, eine Aufteilung des arabischen Raumes beschlossen und setzten sich auf der Konferenz von San Remo 1920 über die arabischen Interessen hinweg. Frankreich erhielt den Raum Libanon-Syrien, Großbritannien den Raum Irak-Jordanien-Palästina als Mandatsgebiet.

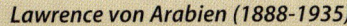

Lawrence von Arabien (1888-1935)

Der Archäologe Thomas Edward Lawrence arbeitete ab 1916 als britischer Geheimagent in Arabien und wurde Berater des arabischen Hoffnungsträgers Faisal, Sohn des Sherifen Hussein von Mekka. Lawrence wurde zur treibenden Kraft des arabischen Aufstandes 1916 und unterstützte die Araber mit waghalsigen Militäraktionen. Nach 1920 protestierte er gegen die britische Orientpolitik und war zerrissen zwischen der Loyalität gegenüber Großbritannien und seiner Bewunderung für den Freiheitswillen der Araber. Die britische Verweigerung der versprochenen Unabhängigkeit empfand er auch als Beschmutzung seiner eigenen Ehre. 1922 schied er aus dem Dienst der britischen Regierung aus, ging als einfacher Soldat nach Indien und lehnte alle Orden und Auszeichnungen ab. 1935 starb er bei einem Motorradunfall.

3

Zionismus Angesichts des zunehmenden Antisemitismus in Europa (S. 410) gründete Theodor Herzl (**3**) die zionistische Bewegung, die eine jüdische Heimstätte in Palästina unter internationaler Garantie forderte.

Britisches Mandat In den 1920er-Jahren geriet Großbritannien in die Auseinandersetzung zwischen Arabern und einwandernden Juden und versuchte, Übergriffe zu verhindern (**4**). Großbritannien hatte sich für einen Judenstaat in Palästina eingesetzt, den arabischen Führern aber die Wahrung der Rechte und des Besitzes zugesagt.

4

Jüdische Einwanderer Aufrufe der Zionisten führten zu einer verstärkten Einwanderung in Palästina (**5**). Die Ankommenden schlossen sich meist in Kibbuzim zusammen und betrieben Landwirtschaft. Trotz arabischer Gegenwehr stieg der jüdische Anteil der Bevölkerung von 10 Prozent um 1900 auf über 30 Prozent bis 1945 an.

5

⊙ **Eskalation und Friedensbemühunge:** Seiten 480-483

Iran und Afghanistan

1906–1945

In Persien (seit 1935 Iran) stand die Herrschaft des Qadscharen-Schahs seit den ersten demokratischen Revol-

Persischer Nomadenjunge

ten 1906 auf schwachen Füßen. 1921 putschte der Militärkommandeur Resa Khan und etablierte 1925 die Dynastie der Pahlawi-Schahs. Nach dem Vorbild Atatürks wurde eine rasche Modernisierung angestrebt. Außenpolitisch bemühte sich Persien um seine Unabhängigkeit. Alliierte hielten auch noch im Zweiten Weltkrieg iranisches Gebiet besetzt, u.a. um die Ölreserven des Landes vor den Achsenmächten zu schützen. Der Versuch Resa Schahs, den Einfluss besonders der Briten zurückzudrängen, führte 1941 zu seiner Absetzung. Afghanistan hatte hingegen 1919 den Briten gegenüber seine Unabhängigkeit weitgehend durchgesetzt. Aman Ullah, ab 1926 Schah, fuhr einen behutsameren Reformkurs, trotzdem konnte sich die zentrale Königsherrschaft gegen die Macht der Stämme kaum durchsetzen. Die Alliierten akzeptierten Afghanistans Neutralität im Zweiten Weltkrieg.

Reformen im Iran
Nachdem er 1925 die Dynastie der Qadscharen-Schahs gestürzt hatte, begann Resa Schah das Land nach dem Vorbild Kemal Atatürks (S. 384–385) zu modernisieren. In einer Landreform zwang er die No-

maden, sesshaft zu werden. Aufstände gegen seine Politik wurden niedergeschlagen, widerstrebende Stammesführer getötet. Seine Absicht, die Stellung der Frau (1) zu verbessern und die Religion die Oberaufsicht über die Schulen zu entziehen, führte zum Dauerkonflikt mit der schiitischen Geistlichkeit, gegen die der Schah mit Härte und öffentlichen Demütigungen vorging.

①

Afghanistan und Aman Ullah
Seit dem 19. Jh. stand Afghanistan unter starkem britischem Einfluss, da die Briten um Ruhe an den Grenzen Indiens bemüht waren. Der Emir Aman Ullah erkämpfte die Unabhängigkeit des Landes, auch durch politische Annäherung an Deutschland (**2**, bei einem Reichswehrmanöver). Seine Versuche, nach einer Modernisierung des öffentlichen Lebens (**3**) eine Säkularisierung des Staates einzuleiten, führten 1929 zu seinem Sturz und Exil.

Einmarsch der Allierten Aus Angst vor einer sowjetischen Expansion hatten die Briten nach dem Ersten Weltkrieg den Aufbau einer stabilen persischen Regierung unterstützt. Doch die Bemühungen des Resa Schah (**4**) um politische Unabhängigkeit richteten sich auch gegen den Einfluss Großbritanniens. 1933 erzwang er bessere Vetragsbedingungen für sein Land bei der Ölförderung. Seine Politik der Annäherung an Hitler unterbanden die Alliierten jedoch, indem Briten, Amerikaner und Russen 1941 das Land besetzten und den Schah zur Abdankung zugunsten seines Sohnes zwangen. Resa Schah ging ins Exil nach Johannesburg. Die Alliierten nutzten währenddessen die Ressourcen des Landes, insbesondere die reichen Ölfelder, für ihre Kriegsführung.

Die Konferenz von Teheran
1943 trafen sich die „Großen Drei" Roosevelt, Churchill und Stalin in Teheran, um über die weitere Kriegsführung und die Neuordnung Europas nach dem Krieg zu beraten (**5**). Iran sicherten sie nach dem Krieg erneut Unabhängigkeit zu. 1945 verließen Briten und Amerikaner, 1946 auch die Russen das Land. Der Schah blieb dem Westen politisch und wirtschaftlich verbunden und löste 1946 die kurzlebige Kurdenrepublik, die sich unter dem Schutz der Sowjets im Nordiran gebildet hatte, auf.

Indien

Indien

1919–1947

Durch die v. a. von Mahatma Gandhi organisierten gewaltlosen Widerstandsaktionen geriet die britische Kolonialverwaltung (**1**) immer stärker in die Defensive. Die Unabhängigkeit des Landes wurde in den 1930er-Jahren vorbereitet und erfolgte 1947. Seit 1940 forderte die Muslimliga unter Mohammed Ali Jinnah einen eigenen Muslim-Staat, so kam es 1947/48 zu blutigen Auseinandersetzung zwischen Hindus und Muslimen und zur Abspaltung Pakistans (mit Bangladesch) von Zentralindien.

 ①

Mahatma Gandhi (1869–1948) – Die „große Seele" Indiens

Mahatma Gandhi wurde nach 1915 zur zentralen Figur des Widerstands gegen die britische Verwaltung. Überzeugt, dass die Fremdherrschaft nur durch die Kooperation der Inder möglich wurde, hielt er am Prinzip der Nichtzusammenarbeit mit den Briten und des gewaltlosen Widerstandes fest. Mit aufsehenerregenden Kampagnen gelang es ihm, die Weltöffentlichkeit für den Freiheitskampf der Inder zu interessieren. Die Briten gerieten in Bedrängnis. Auch für den Frieden zwischen Muslimen und Hindus trat Gandhi immer wieder ein. 1948 wurde er von einem fanatischen Hindu ermordet.

Indische Hilfstruppen Im Ersten Weltkrieg hatten indische Truppen loyal an der Seite der Briten gekämpft (**2**), doch ihre Hoffnung auf Entlassung in die Unabhängigkeit erfüllte sich nach 1919 zunächst nicht. Neben Gandhi waren es vor allem britisch erzogene Intellektuelle Indiens wie Motilal Nehru und dessen Sohn Jawaharlal Nehru, die immer deutlicher politische Eigenständigkeit forderten. Die Führer des Unabhängigkeitskampfes beriefen sich dabei auf die lange kulturelle und geistige Tradition Indiens.

Muslimliga Die 1916 von Mohammed Ali Jinnah (**3**, mit Gandhi) gegründete Muslimliga unterstützte den Kampf um die Unabhängigkeit, fürchtete aber, als Minderheit in einem Hindu-Staat benachteiligt zu werden. Weder Gandhi noch Jinnah konnten die gewalttätigen Auseinandersetzungen zwischen Hindus und Muslimen 1947 verhindern. Gemäß der von Jinnah formulierten „Zwei-Nationen-Theorie" spaltete sich Pakistan (mit Bangladesch) als Staat der indischen Muslime von Indien ab. Jinnah wurde der erste Staatschef, „Generalgouverneur", Pakistans.

Ziviler Ungehorsam Auf dem „Salzmarsch" (**4**) entnahmen Hunderttausende von Menschen dem Meer symbolisch wenige Brocken Salz und verstießen damit gegen das Salzmonopol Großbritanniens. Etwa 60 000 Teilnehmer, darunter auch Gandhi, wurden verhaftet. Die Protestaktionen der Inder für die Unabhängigkeit ihres Landes (**5**) waren einfallsreich und hartnäckig. Bei Verhaftung leisteten sie meistens keinen Widerstand.

China

China

1911–1949

Die junge Republik wurde bis 1928 von schweren Bürgerkriegen und Unabhängigkeitsbewegungen einzelner Regionen und Machthaber erschüttert. Ab 1927 bekämpfte die nationalchinesische Kuomintang unter Chiang Kai-shek die Kommunisten, während die Japaner 1931 die Mandschurei und 1937 Nanking besetzten und grausam unterdrückten. Dem Kampf gegen die Japaner folgte ab 1946 der Bürgerkrieg zwischen Kuomintang und Kommunisten unter Einmischung ausländischer Mächte. 1949 siegten die Kommunisten unter Mao Zedong und proklamierten die „Volksrepublik China" (**1**, Wachen an der Großen Mauer), während sich Chiang Kai-shek in Taiwan etablierte.

Japanische Invasion 1931 begann mit der Besetzung der Mandschurei die japanische Invasion Chinas. Die fanatischen Soldaten behandelten die chinesische Bevölkerung mit äußerster Grausamkeit (**2**), sperrten sie in Lager und nahmen u. a. medizinische Experimente an ihr vor. Höhepunkt dieser Kriegsführung war die japanische Besetzung Nankings 1937, wo japanische Truppen wenige Tage nach der Besetzung Zehntausende von Einwohnern zusammentrieben und massakrierten. Erst 1945 konnten die Japaner aus China wieder vertrieben werden, nachdem die USA China nach dem Kriegseintritt gegen Japan 1942 massiv unterstützten.

Ermordung Tausender Kommunisten und Gewerkschaftler 1927 in Shanghai (**3**). 1934/35 wich Maos Zedongs (**4**) (S. 502) KPCh in dem legendären und propagandistisch verklärten „Langen Marsch", den nur 8000 von 90 000 Soldaten überlebten, über 12 000 km in den Norden Chinas aus. 1945 übernahm die KPCh mithilfe der sowjetischen Besatzer die Macht und verdrängte die korrupte Regierung Chiang Kaisheks in einem weiteren Bürgerkrieg bis 1949 aus ganz China. Dieser floh mit amerikanischer Hilfe nach Taiwan, das sich vom Festland lossagte.

Bürgerkrieg 1927 kam es zum Bruch zwischen den Kuomintang und den Kommunisten. Chiang Kai-shek war verantwortlich für eine blutige Verfolgung seiner Gegner, so für die

Der letzte Kaiser

Als Kleinkind wurde Pu Yi 1908 als letzter Kaiser Chinas inthronisiert und musste nach der Revolution 1912 abdanken. 1924 unterstellte er sich dem Schutz der Japaner, die ihn 1932 als Regenten des in der Mandschurei ausgerufenen Satellitenstaates Mandschuko einsetzten. Der unpolitische Herrscher wurde 1945 von den Sowjets gefangen genommen und 1950 an

China ausgeliefert. Mao ließ ihn in einem Lager „umerziehen", anschließend arbeitete er als Gärtner und Bibliothekar.

» **Japan:** Seiten 394–395

Japan und Südostasien

1914–1941

Gestützt auf den nationalistischen Kult um Kaiser Hirohito, betrieb Japan eine gewaltige Aufrüstung und verbündete sich in den 1930er-Jahren mit den faschistischen Achsenmächten in Europa (**1**, Besuch des japanischen Außenministers Matsuoka in Berlin, 1941). Zeitgleich begann eine unnachgiebige japanische Expansions- und Unterdrückungspolitik, die sich zunächst gegen China (S. 392), dann gegen die anderen Länder Südostasiens richtete. Hier wurden die Japaner allerdings vielfach in Guerillakriege verwickelt, wobei die einheimischen Befreiungsbewegungen wie etwa die Viet-minh in Indochina teilweise von den alliierten Mächten unterstützt wurden. Mit dem Überfall auf Pearl Harbor provozierte Japan Ende 1941 den Kriegseintritt der USA und die Ausweitung des Zweiten Weltkrieges auf den Pazifischen Raum.

Kaiser Hirohito (1901–1989)

*In Vertretung seines geistes-
kranken Vaters Yoshihito
regierte Hirohito bereits seit
fünf Jahren, als er 1926
selbst den japanischen
Thron bestieg. Er pflegte den
in der Meiji-Zeit eingeführten Kaiserkult und stützte
die aggressiv nationalistische
bis faschistische Politik Japans. Nach der
Kapitulation entsagte er 1946 seiner „gott-
gleichen Stellung". Die amerikanische Besatzungsmacht betrachtete den Kaiser, landes-
sprachlich Tenno, jedoch als „Symbol der
nationalen Einheit" und sprach ihn 1948 von
allen Kriegsverbrechen frei. Nach dem Krieg
war es in Japan ungeschriebenes Gesetz, über
die Rolle Hirohitos vor 1945 zu schweigen.*

Annäherung an das Deutsche Reich 1936 unterzeichneten Deutschland und Japan den „Antikominternpakt" zur Bekämpfung des Kommunismus (**2**). In einem geheimen Zusatzabkommen
sicherten sie sich Neutralität im Falle eines An-
griffs der Sowjetunion zu. Durch den deutsch-
sowjetischen Nichtangriffspakt von 1939 wurde
das Zusatzabkommen hinfällig. Daraufhin verschlechterten sich die Beziehungen bis zum Abschluss des Dreimächtepakts 1940.

kong, Singapur und Birma besetzt. Die Japaner
gingen dabei mit großer Härte vor, sie versklav-
ten die Bevölkerung und zwangen Hunderttausende von Frauen zur Prostitution als „Trost-
frauen" in Militärbordellen. Im Pazifikkrieg
(S. 396) begann ab 1944 die Befreiung der Länder
durch die Alliierten. Allein in China, so schätzt
man, kamen bis 1945 rund 20 Mio. Menschen,
zumeist Zivilisten, ums Leben. Bis heute tut
sich Japan mit der Anerkennung
der Verantwortung für
die verübten Verbre-
chen schwer.

Imperialismus Gestützt auf
ein nationalistisch und rassis-
sch begründetes Sendungs-
bewusstsein, begann Japan mit
dem Einmarsch in die Mandschurei 1931 (**4**, Kaiser Pu Yi bei
Kaiser Hirohito 1935) und weiteren Eroberungsfeldzügen in
China bis 1937 (**3**) seine imperialistische Politik. Im Zweiten
Weltkrieg wurden Korea,
Vietnam, die Philippinen, Hong-

Japan und Südostasien

∧ Seite 394

∨ Seiten 496, 500, 506, 508

Japan und Südostasien

1941–1945

Im Pazifikkrieg (**1**) kam es zu einer Reihe groß angelegter Flottengefechte. Ein Landungsversuch der Japaner in Australien wurde abgewehrt. Ab

1943/44 vermochten die Westalliierten die hartnäckig kämpfenden und todesbereiten Japaner, die zuletzt die gefürchteten Kamikaze-Piloten als „lebende Bomben" einsetzten, aus den meisten von ihnen überfallenen Gebieten wieder herauszudrängen. Ende 1944 besetzten sie die ersten japanischen Inseln. Doch erst nach dem Abwurf der Atombomben auf Hiroshima und Nagasaki im August 1945 war Japan bereit zu kapitulieren, wobei eine Reihe führender Politiker und Militärs sich das Leben nahm. Die US-Militäradministration begann sofort mit einem demokratischen Umerziehungsprogramm. In den kommenden Jahren zogen sich auch die Kolonialmächte langsam aus der Region zurück. Fast alle Länder Südostasiens wurden noch in den 1940er-Jahren souveräne Staaten.

Pearl Harbor Der überraschende Angriff japanischer Bomber auf die vor Hawaii im Hafen von Pearl Harbor liegende US-Flotte am 7. 12. 1941 (**2**), bei dem rund 3500 amerikanische Soldaten ums Leben kamen und ein Teil der Pazifikflotte versenkt wurde, provozierte umgehend den Kriegseintritt der USA. Der Verdacht, die US-Regierung sei gewarnt gewesen, und habe den Angriff bewusst in Kauf genommen, um die US-Bevölkerung auf einen Kriegseintritt vorzubereiten, lässt sich bis heute nicht belegen. Der Angriff ohne Kriegserklärung führte zu einer großen Verbitterung auf Seiten der USA.

Vietnam Ho Chi Minh hatte in Frankreich studiert und war seit 1923 als Komintern-Funktionär in Südostasien tätig. Seit 1941 führte er mit den neu gegründeten Viet-minh-Truppen (**3**) den Guerillakampf seiner Heimat Vietnam zunächst gegen die Japaner, dann im Indochinakrieg (1946–1954) für die Unabhängigkeit von Frankreich. 1945 wurde er erster Präsident der Demokratischen Republik Vietnam, doch der Indochinakrieg (S. 498) führte 1954 zur Teilung des Landes. Als Staatschef der kommunistischen „Volksrepublik" im Norden wurde er zur Symbolfigur des Widerstandes gegen den Vietnamkrieg (S. 523) der Amerikaner. Im Innern betrieb er nach einer Bodenreform eine forcierte Industrialisierung des Landes.

Kamikaze Nachdem Japan im Pazifikkrieg die ersten Niederlagen hinnehmen musste, bildete die Luftwaffe sog. Kamikaze- („Götterwind"-) Piloten (**4**) aus, die mit bombenbeladenen Flugzeugen auf die US-Schiffe herabstürzten. Die Piloten nahmen Abschied von ihren Familien, weihten ihr Leben dem Vaterland und wurden als „unsterbliche Helden" verehrt. Obwohl ihre militärische Zerstörungskraft eher gering war, hatte ihr Vorgehen eine starke psychologische Wirkung auf die feindlichen Truppen.

Atombomben auf Hiroshima und Nagasaki

Um Japan endgültig zur Kapitulation zu zwingen, entschloss sich die US-Regierung zum Abwurf von Atombomben auf die japanischen Städte Hiroshima und Nagasaki am 6. bzw. 9. August 1945. 200 000 Menschen starben sofort, weitere Hunderttausende an Verbrennungen, Spätfolgen und Missbildungen. Ob der Einsatz der Atombombe militärisch gerechtfertigt war, blieb lange Zeit umstritten, doch die Welt war damit ins Atomzeitalter eingetreten. Nach 1945 zogen andere Staaten, besonders die UdSSR, mit Atombombenprogrammen nach. Die damals noch kaum erforschte Strahlenwirkung führte auch bei Menschen im Umkreis sog. friedlicher Atomtests zu schweren Krebserkrankungen und genetischen Defekten.

❯ **Vietnamkrieg:** Seiten 498–499, 523

British Commonwealth – Die Emanzipation der britischen Kolonien

1918–1945

Den weitgehend autonomen Dominionstatus hatte Großbritannien zunächst nur den britisch geprägten Staaten Kanada und Australien zugestanden, die in beiden Weltkriegen loyal an der Seite der Briten

Krone für die Krönung Georgs V. zum Kaiser von Indien

kämpften. Doch auch die anderen Kolonien, insbesondere Indien, hatten bereits im Ersten Weltkrieg Truppenkontingente gestellt und erwarteten dafür nach 1918 Zugeständnisse hinsichtlich nationaler Souveränität und Selbstverwaltung. Um Handelsprivilegien und kulturelle Bindungen zu sichern, entschloss sich Großbritannien unter Federführung des früheren Außenministers

Arthur James Balfour in den 1920er-Jahren zu einer Ausweitung und Festschreibung des Dominion-Status mit weitgehender politischer Autonomie für die meisten Kolonien, basierend auf dem Prinzip der freiwilligen Partizipation. Das Britische Commonwealth wurde somit ein Zusammenschluss der Nationen mit dem britischen Monarchen als gemeinsamem und integrierendem „Staatsoberhaupt".

Koloniale Hilfstruppen Im Ersten und Zweiten Weltkrieg kämpften Hilfstruppen aus den britischen Kolonien – wie die von den Briten bevorzugt herangezogenen indischen Sikhs (**1**) – loyal an der Seite Großbritanniens. Sie erwarteten dafür zunächst mehr Teilhabe an der Verwaltung und dann die schrittweise Entlassung ihrer Länder in die Unabhängigkeit. Großbritannien kam solchen Forderungen oft nur unter Druck nach, besonders im Fall der „Hauptkolonie" Indien (S. 390).

1

Dominionstatus Die Londoner Konferenz von 1926 (**2**) unter dem Vorsitz Arthur James Balfours (**3**) regelte den Status der sog. Dominions, wie er 1931 im Statut von Westminster bestätigt wurde. Die Staaten hatten eine gemeinsame Bindung an die Krone, waren aber in Außen- und Innenpolitik sowie Rechtsprechung unabhängig und galten als autonome Gemeinschaften innerhalb des Empire. Balfour prägte für diesen Bund den Begriff des „British Commonwealth of Nations". 1931 wurde die freiwillige Zugehörigkeit der Länder um die Möglichkeit des Austritts ergänzt, von der Irland 1949 und Rhodesien 1965 Gebrauch machten.

Australischer Bund 1901 formierten sich die voneinander unabhängigen Kolonien in Australien zu einem Bund, der 1907 Dominionstatus erhielt. Im ersten Militäreinsatz des Landes in der Schlacht von Gallipoli 1915 entrichteten die australischen Hilfstruppen im Kampf gegen die Türken einen hohen Blutzoll. Auch im Zweiten Weltkrieg kämpften sie an der Seite der Briten (**4**). Der Versuch der Japaner, im Pazifikkrieg bis nach Australien vorzustoßen, wurde von Alliierten und Australiern erfolgreich abgewehrt (S. 396).

Kanada Das wirtschaftlich starke Kanada bildete seit 1867 einen Bundesstaat mit Dominionstatus. Trotz Betonung seiner politischen Selbstständigkeit unterstützte Kanada die Briten im Burenkrieg (S. 325) und in beiden Weltkriegen. 1943 und 1944 trafen der britische Premierminister Churchill und US-Präsident Roosevelt in den Konferenzen von Québec (**5**) zusammen, um über den weiteren Kriegsverlauf zu beraten. 1949 trat das bis dahin direkt von Großbritannien regierte Neufundland per Volksabstimmung Kanada bei.

Afrika unter den Kolonialmächten

1914–1945

Seit dem Ende des 19. Jh. stand fast ganz Afrika unter europäischer Herrschaft. Zahlreiche Afrikaner kämpften unter dem Oberbefehl ihrer jeweiligen Kolonialmächte im Ersten Weltkrieg, was ihren Ländern zu einem gewissen Selbstbewusstsein verhalf. Der Zweite Weltkrieg stellte für die afrikanischen Länder eine Chance dar, den von einer funktionierenden Kolonialwirtschaft abhängigen europäischen Staaten durch Streiks und Proteste Lohnerhöhungen und bessere Arbeitsbedingungen abzutrotzen. Nach dem Krieg formierten sich fast überall in Afrika Unabhängigkeitsbewegungen.

Kolonialtruppen im Dienste Frankreichs

Afrikanische Hilfstruppen Die afrikanischen Hilfstruppen, die unter dem Oberbefehl ihrer Kolonialherren kämpften, lernten durch den Kriegseinsatz europäische Technologie und Waffensysteme kennen. Die Loyalität der sog. Askari, Soldaten afrikanischer Herkunft (**2**), wurde mit einem für afrikanische Verhältnisse sehr hohen Sold und der Aussicht auf eine lebenslange Rente erkauft. Vielen Afrikanern erschienen die beiden Weltkriege als moralische Bankrotterklärung Europas.

Ende der deutschen Kolonialherrschaft Deutschland war erst spät im 19. Jh. zur Kolonialmacht geworden, verlor jedoch sämtliche Kolonien bereits 1919 durch den Versailler Vertrag wieder. Die meisten dieser Kolonien wurden rasch von Franzosen, Briten, Belgiern und deren Kolonialtruppen erobert. Nur die Schutztruppen in Deutsch-Ostafrika unter dem Kommando von Paul von Lettow-Vorbeck (**1**) hielten sich bis über das Kriegsende hinaus. 1920 wurden sie unter das Mandat des Völkerbunds gestellt.

Seite 324

1914–1918 Afrikanische Hilfstruppen kämpfen unter ihren Kolonialherren im Ersten Weltkrieg

1920 Die ehemaligen deutschen Kolonien werden dem Völkerbund unterstellt

1920er-Jahre Ausbau des Eisenbahnnetzes in Afrika

1929 Weltwirtschaftskrise unterbricht den Modernisierungsschub

ab 1939 Rüstungsproduktion für Europa bewirkt Wirtschaftsaufschwung

1944–1971 Regierungszeit William S. Tubmans als Präsident von Liberia

1944 In Liberia, einer unabhängigen Siedlungskolonie ehemaliger nordamerikanischer Sklaven, in der einheimische Schwarze keine Rechte hatten, wird das allgemeine Wahlrecht eingeführt

ab 1945 Formierung der Unabhängigkeitsbewegungen in vielen afrikanischen Ländern

1951 Libyen erhält als erste afrikanische Kolonie die Unabhängigkeit und wird Königreich

Seite 512

Apartheid Die ehemaligen Burenrepubliken (S. 325) hatten als „Südafrikanische Union" 1910 Dominionstatus (S. 399) erhalten (**3**). Briten und Buren waren sich in der Errichtung eines rassistischen Apartheidsregimes einig: Nichtweiße durften Land nur innerhalb von Reservaten besitzen und wurden in die Townships verbannt. 1912 gründeten die Schwarzafrikaner den „African National Congress" (ANC) als Protestorganisation gegen Benachteiligung und Unterdrückung.

Entkolonialisierung Nach dem Ersten Weltkrieg begannen die Kolonialmächte, den Kontinent wirtschaftlich zu erschließen. Mit dem Ende des Zweiten Weltkriegs nutzten die Afrikaner die wirtschaftliche Bedeutung ihrer Länder, um zunächst bessere Arbeitsbedingungen und höhere Löhne zu erkämpfen. Starke Unabhängigkeitsbewegungen formierten sich (**4**). Ihre politischen Führer waren, z. T. durch ihre militärische Ausbildung in den Weltkriegen, mit Stärken und Schwächen der Kolonialmächte vertraut. 1951 war Libyen der erste afrikanische Staat, der völkerrechtlich souverän wurde – im Rahmen einer konstitutionellen Monarchie (S. 486).

Seiten 310, 324

Äthiopien und Ägypten

1882 Britische Besetzung Ägyptens

1916 Haile Selassie wird in Äthiopien unter Kaiserin Zauditu Regent des Landes

1922 Ägypten wird unter Fuad I. ein unabhängiges Königreich

1928 Haile Selassie wird König Äthiopiens

1930 Haile Selassie wird Kaiser („Negus Negesti") Äthiopiens

1930 Beitritt Äthiopiens zum Völkerbund

1935 Beginn des italienischen Äthiopienfeldzuges

1936 Tod Fuads I., sein Sohn Faruk wird König Ägyptens. Abzug der britischen Truppen

1936 Italienische Truppen besetzen Addis Abeba. Haile Selassie geht ins Exil

1940 Erneut britische Besetzung Ägyptens

1941 Britische Truppen vertreiben die Italiener aus Äthiopien. Rückkehr Haile Selassies

1942 Erste und zweite Schlacht um El-Alamein. Kriegswende zugunsten der Alliierten in Nordafrika

1945 Kriegserklärung Ägyptens an das Deutsche Reich

1952 Sturz König Faruks von Ägypten

Seiten 486, 514

US-Transportflugzeug zur Versorgung der alliierten Truppen 1943

Äthiopien und Ägypten

1882–1952

Ägypten war seit 1882 britisch besetzt und bis 1916 ans Osmanische Reich gebunden. Bis 1922 erreichte der ab 1917 als Sultan regierende Fuad I. eine weitgehende Unabhängigkeit seines Landes, doch die Briten behielten die Suezkanalzone weiterhin unter ihrer Kontrolle. 1940 besetzten sie das Land erneut. In Abessinien, dem heutigen Äthiopien, herrschte seit 1916 der spätere Kaiser Haile Selassie. Er vertrat einen Regierungsstil, der Reformpolitik und Absolutismus miteinander verband und setzte damit auch Modernisierungbestrebungen seiner Vorgänger fort. Ab 1935 besetzten italienische Truppen das Land (S. 368), die jedoch 1941 von den Briten wieder vertrieben wurden.

Suezkanal Auch nach der Besetzung durch die Briten 1882 gehörte Ägypten formal weiterhin zum Osmanischen Reich. 1914 unterbanden britische Truppen den Vorstoß der Deutschen und Türken zum Suezkanal (**1**) und nutzten Ägypten – auch im Zweiten Weltkrieg – als Militärbasis für ihre Operationen im arabischen Raum.

Ägypten Der letzte König Ägyptens, Faruk (**2**), folgte 1936 seinem Vater Fuad auf den Thron. Im Zweiten Weltkrieg soll er mit den Achsenmächten sympathisiert haben. 1940 besetzten die Briten Ägypten erneut, und nach der Schlacht von El-Alamein 1942 zwangen sie den König, eine kooperationsbereite Regierung einzusetzen. 1946 verließen die Briten das Land wieder, behielten aber weiterhin die Kontrolle über die Suezkanalzone.

2

3

Der Abessinienkrieg Trotz ihrer militärischen Überlegenheit bekamen die Italiener Äthiopien niemals vollständig unter Kontrolle. Im Mai 1936 besetzten italienische Truppen zunächst Addis Abeba. Doch äthiopische Guerillakämpfer verwickelten die Italiener, die ihre neue Kolonie „Italienisch-Ostafrika" nannten, in einen verlustreichen Partisanenkrieg. Die britische Offensive in Afrika (**3**) führte 1941 zur Befreiung des Landes, das 1942, nach Wiederherstellung der vollen Souveränität, auf die Seite der Alliierten trat. Nach dem Zweiten Weltkrieg entschieden die Vereinten Nationen, die angrenzende italienische Kolonie Eritrea an Äthiopien anzugliedern.

Kaiser Haile Selassie Der letzte äthiopische „Negus Negesti" („König der Könige"), Haile Selassie (**4**), leitete seit 1916 als Regent, seit 1928 als König die Politik seines Landes und wurde 1930 Kaiser. Er führte Äthiopien in den Völkerbund und gab dem Land 1931 eine Verfassung mit Wahl- und Bürgerrechten. Er herrschte jedoch bis zu seinem Sturz 1974 als absoluter Herrscher mit mittelalterlichem Pomp (S. 514). Als 1935 Benito Mussolini (S. 368) seinen Abessinienfeldzug begann, bat der Kaiser auf internationalen Reisen vergeblich um Unterstützung. Nach der Besetzung des Landes begab er sich 1936 ins Exil nach London, kehrte jedoch 1941 mit den britischen Truppen nach Äthiopien zurück.

4

❯ **Suezkrise:** Seite 441

Die USA

1920–1945

Nach einem gewaltigen Wirtschaftsaufschwung
bis Mitte der 1920er-Jahre gerieten die USA mit
dem Börsenkrach 1929 in eine schwere wirtschaftliche und politische Krise. Erst Präsident
Franklin D. Roosevelts Sozial- und Investitions-
programm des „New Deal" schuf ab 1933 Ab-
hilfe und brachte eine erneute Stabilisierung.

Arbeiten am Empire State Building in New York, 1930–1932

Innenpolitisch war diese Zeit jedoch auch durch Skandale, die Prohibition und
ausufernde Gangsterkriege in den Großstädten geprägt. Obgleich die USA
Großbritannien bereits ab 1940 mit Waffenlieferungen unterstützten, hielten
sie sich zunächst aus dem Zweiten Weltkrieg heraus. Der japanische Angriff auf
Pearl Harbor veranlasste die USA Ende 1941 jedoch, ebenfalls in den Krieg einzutreten, zunächst im Pazifik, später auch in Europa.

USA

⌃ Seite 330

1920–1933 Prohibition

1929 „Valentinstags-Massaker"
in Chicago: Höhepunkt der
Gangsterkriege

1929 „Schwarzer Freitag": Zusammenbruch der New Yorker
Börse, Beginn der Weltwirtschaftskrise

1929–1933 „Große Depression"

1933–1945 Präsidentschaft
von Franklin D. Roosevelt

1933–1941 Wirtschafts- und
Sozialpolitik des „New Deal"

1938 Aufstockung des Wehr-
etats

1940 Wiedereinführung der
allgemeinen Wehrpflicht

1941 Japanischer Angriff auf
Pearl Harbor, Kriegseintritt der
USA

1943 „New Deal"-Maßnahmen
teilweise zurückgenommen

1943/44 Landung der US-
Truppen in Europa

⌄ Seite 520

Die Prohibition

Nachdem meh-
rere Bundes-
staaten ein Al-
koholverbot ein-
geführt hatten,
trat die Prohibi-
tion 1920 per
Verfassungs-
zusatz für die
gesamten USA
in Kraft. Das
Verbot der Herstellung, des Transports und des Verkaufs war
aber nur begrenzt durchsetzbar: Schwarzbrennerei, Schmuggel
und der illegale Ausschank in getarnten Kneipen, den sog.
Speakeasies, blühten. Rund um den Schwarzhandel und das
ebenfalls verbotene Glücksspiel etablierte sich das organisierte
Verbrechen: In den Großstädten trugen Gangs wilde Banden-
kriege aus. Es war die Zeit der legendären Gangsterbosse Al
Capone, Lucky Luciano, Dutch Schultz und Meyer Lansky. 1933
hob Präsident Roosevelt die Prohibition auf, nachdem der Nutzen eines solchen Verbots immer fragwürdiger geworden war.

Weltwirtschaftskrise Vor allem in den USA hatte die lange Zeit gute Konjunktur zu übermäßigen Investitionen und Aktienkäufen geführt. Am „Schwarzen Freitag" brach jedoch im Oktober 1929 die Börse (**1**) zusammen: Ein Drittel der amerikanischen Banken machte Bankrott, Anleger und Sparer verloren z. T. ihr gesamtes Vermögen. Firmenpleiten ließen die industrielle Produktion zusammenbrechen. Bis 1933 wurden fast 15 Mio. Amerikaner arbeitslos. Bruttosozialprodukt, Außenhandel und private Einkommen schrumpften im gleichen Zeitraum auf die Hälfte zusammen. Die „Große Depression" wirkte sich auch auf den Weltmarkt verheerend aus und verursachte in Europa ebenfalls Massenarbeitslosigkeit und Armut.

Franklin D. Roosevelt und der „New Deal"

Mit dem Amtsantritt Präsident Franklin D. Roosevelts (1882–1945) begann 1933 die Politik des „New Deal" („Neues Bündnis"): In Absprache mit Industrie und Gewerkschaften wurde die Arbeitslosigkeit durch staatliche Beschäftigungsprogramme eingedämmt, die Armut durch die Einführung eines Sozialversicherungssystems gelindert. Die Interventionspolitik endete bald nach dem Eintritt der USA in den Zweiten Weltkrieg 1941 wieder. Neue Arbeitsplätze in der Rüstungsindustrie sorgten für einen wirtschaftlichen Aufschwung.

Kriegseintritt Auch wenn die USA sich seit 1935 offiziell als neutrales Land bezeichneten, wusste die US-Regierung um den bevorstehenden „Machtkampf zwischen Demokratie und Diktatur", wie Roosevelt es 1937 formulierte. 1938 wurde der Wehretat aufgestockt und 1940 die allgemeine Wehrflicht eingeführt. Noch 1940 gewann Roosevelt seine Wiederwahl mit dem Versprechen, keine Soldaten nach Europa zu schicken. Den Überfall auf Pearl Harbor (**2**) beantwortete die Regierung jedoch (S. 396) mit der Kriegserklärung an Japan und trat damit 1941 an der Seite der Briten in den Krieg ein. 1943/44 landeten US-Truppen gemeinsam mit ihren Verbündeten in Süditalien und der Normandie.

Der Zweite Weltkrieg: Seiten 412–415

Lateinamerika

Lateinamerika

1918–1945

Bis 1930 erkämpften sich die lateinamerikanischen Staaten größeres Gewicht innerhalb
der „Panamerikanischen
Union". Die Weltwirt-
schaftskrise stürzte auch
sie nach einer Zeit des
Aufschwungs in eine
schwere Krise. Nach poli-
tischen Unruhen setzten

Christusfigur über Rio de Janeiro

sich in vielen Ländern populistische und autoritäre
bis faschistische Militärregime durch. Sie verbanden
Sozialreformen mit einer strikten staatlichen Kontrolle des öffentlichen Lebens und begünstigten in
vielen Ländern die maßlose Bereicherung der herrschenden Familienclans.

„Panamerikanische Union" 1910 hatte sich die
„Panamerikanische Union" zur Förderung der gegenseitigen Solidarität und zur gemeinsamen In-
teressenvertretung aller Staaten des amerikanischen Kontinents gegründet. Sie entwickelte sich
immer mehr zu einem Instrument zur Durchsetzung von US-Wirtschaftsinteressen, obwohl der
Export von Rohstoffen in den 1920er-Jahren
auch die Eliten Lateinamerikas reich gemacht
hatte. Die ökonomischen Erfolge verhalfen den
lateinamerikanischen Ländern zu mehr Gleichberechtigung. Unter Präsident Roosevelt trugen
die USA dem immer stärkeren Wunsch nach politischer und wirtschaftlicher Selbstständigkeit
Mittel- und Südamerikas (**1**, Kaffeernte in Brasilien) mit einer Politik der „guten Freundschaft"
Rechnung. Zwischen 1941 und 1945 gelang es
den USA, fast alle Länder Mittel- und Südamerikas zum Kriegseintritt an ihrer Seite, gegen die
Achsenmächte, zu bewegen, wofür die US-Regierung Wirtschaftshilfen und Militärberater stellte.

1

Autoritäres Präsidialregime

In Brasilien stellte sich General Getulio Dornelles Vargas (**2**) an die Spitze eines Aufstands und putschte sich 1930 an die Macht. 1934 wurde er durch Wahlen im Amt bestätigt und regierte seit 1937 mit diktatorischen Vollmachten. Er stützte sich auf wechselnde Bündnispartner, zu denen auch Kommunisten und Faschisten zählten. Nach dem Vorbild von Portugals „Estado Novo" (S. 370) errichtete er einen Ständestaat und band das Volk in staatliche Organisationen ein. Sozialreformen wie ein staatlich garantierter Mindestlohn und Arbeitsprogramme machten ihn besonders bei den ärmeren Schichten der Bevölkerung sehr beliebt. 1942 trat Brasilien der Koalition gegen die Achsenmächte bei und entsandte 1944 als einziges lateinamerikanisches Land Truppen nach Europa. 1945 zwang das Militär Vargas zum Rücktritt, doch kehrte er 1951 als Präsident an die Macht zurück. Nach einem erneuten Putsch beging er 1954 Selbstmord.

2

Juan Domingo Perón und der „Peronismus"

Juan Domingo Perón (1895–1974) hatte der Faschismus, den er in Europa kennengelernt hatte, tief beeindruckt. 1941 gründete der Offizier in Argentinien eine faschistische Organisation und beteiligte sich 1943 an einem Militärputsch. Mit einem populistischen Sozialprogramm gelang ihm 1946 der Sieg bei den Präsidentenwahlen. Unterstützt von seiner vom Volk tief verehrten Ehefrau Evita, eigentlich Eva Duarte (1919–1952), verwirklichte er eine Reihe von Reformen, machte Argentinien aber gleichzeitig zu einem autoritären Militärstaat. Die von ihm eingeführte Form staatlicher Wirtschaftslenkung mit diktatorischen Zügen, nach ihm als „Peronismus" bezeichnet, verstand er als „dritten Weg" zwischen Kapitalismus und Kommunismus. Nach Kriegsende gewährte er Nationalsozialisten und Kriegsverbrechern Zuflucht in Argentinien. Konflikte mit der katholischen Kirche führten 1955 zu seinem Sturz und Exil. Doch kehrte er 1973 bis zu seinem Tod 1974 in sein Amt zurück.

Der Zweite Weltkrieg – Der Beginn

1939–1941

Mit dem deutschen Überfall auf Polen begann im September 1939 der Zweite Weltkrieg. Bis Juni 1940 besetzten deutsche Truppen auch die Benelux-Staaten, Dänemark, Norwegen und große Teile Frankreichs. Im Herbst 1940 flog die deutsche Luftwaffe erste Bombenangriffe auf englische Städte. Hitler plante eine Neuordnung Europas und die Erweiterung des deutschen „Lebensraums" im Osten. Die Besetzung Griechenlands und Jugoslawiens 1941 ging weniger zügig vonstatten, doch die Staaten Osteuropas schlossen sich der faschistischen Achse an. Erst ab 1941 konnten Großbritannien, Frankreich, die UdSSR und die USA (**1**) wirksam Widerstand leisten.

1

Deutsche Erfolge Mit dem Überfall auf Polen (**2**) und der raschen Besetzung des Landes durch deutsche und russische Truppen (**3**) zwangen Hitler und Stalin die Westmächte zum Handeln. Die Deutschen errichteten das Generalgouvernement Polen. Ihr Ziel war die „Eindeutschung" der westlichen Gebiete und die Vernich-

tung der Juden. Polen sollte zur „Kornkammer" Deutschlands werden und einen unerschöpflichen Vorrat an billigen Arbeitskräften bilden. Deutsche und Sowjets liquidierten die intellektuelle Elite des Landes. Erstmals wurden SS-Einheiten zur

Säuberung von Partisanen und „unerwünschten Elementen" eingesetzt. Nach 1941 wurden Vernichtungslager, etwa in Auschwitz, errichtet, in denen bis zum Kriegsende mehrere Millionen Menschen systematisch umgebracht wurden.

Luftkrieg gegen England Obwohl Großbritannien Deutschland nach dem Einmarsch in Polen den Krieg erklärt hatte, griff es zunächst nicht aktiv ein. Hitler hoffte daher noch nach der Besetzung Frank-

reichs 1940 auf einen Ausgleichsfrieden. Churchill, seit 1940 Premierminister, war allerdings entschlossen, den Bündnispflichten gegenüber Polen nachzukommen. Daraufhin flogen deutsche Bomber (**4**) im Herbst 1940 die ersten Luftangriffe auf London und Coventry (**5**). Hitlers Plan, die Kapitulation Großbritanniens zu erzwingen oder eine Invasion vorzubereiten, scheiterte am britischen Verteidigungswillen. Es war die erste Niederlage Hitlers. Die USA unterstützten Großbritannien ab 1940 verstärkt mit Waffen und Hilfsgütern. Ende 1940 begann die britische Offensive gegen die Italiener in Nordafrika.

Blitzkrieg Die schnellen Angriffe der deutschen Truppen auf Polen und Frankreich (**4**) ließen den Gegnern keine Gelegenheit, eine stabile Verteidigung zu organisieren.

Werbung für die internationalen Verbände der Waffen-SS

Der Zweite Weltkrieg – Holocaust und Besatzungspolitik

1940–1944

Mit der Machtergreifung Hitlers 1933 begann die Verfolgung der Juden in Deutschland (S. 348). Ab September 1941 mussten Juden in

 Seite 408

 Seite 412

allen deutsch besetzten Gebieten den gelben Davidstern (**1**) tragen. Die systematische Ausrottung der Juden begann in Osteuropa, zunächst unter dem Vorwand der Partisanenbekämpfung. Sie erfolgte durch sog. Einsatzgruppen (**2**), später mit Giftgas in fabrikmäßig betriebenen Vernichtungslagern, die in Polen eingerichtet wurden. Ab dem Sommer 1940 wurden deutsche und europäische Juden in polnische Ghettos, ab Oktober 1941 auch in die Vernichtungslager deportiert.

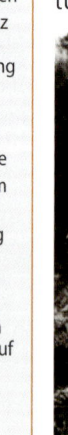

Der Zweite Weltkrieg

„Fremdarbeiter" Im Laufe des Krieges griff die deutsche Wirtschaft zunehmend auf sog. Fremdarbeiter aus den besetzten Gebieten, meist zwangsverpflichtete Kriegsgefangene, zurück. In den west- und nordeuropäischen Ländern wurde um Unterstützung geworben (**4**), z. T. stellten sich Freiwillige zur Verfügung. Im Osten dagegen stand die Unterjochung der slawischen Bevölkerung im Vordergrund. Zivilisten wurden gewaltsam verschleppt und als Zwangsarbeiter eingesetzt (**3**). Sie mussten zunächst in der Landwirtschaft, ab 1943 verstärkt unter menschenunwürdigen Bedingungen in der Rüstungsindustrie arbeiten.

Holocaust Mit dem Krieg gegen die UdSSR begann 1941 die planmäßige und organisierte Vernichtung der europäischen Juden. Spätestens im Januar 1942 wurde auf der Wannseekonferenz in Berlin die sog. Endlösung der Judenfrage besprochen. Rund sechs Millionen Juden sowie Sinti und Roma, Behinderte, Homosexuelle und Kommunisten wurden zunächst durch Erschießungskommandos, ab 1942 mit Giftgas in als Duschräumen getarnten Gaskammern (**5**) in den Vernichtungslagern ermordet (**6**). Zehntausende starben an den Folgen schwerster Arbeit, Hunger, Entkräftung, Folter und medizinischen Experimenten.

Aufstand im Warschauer Ghetto Ab Sommer 1940 wurden in polnischen Städten Ghettos eingerichtet, in denen Juden zusammengesperrt wurden. Im Januar 1943, kurz bevor das Warschauer Ghetto geräumt werden sollte, wagten die Überlebenden einen bewaffneten Aufstand gegen die deutschen Truppen. Sie konnten sich bis Mai 1943 halten, dann wurde der Aufstand niedergeschlagen (**7**), das Ghetto bombardiert und zerstört und die Aufständischen erschossen oder nach Auschwitz deportiert.

>> Antisemitismus: Seiten 156–157

Der Zweite Weltkrieg

Der Zweite Weltkrieg – Kriegswende

1941–1945

Im April 1941 startete Hitler den Balkanfeldzug (**1**) und im Sommer griffen deutsche Truppen die UdSSR an. Sie drangen zunächst bis weit ins Landesinnere vor, doch der Kampf um Stalingrad brachte im Winter 1942/43 die Kriegswende: Die Deutschen wurden aus Nordafrika gedrängt, der Balkankrieg verschärfte sich, die Alliierten landeten in Sizilien und Süditalien und Mussolini wurde gestürzt. Mit der sowjetischen Großoffensive im Osten und der Landung der Alliierten in der Normandie begann der Zweifrontenkrieg.

Stalingrad Die Schlacht um Stalingrad wendete den Krieg in Europa. Nachdem die deutsche Armee bis Oktober 1942 Stalingrad zu zwei Dritteln besetzt hatte, wurde sie im Winter 1942/43 von sowjetischen Truppen eingeschlossen. Hitler verbot Generalfeldmarschall Friedrich Paulus den Ausbruch, so dass sich die Verbände im Häuserkampf aufrieben. Ende Januar kapitulierte die 6. Armee.

Etwa 146 000 deutsche Soldaten waren gefallen, 90 000 Überlebende begaben sich demoralisiert in sowjetische Gefangenschaft (**2**). Sie wurden nach Sibirien deportiert, nur 6000 von ihnen kehrten bis 1955 nach Deutschland zurück. Seit Stalingrad befand sich die deutsche Armee im Osten in der Defensive, während die sowjetischen Verbände unaufhaltsam nach Westen vorrückten.

Der totale Krieg Die Niederlagen und die Zerstörung ihrer Städte ließen manche Deutsche heimlich am „Endsieg" zweifeln. Immer fanatischer bemühte sich die NS-Führung, die letzten Reserven der Bevölkerung mit Propaganda und Durchhalteparolen zu mobilisieren. Nach der Niederlage in Stalingrad schwor Reichspropagandaminister Joseph Goebbels die Deutschen 1943 mit einer aufpeitschenden Rede im Berliner Sportpalast (**3**) auf den „totalen Krieg" ein. Zweifel am Endsieg wurden als „Wehrkraftzersetzung" vom Volksgerichtshof mit dem Tode bestraft.

„D-Day" Nach monatelangen Vorbereitungen begann am 6.6.1944 die Landung der Alliierten und ihrer Verbündeten in der Normandie (**5**). Innerhalb von fünf Tagen kamen 326 000 Soldaten unter schwerem Beschuss (**4**) an Land. Damit eröffneten die Westalliierten die von Stalin geforderte „zweite Front" im Westen. Deutschland war eingekreist, kämpfte aber trotzdem noch fast ein Jahr weiter.

Zerstörte Städte Um den Widerstandswillen der Bevölkerung zu brechen, bombardierten britische und amerikanische Bomber nicht nur „kriegswichtige Ziele", sondern gezielt auch deutsche Großstädte wie Berlin (**7**) und Dresden (**6**). Andere Städte, u. a. Köln und Hamburg, lagen bereits seit 1943 in Trümmern, ganze Stadtviertel waren dem Erdboden gleichgemacht worden. Noch in den allerletzten Kriegswochen wurden Städte wie Würzburg oder Kleve zerstört. Deutschland war damit auch im Luftkrieg gezwungen, seine ganze Kraft auf die Verteidigung zu konzentrieren. Die Hoffnung der Alliierten, der deutsche Volkszorn werde sich gegen die eigenen Machthaber richten und diese stürzen, erfüllte sich allerdings nicht.

⟫ Luftkrieg gegen England: Seite 409

Das Ende des Zweiten Weltkriegs

1944/45

Trotz der militärisch aussichtslosen Lage war die Reichsführung nicht bereit, die Niederlage einzugestehen. Möglicher Widerstand im Land wurde im Keim erstickt. Das Hitler-Attentat vom 20.7.1944 war einer der spektakulärsten Versuche, das Regime zu Fall zu bringen. Ab 1942 hatten britische und amerikanische Luftangriffe zahlreiche deutsche Städte zerstört, ab Ende 1944 rückten Westalliierte und Sowjets von zwei Seiten auf deutschen Boden vor. Die meisten Städte leisteten heftigen Widerstand, Berlin konnte erst nach 13-tägigem Häuserkampf von der Roten Armee eingenommen werden (**1**). Im Mai 1945 kapitulierte Deutschland, das nach Kriegsende in vier Besatzungs- und Verwaltungszonen aufgeteilt wurde. In Ostasien wurde noch bis zum Abwurf zweier Atombomben auf Japan im September 1945 gekämpft.

Alliiertes Zusammentreffen Am 25.4.1945 kam es bei Torgau an der Elbe zum ersten Aufeinandertreffen US-amerikanischer und sowjetischer Truppen auf deutschem Boden (**2**). Das auf der zerstörten Elbebrücke sorgfältig in Szene gesetzte Ereignis konnte nicht über das tiefsitzende Misstrauen zwischen Amerikanern und Sowjets hinwegtäuschen.

Der Zweite Weltkrieg – Bilanz

Der Zweite Weltkrieg kostete mehr als 62 Millionen Menschen das Leben, der Terror gegen die Zivilbevölkerung hatte ungekannte Dimensionen angenommen. Er endete nach anfänglichen Erfolgen mit dem vollständigen Zusammenbruch der faschistischen Großmächte Deutschland, Japan und Italien. Der Krieg legte den Grundstein für die folgende Teilung großer Teile der Welt in eine US-amerikanische und eine sowjetische Einflusssphäre.

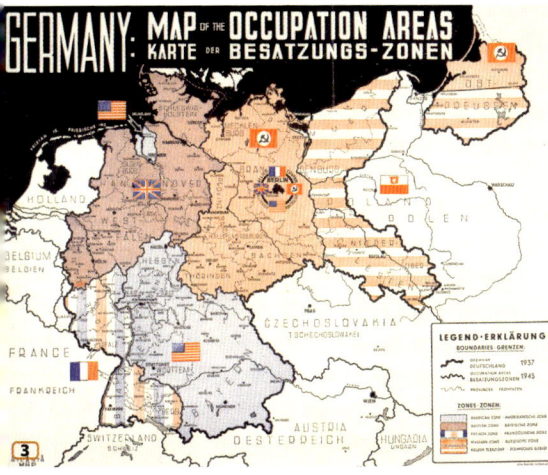

Seite 412

20.7.1944 Attentat auf Hitler scheitert

August 1944 Beginn des Warschauer Aufstands

Januar 1945 Einnahme Warschaus durch die Rote Armee

4.–11.2.1945 Konferenz von Jalta

März 1945 Einnahme Danzigs durch die Rote Armee

1.4.1945 US-Truppen nehmen Okinawa ein

9.4.1945 Einnahme Königsbergs durch Sowjettruppen

13.4.1945 Sowjettruppen erobern Wien

30.4.1945 Selbstmord Hitlers, Einzug der US-Amerikaner in München

2.5.1945 Kapitulation Berlins

8.5.1945 Unterzeichnung der deutschen Gesamtkapitulation

23.5.1945 Verhaftung der Reichsregierung Dönitz

Juni 1945 Alliierte verkünden die Übernahme der Regierungsgewalt in Deutschland

17.7.–2.8.1945 Potsdamer Konferenz

6./9.8.1945 Amerikanische Atombombenabwürfe auf Hiroshima und Nagasaki

2.9.1945 Mit der Kapitulation Japans endet der Zweite Weltkrieg

Potsdamer Konferenz Bereits im Februar 1945 hatten die „Großen Drei", Großbritannien, USA und UdSSR, auf der Konferenz von Jalta eine Aufteilung

Deutschlands in eine amerikanische, britische, sowjetische und französische Besatzungszone (3) beschlossen. Auf der Potsdamer Konferenz im Juli 1945 ergänzten die Siegermächte (ohne Frankreich) (4) diesen Beschluss: Die vier Besatzungszonen sollten unter der Aufsicht eines „Alliierten Kontrollrats" entmilitarisiert, entnazifiziert, dezentralisiert und demokratisiert werden. Auch die deutsche Wirtschaft kam unter alliierte Kontrolle.

939 *Deutsche und sowjetische Besetzung Polens*
940 *Deutsche Besetzung Belgiens, der Niederlande, Dänemarks, Norwegens und Frankreichs, Luftschlacht um England*
pril 1941 *Beginn des Balkanfeldzugs*
uni 1941 *Beginn des russlandfeldzugs und der systematischen Ermordung der Juden in Vernichtungslagern in Osteuropa*
ezember 1941 *Kriegseintritt der*

USA, Beginn des Pazifikkriegs
1941/42 *Japanische Besetzung großer Teile Südostasiens (6)*
1942/43 *Kampf um Stalingrad*
Mai 1943 *Ende des Afrikafeldzugs (5)*
1943 *Alliierte Luftangriffe auf Hamburg und Berlin*
20.7.1944 *Attentat auf Hitler durch Oberst von Stauffenberg (7)*
Februar 1945 *Luftangriffe auf Dresden*

Mai 1945 *Kapitulation Deutschlands*
September 1945 *Kapitulation Japans nach Abwurf von Atombomben (8)*

Zeit-geschichte

seit 1945

Nach dem Zweiten Weltkrieg sank die Bedeutung, die die Staaten West- und Mitteleuropas bisher als Kolonial- und Wirtschaftsmächte in der Welt gehabt hatten. Die Führungsposition nahmen nun sowohl die USA als auch die Sowjetunion ein, die sich im Bündnis mit anderen Staaten während des Kalten Krieges in zwei Blöcken gegenüberstanden. Der Ost-West-Konflikt endete in den 1990er-Jahren mit dem Zusammenbruch der Sowjetunion und des Ostblocks. Seitdem versuchten die USA ihren Führungsanspruch als Weltmacht durchzusetzen. In der zunehmend globalisierten Welt sind allerdings Wirtschaft, Politik und Kultur über Ländergrenzen eng miteinander verbunden. Von der Entwicklung einer Massenkultur profitiert v. a. die Wirtschaft der reichen Länder Europas, Nordamerikas und Ostasiens. Religiöse und ethnische Gegensätze, die man in der modernen Welt überwunden glaubte, nehmen zu. Auch der enorme technologische Fortschritt hat – so erweist sich mehr und mehr – gravierende Folgen.

Der Mensch verlässt seinen Planeten, Mondlandung 1969.

Kämpfe um Öl und Ideologien

Die Welt nach dem Zweiten Weltkrieg (**1**, deutsche Stadt nach Bombardierung
war durch den Ost-West-Konflikt in zwei Machtblöcke geteilt, die sich im Kalter
Krieg durch gegenseitiges Wettrüsten in Schach hielten. Mit der Annäherung
zwischen den USA und der UdSSR und dem Zusammenbruch des Ostblocks wa
die Gefahr eines Atomkriegs zwar gebannt. Doch wurde neues Konfliktpoten
zial freigesetzt, das zuvor durch den Ost-West-Gegensatz überlagert worde
war. Hierzu gehören v. a. ethnische und religiöse Gegensätze, die oftmals Aus
druck wirtschaftlicher und sozialer Probleme sind.
In den einst zum „Westen" gezählten Ländern Nordamerikas, Europas und Ost
asiens haben sich seit dem Zweiten Weltkrieg Gesellschaft und Wertvorstellunge
stark gewandelt. Der allgemeine Wohlstand ermöglicht es breiten Bevölkerungs
schichten, an der an Konsum und Freizeit orientierten Kultur teilzunehmer
Traditionelle Werte verlieren dabei an Bedeutung, Freiheit und Vielfalt in der pe
sönlichen Lebensgestaltung nehmen zu. Die Wirtschaft dieser Länder, in dene
inzwischen der Dienstleistungssektor dominiert, profitiert auch am meisten vo
der Globalisierung: Mit dem technischen Fortschritt haben sich die Kommunika

tionswege, v.a. durch das Internet (**2**), enorm verkürzt. Weltweit können Informationen und Erfahrungen ausgetauscht werden, Politik, Wirtschaft und Kultur sind verbunden wie nie zuvor. Doch die reichen Staaten nutzen ihre Stellung auch, um ihre Wertvorstellungen in der Welt durchzusetzen. Gegen diese Dominanz der Industrienationen erhebt sich mittlerweile Widerstand.

Armut und Unterdrückung sind ein fruchtbarer Nährboden für religiöse Fundamentalisten, die sich gegen eine Verweltlichung und Verwestlichung aller Lebensbereiche wehren. Besonders islamische Gruppierungen machen durch ihre Radikalität, die auch nicht vor Gewalt zurückschreckt, auf sich aufmerksam.

Aber – auch dies ein Aspekt der Globalisierung – es gibt eine Vielzahl von Problemen, die die Welt als Ganzes betreffen und die nur gemeinsam gelöst werden können. Hierzu gehört die weltweit voranschreitende Umweltzerstörung: Ozonloch und Klimaveränderungen, das Ansteigen des Meeresspiegels und ein mögliches Versiegen der fossilen Brennstoffe haben schwerwiegende Auswirkungen, die sich in ihrer ganzen Tragweite noch nicht abschätzen lassen. Bereits heute sind viele Kriege und Konflikte mit dem Bemühen um eine Kontrolle von Öl- und Erdgasreserven verbunden. Zuletzt hat eine 2007/2008 durch die US-Immobilien- und Bankenkrise ausgelöste Erschütterung der internationalen Finanzmärkte gezeigt, wie stark die nationalen Wirtschaftssysteme heute voneinander abhängen. Internationale Maßnahmen zur Stabilisierung der Märkte sind unausweichlich geworden.

Seit dem Zweiten Weltkrieg wurden in Wissenschaft, Forschung und Technik ungeheure Fortschritte erzielt. Doch Lebenserwartung und Lebensqualität sind v.a. in den Industrieländern gestiegen. Zwar können heute fremde Planeten erforscht werden, doch viele Kinder haben keine Möglichkeit, eine Schule zu besuchen. Durch Genforschung und Medizin sind mittlerweile viele Krankheiten heilbar, aber gegen die Ausbreitung von Aids, die besonders unterentwickelte Länder Afrikas betrifft, gibt es noch kein Heilmittel. So sind zu Beginn des 21. Jh. an die Stelle des lange dominierenden Gegensatzes zwischen Ost und West wirtschaftliche und politische Konflikte zwischen wohlhabenden Industrienationen, Schwellenländern und den ärmsten Regionen der Welt getreten.

Die Berliner Mauer, ein Symbol des Kalten Krieges

Weltpolitik

1945–1989

Das Militärbündnis gegen die Achsenmächte überlebte das Ende des Zweiten Weltkrieges nicht lange. Schon zuvor hatten die Alliierten ihre künftigen Einflusszonen auf Konferenzen abgesteckt. Nach dem Krieg bemühten sich die neuen Supermächte USA und UdSSR, ihren jeweiligen Machtbereich politisch und wirtschaftlich zu sichern. In einem vom Wettrüsten geprägten „Kalten Krieg" standen sich die beiden Machtblöcke Ost und West lange Zeit unversöhnlich gegenüber. Die Spannungen entluden sich in Krisen und Stellvertreterkriegen wie in Kuba, Korea und Indochina. Außerhalb des Machtbereichs der USA und UdSSR versuchten die sog. blockfreien Staaten, ihre Unabhängigkeit zu wahren. Auch der nach dem Zweiten Weltkrieg gegründete Staatenbund der Vereinten Nationen (UNO) war vom Ost-West-Konflikt geprägt. Er sollte zunächst der Sicherung des Weltfriedens dienen. Doch mit der Aufnahme zahlreicher in die Unabhängigkeit entlassener Kolonien, die mit vielen inneren Problemen zu kämpfen hatten, wurde auch die Angleichung der Lebensstandards zu einem Ziel der UNO.

UNO-Hauptquartier in New York

Weltsicherheitsrat Die Vereinten Nationen verpflichteten sich zur Wahrung des Weltfriedens. Im Weltsicherheitsrat (**1**), dem zentralen Organ der UNO, besaßen die Siegermächte des Zweiten Weltkrieges ein Vetorecht, mit dem sie Entscheidungen blockieren konnten. So lähmte der Konflikt zwischen den beiden Supermächten USA und UdSSR die Arbeit der Vereinten Nationen nachhaltig.

Blockfreie Staaten Auf der Bandung-Konferenz von 1955 (**2**) sprachen sich mehrere Staaten Asiens und Afrikas gegen Kolonialismus und atomares Wettrüsten aus. In Abgrenzung zu den Supermächten konstituierten sie sich zur Bewegung der „Blockfreien".

Die Kubakrise – Am Rande des Atomkriegs

Das kommunistische Regime Fidel Castros (S. 528) auf Kuba, in unmittelbarer Nähe zu den USA, war der amerikanischen Regierung ein Dorn im Auge. Wirtschaftliche und militärische Unterstützung erhielt Castro aus der UdSSR. Im Gegenzug gestattete Castro 1962 den Sowjets, Raketen auf Kuba zu stationieren. Der amerikanische Präsident Kennedy forderte den sofortigen Abzug der Waffen, was der sowjetische Generalsekretär Chruschtschow ablehnte, denn auch die USA unterhielten in der Türkei Raketenbasen in Reichweite sowjetischer Städte. Um weitere Lieferungen zu verhindern, verhängten die USA eine Seeblockade über Kuba. Die militärische Situation spitzte sich zu, die Welt stand am Rande eines dritten Weltkriegs. Erst in letzter Sekunde zog die UdSSR ihre Raketen zurück. Die USA bauten Waffen in der Türkei ab.

Weltpolitik

Seite 420

1944 Gründung des Internationalen Währungsfonds (IWF) zur Kontrolle und Stabilisierung der Finanzmärkte sowie Vergabe von Krediten an Entwicklungsländer

ab 1975/76 Die sieben Staaten mit den größten Volkswirtschaften der Welt (G7, Gruppe der Sieben) treffen sich jährlich zu Weltwirtschaftsgipfeln

1991 Auflösung der UdSSR und des Ostblocks

1994 Gründung der Welthandelsorganisation (WTO) zur weltweiten Liberalisierung des Handels, Deregulierung und Privatisierung der Wirtschaft

1994 Bürgerkrieg in Ruanda eskaliert zu einem Völkermord

1992–1995 Bosnien-Krieg im ehemaligen Jugoslawien, Massenmorde und Vertreibung („ethnische Säuberungen")

1996–1999 Kosovo-Krieg im ehemaligen Jugoslawien

1998 Erweiterung der G7 um Russland zur G8

2001 G8-Gipfel in Genua: Kämpfe zwischen Sicherheitskräften und Globalisierungsgegnern

11.9.2001 Terroranschläge in New York und Washington

14.11.2008 „Weltfinanzgipfel" in Washington infolge Finanzkrise

Weltpolitik

seit 1989

Mit der Auflösung der UdSSR 1991 endete der Ost-West-Konflikt, der jahrzehntelang andere Gegensätze überlagert hatte. Alte Feindschaften zwischen religiösen und ethnischen Gruppen entluden sich wie im ehemaligen Jugoslawien

Kindersoldat im Kongo, 2003

oder in zahlreichen afrikanischen Staaten in blutigen Bürgerkriegen. Unterstützt bzw. toleriert von den westlichen Industrienationen, versuchen die USA, ihren Führungsanspruch als Weltmacht zu behaupten. Damit sind wirtschaftliche Interessen ebenso verbunden wie ein Bemühen um die Verbreitung westlicher Wertvorstellungen. Im Zuge der Globalisierung nutzen die hochentwickelten Staaten die von ihnen dominierte Welthandelsorganisation und den Internationalen Währungsfonds zur Durchsetzung eines weltweiten Freihandels, in dem die Länder der sog. Dritten Welt nicht konkurrenzfähig sind. In vielen Staaten wächst der Widerstand gegen die Dominanz des Westens, dabei tritt v.a. die Gewaltbereitschaft radikaler Muslime hervor.

Krieg und Terror

Mit der Überwindung des Ost-West-Gegensatzes war das Szenario eines weltweiten Krieges zwischen den Supermächten gebannt. Die aktuellen Konflikte auf der Welt werden nicht mehr zwischen Armeen zweier Staaten mit klar abgegrenzten Fronten ausgetragen. Immer mehr treten Bürgerkriege und der Kampf gegen den Terrorismus (5) in den Vordergrund.

3

4

Blauhelme Seit ihrer Gründung organisieren die Vereinten Nationen Friedensmissionen. Der Sicherheitsrat muss hierzu ein Mandat erteilen, die Mitgliedsstaaten stellen Truppenkontingente, die sog. Blauhelmsoldaten (**1**, in Jugoslawien). Die Befugnisse der Blauhelme sind durch die Mandate genau umgrenzt. So waren ihnen bei den Massakern in Ruanda 1994 (S. 516) und in Bosnien 1995 (S. 465) die Hände gebunden.

Terrorismus Nichtstaatliche Organisationen und Gruppen haben im Kampf gegen eine bestehende politische Ordnung immer wieder auch zu Gewalt gegriffen. In Europa erreichte der Terrorismus mit den Aktionen linksextremistischer Gruppen wie RAF und Rote Brigaden in den 1970er-Jahren einen Höhepunkt (S. 431/450). Einen Einschnitt im Bewusstsein der Öffentlichkeit stellten die Anschläge am 11. September 2001 in den USA (**2**) dar (S. 527). Erstmals trat ein weltweit operierendes Terrornetzwerk in Erscheinung, das an keine durchstrukturierte Organisation gebunden war. Individualisierung und Privatisierung erschweren gezielte Gegenmaßnahmen. Eingriffe der US-Regierung in die Bürgerrechte führten zu einer Diskussion über den Vorrang nationaler Sicherheitsinteressen.

1987 Abrüstungsvertrag zwischen USA und UdSSR (**3**)

ab 1989 Bürgerkrieg in Afghanistan nach Abzug sowjetischer Truppen (S. 491)

1991 Auflösung der UdSSR und des Ostblocks (S. 472)

ab 1991 Zerfall Jugoslawiens, Bürgerkriege ethnischer und religiöser Gruppen (S. 464) (**4**)

1996 islamistische Taliban erobern die afghanische Hauptstadt Kabul

1998 Terroranschläge auf amerikanische Botschaften in Kenia und Tansania

11. 9. 2001 Terroranschläge in New York und Washington

2001 US-Truppen stürzen Taliban-Regime

2004 Anschläge von Madrid (S. 455)

2005 Anschläge von London (S. 443)

2008 Terroranschläge in Indien

▲ Seite 415

Europa

Europa

seit 1945

Die Integration der europäischen Staaten begann mit einer Reihe von Vertragswerken wie der Montanunion, die zunächst v. a. die wirtschaftliche Zusammenarbeit regeln sollten.

Sitzung des EU-Parlaments in Brüssel

Damit verbunden waren aber von Anfang an auch die dauerhafte Sicherung des Friedens und die Aussöhnung der europäischen Staaten, die auf eine lange Geschichte von Kriegen zurückblickten. Im Jahr 1965 wurden die durch die verschiedenen Verträge geschaffenen Organisationen zur EG zusammengefasst und gemeinsame Verwaltungsorgane wie die Europäische Kommission geschaffen. In der in Maastricht 1992/93 begründeten Europäischen Union einigte man sich über eine gemeinsame Außen- und Sicherheitspolitik sowie eine Zusammenarbeit in den Bereichen Justiz und Inneres. 2002 schlossen sich zudem mehrere Mitgliedsstaaten zu einer Währungsunion zusammen. Mit der Aufnahme ehemaliger Ostblockstaaten im Jahr 2004 und 2007 setzte die Osterweiterung der EU ein.

Integration und Widerstand
Von der Vereinigung der europäischen Industrienationen zu einem einheitlichen Markt

mit einer gemeinsamen Währung (**1**) hat v. a. die Wirtschaft profitiert. In der Bevölkerung hingegen regt sich oftmals Widerstand (**2**) gegen die als zu bürokratisch und undurchsichtig empfundenen EU-Behörden. Hinzu kommt die Sorge um die eigene nationale Identität. Besonders kleinere Mitgliedsstaaten befürchten, in der EU nicht genügend Gehör zu finden.

Marschallplan und COMECON

Mit dem sog. Marshallplan boten die USA ab 1947 den im Zweiten Weltkrieg verwüsteten Ländern Europas gezielte Wiederaufbauhilfe an. Die Verteilung der Gelder und Sachleistungen (**3**) aus den USA regelte die OEEC, die Vorgängerin der 1960 gegründeten OECD. Durch die wirtschaftliche Anbindung stärkten die USA auch ihren politischen Einfluss in Westeuropa und schufen gleichzeitig neue Absatzmärkte

für die amerikanische Industrie. Die UdSSR verhinderte die Annahme der Marshallplanhilfe in ihrem Machtbereich. Als Gegengewicht betrieb die Sowjetunion den Zusammenschluss der kommunistischen Staaten im RGW bzw. COMECON, dem „Rat für gegenseitige Wirtschaftshilfe". So wurde die politische und militärische Teilung Europas und der Welt in zwei Machtblöcke unter der Führung der USA bzw. der UdSSR auch wirtschaftlich untermauert.

Montanunion

Auf Initiative des französischen Außenministers Robert Schuman (**4**, mit Konrad Adenauer) schlossen sich Frankreich und die Bundesrepublik Deutschland sowie die Beneluxländer und Italien 1951 zur sog. Montanunion zusammen. Diese sollte den zollfreien Handel von Kohle und Stahl gewährleisten und kontrollieren sowie den einsetzenden Wirtschaftsaufschwung in den beteiligten Ländern vorantreiben und koordinieren. In der Folgezeit wurde die Montanunion zur Keimzelle der europäischen Einigung.

Europäische Verfassung

Mit der Vergrößerung der EU wird die Forderung nach einer Reform ihrer Organisation immer lauter. Im Mittelpunkt steht die Frage, ob dem wirtschaftlichen Zusammenschluss auch ein politischer folgen soll, nationale Regierungen also Kompetenzen abgeben müssen. Das EU-Parlament arbeitete bis 2004 eine Verfassung aus, deren Ratifizierung von Mitgliedsländern wie Frankreich (**5**) und den Niederlanden verhindert wurde. Der 2007 entworfene Reformvertrag von Lissabon ist ebenfalls noch nicht in Kraft getreten.

Deutschland – Kriegsende und Teilung

1945–1949

Nach ihrem Sieg über das NS-Regime teilten die alliierten Mächte USA, Großbritannien, Frankreich und UdSSR das Deutsche Reich 1945 in vier Besatzungszonen auf. Einige Gebiete Deutschlands gingen zudem an den wieder-hergestellten polnischen

Wie München waren nahezu alle deutschen Städte durch die alliierten Bombenangriffe zerstört.

Staat (S. 374/460) verloren. Die deutsche Bevölke-rung wurde von hier aus in den Westen vertrieben. Die ehemaligen Alliierten versuchten im Zuge des Wiederaufbaus, die von ihnen besetzten Gebiete politisch und wirtschaftlich an sich zu binden, und bereiteten damit die vorläufige Teilung Deutsch-lands in zwei Staaten mit zwei entgegengesetzten Gesellschafts- und Wirtschaftssystemen vor.

Viersektorenstadt Berlin Sowjets, Amerikaner, Briten und Franzosen teilten 1945 die ehemalige deutsche Reichshauptstadt in vier Sektoren auf (**1**). Oberstes gemeinsames Verwaltungsorgan war der Alliierte Kontrollrat. Doch bald wurde die Stadt zum Brennpunkt des Kalten Krieges. Die Westmächte behaupteten ihre Stellung gegen die Versuche der Sowjets, die Verwaltung zu blo-ckieren und ihren Einfluss über die ganze Stadt auszudehnen. Der Konflikt gipfelte 1948/49 in der Blockade Berlins durch sowjetische Truppen, die eine Versorgung der Stadt über eine Luft-brücke nötig machte. Die Bildung eines Magis-trats im sowjetischen Sektor festigte die Spal-tung der Stadt. Ostberlin wurde 1949 Hauptstadt der DDR, Westberlin Teil der Bundesrepublik.

YOU ARE LEAVING THE AMERICAN SECTOR
ВЫ ВЫЕЗЖАЕТЕ ИЗ АМЕРИКАНСКОЙ ЗОНЫ
VOUS SORTEZ DU SECTEUR AMERICAIN

1

Trümmerfrauen In der Zeit nach Kriegsende bestand für alle Deutschen eine Arbeitspflicht. Am Anfang lagen die Aufräum- und Aufbauarbeiten v.a. in den Händen der „Trümmerfrauen" (**2**), da die meisten Männer noch in Gefangenschaft waren. Die Nahrungsmittelversorgung wurde mühsam über Essensmarken geregelt. Daneben blühte der Schwarzmarkt. Zigaretten galten als inoffizielle Währung.

Nürnberger Prozesse In Nürnberg machten die Alliierten 1945/46 einer Reihe führender Nazis wie Göring und Speer den Prozess (**3**). Ab 1947 trat angesichts des Konflikts mit den Sowjets die Entnazifizierung in den westlichen Besatzungszonen in den Hintergrund: Entlastungsschreiben rehabilitierten auch Nationalsozialisten,

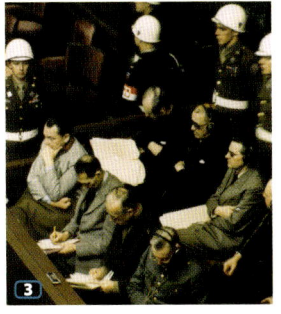

die als Fachleute in Justiz und Verwaltung zum Wiederaufbau des Landes benötigt wurden. Wirtschaftsführer wie Flick und Krupp, die Hitler unterstützt hatten, erhielten ihren Besitz zurück. Andere Nationalsozialisten nutzten ihre internationalen Verbindungen, um sich ins Ausland, v.a. nach Südamerika (S. 407), abzusetzen.

Berlin-Blockade und Berliner Luftbrücke

Auf die Währungsreform und die Pläne der Westalliierten zur Schaffung eines westdeutschen Staates reagierten die Sowjets mit einer Blockade Westberlins. Elf Monate lang, bis zum Mai 1949, mussten die Einwohner über eine Luftbrücke versorgt werden. Die von den Berlinern „Rosinenbomber" genannten Flugzeuge brachten in 277 000 Flügen etwa 2,2 Millionen Tonnen Güter in die Stadt. Ernst Reuter, der zwar von ganz Berlin zum Oberbürgermeister gewählt, aber von den Sowjets nicht anerkannt worden war, appellierte an den Durchhaltewillen der Berliner und warb um Unterstützung in der westlichen Welt.

» Ost-West-Konflikt: Seiten 420–421

17. Juni 1953 Arbeiteraufstand Um die von der DDR-Führung aufgestellten Fünfjahrespläne zu erfüllen, mussten die Arbeitsnormen ständig erhöht werden. Dagegen erhoben sich Bauarbeiter mehrerer Ostberliner Großbaustellen. Der Aufstand griff rasch um sich und konnte nur mithilfe des sowjetischen Militärs (**1**, Potsdamer Platz) niedergeschlagen werden. Die Normerhöhungen wurden zurückgenommen.

Die DDR

1949–1989

Walter Ulbricht, SED-Politiker und Staatsratsvorsitzender der DDR

In der DDR errichtete die SED (Sozialistische Einheitspartei Deutschlands) mithilfe der sowjetischen Besatzungsmacht eine Einparteiendiktatur. Militärisch und wirtschaftlich schloss sich die DDR im RGW und im Warschauer Pakt (S. 420) dem Ostblock an. Im Innern wurden mit Enteignungen, Verstaatlichungen und anderen Zwangsmaßnahmen Wirtschaft und Gesellschaft nach sozialistischen Idealen umgewandelt. Die Geheimpolizei des Ministeriums für Staatssicherheit („Stasi") überwachte die Bürger und verfolgte Regimekritiker. Wirtschaftliche Probleme und

DDR-Soldat flieht kurz vor dem Bau der Mauer in den Westen.

Versorgungsengpässe führten in den 1980er-Jahren zum Niedergang der DDR. 1989 leiteten eine Massenflucht von DDR-Bürgern und landesweite Demonstrationen das Ende der DDR ein.

Berliner Mauer Bis 1961 hatten fast 2,7 Millionen Menschen die DDR verlassen – fast ein Siebtel der Gesamtbevölkerung. Die Staatsführung beschloss darum, die Grenzen zu schließen. Die im geteilten Berlin errichtete Mauer (**2**), im Osten als „antifaschistischer Schutzwall" ideologisch gerechtfertigt, wurde zum Symbol des Kalten Krieges. Trotzdem unterhielt die DDR wirtschaftliche Kontakte zum Westen. Enteignete Antiquitäten wurden ebenso veräußert wie Blutkonserven. Auch der Freikauf politischer Häftlinge durch die Bundesrepublik brachte Devisen ins Land. Am Ende stützten Milliardenkredite aus dem Westen die marode Wirtschaft.

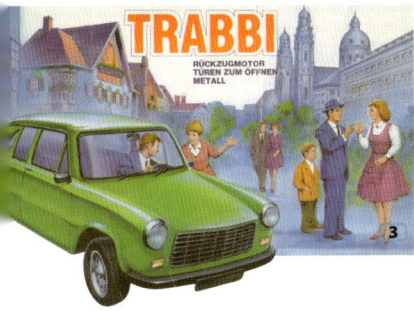

Real existierender Sozialismus Im sozialistischen System sollten sich die Lebensumstände der Bevölkerung verbessern. Tatsächlich konnte die DDR den höchsten Lebensstandard im Ostblock verzeichnen. Der Staat kam für Gesundheitsversorgung und Schulbildung auf. Die Unterstützung für Familien führte zum Anstieg der Geburtenrate und gewährte Frauen mehr Freiräume. Doch die Sozialausgaben belasteten den Staat erheblich. Viele Konsumbedürfnisse konnten nicht befriedigt werden, auf ein Auto (**3**) wartete der DDR-Bürger bis zu zehn Jahre.

Montagsdemonstrationen In den 1980er-Jahren stagnierte die Wirtschaft der DDR. Notwendige Modernislerungen blieben aus. Kontakte zum Westen, v. a. durch das Fernsehen, schürten die Unzufriedenheit mit den Lebensverhältnissen. Der Staat rea-

gierte mit Repressionen wie der Ausbürgerung von kritischen Intellektuellen. Die DDR-Führung lehnte aber weiterhin Reformen nach dem Vorbild der Sowjetunion unter Gorbatschow (**4**, mit Erich Honecker) ab. Erst massive Proteste wie die Montagsdemonstrationen in Leipzig (**5**) seit September 1989 zwangen das Regime zum Einlenken.

„Glasnost und Perestroika": Seiten 472–473

Die Bundesrepublik

1949–1989

Der erste Bundeskanzler, Konrad Adenauer, betrieb die Integration der Bundesrepublik in die westlichen Bündnissysteme. Ein Wirtschaftsaufschwung

Wohlstand in den 1950er-Jahren

und das System der „sozialen Marktwirtschaft" sorgten ab den 1950er-Jahren für allgemeinen Wohlstand. Aus einem Gefühl der Stagnation heraus bildete sich Ende der 1960er-Jahre eine v. a. von Studenten getragene Protestbewegung, die Außerparlamentarische Opposition (APO). Die 1970er-Jahre waren geprägt von ersten Wirtschaftskrisen und den Terroraktionen der RAF. Aus der Antiatomkraft- und Friedensbewegung ging die Partei „Die Grünen" hervor. Willy Brandt hatte mit den Ostverträgen eine Annäherung an den Ostblock eingeleitet. Helmut Kohl führte diese Politik fort, v. a. gegenüber der DDR. Auch die europäische Einigung trieb Kohl voran. Im Innern erholte sich die Wirtschaft zwar zunächst, doch blieb die Arbeitslosigkeit hoch.

Anbindung an den Westen Der erste deutsche Bundeskanzler, Konrad Adenauer (**1**), band die Bundesrepublik eng an das westliche Staatenbündnis. Er setzte die Wiederbewaffnung sowie den Beitritt zur NATO durch. Sein Engagement für Montanunion und EWG (S. 424) diente auch der Aussöhnung mit den westlichen Nachbarn, v. a. mit Frankreich (S. 439).

Wahlplakat der Grünen von 1983: In diesem Jahr gelang der Partei der Einzug in den Bundestag.

Die 68er Ende der 60er-Jahre stellten sich Studenten wie Rudi Dutschke (**2**) an die Spitze der APO. Ihre Ziele waren u. a. ein allgemeiner Wertewandel, die Demokratisierung der Hochschulen, der Kampf gegen den Vietnamkrieg und die Aufarbeitung der nationalsozialistischen Vergangenheit. Sie leiteten eine grundlegende Liberalisierung der deutschen Gesellschaft ein.

Die Rote-Armee-Fraktion (RAF)

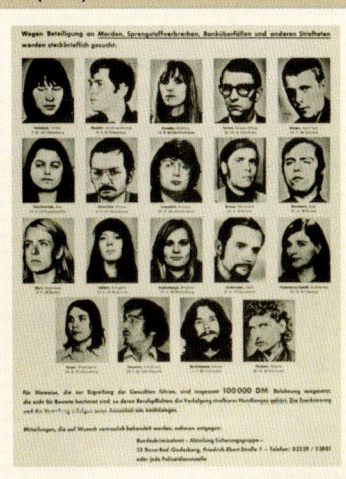

Aus der studentischen Protestbewegung Ende der 1960er-Jahre entwickelten sich radikale Splittergruppen. Zu diesen gehörte auch die 1970 gegründete linksextremistische Rote-Armee-Fraktion (RAF), die zunächst unter den Namen ihrer prominentesten Gründungsmitglieder als Baader-Meinhof-Gruppe bekannt wurde. Die RAF rief zum bewaffneten Widerstand gegen das von ihr als unmenschlich und faschistisch empfundene politische und wirtschaftliche System der Bundesrepublik auf. Sie orientierte sich dabei am Vorbild südamerikanischer Stadtguerillas. Nach Anschlägen auf Kaufhäuser und Banküberfällen kam es zu Entführungen und Attentaten auf Vertreter der bundesdeutschen Wirtschaft, Politik und Justiz. Die allgegenwärtigen Fahndungsplakate und Medienberichte verbreiteten in den 1970er- und 80er-Jahren ein Klima der Angst. Bis 1993 dauerten die Aktionen der RAF an, 1998 löste sie sich selbst auf.

Ostverträge Nach dem Ende der Großen Koalition 1969 übernahm der SPD-Politiker Willy Brandt das Amt des Bundeskanzlers. Sein Ziel war es, die Bundesrepublik durch Reformen zu modernisieren. Richtungweisend war seine Versöhnungspolitik gegenüber dem Osten (**3**, mit dem sowjetischen Staats- und Parteichef Breschnew). Gegen den Widerstand der konservativen CDU/CSU erkannte Brandt in den Ostverträgen 1970/73 die polnische Westgrenze an und verzichtete damit auf die ehemaligen deutschen Gebiete in Preußen, Pommern und Schlesien.

»» Europäische Einigung: Seiten 424–425

Das wiedervereinigte Deutschland

seit 1989

In der Nacht vom 9. zum 10. November 1989 fiel die Berliner Mauer, Symbol des Kalten Krieges und der Ort, an dem die deutsche Teilung manifest wurde. Die Grenzübergänge wurden geöffnet, und Tausende Menschen feierten.

Ohne Widerstand und praktisch über Nacht brach 1989 die sozialistische Diktatur in der DDR zusammen. 1990 traten die wiedergegründeten Länder der DDR der Bundesrepublik bei und Helmut Kohl wurde zum ersten gesamtdeutschen Kanzler gewählt. Er hatte den Ostdeutschen „blühende Landschaften" versprochen, doch zeigten sich bald die negativen Folgen der Wiedervereinigung, v. a. Massenarbeitslosigkeit. Erst die Regierung von Kohls Nachfolger Gerhard Schröder setzte massive Sparmaßnahmen und eine Reform des Arbeitsmarktes durch, um Deutschland im internationalen Wettbewerb konkurrenzfähig zu halten. Seit 2005 versucht die Große Koalition unter Angela Merkel, die Reformpolitik fortzuführen.

⌃ Seiten 428, 430

Deutschland

9./10.11.1989 Fall der Berliner Mauer

3.10.1990 Die Länder der DDR treten der Bundesrepublik bei

2.12.1990 Wahl Helmut Kohls (CDU) zum ersten gesamtdeutschen Bundeskanzler

1998–2005 Regierung unter Gerhard Schröder (SPD)

1999 Großteil der Bundesregierung verlegt Sitz nach Berlin

1999 Bundeswehreinsatz im ehemaligen Jugoslawien

2003 Regierungserklärung zur „Agenda 2010"

2003 Bundeswehreinsatz in Afghanistan

2005 Inkrafttreten des sog. Hartz-IV-Gesetzes

seit 2005 Große Koalition von CDU und SPD unter Angela Merkel (CDU)

2008 Kursstürze an den internationalen Aktienmärkten

Oktober 2008 Bundesregierung verabschiedet „Finanzmarktstabilisierungsgesetz"

Einigungsvertrag Nach den sog. 2+4-Gesprächen mit den Siegermächten des Zweiten Weltkrieges vereinbarten DDR und Bundesrepublik die Wiedervereinigung Deutschlands (**1**), das nun die volle staatliche Souveränität zurückerhielt.

„Blühende Landschaften"

Nicht alle Regionen im Osten Deutschlands profitierten so von der Wiedervereinigung wie die neue Hauptstadt Berlin (**3**).

Durch den Niedergang der maroden ostdeutschen Industriebetriebe (**2**) verloren viele Menschen ihre Arbeitsplätze und Perspektiven.

Kampfeinsätze Seit der Wiedervereinigung engagiert sich Deutschland zunehmend in der internationalen Politik, etwa durch die Beteiligung an Blauhelmeinsätzen der UN (**5**) (S. 423). Ziel ist es, einen ständigen Sitz im Weltsicherheitsrat (S. 421) zu erlangen. Daneben setzt sich Deutschland in enger Zusammenarbeit mit Frankreich für die Einigung Europas ein.

Angela Merkel
Als erste Frau an der Spitze der Bundesrepublik trat die aus Ostdeutschland stammende CDU-Politikerin Angela Merkel (**4**) 2005 die Nachfolge von Bundeskanzler Gerhard Schröder an (**6**, mit Merkel). Seit 2009 steht sie einer aus CDU

und FDP gebildeten Koalition vor. Drängendstes Problem der Regierung Merkel bleibt nach wie vor die hohe Arbeitslosigkeit – neben der Bekämpfung der Folgen der Wirtschaftskrise. Auch Reformen im Gesundheitswesen und eine Haushaltssanierung stehen an.

Agenda 2010 Die von der Regierung Schröder in der Agenda 2010 geplanten und z. B. im Hartz-IV-Gesetz verwirklichten Reformen sollten Deutschland als Wirtschaftsstandort stärken. Hierzu gehörten Einsparungen bei den Sozialleistungen, Senkung der Lohnnebenkosten und eine Liberalisierung des Arbeitsmarktes. Der Sozialabbau, der vielen Menschen die Lebensgrundlage entzog, stößt seitdem auf heftige Kritik (**7**).

Seiten 352, 354

Österreich und Schweiz

1945 Österreich wird in Besatzungszonen aufgeteilt

27.4.1945 Gründung der Republik Österreich (Zweite Republik)

1947–1966 Große Koalition aus ÖVP und SPÖ in Österreich

1955 Österreich erlangt volle Souveränität (Staatsvertrag)

seit 1959 Die vier größten Parteien der Schweiz stellen den Bundesrat („Zauberformel")

1970–1983 österr. Regierung unter Bruno Kreisky (SPÖ)

1971 Frauenwahlrecht auf Bundesebene in der Schweiz

1986 Waldheim-Affäre

1986–1997 österr. Regierung unter Franz Vranitzky (SPÖ)

1987–2000 Große Koalition aus ÖVP und SPÖ in Österreich

1989–1991 Jörg Haider Landeshauptmann von Kärnten

1995 Österreich tritt der EU bei

2000–2006 Koalitionsregierung von ÖVP und FPÖ unter Wolfgang Schüssel (ÖVP)

2003 Wahl Christoph Blochers (SVP) in Schweizer Bundesrat

Österreicher feiern in Wien die Übernahme des EU-Ratsvorsitzes 1998.

Österreich und Schweiz

seit 1945

In der Zeit des Kalten Krieges wahrten die Schweiz und Österreich strikte Neutralität. Mittlerweile ist Österreich der EU beigetreten. In beiden Ländern sorgte eine auf Ausgleich zwischen Parteien und Interessengemeinschaften bedachte Politik („Zauberformel"/„Sozialpartnerschaft") für große Stabilität und ermöglichte ein hohes Wirtschaftswachstum. Seit den 1980er-Jahren gewannen rechte Parteien an Einfluss, etwa mit dem inzwischen verstorbenen Jörg Haider in Österreich und dem Populisten Christoph Blocher in der Schweiz. Sie schüren Fremdenfeindlichkeit und lehnen eine Liberalisierung der Gesellschaft ab.

Besatzung und Souveränität

Nach dem Zweiten Weltkrieg teilten die Alliierten (**2**) Österreich in vier Besatzungszonen auf. Erst 1955 erlangte die junge Republik durch einen Staatsvertrag (**1**, im Schloss Belvedere unterzeichnet) ihre volle Souveränität. Im Gegenzug verpflichtete sich Österreich zu immerwährender Neutralität.

Waldheim-Affäre

1986 deckten Journalisten die nationalsozialistische Vergangenheit des österreichischen Bundespräsidenten Kurt Waldheim auf. Die sog. Waldheim-Affäre polarisierte Österreich und entfachte eine Debatte, ob das Land als Teil des Großdeutschen Reiches Mitschuld an den Verbrechen der Nationalsozialisten hatte oder als Opfer eines deutschen Überfalls zu gelten habe.

3

Populismus Der Aufstieg der FPÖ unter dem Rechtspopulisten Jörg Haider veränderte das Machtgleichgewicht der großen Parteien SPÖ und ÖVP, die bis in die 1980er-Jahre jeweils die Regierung stellten. 2000 bildete Wolfgang Schüssel von der ÖVP eine Koalition mit der FPÖ (**3**), die zu Protesten im In- und Ausland führte. Nach Machtkämpfen gründete Haider 2005 eine neue Partei. Er starb 2008 bei einem Autounfall.

4

Frauenwahlrecht Als eines der letzten westlichen Länder führte die Schweiz 1971 das Frauenwahlrecht auf Bundesebene ein. Aber erst 1990 erlangten die Frauen in Appenzell Innerrhoden das Wahlrecht auch in ihrem Kanton – durch Zustimmung der „Landsgemeinde" (**4**), der Versammlung aller Wahlberechtigten. Die Kantone haben sich gegenüber der Zentralregierung, dem Bundesrat, große Autonomie bewahrt. Nach der sog. Zauberformel stellen die größten Parteien proportional zu ihrem Stimmenanteil den Bundesrat.

Neutralität Die Schweiz profitiert von ihrem Ruf als Steuerparadies. Darum ist die Wahrung von Eigenständigkeit und Neutralität ein hohes Anliegen: Zwar sprachen sich die Schweizer 2002 in einem Volksentscheid für den Beitritt zur UNO aus (**5**), doch die Aufnahme in die EU, die wirtschaftliche Einschnitte bedeutet hätte, wurde 2001 abgelehnt. Eine prominente Rolle in der Diskussion übernahm der nationalkonservative Christoph Blocher, der sich gegen jedes internationale Engagement der Schweiz aussprach.

5

Frankreich

Frankreich bis in die 1960er-Jahre

1945–1968

Nach dem Krieg drang Frankreich auf Gleichberechtigung mit den Siegermächten und erhielt Besatzungszonen in Deutschland sowie einen

Zerstörte französische Stadt 1944

ständigen Sitz im UN-Sicherheitsrat. Auch als Mitglied der NATO versuchte das Land, seine eigenen Interessen zu verteidigen. Zusammen mit der Bundesrepublik Deutschland engagierte sich Frankreich besonders für die Integration Westeuropas. Ziele im Innern waren der Wiederaufbau und die Verfolgung der Anhänger der Vichy-Regierung (S. 358). Konflikte in Algerien führten zum Sturz der Vierten Republik. In der Fünften Republik erweiterte eine auf die Person de Gaulles zugeschnittene Verfassung die Kompetenzen des Staatspräsidenten.

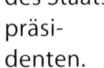

Charles de Gaulle (1890–1970)

Im Zweiten Weltkrieg war General de Gaulle zur Symbolfigur des französischen Widerstands geworden (S. 358). Nach dem Krieg legte er z. T. bis heute gültige Richtlinien für die französische Politik fest. Hierzu gehört das Festhalten an einer Politik nationaler Größe, ein distanziertes Verhältnis zur USA und die Zusammenarbeit mit Deutschland.

Mit Eingriffen in die Wirtschaft wie der Verstaatlichung von Großunternehmen, etwa Air France oder Renault, steuerte der französische Staat den Wiederaufbau des Landes.

Algerienkrieg Französisches Militär und französische Siedler versuchten die Unabhängigkeitsbestrebungen der Algerier zu unterdrücken und schreckten nicht vor Folter und Massakern zurück (S. 478). Da auch viele Franzosen den Krieg beenden wollten, kam es selbst in Paris zu Ausschreitungen (**1**). Siedler und Armee versprachen sich Hilfe von de Gaulle, den sie 1958 mit einem Militärputsch an die Macht brachten.

Fünfte Republik Die neue Verfassung der Fünften Republik hatte das Präsidentenamt gestärkt, das durch Direktwahl zusätzlich legitimiert wurde. Nun sollte de Gaulle die Unruhen in Algerien beenden (**2**). Doch er sah bald die Ausweglosigkeit der Situation ein und stimmte 1962 der Unabhängigkeit zu.

Entkolonialisierung Um seine Kolonien an sich zu binden, gründete Frankreich nach dem Vorbild des britischen Commonwealth of Nations 1946 die sog. Französische Union. Doch das konnte den Zerfall des Kolonialreiches nicht aufhalten. Bis 1954 machten sich die Vietnamesen im Indochinakrieg unabhängig (**3**). Marokko und Tunesien wurden 1956 bzw. 1957 in die Unabhängigkeit entlassen. Die Niederlage der Franzosen in der Suezkrise an der Seite der Briten im Jahr 1956 markierte ebenfalls den zunehmenden Verlust an Weltgeltung (S. 441).

Das Fürstentum Monaco

Seit 1861 steht das von der Familie Grimaldi regierte Fürstentum Monaco unter dem Schutz Frankreichs. Der Kleinstaat an der Côte d'Azur profitierte vom ab 1900 aufkommenden Tourismus, die Einnahmen aus dem Spielcasino und den Luxushotels füllten die Staatskassen. Während des Zweiten Weltkrieges war Monaco in Devisengeschäfte mit den Nationalsozialisten

verwickelt. Für Publicity sorgte 1956 die Heirat Fürst Rainiers III. mit dem Hollywoodstar Grace Kelly. Bis heute ist das Steuerparadies Monaco ein Treffpunkt der internationalen High Society.

▸ **Rote Khmer:** Seiten 498–499

Die „Grande Arche" in Paris, erbaut auf Initiative von Präsident Mitterrand

Frankreich (Seitenmarke)

Frankreich seit den 1960er-Jahren

seit 1968

Landesweite Unruhen erschütterten 1968 Frankreich. Doch auch nach dem Rücktritt de Gaulles 1969 blieben die Konservativen zunächst an der Macht. Aufgrund zunehmender wirtschaftlicher Probleme in den1970er-Jahren erstarkte die linke Opposition. 1981 wurde François Mitterrand zum Präsidenten gewählt. Ihm gelang es nicht, Arbeitslosigkeit und Inflation durch Verstaatlichungen und Dezentralisierung in den Griff zu bekommen. Wahlsiege der Gaullisten zwangen ihn zur Zusammenarbeit mit den Konservativen, die seit 1995 mit Jacques Chirac und Nicolas Sarkozy den Präsidenten stellen.

Mai '68 Im Jahr 1968 protestierten französische Studenten (**1**) für eine Modernisierung der Gesellschaft und besonders der Hochschulen. Gleichzeitig traten Arbeiter großer Unternehmen in einen Generalstreik. Gegenmaßnahmen der Regierung führten zur Radikalisierung, v.a. in Paris, wo bürgerkriegsähnliche Zustände herrschten. Schließlich musste die Regierung einer Hochschulreform zustimmen und den Forderungen der Arbeiter nachgeben. De Gaulle trat 1969 zurück.

François Mitterrand Mit Mitterrand wurde 1981 erstmals in der Geschichte der Fünften Republik ein Linker zum Präsidenten gewählt. Er führte Mindestlöhne ein, erhöhte Renten und Familienbeihilfen und verstaatlichte Schlüsselindustrien wie den Energiesektor. In enger Zusammenarbeit mit dem deutschen Bundeskanzler Helmut Kohl arbeitete er an der Umwandlung der EG zur EU, die 1992/93 im Vertrag von Maastricht verwirklicht wurde (S. 424). In seine Amtszeit fielen die ersten beiden „Cohabitations", in denen Mitterrand konservative Premierminister als Regierungschefs akzeptieren musste.

Deutsch-französische Zusammenarbeit

Anders als nach dem Ersten Weltkrieg, als Frankreichs Politik gegenüber seinem deutschen Nachbarn vom Revanchismus geprägt war (S. 356), wurden nach dem Zweiten Weltkrieg Frankreich und die Bundesrepublik Deutschland zu Partnern bei der europäischen Integration, so etwa bei der Montanunion und der EWG (S. 424/449). Der Élysée-Vertrag von 1963 vereinbarte eine enge Zusammenarbeit der beiden Länder und regelmäßige Konsultationen zwischen den beiden Regierungen wie etwa 1997 im ostdeutschen Weimar.

WEIMAR 1997

Migranten Im Herbst 2005 kam es in ganz Frankreich zu schweren Ausschreitungen von jugendlichen Migranten (**3**). Hintergrund waren v. a. die mangelhafte Integration und die Ghettoisierung der Einwanderer in den Hochhaussiedlungen französischer Vorstädte (**4**), die zu sozialen Brennpunkten geworden sind. Ihre Bewohner sind sozial stigmatisiert und haben kaum berufliche Perspektiven. Gegen eine Öffnung der Gesellschaft richten sich rechte Parteien wie die „Front National" des Rechtspopulisten Jean-Marie Le Pen, der in den 1990er Jahren in Frankreich große Wahlerfolge erzielte.

Die Gaullisten (UMP) seit 1995 Jacques Chirac ergriff während seiner Amtszeit verschiedene deregulierende Maßnahmen, um Frankreichs wirtschaftliche und arbeitsmarktpolitische Modernisierung zu erreichen. Chiracs Atomtests in den 1990er-Jahren und seine Haltung zum Einsatz von Atomwaffen wurden scharf kritisiert. Seit Chiracs Rückzug 2007 führt der neue Präsident Nicolas Sarkozy die konservative Politik der UMP fort.

⏵ **Europäische Verfassung:** Seite 425

Großbritannien bis in die 1970er-Jahre

1945–1979

Zwar war Großbritannien eine der Siegermächte des Zweiten Weltkrieges und Gründungsmitglied der UNO mit einem ständigen Sitz im Weltsicherheitsrat (S. 421), doch verlor das Land nach 1945 seine Position als Weltmacht. Das British Empire löste sich auf, wobei die Briten, anders als andere Kolonialmächte, zu friedlichen Lösungen fanden und die meisten ehemaligen Kolonien im Commonwealth of Nations Aufnahme fanden. Doch der Verlust der sicheren Absatzmärkte dort trug zum wirtschaftlichen Niedergang bei. Das Land hatte hohe Kriegsschulden in den USA. Und während auf dem Kontinent ein durch die europäische Integration befördertes „Wirtschaftswunder" einsetzte, dauerten in Großbritannien die Rationierungen an. Wechselnde Regierungen versuchten, gegen zu hohe Staatsausgaben und fehlende Produktivität der Wirtschaft anzukämpfen.

Königin Elisabeth II. mit ihrem Ehemann

Siegermacht Zusammen mit Amerikanern und Sowjets hatten die Briten die Nationalsozialisten besiegt. Den USA fühlte man sich verbunden, Stalin gegenüber hatte Churchill schon während des Krieges eine harte Haltung vertreten (**1**).

Königin Elisabeth II.

Seit 1952 steht Königin Elisabeth II. an der Spitze der britischen Monarchie. Gleichzeitig ist sie Staatsoberhaupt der meisten Mitgliedsstaaten des Commonwealth of Nations, u.a. von Kanada, Australien und Neuseeland. In der konstitutionellen Monarchie sind ihre Rechte durch das Parlament eingeschränkt, doch nach über einem halben Jahrhundert auf dem Thron verfügt sie durchaus über einen gewissen Einfluss. In einer Zeit des raschen Wandels verkörpert Elisabeth II. Kontinuität.

Reform und Stagnation Die 1945 an die Macht gelangte Labour-Regierung unter Clement Attlee (**2**) wollte die Lebensverhältnisse verbessern und einen Sozialstaat aufbauen. Eine kostenlose Gesundheitsfürsorge und Arbeitslosenversicherung wurden eingeführt und wichtige Unternehmen wie die Bank of England verstaatlicht. Aber wie auch die folgenden konservativen Regierungen konnte sie die strukturellen Probleme der Wirtschaft nicht lösen. Steigende Sozialausgaben, teure Interventionen in internationalen Konflikten, Streiks und die hohe Inflation belasteten den Staat zusätzlich.

Suezkrise Im Jahr 1956 verstaatlichte der ägyptische Präsident Nasser den Suezkanal (S. 486), der sich hauptsächlich im Besitz britischer und französischer Aktionäre befand. Zusammen mit Frankreich besetzte Großbritannien (**3**) den auch strategisch wichtigen Kanal. Die USA und die UdSSR, die beide Sympathie und Einfluss in den Ländern der Dritten Welt gewinnen wollten, verurteilten dieses

Vorgehen. Da Großbritannien bei den USA hoch verschuldet war, musste es einem Rückzug zustimmen. Premierminister Eden trat nach dieser internationalen Demütigung zurück. Der Ausgang der Suezkrise zeigte, das Großbritannien keine völlig eigenständige Außenpolitik mehr verfolgen konnte, sondern von der neuen Supermacht USA abhängig war. Die Niederlage der beiden alten Kolonialmächte Großbritannien und Frankreich begünstigte zudem die Unabhängigkeitsbestrebungen in den Kolonien.

Europa Der Verlust des Kolonialreiches machte eine Umorientierung der britischen Außen- und Wirtschaftspolitik nötig, denn ohne die Absatzmärkte in den Kolonien fiel Großbritannien wirtschaftlich immer mehr hinter den Kontinent und die USA zurück. Die Gründung der „Europäischen Freihandelszone" (EFTA) gemeinsam mit den skandinavischen und einigen anderen Ländern, als Gegengewicht zur EWG, im Jahr 1960 war nicht sehr erfolgreich. Einer Mitgliedschaft Großbritanniens in der EWG widersetzte sich Frankreich, betrachtete doch v.a. de Gaulle das Land als Vasallen der USA. Erst 1973 erreichte Großbritannien seine Aufnahme in die EG (**4**). Durch die allgemeine Wirtschaftskrise (Ölkrise) in den 1970er-Jahren löste der Beitritt jedoch nicht den erhofften Wirtschaftsaufschwung aus.

>> Entkolonialisierung: Seiten 510–513

Seite 440

Großbritannien

Aufmarsch zum Irakkrieg: Ein Flugzeugträger auf dem Weg in die Golfregion

Großbritannien seit den 1980er-Jahren

seit 1979

In den 1980er-Jahren reformierte die konservative Premierministerin Margaret Thatcher die britische Wirtschaft nach streng marktwirtschaftlichen Prinzipien. Trotzdem blieb die Arbeitslosigkeit hoch. Die Kluft zwischen Arm und Reich wuchs, und 1997 siegte die Labour Party mit großer Mehrheit. Der neue Premierminister Tony Blair suchte einen Weg zwischen freiem Unternehmertum und sozialen Anforderungen („New Labour"). Blairs Unterstützung für die USA im Irakkrieg 2003 schadete seinem Ansehen. Sein Nachfolger Gordon Brown hat infolge der weltweiten Finanzkrise (S. 424) mit massiven wirtschaftlichen Schwierigkeiten zu kämpfen.

Margaret Thatcher (geb. 1925)

Ihr Durchsetzungswille brachte Thatcher den Beinamen „Eiserne Lady" ein. Die Anhängerin der freien Marktwirtschaft setzte gegen die britischen Gewerkschaften den Abbau von Sozialleistungen und Arbeitnehmerrechten durch. Privatisierungen und die Aufgabe unproduktiver Wirtschaftszweige führten aber auch zu Massenarbeitslosigkeit und dem Verfall vieler alter Industriestädte.

Charles and Diana

1981 heiratete Charles, der britische Thronfolger, Lady Diana Spencer. Was mit einer Märchenhochzeit begann, endete in einem Scheidungskrieg, den das einstige Traumpaar zur Freude der Presse öffentlich austrug. Von Fotografen verfolgt, verunglückte Diana 1997 tödlich.

Irakkrieg Tony Blair unterstützte US-Präsident Bush (**2**) im äußerst umstrittenen Irakkrieg (S 488). Trotz schwindenden Rückhalts in der Bevölkerung und der eigenen Partei konnte Blair 2005 seine dritte Amtszeit antreten, trat aber 2007 schließlich zurück.

2

Falklandkrieg Um von innenpolitischen Problemen abzulenken, ließ die argentinische Militärdiktatur (S. 530) 1982 die britischen Falklandinseln vor der Küste Argentiniens besetzen. Mit Unterstützung der USA konnten die Briten nach heftigen Kämpfen die Inseln zurückerobern (**1**). Während die Popularität der wegen ihrer Reformen unbeliebten Premierministerin Thatcher durch diesen Sieg stieg, beschleunigte die argentinische Niederlage das Ende der Diktatur in Argentinien.

Auf dem Weg nach Europa ...

Im Vergleich zu anderen Ländern wie Irland (S. 444) profitierte Großbritannien weniger spürbar von dem Beitritt zur EG. Dies schürte die Vorbehalte gegenüber der europäischen Integration, die sich v. a. gegen die als Bevormundung empfundenen Bestimmungen der Brüsseler EU-Bürokratie richten. So beteiligte sich Großbritannien nicht an der Einführung des Euro und behielt sich auch in anderen Bereichen Sonderregelungen vor, z. B. bei der Höhe der Beitragszahlungen. Trotzdem intensivieren sich die Verbindungen zu den anderen EU-Mitgliedern. Ein Symbol hierfür ist der Euro-Tunnel unter dem Ärmelkanal, der Großbritannien seit 1994 mit dem Festland verbindet.

>> **Irakkrieg:** Seiten 488-489

Die Republik Irland und Nordirland

seit 1945

Als Regierungschef in den 1950er-Jahren und als Staatspräsident von 1959 bis 1973 hatte Éamon de Valera (**1**) (S. 365) großen Einfluss auf die Entwicklung der Republik Irland nach dem Zweiten Weltkrieg. Die von ihm mitbegründete nationalkonservative Partei Fianna Fáil ist

Alltag in Belfast, Nordirland

noch heute die dominierende Kraft in der irischen Politik. Mit dem Beitritt zur EG begann ein rasanter wirtschaftlicher Aufschwung des Landes. 2008 fand dies aber mit der globalen Finanzkrise ein abruptes Ende und bescherte Irland eine erneute Rezession.

Bloody Sunday Die Bürgerrechtsbewegung der nordirischen Katholiken, die eine Gleichstellung mit den Protestanten forderten, wurde von britischen Sicherheitskräften gewaltsam unterdrückt (**2**, sog. Blutsonntag 1972). Die IRA (S. 365) wehrte sich mit Terroraktionen. Auch die Protestanten gründeten paramilitärische Organisationen.

Geteiltes Land Im nordirischen Belfast (**4**) sollen Mauern und Straßensperren zwischen katholischen und protestantischen Vierteln Ausschreitungen verhindern.

Irland in der EU Die seit dem EG-Beitritt im Jahr 1973 nach Irland fließenden Fördermittel wurden in den Ausbau der Infrastruktur und des Schulwesens

investiert. Gut ausgebildete Fachkräfte und niedrige Steuern lockten Investoren. Moderne Unternehmen aus zukunftsträchtigen Branchen ließen sich in Irland nieder (**7**). Auch die irische Gesellschaft hat sich in den letzten Jahrzehnten gewandelt. Mit Mary Robinson und ihrer Nachfolgerin Mary McAleese (**6**) stellen seit 1990

Anglo-Irish Ulster Agreement
Das 1985 von der britischen Premierministerin Thatcher und ihrem irischen Amtskollegen FitzGerald unterzeichnete Abkommen (**3**) räumte der Republik Irland Mitspracherechte in der Verwaltung Nordirlands ein.

Karfreitagsabkommen Seit den 1990er-Jahren bemüht sich die irische Regierung zusammen mit der britischen Regierung, eine politische Lösung für den Bürgerkrieg in Nordirland zu finden. Im sog. Karfreitagsabkommen von 1998 verzich-

Frauen das Staatsoberhaupt des einst erzkatholischen und konservativen Landes. Mittlerweile steht Irland jedoch vor neuen Problemen: Infolge der

tete die Republik Irland offiziell auf ihre Ansprüche auf Nordirland. Im Gegenzug gewährte Großbritannien Nordirland wieder eine Selbstverwaltung. Die paramilitärischen Einheiten auf beiden Seiten stimmten einer Entwaffnung zu. Die beiden Führer der nordirischen Protestanten und Katholiken, David Trimble und John Hume (**5**, mit Tony Blair), erhielten 1998 den Friedensnobelpreis für ihr Engagement.

globalen Finanzkrise befindet es sich in einer schweren Rezession, die bereits zur Überschuldung vieler Haushalte und steigender Arbeitslosigkeit führte.

Belgien, Niederlande und Luxemburg

seit 1945

Nach Ende des Zweiten Weltkriegs schlossen sich Belgien, die Niederlande und Luxemburg wirtschaftlich und politisch eng zusammen und nahmen viele Schritte der europäischen Einigung vorweg. Durch den Beitritt zur NATO, die ihren

Königin Beatrix der Niederlande

Sitz in Brüssel hat (**1**), gaben die drei Länder ihre traditionelle Neutralität auf. Belgien ringt im Konflikt zwischen Flamen und Wallonen um den staatlichen Zusammenhalt. Eine weitgehende Föderalisierung des Landes konnte den Gegensatz zwischen den Sprachgruppen nicht beenden. In den Niederlanden kam es in den letzten Jahren zu Konflikten mit Einwanderern. In beiden Staaten konnten rechte Parteien Wahlerfolge erzielen.

2

Flamen und Wallonen Das Sprachproblem zwischen Flamen (**3**) und Wallonen wird durch wirtschaftliche Interessenkonflikte der unterschiedlich entwickelten Landesteile verstärkt. Die Föderalisierung Belgiens sollte den Streit schlichten, führte aber zu Sonderentwicklungen und weiterer Entfremdung. Als einigendes Band gilt das allgemein respektierte Königshaus (**2**, Baudouin I.).

3

Benelux-Union Die Benelux-Länder können als Keimzelle der Europäischen Union gelten. So nahmen sie viele Ideen und Maßnahmen vorweg, die später auf die EU übertragen wurden, z. B. den Wegfall der Binnengrenzen. An europäischen Vereinigungen wie der Montanunion (**4**) 1951, deren oberste Behörde ihren Sitz in Luxemburg hatte, waren die drei Länder maßgeblich beteiligt.

4

„Verzuiling", Integration und Parallelgesellschaften

Die niederländische Gesellschaft war traditionell in verschiedene Milieus aufgeteilt. Katholiken, Protestanten, Sozialdemokraten und andere Gruppen bildeten gesellschaftliche „Säulen" („Verzuiling") und unterhielten eigene soziale Einrichtungen, Parteien und Medien. Seit den 1970er-Jahren lösten sich diese Milieus auf. Die Religion verlor an Bedeutung und die Gesellschaft liberalisierte

sich. Die Ermordung des islamkritischen Regisseurs Theo van Gogh 2004 durch einen radikalen Muslim erschütterte die Niederlande. Es kam zu Demonstrationen und Anschlägen auf religiöse Einrichtungen. Die viel gepriesene Liberalität der Niederlande schien infrage gestellt. Es entbrannte eine Diskussion um die Integration von Einwanderern und die Toleranz gegenüber Parallelgesellschaften.

Italien bis in die 1970er-Jahre

1945–1980

In der Nachkriegszeit erlebte Italien einen raschen Wechsel der Regierungen. Vorherrschend war aber die konservative Volkspartei „Democrazia Cristiana".

Die italienische Trikolore

Bis 1993 stellte sie fast alle Ministerpräsidenten. Sie banden Italien politisch und wirtschaftlich in das westliche Bündnissystem ein und engagierten sich im Prozess der Einigung Europas. Während Norditalien wirtschaftlich aufblühte, blieb der Süden zurück. Die Parteien verstrickten sich in Korruption und illegale Operationen zur Machterhaltung.

Eine junge Republik
Die durch die Zusammenarbeit mit dem faschistischen Diktator Mussolini (S. 368) diskreditierte Monarchie wurde 1946 durch eine Volksabstimmung mit knapper Mehrheit beseitigt. Der letzte König, Umberto II. (**2**), ging ins Exil. Die neue republikanische Verfassung stärkte die Macht der beiden Kammern des Parlaments (**1**) gegenüber der Regierung. Das Verhältniswahlrecht erlaubte kleinen Parteien den Einzug ins Parlament. Die Zersplitterung der Parteienlandschaft erschwerte aber die Bildung von Regierungsmehrheiten. Die Kommunisten erzielten so große Wahlerfolge wie in keinem anderen westlichen Land. Und auch die Faschisten konnten sich als Partei bis heute behaupten.

Nord-Süd-Gefälle Der Zweite Weltkrieg hatte in Italien viel Zerstörung hinterlassen (**3**). Nach dem Krieg kurbelten amerikanische Aufbauhilfen aus dem Marshall-Plan (S. 425) die italienische Wirtschaft wieder an. In Norditalien wurden die Textil- und die Automobilindustrie (**4**) zum Motor eines Wirtschaftswunders. Die Unternehmen profitierten von der Öffnung der Märkte und der Liberalisierung des Handels im Zuge der europäischen Integration. Das strukturschwache Süditalien jedoch fiel hinter der Entwicklung des Nordens weit zurück. Der Süden, der „Mezzogiorno", blieb landwirtschaftlich geprägt. Hohe Arbeitslosigkeit und Armut leisteten dem organisierten Verbrechen, der Mafia (S. 450), Vorschub. Die unüberwindbar scheinende Zweiteilung beeinträchtigt bis heute die politische und gesellschaftliche Stabilität des Landes.

Römische Verträge Italien, Frankreich, Westdeutschland und die Benelux-Länder unterzeichneten 1957 in Rom die Verträge zur Gründung der Europäischen Wirtschaftsgemeinschaft (EWG) (**5**). Wie bei der Montanunion von 1951 die wirtschaftliche Zusammenarbeit der Länder intensiviert und koordiniert werden. Zudem diente die gleichzeitige Gründung der Europäischen Atomgemeinschaft (EURATOM) der Friedenssicherung.

Der „Historische Kompromiss" Der christdemokratische Ministerpräsident Aldo Moro (**6**) machte sich in den 1970er-Jahren dafür stark, gemeinsam mit den Kommunisten, die man bislang von der Regierungsbeteiligung ferngehalten hatte, an der Bewältigung der Folgen der Weltwirtschaftskrise zu arbeiten. 1978 wurde er von den linksterroristischen „Roten Brigaden" entführt und ermordet. Um die Hintergründe dieser Tat ranken sich Spekulationen. Laut neueren Untersuchungen gibt es Hinweise auf die Beteiligung von Geheimdiensten, die im Zusammenhang mit einer antikommunistischen Haltung stehen.

Italien

⌃ Seite 448

1981 Affäre um die Geheimloge „P2" und ihrer Verbindung zur Mafia und zum Vatikan

1983–1987 Regierungen unter dem Sozialisten Bettino Craxi

1989–1992 Regierungen unter dem Christdemokraten Giulio Andreotti

1991 Gründung der separatistischen Partei „Lega Nord"

ab 1992 Aktion „Mani Pulite" (Saubere Hände): Staatsanwälte decken Korruption und Mafiaverbindungen im Umfeld großer Parteien auf

1994 Auflösung der Democrazia Cristiana, des Partito Socialista Italiano u. a.

1994–1995, 2001–2006 Mitte-Rechts-Koalition unter Silvio Berlusconi

1996–2001 Mitte-Links-Koalition „L'Ulivo"(Ölbaum) (bis 1998 unter Romano Prodi)

2001 Verfassungsreform zur Dezentralisierung

2005 Wahlrechtsreform (Mehrheitsproporz-System)

April 2006 Sieg des Wahlbündnisses „L'Unione" unter Romano Prodi

Juni 2006 Bundesstaat per Volksbefragung abgelehnt

April 2008 Wahlsieg des Mitte-Rechts-Bündnisses unter Silvio Berlusconi

Süditalien ist noch immer agrarisch geprägt: Olivenbauern bei der Ernte 2004

Italien seit den 1980er-Jahren

seit 1980

Die 1980er-Jahre waren geprägt von Wirtschaftskrisen, Skandalen und dem Erstarken nationalistischer und separatistischer Kräfte. Anfang der 1990er-Jahre lösten sich die großen Parteien auf, nachdem Verbindungen zur Mafia aufgedeckt wurden. Nach dem grundlegenden Wandel der Parteienlandschaft etablierte der umstrittene Medienmogul Silvio Berlusconi die ganz auf seine Person zugeschnittene Partei „Forza Italia" erfolgreich an der politischen Spitze. Separatistische Parteien wie die mit Berlusconi verbündete „Lega Nord" leiteten eine Föderalismusdebatte ein. Eine Verfassungsreform 2001 stärkte die Regionen, doch die Umwandlung in einen Bundesstaat wurde 2006 abgelehnt.

Mafia Die Mafia ist nicht mehr nur ein süditalienisches Problem. Kriminelle Organisationen haben in ganz Italien und darüber hinaus Verbindungen zu Politikern und Unternehmern. Prominente Beispiele sind die Ministerpräsidenten Andreotti und Berlusconi. Beide waren auch in den Skandal um die Geheimloge „Propaganda Due" (P2) verwickelt, die in den 1970er-Jahren einen Putsch plante. Auf die Ermittlungen engagierter Staatsanwälte und Richter reagierte die Mafia mit Terroranschlägen (**1**) und Morden.

Silvio Berlusconi Ab den 1970er-Jahren baute Silvio Berlusconi (**2**) ein Medienimperium auf. In den 1990er-Jahren gründete er die Partei „Forza Italia", die viele ehemalige Anhänger der „Democrazia Cristiana" gewann. Zusammen mit der separatistischen „Lega Nord" und der faschistischen „Alleanza Nazionale" bildete Berlusconi das Wahlbündnis „Casa delle Libertà". Die Kontrolle über die Medien nutzte Berlusconi für große Wahlkampagnen, die ihn kurzfristig 1994/95 und ab 2001 an die Macht brachten. Angesichts seiner kriminellen Machenschaften setzte er als Ministerpräsident eine Reihe von Gesetzen durch, die ihn und seine Gefolgsleute vor der Justiz schützten. Die Kritik an seinem Regierungsstil, gestützt auf ein Medienmonopol, war heftig. In den Wahlen von 2006 unterlag Berlusconi noch Romano Prodi, löste ihn aber bei vorgezogenen Wahlen 2008 wieder ab .

Die Päpste im 20. und 21. Jahrhundert

Das im Jahr 1962 von Papst Johannes XXIII. eröffnete Zweite Vatikanische Konzil leitete eine grundlegende Reform ein. Ziel war es, die Kirche der modernen Welt zu öffnen und den Dialog mit anderen Kirchen und Religionen aufzunehmen. Trotzdem verlor die Kirche besonders in den wohlhabenden Staaten immer mehr Anhänger. In den 1960er- und 70er-Jahren gewann in Südamerika die sog. Befreiungstheologie an Einfluss. Hier stellten sich Priester und Bischöfe gegen den Widerstand der römischen Kirchenführung auf die Seite der Armen und Unterdrückten. Ein prominentes Beispiel war der 1980 ermordete Erzbischof von El Salvador, Oscar Arnulfo Romero (S. 529). 1978 wurde mit dem

Polen Karol Wojtyla (Johannes Paul II.) der erste nichtitalienische Papst seit Jahrhunderten gewählt. Er stärkte die Autorität des Papsttums und engagierte sich besonders für die Überwindung der Diktaturen in Osteuropa. Seine konservative Haltung etwa zur Sexualmoral wurde kritisiert. Zu seinem Nachfolger wurde 2005 ein Deutscher gewählt: Papst Benedikt XVI. folgt der traditionellen Linie Johannes Pauls II. Verstärkt sucht auch er den Dialog mit anderen Religionen.

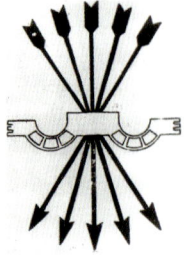

Das Abzeichen der
Staatspartei Falange

Spanien unter der Diktatur

1945–1975

Nach dem Zweiten Weltkrieg versuchte sich Spanien aus seiner außenpolitischen Isolation zu befreien. Der Diktator Franco (**1**), der sich auf die faschistische Staatspartei „Falange", die katholische Kirche und andere konservative Kräfte stützte, ließ in den 1950er- und 60er-Jahren die wirtschaftliche Öffnung des Landes zu. Außenpolitisch näherte sich Franco dem westlichen Staatenbündnis unter Führung der USA an. Die ökonomische Lage besserte sich und Spanien entwickelte sich zum Industrie- und Urlaubsland. Eine vorsichtige Liberalisierung auch auf politischer Ebene blieb oberflächlich. Politische Gegner wurden ebenso unterdrückt wie die Autonomiebestrebungen in den Provinzen. Zu seinem Nachfolger hatte der alternde Diktator den Bourbonenprinzen Juan Carlos bestimmt.

Entwicklungsland Nach dem Zweiten Weltkrieg war Spanien, das lange die Nationalsozialisten und ihre Verbündeten unterstützt hatte, politisch wie wirtschaftlich isoliert. Der Bürgerkrieg in den 1930er-Jahren hatte weite Teile des Landes verwüstet. Größtenteils war Spanien noch immer ein rückständiges Agrarland, in dem einige wenige reiche Großgrundbesitzer einer Masse von armen Landarbeitern gegenüberstanden. Viele Menschen verließen die ländlichen Regionen und siedelten sich in Elendsquartieren (**2**) am Rand der großen Städte an, wo sie auf eine bessere Zukunft hofften. Erst 1950 erreichte die Industrieproduktion wieder den Stand von 1929.

Der zukünftige König Mit der Zusage, das Königtum wieder einzuführen, sicherte sich Franco nach dem Krieg die Unterstützung der Monarchisten. Juan Carlos, der Sohn des im Exil lebenden Thronprätendenten, wurde zur Erziehung nach Spanien geholt und systematisch zum Nachfolger Francos aufgebaut. Als solcher wurde er 1969 vom Parlament offiziell anerkannt und 1971 zum Stellvertreter des Diktators ernannt. Nach Francos Tod wurde Juan Carlos 1975 zum König proklamiert. Zu Lebzeiten Francos hatte sich Juan Carlos politisch zurückgehalten. In der Öffentlichkeit galt er darum als Zögling des Diktators. Doch einmal an der Macht, war er maßgeblich an der Umgestaltung Spaniens zu einer parlamentarischen Demokratie beteiligt.

Diktatur und katholische Kirche

Die katholische Kirche war eine der wichtigsten Stützen der faschistischen Diktatur. Für die öffentliche Legitimation seiner Herrschaft überließ Franco der Kirche den Großteil des Erziehungs- und Bildungswesen und begünstigte sie in vielen Bereichen, etwa bei der Steuerpolitik. 1953 brachte Spanien ein Konkordat mit dem Vatikan, der in der Franco-Diktatur ein Bollwerk gegen den Sozialismus sah, internationale Anerkennung. Viele Regierungsmitglieder gehörten dem Opus Dei an, einer internationalen (Laien-)Organisation innerhalb der katholischen Kirche. Deren Gründer, Josemaría Escrivá de Balaguer, war ein Bewunderer Francos. Doch bot die Kirche, v. a. an ihrer Basis, auch gewisse Freiräume für Regimekritiker und setzte sich für die nationalen Minderheiten ein.

Industrie und Tourismus Im Kalten Krieg wurde Spanien ab den 1950er-Jahren als Bündnispartner attraktiv. Gegen die Überlassung von Militärstützpunkten erhielt Spanien Wirtschaftshilfe von den USA. Auch sonst wich die Regierung vom Ideal der wirtschaftlichen Autarkie ab und öffnete das Land für Investoren, die in großer Zahl v. a. von den niedrigen Löhnen angelockt wurden. Ein bedeutender Wirtschaftsfaktor wurde auch der Tourismus (**4**).

≫ Katholische Kirche und italienischer Faschismus: Seite 369

Spanien auf dem Weg zur Demokratie

seit 1975

Nach dem Tod des Diktators Franco wurde 1975 Juan Carlos I. als König von Spanien vereidigt (**1**). Gegen den Widerstand traditionalistischer Kräfte leitete er den Übergang Spaniens zu einer parlamentarischen Demokratie ein. In der Amtszeit des sozialistischen Ministerpräsidenten González bis 1996 wurde Spanien konsequent modernisiert. Der Beitritt zur EG im Jahr 1986 brachte der spanischen Wirtschaft einen Aufschwung. Der Einheitsstaat wurde föderalisiert und den Regionen größere Mitbestimmungsrechte eingeräumt. Trotzdem hält der Terror der separatistischen baskischen Untergrundbewegung ETA an. Die konservative Regierung Aznar verwickelte Spanien in den Irakkrieg. Die seit 2004 amtierenden Sozialisten führen die Liberalisierung Spaniens fort.

23-F Am 23. Februar 1981 besetzten Angehörige der paramilitärischen Polizeieinheit der Guardia Civil das spanische Parlament (**3**). Die Guardia Civil hatte dem Diktator Franco als Instrument zur Unterdrückung der Bevölkerung gedient und wollte nun zur faschistischen Diktatur zurückkehren. Der entschlossene Einsatz von König Juan Carlos als Oberbefehls-

haber des Militärs für die Demokratie beendete den Umsturzversuch. Seine Haltung verschaffte dem König Sympathie und Ansehen in der Bevölkerung.

Föderalisierung Die neue Verfassung von 1978 erkannte das Recht der spanischen Regionen auf größere Unabhängigkeit gegenüber der Zentralregierung an. Als Erste erhielten 1979 das Baskenland und Katalonien im Norden Spaniens einen Autonomiestatus zugesprochen. Weitere Regionen folgten bis in die 1980er-Jahre. In den Aufgabenbereich der regionalen Parlamente und Regierungen fallen die Kultur- und Umweltpolitik, Handel, Verkehr und öffentliche Sicherheit. Zuletzt erweiterte im Jahr 2006 die Minderheitsregierung Zapatero, die u. a. auf die Duldung der katalanisch-nationalistischen Parteien angewiesen war, die Autonomie Kataloniens (**2**, katalanische Fahnen in Barcelona).

Liberalisierung Die Legalisierung gleichgeschlechtlicher Lebensgemeinschaften (**4**) im Jahr 2005 durch die sozialistische Regierung Zapatero ist ein deutliches Zeichen für die Liberalisierung der Gesellschaft in dem früher streng katholischen Spanien. Trotz der Proteste der Kirche unternahm nicht einmal die konservative Opposition ernsthafte Versuche, gegen die Einführung der sog. Homo-Ehe einzuschreiten.

Seite 452

1975 Tod Francos, Juan Carlos de Borbón wird König

1976–1981 Regierung unter Adolfo Suárez

1978 Neue Verfassung: Umwandlung Spaniens in eine parlamentarische Demokratie

1979 Autonomiestatus für Katalonien und das Baskenland

23.2.1981 Putschversuch der Guardia Civil („23-F")

1982 Spanien tritt NATO bei

1982–1996 Regierung unter Sozialist Felipe Gonzáles

1986 Beitritt zur EG

1992 Weitere Dezentralisierung im „Autonomiepakt"

1996–2006 Regierung unter dem Konservativen José María Aznar

11.3.2004 Islamistische Anschläge in Madrid

seit 2004 Regierung unter Sozialist José Luis R. Zapatero

2006 Ausweitung des Autonomiestatuts für Katalonien

2009 Deflation infolge der globalen Finanzkrise, ETA-Anschläge auf Mallorca (Juli)

Spanien

Die ETA Unter dem Franco-Regime formierte sich die Untergrundbewegung ETA („Euskadi ta Azkatasuna", „Baskenland und Freiheit"), die bis heute für einen unabhängigen Baskenstaat kämpft. Mit Terroranschlägen (**5**), wie jüngst auf Mallorca, und Entführungen versucht die ETA, ihre Ziele durchzusetzen. Auch baskische Politiker und Journalisten gehören zu ihren Opfern, seit sich die Basken mit dem demokratischen Spanien arrangieren.

Irakkrieg Gegen den Willen der Bevölkerung unterstützte der konservative Ministerpräsident Aznar die USA im Irakkrieg 2003 (S. 489). Als im März 2004 Islamisten unmittelbar vor den Parlamentswahlen Anschläge in Madrid verübten, die im Zusammenhang mit dem Engagement Spaniens im Irak standen, versuchte Aznar den Verdacht auf die ETA zu lenken, um nicht weiter an Popularität zu verlieren. Doch die Sozialisten gewannen die Wahlen. Als eine seiner ersten Amtshandlungen kündigte der neue Ministerpräsident Zapatero (**6**, mit Aznar) den Abzug der spanischen Truppen aus dem Irak an.

Portugal

seit 1945

Der vom Diktator Salazar geprägte neue Staat („Estado Novo"), in dem die Bevölkerung in Berufsgruppen unterteilt war, hemmte jahrzehntelang die Entwicklung Portugals. Die herrschende Elite hielt das Volk in Unwissenheit, Ursache der noch heute hohen Analphabetenrate. Entwicklungen auf dem Gebiet der Wirtschaft wurden unterdrückt, um die Stabilität des Re-

Die in den 1960er-Jahren erbaute Brücke über den Tejo in Lissabon wurde nach der Revolution vom 25. April 1974 von „Ponte Salazar" in „Ponte 25 de Abril" umbenannt.

gimes nicht zu gefährden. Einflüsse von außen sollten abgehalten, Kritik im Innern durch Zensur unterbunden werden. Die Geheimpolizei PIDE verfolgte, folterte und tötete Regimekritiker. Der sinnlose Krieg in den Kolonien schürte die Unzufriedenheit. Schließlich leitete die „Nelkenrevolution" von 1974 den Übergang zu einer parlamentarischen Demokratie ein. Seit der Aufnahme Portugals in die EG 1986 verbessert sich die ökonomische Situation des Landes.

▲ Seite 370

1949 Portugal ist Gründungsmitglied der NATO

ab 1960er-Jahre Unabhängigkeitskriege in den afrikanischen Besitzungen

1968 Rücktritt des Dikators Salazar (an der Macht seit 1926)

1974 „Nelkenrevolution"

1975 Überseegebiete werden in die Unabhängigkeit entlassen

1982 Neue Verfassung

1983–1985 Regierung unter dem Sozialisten Mário Soares (Präsident 1986–1996)

1985–1995 Regierung unter dem Konservativen Aníbal Cavaco Silva (Präsident seit 2006)

1986 Beitritt zur EG

seit 2005 Regierung unter dem Sozialisten José Sócrates

Portugal

„Estado Novo"

António de Oliveira Salazar (**1**) regierte Portugal seit den 1930er-Jahren mit diktatorischen Mitteln. Stützen von Salazars „Estado Novo" waren v.a. die Geheimpolizei PIDE und die Einheitspartei „União Nacional". Der ehemalige Professor für Nationalökonomie versuchte mit rigiden Sparmaßnahmen, die Staatsfinanzen zu sanieren, die v.a. unter den kostspieligen Kolonialkriegen litten. Viele Portugiesen mussten im Ausland nach Arbeit suchen. Gesundheitliche Gründe zwangen

Salazar 1968 zum Rücktritt, zwei Jahre später starb er. Seine Nachfolger konnten die wirtschaftlichen und politischen Probleme nicht lösen. Im Jahr 1974 beendete die friedliche „Nelkenrevolution" (**2**) die Diktatur des „Estado Novo".

Kolonialkriege Salazar und seine Nachfolger wollten das portugiesische Kolonialreich, das sie als Symbol für die nationale Größe Portugals verstanden, unbedingt verteidigen. Seit den 1960er-Jahren kämpfte die portugiesische Armee in Mozambik, Angola und den anderen Kolonien gegen einheimische Guerillatruppen (**3**), die die Unabhängigkeit forderten. In den Kreisen des Militärs wuchs der Widerstand gegen diese aussichtslosen Kolonialkriege, die den Großteil der Staatseinnahmen Portugals verschlangen und immer mehr Menschenleben forderten. Besonders junge Offiziere formierten eine regimekritische „Bewegung der Streitkräfte".

Nelkenrevolution Gerüchte über bevorstehende Verhaftungen zwangen die Regimegegner in den Kreisen der Armee zum Handeln. In der Nacht vom 24. auf den 25. April 1974 besetzten sie Ministerien, Rundfunkstationen, Fernsehsender und Flughäfen. Das begeisterte Volk strömte zu Hunderttausenden auf die Straßen und begrüßte die Revolutionäre (**4**), denen sie rote Nelken, das Symbol der Revolution, in die Gewehrläufe steckten. Die Gefängnisse der berüchtigten Geheimpolizei PIDE wurden gestürmt und die Gefangenen befreit, die Diktatur brach quasi über Nacht zusammen.

Europa Im Jahr 1985 unterzeichnete Ministerpräsident Mário Soares (**5**) den Beitrittsvertrag zur EG, der 1986 in Kraft trat. EG-Gelder förderten die portugiesische Wirtschaft, die hohe Wachstumsraten aufwies. Mittlerweile dominiert der Dienstleistungssektor gegenüber der Landwirtschaft. Doch gibt es in Portugal nach wie vor große strukturelle Probleme wie die schlechte Infrastruktur, eine ineffiziente Verwaltung und eine vergleichsweise hohe Rate an Analphabeten.

» **Wirtschaftliche Entwicklung Europas:** Seiten 424-425

Seite 372

Skandinavien

seit 1945

König Harald V. von Norwegen und Königin Margrethe II. von Dänemark

Nach dem Zweiten Weltkrieg orientierten sich die skandinavischen Länder politisch und wirtschaftlich nach Westen. Untereinander sind die Staaten im Nordischen Rat organisiert. An der europäischen Integration sind die Länder unterschiedlich stark beteiligt. So hat sich das durch seine Erdölvorkommen in der Nordsee zu großem Wohlstand gelangte Norwegen gegen den Beitritt zur EU entschieden. Dänemark, Norwegen und Schweden haben eine lange Tradition sozialdemokratischer Regierungen, die umfassende Wohlfahrtsstaaten aufgebaut haben. In den letzten Jahren gibt es aber Tendenzen hin zu einer liberaleren Wirtschaftspolitik. In Dänemark sind seit 2001 und in Schweden seit 2006 liberal-konservative Regierungskoalitionen an der Macht. Die von Rechtspopulisten unterstützte Minderheitsregierung in Dänemark setzte eine restriktive Ausländerpolitik durch.

Kabeljaukriege Island ist der EU bisher nicht beigetreten. Ein Grund dafür ist, dass Island, wo die Fischindustrie eine wichtige Rolle spielt, dann seine Hoheitsgewässer auch für Fischereiflotten anderer EU-Mitglieder öffnen müsste. Zwischen 1952 und 1977 kam es in den sog. Kabeljaukriegen v.a. mit Großbritannien zu Konflikten um die Fangrechte (**1**), die aber mittlerweile beigelegt werden konnten.

1

Sozialstaat

*Starke sozialdemokratische Parteien, die jahr-
zehntelang das politische Leben in den skandinavischen Ländern bestimmten, schufen, wie in
Schweden („Schwedisches Modell"), umfassende Systeme sozialer Fürsorge und Sicherheit.
Die Wohlfahrtsstaaten mit ihrem vorbildlichen
Gesundheits- und Bildungs-
wesen werden durch hohe
Steuern finan-
ziert und*

*gewähren
ihren Bür-
gern eine
sehr hohe Le-
bensqualität
und ein gro-
ßes Maß an*

*persönlicher Freiheit. Allerdings zeigen sich in
den letzten Jahren am Beispiel Schwedens auch
die Grenzen der Finanzierbarkeit eines solchen
Systems angesichts einer stagnierenden Wirtschaftsentwicklung.*

Olof Palme Als Kabinettsmit-
glied und Ministerpräsident gestaltete Olof Palme seit den
1960er-Jahren die Sozialreformen in Schweden mit. Außerhalb Schwedens machte er sich
als Vermittler in internationalen
Konflikten einen Namen und
engagierte sich für Frieden und
Abrüstung. 1986 wurde Palme
auf offener Straße ermordet.
Sein Tod, der bis heute ungeklärt ist, löste große Bestürzung
aus (**2**, Trauerzug in Stockholm).

Nordischer Rat Seit 1952/55
sind Island, Dänemark, Norwegen, Schweden und Finnland
im sog. Nordischen Rat zusammengeschlossen, der die Zusammenarbeit der Staaten untereinander fördern soll (**3**, die
Öresundbrücke verbindet seit
2000 Dänemark mit Schweden).

Polen und Tschechoslowakei

seit 1945

Nach dem Zweiten Weltkrieg wurden die Tschechoslowakei und Polen mit veränderten Grenzen neu gebildet. In beiden Ländern entstanden unter dem Schutz der UdSSR sozialistische Diktaturen. Der Prager Frühling 1968 bzw. die von der Gewerkschaft Solidarnosc angeführte Protestwelle in Polen 1980/81 wurden gewaltsam unterdrückt, erst 1989/90 gelang der friedliche Übergang zu parlamentarischen Demokratien und die Annäherung an den Westen. Die Föderalisierung der Tschechoslowakei führte 1993 zur Teilung des Landes. In jüngster Zeit gerieten die nationalistischen Regierungen in der Slowakei und in Polen wegen Menschenrechtsverletzungen und Korruptionsvorfällen in die Kritik.

Der Kulturpalast in Warschau im Stil des Stalinismus

Der Zusammenbruch des Ostblocks

Der Kurswechsel des sowjetischen Parteichefs Gorbatschow (4), der die Verständigung mit dem Westen suchte und umfassende Reformen einleitete (S. 429), entzog den sozialistischen Regimen in Mittel- und Osteuropa die Rückendeckung durch die UdSSR. Überall forderte die Bevölkerung nun massiv Reformen ein (5). Die in allen Ländern äußerst prekäre wirtschaftliche Lage tat ihr Übriges. Die Alleinherrschaft der Kommunisten endete, auch wenn sich viele Parteifunktionäre in einflussreichen Positionen halten konnten. Die Aufnahme in EU und NATO versprach wirtschaftlichen Fortschritt und militärische Sicherheit.

Prager Frühling Eine Wirtschaftskrise in der Tschechoslowakei löste Machtkämpfe unter den Kommunisten aus. Alexander Dubcek wollte in Zusammenarbeit mit dem Westen eine sozialistische Marktwirtschaft einführen. Dubceks Reformkurs, der im Westen viel bewunderte „Prager Frühling", löste Misstrauen unter den anderen Ostblockstaaten aus, die im August 1968 schließlich zugunsten der Reformgegner intervenierten. Trotz der mutigen Gegenwehr der Bevölkerung (**1**) setzten sich die kommunistischen Hardliner durch.

Solidarnosc Ein Werftarbeiterstreik in Danzig löste 1980 eine Protestwelle in ganz Polen aus. Teile der katholischen Kirche und regimekritische Intellektuelle unterstützten die Streikenden. Die Regierung musste zunächst Verhandlungen mit der freie Gewerkschaft „Solidarnosc" unter ihrem Anführer Walesa (**3**) akzeptieren, bis Ministerpräsident Jaruzelski (**2**) den Kriegszustand verhängte. Die verbotene „Solidarnosc" wurde im Untergrund zum Sammelbecken der Opposition.

ab 1988/89 *Demokratisierung in Polen und Ungarn*
1989/90 *Ende der kommunistischen Herrschaft in Mittel- und Osteuropa*
9./10.11.1989 *Fall der Berliner Mauer*
3.10.1990 *Wiedervereinigung Deutschlands (S. 432)*
1999 *Tschechien, Polen und Ungarn treten der NATO bei*
2004 *Tschechien, Estland, Ungarn, Lettland, Litauen (6), Polen, die Slowakei und Slowenien treten der Europäischen Union bei*

2009 *Armenien, Aserbaischan, Georgien, Weißrussland und die Ukraine treten der Östlichen Partnerschaft der EU bei*

▲ Seite 376

Ost- und Ostmitteleuropa

Ost- und Ostmitteleuropa

seit 1945

Mithilfe der UdSSR übernahmen die Kommunisten in fast ganz Osteuropa die Macht. Während sich Rumänien und Albanien in den 1960er-Jahren von der UdSSR distanzierten, blieb Bulgarien ein treuer Verbündeter. Als erstes Land leitete Ungarn, das sich schon in den 1950er-Jahren gegen die UdSSR erhoben hatte, Reformen ein. 1989 führte die Öffnung der ungarischen Grenzen (**1**) zum Fall des „Eisernen Vorhangs". Die wirtschaftlichen und politischen Transformationsprozesse wirkten sich unterschiedlich aus. In Ungarn ist die Anbindung an Westeuropa durch den EU-Beitritt am weitesten fortgeschritten.

Volksaufstand in Ungarn Im Jahr 1953 kam es unter den ungarischen Kommunisten zu Machtkämpfen zwischen Stalinisten und Reformern. Ministerpräsident Nagy wollte Ungarn demokratisieren und vom Einfluss der UdSSR befreien. 1956 erklärte er Ungarns Neutralität und den Austritt aus dem Warschauer Pakt. Seine Gegner riefen sowjetische Truppen zu Hilfe. Ein Volksaufstand (**2**) gegen die Invasion wurde blutig niedergeschlagen. Zehntausende flüchteten, Nagy wurde 1958 nach einem Schauprozess hingerichtet.

Ceausescu Unter Nicolae Ceausescu (**3**) schlug Rumänien ab den 1960er-Jahren einen nationalistischen Kurs ein. Das Land distanzierte sich von der UdSSR und erhielt dafür Kredite aus dem Westen, die u.a. in Prachtbauten (**4**) investiert wurden. Das Volk, dessen Lebensverhältnisse sich immer weiter verschlechterten, wurde vom Geheimdienst Securitate unterdrückt, v.a. ethnische Minderheiten wie die Roma. Der Sturz Ceausescus 1989 war blutig. Der Diktator ließ auf Demonstranten schießen, wurde aber schließlich selbst hingerichtet.

Simeon II. von Bulgarien Als Kind war der Exkönig von Bulgarien 1946 vertrieben worden und wuchs im Exil auf. Nach dem Sturz der Kommunisten kehrte Simeon II. (**5**), nun ein erfolgreicher Geschäftsmann, nach Bulgarien zurück. Als Hoffnungsträger gewann er die Wahlen von 2001 und versuchte als Ministerpräsident, Reformen durchzusetzten.

Albanische Flüchtlinge In den 1990er-Jahren erlebte das stark landwirtschaftlich geprägte und nach außen abgeschottete Albanien eine politische Wende. Darauf folgte der völlige wirtschaftliche Zusammenbruch. Bankrotte, Korruption, Wahlbetrug und Vetternwirtschaft gipfelten 1997 in blutige Ausschreitungen. Hunderttausende Albaner verließen ihr Land auf gekapertern Schiffen (**6**).

Die Roma

Die Roma, die sich seit Jahrhunderten durch ihre Lebensweise, Tradition und Sprache von der jeweiligen Mehrheitsgesellschaft abhoben, waren auch in den sozialistischen Staaten Osteuropas Diskriminierungen jeder Art ausgesetzt. So wurden Romafrauen in Rumänien zwangssterilisiert. Seit der politischen Wende in den 1990er-Jahren sind die Roma besonders stark von wirtschaftlichen und sozialen Krisen betroffen. Sie leben in ärmlichen Stadtvierteln und gelten als Bürger zweiter Klasse, die hohen Kriminalitäts- und Arbeitslosenraten unter den Roma schüren rassistische Vorurteile. Die Verwaltungen reagieren mit Zwangsmaßnahmen.

Die Rückführung illegal in den Westen eingewanderter Roma verschärft die Situation. Seit 2005 setzt sich das European Roma and Travellers Forum (ERTF) für die Roma u.a. benachteiligte Gruppen ein.

⌃ Seite 382

Jugoslawien

1945–1980 Herrschaft Titos

1961 Jugoslawien ist Gründungsmitglied der „Blockfreien Staaten" (S. 421)

1974 Föderalisierung

1980 Tod Titos

1981 Aufstand der Albaner im Kosovo

1991 Kroatien, Slowenien, Mazedonien und Bosnien-Herzegowina machen sich unabhängig

1991 Serbische Republik Krajina erklärt sich von Kroatien unabhängig, Kroatienkrieg bis 1995

1992 Albaner im Kosovo erklären sich für unabhängig

1992–1995 Bosnienkrieg, Massenmorde und Vertreibung

1995 Kroatien erobert die Republik Krajina zurück

1995 USA vermitteln den Vertrag von Dayton, um Bosnien-Herzegowina zu befrieden

1999 NATO greift in den Kosovo-Krieg ein

2003 Bundesrepublik Jugoslawien wird zum Staatenbund „Serbien und Montenegro"

2006 Montenegro erklärt sich von Serbien unabhängig

2008 Kosovo erklärt sich für unabhängig

Mitglieder der albanischen Befreiungsarmee UÇK im Kosovo

Jugoslawien und seine Nachfolgestaaten

seit 1945

Nach dem Zweiten Weltkrieg übernahm der Partisanenführer Tito die Macht in Jugoslawien. Bis zu seinem Tod 1980 bewahrte er die Unabhängigkeit des Landes im Kalten Krieg und versuchte, zwischen den Bevölkerungsgruppen zu vermitteln. In den 1980er- und 1990er-Jahren setzte der Zerfall Jugoslawiens ein. Das Streben der einzelnen Ethnien und nationalistischer Parteien nach Unabhängigkeit bzw. Vorherrschaft entlud sich in brutalen Bürgerkriegen zwischen den ehemaligen Teilrepubliken Jugoslawiens. Die internationale Staatengemeinschaft griff zu spät ein, um den Frieden erhalten zu können.

Tito   Josip Broz, genannt Tito (**1**, rechts, mit Chruschtschow), postulierte für Jugoslawien einen „eigenen Weg zum Kommunismus" („Titoismus"). Als Mitglied der „Blockfreien" sollte das Land seinen Handlungsspielraum bewahren. Ein besonderes Merkmal war die föderalistische Struktur des Staates und der kommunistischen Partei, die sich den Bedingungen eines Vielvölkerstaates anpassen sollte. Doch das System wurde nur durch die autoritäre Herrschaft Titos zusammengehalten und zerfiel nach seinem Tod.

Die Brücke von Mostar

Die im 16. Jh. errichtete Brücke in Mostar, die das bosniakische Stadtviertel mit dem kroatischen verband, wurde im Bürgerkrieg 1993 zerstört. Die bis 2004 rekonstruierte Brücke gilt als Symbol für die Versöhnung der verschiedenen Ethnien in Bosnien-Herzegowina. Das Dayton-Abkommen von 1995 hat einen Bundesstaat geschaffen, in dem die drei Volksgruppen der Serben, Kroaten und Bosniaken gleichberechtigt nebeneinander leben sollen. Die Sicherung des Abkommens obliegt einer europäischen Friedenstruppe (EUFOR).

Milosevic Der Präsident von Serbien bzw. Rest-Jugoslawien, Slobodan Milosevic (**2**), strebte einen großserbischen Staat an und unterstützte die Serben in den Bürgerkriegen in Kroatien und Bosnien. Luftangriffe der NATO zwangen ihn 1999, seine Truppen aus dem Kosovo abzuziehen. 2000 wurde er durch einen Volksaufstand gestürzt und an das internationale Kriegsverbrechertribunal ausgeliefert, verstarb aber 2006 während des Prozesses.

Ethnische Säuberungen In den Bürgerkriegen im ehemaligen Jugoslawien brachen die unter der kommunistischen Herrschaft unterdrückten Konflikte zwischen den ethnischen und religiösen Gruppen wieder auf. Die Aufteilung des Staates wie der Teilrepubliken nach Bevölkerungsgruppen erwies sich als unmöglich, da sie oft zu eng beieinander lebten. Nur das relativ homogen besiedelte Slowenien blieb von diesen Problemen verschont. Die Konfliktparteien versuchten, vollendete Tatsachen zu schaffen durch die Vertreibung und systematische Ermordung von Menschen, die nicht ihrer Volks- und Religionsgruppe angehörten. Zu diesen „ethnischen Säuberungen" kam es v.a. in Bosnien-Herzegowina und zuletzt im Kosovo (**3**), das 2008 einseitig seine Unabhängigkeit erklärte. Im Juni 2008 trat dort eine neue Verfassung in Kraft. Derzeit prüft der Internationale Gerichtshof (IGH) auf Antrag Serbiens die Rechtmäßigkeit des Schrittes.

Blauhelmsoldaten der UNO: Seite 423

Griechenland

seit 1945

Nach Kriegsende wurde mithilfe von Briten und Amerikanern eine kommunistische Machtübernahme in Griechenland verhindert. Die Bürgerrechte blieben aber bis in die 1960er-Jahre aus Furcht vor den Kommunisten eingeschränkt, wirtschaftliche Probleme und instabile Regierungen schwächten das Land. Als sich 1967 ein Wahlsieg der Linken abzeichnete, putschen Militärs und errichteten eine Diktatur. Der Widerstand im Volk und die Verwicklung in den Zypernkonflikt schwächten das Regime, das 1974 den Übergang zur Demokratie zulassen musste. Der Beitritt zur EG leitete einen Wirtschaftsaufschwung ein.

Touristen auf der Akropolis von Athen

Konstantin II. König Konstantin II. (**2**, Mitte) überwarf sich mit dem linksliberalen Ministerpräsidenten Georgios Papandreu. Nach dessen Rücktritt 1965 kam aber keine mehrheitsfähige Regierung zustande. Mit dem Militärputsch 1967 fand sich Konstantin II. zunächst ab, um Zeit zu gewinnen. Aber durch seine Kooperation legitimierte er den Umsturz, was ihn in den Augen des Volkes diskreditierte. Sein Gegenputsch kam zu spät und war schlecht organisiert. Der König musste ins Exil, 1973 schaffte das Militär die Monarchie ab.

Karamanlis und Papandreou
Die großen griechischen
Parteien werden von Familienclans beherrscht. Als Ministerpräsident leitete Kon-
stantinos Karamanlis (**3**,
rechts) nach dem Sturz
der Diktatur den Über-
gang zur Demokratie ein.
In den 1980er- und
1990er-Jahren wurde er
noch zweimal zum Präsi-
denten gewählt. Sein Neffe
ist seit 2004 Ministerpräsident. Die linke Partei
PASOK, die von 1981 bis

2004 fast ununterbrochen an
der Regierung war, wird von
den Papandreous domi-
niert. Parteigründer
Andreas Papandreou
war lange Regie-
rungschef, sein Sohn
Georgios ist seit
2004 Parteivorsit-
zender. Andreas
Papandreous Vater
war als Führer der
Linken in den
1960er-Jahren
Gegenspieler von
König Konstantin II.

Der Zypernkonflikt

Das etwa zu drei Vierteln von
Griechen und zu einem Viertel
von Türken bewohnte Zypern
befand sich seit 1878 im Besitz
Großbritanniens. Ab 1955
kämpfte eine griechische Untergrundbewegung gegen die
türkische Bevölkerung und die
britischen Kolonialherren. Diese entließen die Insel 1960 in
die Unabhängigkeit. Versuche
der Griechen, die Rechte der

türkischen Minderheit zu beschneiden, führten zum Bürgerkrieg. Die UNO entsandte
1964 eine Friedenstruppe, die
eine Pufferzone zwischen Nord
und Süd einrichtete. Auch die
Hauptstadt Nikosia wurde geteilt. 1974 putschte im griechischen Süden das Militär,
das die Insel mit Griechenland
vereinigen wollte. Daraufhin
besetzte die Türkei den Nord-

teil der Insel, wo unter ihrem
Schutz die international nicht
anerkannte „Türkische Republik Nordzypern" ausgerufen
wurde. Seit 2001 kam es zu einer Annäherung zwischen den
beiden zyprischen Staaten. Ein
UN-Plan, der die Wiedervereinigung in einem Bundesstaat
vorsah, wurde 2004 vom griechischen Süden abgelehnt.
2008 gab es erneut Verhandlungen über eine Vereinigung
der beiden Teile Zyperns, doch
die seit Anfang 2009 amtierende nationalistische Regierung
Nordzyperns lehnt dies ab.

» **Türkische Armee:** Seite 468

Türkei

Seite 384

Türkei

seit 1945

Der Staatsgründer Kemal Atatürk (S. 384) hatte mit seinem Bekenntnis zur Lösung des Staates von der Religion und zur Westorientierung der Türkei die Politik seines Landes über seinen Tod hinaus bestimmt. Die wirtschaftliche und gesellschaftliche Entwicklung vollzog sich jedoch nur langsam und sehr ungleichmäßig. In manchen Gebieten ist die Türkei noch heute ein Agrarland (**1**). Jahrzehntelang konnte sich keine stabile parlamentarische Demokratie entwickeln. Das Militär als „Staat im Staate" verfügt über einen dem westlichen Demokratieverständnis zuwiderlaufenden Einfluss, verteidigte aber mehrmals den säkularen Staat. Die religiösen Parteien, die im Widerspruch zur Staatsidee Atatürks standen, bekennen sich heute zu dieser. Die gewünschte Anbindung an Europa hat eine Reihe von Reformen eingeleitet. Trotzdem werden im Westen die Rolle der Armee, die Einhaltung der Menschenrechte und der wachsende Einfluss islamistischer Parteien kritisch beobachtet.

Die Armee Das türkische Militär sieht sich als Verteidiger des säkularen Staates und der Einheit der Nation. Als Gegner gelten linksextreme, islamistische und separatistische Bewegungen. In Staatsstreichen, wie 1960 unter Camal Gürsel (**2**, Mitte), der den Ministerpräsidenten Adnan Menderes (**3**) beseitigen ließ, hat das Militär in das politische Geschehen eingegriffen. Sein Mitspracherecht ist im Nationalen Sicherheitsrat institutionalisiert.

Regierungswechsel In den 1960er- und 1970er-Jahren lösten sich die Gerechtigkeitspartei (AP) unter Süleyman Demirel und die Republikanische Volkspartei (CHP) unter Ismet İnönü und Bülent Ecevit in der Regierungsverantwortung ab. Beide Parteien orientierten sich am Westen und förderten die Industrialisierung, wovon aber nur eine kleine Minderheit profitierte. Massenproteste und Terroraktionen extremistischer Gruppen stürzten das Land ins Chaos und führten schließlich 1980 zum Eingreifen des Militärs. Die Nachfolge von AP und CHP traten ab den 1980er-Jahren die Mutterlandspartei unter Turgut Özal und die Partei des Rechten Weges unter Demirel und Tansu Çiller (**4**) an. Doch angesichts der schlechten wirtschaftlichen Situation gewannen gleichzeitig neue konservativ-religiöse Gruppen immer mehr Anhänger (**6**), hatten aber trotz Wahlerfolgen unter Restriktionen des Militärs und der Justiz zu leiden.

Islamisten Nach jahrelangen Konflikten mit Militär und Justiz wegen seiner islamistischen Gesinnung bekannte sich Recep Tayyip Erdogan (**5**) schließlich zum säkularen Staat. Dies ermöglichte es ihm, nach seinem Wahlsieg das Amt des Ministerpräsidenten im Jahr 2003 zu übernehmen. Um die Aufnahme der Türkei in die EU voranzutreiben, ließ er auch Gesetze ändern. Kritiker werfen ihm vor, dass er die neuen Bestimmungen nicht wirklich durchsetzt.

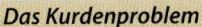
Das Kurdenproblem

Der türkische Staat unterdrückte jahrzehntelang die im Osten der Türkei lebenden Kurden und verwehrte ihnen jegliche kulturelle wie politische Eigenentwicklung. Die separatistische kurdische Untergrundorganisation PKK kämpfte mit Terroraktionen und Guerillataktiken gegen die türkische Armee. Vor dem Bürgerkrieg flohen Hunderttausende Menschen aus ihrer Heimat. Erst im Hinblick auf die Aufnahmeanträge in die EU waren und sind türkische Regierungen seit 1991 zumindest teilweise zu Zugeständnissen an die Kurden bereit.

Die Sowjetunion bis zur Ära Breschnew

1945–1982

Nach dem Zweiten Weltkrieg trat die UdSSR in den „Kalten Krieg" mit dem Westen ein. Stalin sicherte seine Vorherrschaft über Osteuropa. Aus dem Machtkampf nach Stalins Tod 1953 ging Chruschtschow als Sieger hervor. Er leitete die Entstalinisierung und eine Auflockerung der Kulturpolitik ein. 1964 wurde er seines Amtes als Staats- und Parteichef enthoben. Die folgende Ära Breschnew zeichnete sich durch eine zunehmende Verknöcherung und Bürokratisierung des Staats- und Parteiapparates aus. In den 1970er-Jahren kam es zu einer Phase der Entspannung im Rüstungswettlauf der Machtblöcke. Doch mit dem Einmarsch in Afghanistan (S. 490) wurden alle diplomatischen Kontakte und Abkommen wieder eingefroren.

Aufbahrung von Stalins Leichnam

Der Wettlauf im All

Nach Stalins Tod bemühte sich die Sowjetführung, der westlichen Welt v. a. die technologische Überlegenheit des „real existierenden Sozialismus" zu beweisen. Ein prestigeträchtiges Forschungsgebiet war die Raumfahrt. 1957 legte die UdSSR mit dem Start des ersten Erdsatelliten „Sputnik 1" vor.

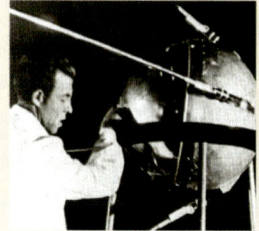

Der „Sputnik-Schock" in der westlichen Welt saß tief und beflügelte die US-Weltraumforschung. Im April 1961 war der Russe Juri Gagarin in seiner Raumkapsel „Wostok 1" der erste Mensch im Weltall. Die erste Mondlandung sollte jedoch 1969 den Amerikanern gelingen.

Tauwetter-Periode Nach dem XX. Parteitag 1956 wurde Chruschtschow (**2**) zum neuen starken Mann. Er lockerte den Griff der Partei in der Kulturpolitik und strebte eine Verbesserung der Lebensverhältnisse an. Doch seine Unberechenbarkeit und Tendenz zur Ein-Mann-Herrschaft führten 1964 zu seinem Sturz durch das Politbüro.

Gleichgewicht des Schreckens
Seit 1966 führte die Strategie eines „Gleichgewichts des Schreckens" zu einer Rüstungsspirale: UdSSR und USA behaupteten jeweils, lediglich „nachzurüsten", um die Stärke des Gegners zu erreichen. Der kostenintensive Rüstungswettlauf brachte besonders die UdSSR zunehmend in wirtschaftliche Schwierigkeiten. Ab 1970 kam es zu einer Reihe von Rüstungskontrollabkommen der UdSSR mit europäischen Ländern und 1974 sowie 1979 zu den Abrüstungsabkommen SALT I bzw. SALT II mit den USA (**1**). Die KSZE-Schlussakte von Helsinki legte 1975 atomare Rüstungsbeschränkungen für Europa fest. Immer wieder erlitt der Entspannungsprozess z. B. durch den „NATO-Nachrüstungsbeschluss" 1977 oder den sowjetischen Einmarsch in Afghanistan 1979 herbe Rückschläge. Doch die Gespräche rissen nicht völlig ab, und besonders im Westen, aber auch in einigen Ostblockländern, wurden die Stimmen der Friedensbewegungen laut.

MOCKBA 1980

Neue Eiszeit Der Einmarsch der Sowjettruppen in Afghanistan (**3**) 1979 führte zu einer Neuauflage des „Kalten Krieges". 1980 boykottierten die USA und ein Großteil der westeuropäischen Staaten die Olympischen Spiele in Moskau (**4**). Im Gegenzug blieben die UdSSR und 14 weitere Ostblockstaaten den Olympischen Spielen 1984 in Los Angeles fern. Die Volksrepublik China nahm zum ersten Mal überhaupt teil.

»» Erste Mondlandung: Seite 524

Das Ende der Sowjetunion

1982–1991

Nach ersten zaghaften Reformen unter Andropow brachte der Regierungsantritt Michail Gorbatschows 1985 einschneidende Reformen für alle Lebensbereiche. Mit seiner Politik der Öffnung wurden sowohl die geistige Kultur als auch der internationale

Militärparade zum 70. Jahrestag der Oktoberrevolution

Abrüstungsprozess wieder in Gang gebracht. Diese Politik führte ab 1989 zum Zusammenbruch der Regime im Ostblock (S. 460–463) und 1990/91 zur politischen Selbstständigkeit der Sowjetrepubliken. Die zunehmende Schwächung der Staatsmacht sowie enorme wirtschaftliche Schwierigkeiten mündeten nach einem vereitelten Putschversuch Ende 1991 in die Auflösung der Sowjetunion und die Entmachtung Gorbatschows.

Sowjetunion

Seite 470

1982–1984 Erste Reformen unter Andropow

1984–1985 Amtszeit Tschernenkos

seit 1985 Unter Gorbatschow Beginn der Politik von Glasnost und Perestroika

1986 Reaktorunfall von Tschernobyl

1989/90 Erste Sowjetrepubliken erklären ihre Selbstständigkeit, Zusammenbruch der kommunistischen Systeme im Ostblock

1990 Friedensnobelpreis für Gorbatschow

1990 Übergang zur Marktwirtschaft

1991 Ratifizierung der „2+4-Verträge" mit Deutschland

1991 Putschversuch

1991 Entmachtung Gorbatschows, Gründung der GUS

Seite 474

Sowjetrepubliken Die von Gorbatschow nach 1985 eingeleiteten Reformen, v.a. die Liberalisierung der Kultur- und Bildungspolitik, entwickelten eine Eigendynamik, die sich der Kontrolle der KPdSU mehr und mehr entzog. 1989/90 fanden in Moskau (**1**) und in den Groß-städten der einzelnen Sowjetrepubliken Demonstrationen für freie Wahlen und mehr Demokratie bzw. für die Unabhängigkeit der einzelnen Teilrepubliken statt. Im Politbüro brachten konservative Kräfte und Nationalisten Gorbatschow in Bedrängnis.

Der Reformer Michail Gorbatschow (*1931)

Mit der Wahl Michail Gorbatschows zum Generalsekretär der KPdSU im März 1985 fand ein deutlicher Generationswechsel statt. Gorbatschow, ein politischer Ziehsohn Andropows, erkannte die Notwendigkeit von Reformen in allen Lebensbereichen. Unter den Schlagworten „Glasnost" (Offenheit) und „Perestroika" (Umgestaltung) betrieb er eine kulturelle Öffnung und wurde dadurch zum Idol. Sein Versuch einer „Revolution von oben" unter Führung der alten Staatspartei scheiterte jedoch an politischen und wirtschaftlichen Schwierigkeiten.

Die Katastrophe in Tschernobyl

Im April 1986 ereignete sich mit dem Brand des Reaktorblocks 4 im ukrainischen Kernkraftwerk Tschernobyl die bisher schwerste Kernkraftwerkskatastrophe. Die Zahl der er-

heblicher Strahlenbelastung ausgesetzten Menschen, zu denen neben den Anwohnern insbesondere die für die Aufräumarbeiten herangezogenen sogenannten Liquidatoren zählten, wird auf 600 000 geschätzt. Zuverlässige Statistiken zu in der Folgezeit aufgetretenen Krebserkrankungen, Körperschäden und Missbildungen liegen nicht vor. Trotz dieser Katastrophe nahm man Teile des Kraftwerks noch 1986 wieder in Betrieb.

Die Auflösung der Sowjetunion Die Krise, in die der sowjetische Partei- und Staatsapparat geraten war, führte im August 1991 zu einem Putschversuch konservativer Hardliner, die den im Urlaub weilenden Gorbatschow auf der Krim festsetzten. Der Putsch scheiterte am Widerstand der Bevölkerung und entschlossener Reformer, leitete jedoch das politische Ende Gorbatschows ein. Bei seiner Rückkehr ins Amt wurde er von seinem früheren Mitstreiter und jetzigen Rivalen Boris Jelzin faktisch entmachtet (**2**). Das Ende der Sowjetunion kam wenige Monate später mit dem Austritt von elf ehemaligen Sowjetrepubliken, die zusammen mit Russland die „Gemeinschaft Unabhängiger Staaten" (GUS) bildeten. Trotz massiver Wirtschaftshilfe aus dem Westen hatten die GUS-Staaten mit wirtschaftlichen Engpässen, Aufständen und einer aggressiven Wirtschaftskriminalität zu kämpfen. Altkommunisten und rechte Nationalisten gewannen die Oberhand.

2

⟫ **Entstehung der Sowjetunion:** Seiten 378–379

Nachfolgestaaten der UdSSR

Die Nachfolgestaaten der UdSSR

seit 1991

Der Schritt in die Selbstständigkeit ging in den meisten ehemaligen Sowjetrepubliken zügig und friedlich vonstatten. Doch viele der neuen Staaten mussten in der Folgezeit Auto-

Erdölförderung in Kasachstan

nomiebestrebungen und internen Machtkämpfen entgegentreten. Die baltischen Staaten festigten mit westlicher Hilfe rasch ihre demokratischen Strukturen und wurden 2004 in die EU aufgenommen. Die asiatischen Republiken mussten sich mit erstarkenden islamischen Bewegungen und regionalen Unabhängigkeitsforderungen auseinandersetzen. In diesen Staaten, die aufgrund ihres Ölreichtums oder anderer Rohstoffe für die Weltwirtschaft von großem Interesse sind, etablierten sich politische Führer, die ihr Amt teilweise diktatorisch ausüben. Die Politik in Georgien und Armenien scheint demokratische Formen anzunehmen, doch halten wirtschaftliche Schwierigkeiten und Korruption diesen Prozess immer wieder auf.

Die baltischen Staaten Ohne Blutvergießen erfolgte der demokratische Übergang in den westlich orientierten baltischen Staaten. Sie waren die ersten, die ab März 1990 auch durch Demonstrationen der Bevölkerung (**2**) die Sowjettruppen zum Abzug bewegt und ihre Unabhängigkeit proklamiert hatten (**1**).

Georgien Eduard Schewardnadse (**4**) betrieb als Staatspräsident Georgiens eine zunehmend korrupte Politik, die im November 2003 zu seinem Sturz führte. Aus Neuwahlen ging der Oppositionspolitiker Saakaschwili (**3**) als Sieger hervor. Die Anerkennung der Unabhängigkeit der Teilrepubliken Südossetien und Abchasien durch Russland führte 2008 zum Krieg um die Gebiete.

Usbekistan Die asiatischen Republiken erleben seit 1990/91 ein Erstarken des Islam (**6**). In fast allen Ländern herrschen oder herrschten zunächst Staatspräsidenten wie Usbekistans Karimow (**5**) mit nahezu diktatorischen Vollmachten. Karimow ließ im Mai 2005 Unruhen gewaltsam niederschlagen, wobei Hunderte von Menschen starben.

Turkmenistan Seit dem Zerfall der Sowjetunion regierte der turkmenische Präsident Nijasow (**7**) mit autoritären Mitteln in einer persönlich geprägten Präsidialherrschaft. Dies schloss den Bau eines gewaltigen Präsidentenpalastes (**8**) und die Pflege eines bizarren Personenkults ein. Nijasow nannte sich selbst „Turkmen- bashi" (Führer aller Turkmenen). Sogar einige Monatsnamen wurden nach ihm und seinen Familienangehörigen benannt. Nijasow ließ sich 1999 zum Präsidenten auf Lebenszeit ernennen. Nach seinem Tod 2006 übernahm Vizeministerpräsident Berdimuhamedow das Amt. Er führt die autoritäre Politik im

Wesentlichen fort, versucht aber, Reformen in der Bildung sowie im sozialen Bereich durchzusetzen. Die asiatischen GUS-Staaten geraten durch ihre offenen Grenzen immer wieder in Konflikte mit Afghanistan (S. 490) und dortigen islamistischen Bewegungen und gelten als politische Brennpunkte.

Russische Truppen in Tschetschenien

Russland, Weißrussland und die Ukraine

seit 1991

Russland öffnete sich zunehmend dem Westen, geht aber auch immer wieder gegen kritische Oppositionelle vor. Der bis 2006 andauernde Krieg gegen Tschetschenien führte zum Einsatz massiver Gewalt, die Rebellen immer wieder mit Anschlägen beantworteten. Weißrusslands Präsident Lukaschenko regiert diktatorisch und steht in der Kritik u. a. der EU. In der Ukraine zeichnet sich seit der „Orangenen Revolution" 2004 eine Demokratisierung ab. Russland greift derzeit massiv in die Wirtschaft ein, um die Folgen der Weltfinanzkrise abzumildern.

Bündnisse Russland versucht immer wieder, seine Dominanz gegenüber anderen GUS-Staaten durch Einflussnahme auf die Politik in diesen Ländern auszuspielen (**1**). So nahm es u. a. Einfluss auf die Pläne zur Einrichtung von Freihandelszonen mit der EU. Uneinigkeit über die russischen Energiepreise führte 2007 zum sog. Gasstreit mit der Ukraine. Ähnliche Spannungen bestehen zwischen Weißrussland und Russland. Beide Länder streben wirtschaftlich und politisch eine stärkere Anbindung an die EU an.

Der Tschetschenienkrieg

Als russische Soldaten von tschetschenischen Separatisten in Geiselhaft genommen worden waren, nutzte Russland den Konflikt im Dezember 1994 zum Truppeneinmarsch in die abtrünnige Provinz. Nach der Einnahme der Hauptstadt Grosny zogen sich die Russen wieder aus der autonomen Republik zurück. Fortgesetzte Unruhen, die auch benachbarte Republiken trafen, führten 1999

zum zweiten Tschetschenienkrieg, den Russlands Präsident Putin mit großer Härte führte. Tschetschenische Rebellen verübten Attentate und Geiselnahmen in Russland, um auf ihre Lage aufmerksam zu machen. Die Moskauer Regierung versuchte, den bis 2006 andauernden Krieg als „innere Angelegenheit" von der Weltöffentlichkeit abzuschirmen. Der Mord an der tschetschenischen Menschenrechtlerin Natalja Estemirowa sorgte jüngst international für Aufsehen.

Orangene Revolution Im Kampf um die Nachfolge des autoritär regierenden ukrainischen Präsidenten Kutschma kam es 2004 zu friedlichen Dauerprotesten der Bevölkerung (**2**). Sie mündeten in der „Orangenen Revolution" und brachten den ehemaligen Ministerpräsidenten Viktor Juschtschenko an die Spitze des Staates. Er versucht, die

Ukraine nach und nach vom russischen Einfluss zu befreien. Doch die anhaltende Wirtschaftskrise verstärkt Armut und soziale Ungleichheit. In Weißrussland wandelte sich der ehemals marktwirtschaftlich orientierte Reformpolitiker Alexander Lukaschenko (**3**) nach 1996 zum Diktator, der jede Opposition und die Pressefreiheit mit brutalen Mitteln unterdrückt. 2009 wurde das Land trotz Kritik aufgrund des Demokratiedefizits in die Östliche Partnerschaft der EU aufgenommen und distanziert sich weiter von Russland.

↑ Seite 322

Die Maghreb-Staaten

Die Maghreb-Staaten

seit 1945

Während Frankreich den ehemaligen Protektoraten Marokko und Tunesien ihre Unabhängigkeit 1956 zubilligte, gestaltete sich der Algerienkrieg von 1954 bis 1962 äußerst blutig und war mit Staatskrisen in Frankreich verbunden (S. 436). Der staatssozialistische Regierungskurs und ein Armeeputsch 1992 führten zu einem grausamen Bürgerkrieg (**1**) zwischen der Armee und Aktivisten der „Islamischen Heilsfront", dem Zehntausende Menschen zum Opfer fielen und der seit 1999 nur langsam abebbt. In den Maghreb-Ländern zeigt sich die Schwierigkeit eines Ausgleichs zwischen traditionellen Lebensweisen und notwendigen Erneuerungen besonders deutlich. Marokko und Tunesien befinden sich seit den 1950er-Jahren auf einem „autoritären Modernisierungskurs" und gehen zuweilen hart gegen die Opposition vor. Alle Regierungen kämpfen stetig gegen islamistische Gruppierungen und versuchen, den Handel mit Europa zu intensivieren.

Modernisierung Gerade die Maghreb-Länder Marokko, Algerien und Tunesien sind einer inneren Zerreißprobe zwischen religiösen und gesellschaftlichen Traditionen und einer durch die Globalisierung forcierten „Verwestlichung" des Lebensstils (**2**) ausgesetzt. Es bestehen gewaltige Unterschiede zwischen den durch die französische Kolonialherrschaft geprägten Städten und den ländlichen Regionen. Islamistische Eiferer nutzen die Verunsicherung der Menschen für ihre Ziele und propagieren eine „Rückkehr" zu den vermeintlich traditionellen Werten des Islam. Gleichzeitig setzen sie zur Verbreitung ihrer Ansichten moderne Kommunikationsmittel und Technik ein und plädieren so für eine „halbierte Moderne", wie es soziologische Theorien bezeichnen.

Der Algerienkrieg Der Kampf um die Unabhängigkeit Algeriens gestaltete sich besonders grausam, auch durch das Eingreifen paramilitärischer Verbände der sog. Algerienfranzosen. 1954 schlossen sich die Algerier zur „Nationalen Befreiungsfront" (FLN) zusammen und zwangen die französische Regierung zu Zugeständnissen. In Frankreich stürzte ein Putsch radikaler Algerienfranzosen im Mai 1958 die Vierte Republik. Die Kämpfe gingen – trotz gegenteiliger Behauptungen (**3**) – mit unverminderter Härte weiter und beherrschten auch die französische Innenpolitik. Staatspräsident de Gaulle entließ Algerien erst im März 1962 unter Regierungschef Ben Bella in die Unabhängigkeit.

Bürgerkrieg Nach einem Militärputsch zur Verhinderung eines Wahlsieges der radikalen „Islamischen Heilsfront" (FIS) tobte in Algerien

zwischen 1992 und 1999 ein Bürgerkrieg zwischen Islamisten und der Staatsarmee, der rund 95 000 Menschen das Leben kostete (**6**). 1999 verkündete Staatspräsident Bouteflika (**4**) einen Kurs der „nationalen Versöhnung" und rief eine Amnestie aus. Gewaltsame Übergriffe in Form einzelner Anschläge und Entführungen dauern jedoch bis heute an, und das Land erholt sich wirtschaftlich nur mühsam. Algerien wird ein Mangel an Demokratie und Rechtsstaatlichkeit vorgeworfen.

Anschluss an Europa König Hassan II. regierte Marokko zunächst mit harter Hand, lockerte jedoch in den 1970er-Jahren den Druck und betrieb eine vorsichtige wirtschaftliche Öffnung. Sein Sohn und Nachfolger Mohammed VI. (**7**) setzt diese Politik seit 1999 fort. Zu einer Modernisierung sämtlicher Lebensbereiche gehören

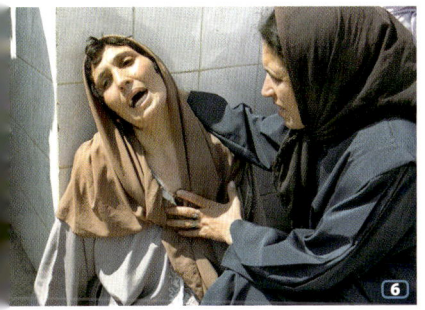

auch eine verbesserte rechtliche Stellung der Frau (**5**) und eine grundlegende Neuordnung des Familienrechts. Außenpolitisch öffnete sich Marokko wie Tunesien für den Tourismus, wirtschaftlich bemühen sich beide Länder um eine „privilegierte Partnerschaft" mit der EU.

Israel

seit 1948

Hamas-Aktivist

Von Beginn an musste der neu gegründete Staat sein Existenzrecht gegenüber den arabischen Nachbarn behaupten, zunächst im „Sechstagekrieg" 1967 und im „Jom-Kippur-Krieg" 1973, in dessen Folge es zum Frieden mit Ägypten und Jordanien kam. Der Widerstand der Palästinenser in den von Israel besetzten Gebieten wurde dabei zum vordringlichen Problem. Verhandlungsbereite Regierungen lösten sich im demokratischen Wechsel mit Hardlinern ab. Diverse Vermittlungsversuche der UNO und einzelner Staaten brachten keine dauerhafte Lösung. Attentate von Palästinensern in Israel beantwortete die Regierung seit 2001 mit Vergeltungsschlägen und dem Bau einer Mauer und von Sperranlagen im Westjordanland (**5**). Der Libanonkrieg 2006 folgte auf die Entführung israelischer Soldaten durch die Hisbollah.

Die israelische Staatsflagge weht über einem Kibbuz.

Orthodoxer Jude mit Schläfenlocken, Kaftan und Hut im Gebet

Die Landnahme Ein Teil der jüdischen Einwanderer, die seit den 1930er-Jahren verstärkt nach Israel kamen, entschied sich für ein Leben im Kibbuz. Boden und Produktionsmittel wurden den Gemeinschaftssiedlungen vom Staat gestellt, die Bewirtschaftung (**1**) diente der weitgehenden Selbstversorgung. Die Siedler requirierten bis 1954 300 000 Hektar arabisches Land. Hunderttausende Araber flohen in die Nachbarländer. Daher war die Kibbuz- und Siedlerbewegung von Anfang an am Konflikt mit den arabischen Staaten beteiligt. Heute sind viele freiliegende Kibbuzim mit Stacheldraht und Wehranlagen geschützt.

1

[2]

Selbstbehauptung Die Ministerpräsidentin Golda Meir (**2**) ließ 1972 den Süden des Libanon von israelischen Truppen besetzen. Im „Jom-Kippur-Krieg" 1973 wehrte Israel einen Überraschungsangriff Ägyptens und Syriens ab. Anschließend setzte Meir jedoch gegen ihre eigene Partei einen Kurs der vorsichtigen Annäherung und Gespräche mit Ägypten und Jordanien durch.

Friedensprozess Der ehemalige Generalstabschef und Botschafter Israels in den USA, Itzhak Rabin (**3**, rechts), wandelte sich als Ministerpräsident zum Verständigungspolitiker. 1992 unter-

[3]

band er den Bau weiterer jüdischer Siedlungen in den besetzten Palästinensergebieten. Im September 1993 akzeptierte er die Palästinensische Befreiungsorganisation (PLO) unter ihrem Führer Jassir Arafat (S. 483) als

Politik der Stärke
Nachdem die Regierung im Jahr 2000 noch einmal weitgehende Zugeständnisse gemacht hatte, verbesserte sich die Aussicht auf Frieden nicht, da Verhandlungen mit den Palästinensern wiederholt scheiterten. Ariel Scharon (**4**) reagierte auf Anschläge palästinensischer Terroristen mit gezielten Militärschlägen gegen führende

[4]

Verhandlungspartner bei den durch die USA vermittelten Friedensgesprächen von Camp David. Für seine Bemühungen erhielt Rabin zusammen mit Arafat 1994 den Friedensnobelpreis. 1995 wurde er von einem jüdischen Fanatiker erschossen.

Repräsentanten der Palästinenser und mit brutalen Militäraktionen gegen palästinensische Siedlungen. Unter seinem Nachfolger Ehud Olmert kam es 2006 zur Eskalation im Libanonkrieg (S. 484). Ende 2008 folgten mehrwöchige Luftangriffe gegen die im Gazastreifen operierende Hamas-Partei (S. 482).

[5]

Die Palästinenser

seit 1945

Anhänger trauern um Jassir Arafat.

1947 stellte die UNO einen Teilungsplan für Palästina vor, der aber weder von Juden noch von Arabern akzeptiert wurde. In mehreren Kriegen verteidigten die Israelis den neuen Staat und besetzten ganz Palästina. Hunderttausende Araber flohen. Die im Mai 1964 gegründete Palästinensische Befreiungsorganisation (PLO) wurde zum Auffangbecken verschiedener Gruppierungen und sollte deren Aktivitäten bündeln. Die Fatah-Partei unter Führung Jassir Arafats erreichte 1993/94 die Anerkennung des Autonomiestatus durch Israel, der eine Vorstufe zum Palästinenserstaat sein sollte. Doch der Friedensprozess geriet ins Stocken, auf beiden Seiten kamen extremistische Politiker an die Macht. Der Wahlsieg der radikalislamischen Hamas-Partei verschärft die Situation seit 2006.

Der Araberführer al-Husseini suchte in den 1940er-Jahren Unterstützung bei den Achsenmächten.

Jerusalem Der zukünftige Status von Jerusalem ist ein Streitpunkt zwischen Israelis und Palästinensern, da beide Seiten die Stadt für sich beanspruchen. 2000 besuchte der spätere israelische Ministerpräsident Ariel Scharon in Begleitung von Sicherheitskräften den Tempelberg (**1**) und provozierte so den Ausbruch der Zweiten Intifada.

Besetzung und Vertreibung Seit Ende der 1940er-Jahre besetzten die Israelis in verschiedenen Kriegen arabische Gebiete wie 1956 den Gazastreifen (**2**) und trieben die einheimische Bevölkerung in die Flucht. Im Libanon gerieten die Palästinenser zwischen die Fronten des Bürgerkrieges (S. 484) (**3**). Ein 1982 von christlichen Milizen verübtes Massaker in zwei Flüchtlingslagern wurde von den Israelis nicht verhindert.

Der Palästinenserführer Jassir Arafat (1929–2004)

Arafat kämpfte zeitlebens für einen Palästinenserstaat. Er war Mitbegründer und Vorsitzender der Fatah-Partei und der PLO. Jahrelang leitete er den Kampf gegen Israel, auch mit Terroraktionen. Anerkennung auf internationaler Ebene erlangte er infolge der Verhandlungen von Camp David (S. 481). 1988 akzeptierte er das Existenzrecht Israels, dafür gewährte Israel den Palästinensern eine gewisse Autonomie. Als Präsident der Autonomiebehörde geriet Arafat durch Korruption, Vetternwirtschaft und einen autoritären Führungsstil in Misskredit. Zugleich erlangten radikale Gruppierungen wie die Hamas immer mehr Anhänger.

Intifada Der Teufelskreis von Gewalt und Gegengewalt endete ab 1987 und erneut ab 2000 in Aufständen der Palästinenser gegen israelische Sicherheitskräfte. Die Intifada (arab. „sich erheben") (**4**) bündelte die vielfach unter der Besatzung aufgewachsene Generation junger Männer. Die Zweite Intifada war geprägt von Anschlägen, auf die die Israelis mit der Tötung von Palästinenserführern antworteten.

Naher Osten

Jordanien, Libanon und Syrien

seit 1945

Das drängendste Pro-
blem Jordaniens nach
1948 war die Aufnahme
und Versorgung der aus

Guerillakämpfer im Südlibanon

Israel geflohenen Palästinenser. Als diese unter der
radikalen PLO einen „Staat im Staate" bildeten, zer-
schlug König Hussein 1970 ihre Strukturen. Der
König betrieb eine erfolgreiche Vermittlung
zwischen dem Westen und den arabischen
Nachbarn und schloss Frieden mit Israel. In den
ethnisch und religiös heterogenen Ländern Libanon und Syrien mussten immer wieder Kom-
promisse zwischen Sunniten, Schiiten und
Christengruppen gefunden werden. Im Libanon führte der Bürgerkrieg 1958–1990 zur
weitgehenden Zerstörung der Infrastruktur des
einst blühenden Landes. In Syrien setzte die ab
1963 herrschende Baath-Partei einen sozialis-
tisch-säkularen Kurs durch. Der Diktator Hafiz al-
Assad ging mit harter Hand gegen Islamisten und
Oppositionelle vor, doch bescherte seine Politik
dem Land beachtliche Stabilität.

König Hussein von Jordanien in Pilotenuniform

Syrien Auf Grundlage des „arabischen Sozialismus" reformierte Hafiz al-Assad (**1**) das Land
und stabilisierte durch seinen autori
tären Kurs die religiösen und gesellschaftlichen Verhältnisse. Er nutzte
das Militär auch zur Einschüchterung
und Abschreckung der Bevölkerung,
wie beim Bombardement Hamas
1982. Das säkulare Syrien ist heute
ein wichtiger Verbündeter des Iran.

Libanon Seit 1958 tobte im Libanon ein Bürgerkrieg zwischen Christen und Muslimen. Die Hauptstadt Beirut wurde in den 1970er-Jahren weitgehend zerstört (**3**). Seit 1990 kontrollierten syrische Truppen die Einhaltung einer Waffenruhe. 2005 wurde ihr Abzug erzwungen (**2**) 2006 bekriegte Israel den Libanon (S. 480).

Jordanien Der bis 1999 amtierende König Hussein beendete 1956 zwar die britische Militärpräsenz in Jordanien, blieb jedoch v.a. wirtschaftlich stets mit dem Westen verbunden. Jordanien nahm den Großteil der aus Israel seit 1948 vertriebenen Palästinenser (S. 480) auf. Nach einem fehlgeschlagenen Attentat auf den König kam es 1970 zu bürgerkriegsähnlichen Kämpfen zwischen den PLO-Milizen im Land und der jordanischen Armee. Zunächst kämpfte Hussein auf der Seite der Araber gegen Israel. Er entschied sich in der Folgezeit jedoch für eine Verständigungspolitik und schloss 1994 Frieden mit Israel. Mit massiver Wirtschaftshilfe des Westens, v.a. der USA, begann er die Modernisierung des Landes, sein Sohn Abdallah II. (**4**) führte sie fort. Trotz aller Neuerungen und zunehmend auch kulturellen Aufgeschlossenheit der Bevölkerung (**5**) bleibt die Situation der Palästinenser im Land ein großes soziales Problem. Die islamistischen Gruppierungen sind friedlich und erkennen parlamentarische Mehrheitsverhältnisse an. Rede- sowie Pressefreiheit in Jordanien sind unter Abdallah II. eingeschränkt.

Saudi-Arabien, Ägypten und Libyen

seit 1945

Bereits 1932 wurde das heute noch bestehende Königreich Saudi-Arabien von der Familie Saud gegründet. Der ägyptische König Faruk hingegen wurde 1952 gestürzt. Ab 1954 setzte sich Präsident

Ägyptische Bauern

Nasser durch, der zum Führer der Panarabischen Bewegung aufstieg. Sein Nachfolger Sadat schloss Frieden mit Israel. In Libyen ist seit 1969 Oberst Gaddhafi, dessen Unberechenbarkeit das Land zeitweise isolierte, an der Macht. Sein Verhältnis zum Westen hat sich seit einiger Zeit deutlich gebessert.

Saudi-Arabien Gestützt auf seinen Ölreichtum, wurde das Königreich unter dem Staatsgründer Ibn Saud (**1**) und seinen Söhnen zu einem Zentrum des technischen Fort-schritts bei gleichzeitiger strenger Befolgung des Islam. Das Land genießt durch seine Pflege der heiligen Stätten Mekka (**2**) und Medina hohes Ansehen in der arabischen Welt.

3

Panarabismus Ägyptens Erfolg im Streit um die Nutzung des Suezkanals stärkte das Ansehen des ägyptischen Präsidenten Gamal Abd el-Nasser in der arabischen Welt, und er wurde zum Wortführer des arabischen Nationalismus. 1958 schlossen sich Ägypten und Syrien (S. 485) unter ihm als Staatspräsidenten zur Vereinigten Arabischen Republik zusammen (**3**), die allerdings 1961 schon wieder aufgelöst wurde. Mit der Niederlage Ägyptens im Sechstagekrieg 1967 bröckelte Nassers Ansehen, der „Nasserismus" fiel in sich zusammen.

4

5

Libyen unter Gaddhafi Beeinflusst von den Ideen Nassers, stürzte Oberst Muammar al-Gaddhafi (**5**) 1969 die Monarchie in Libyen und errichtete ein revolutionäres Regime. International verfolgte er das Ziel, seine Herrschaft auszuweiten (**4**). Er modernisierte Libyen mit harter Hand in allen Lebensbereichen und regte die Bildung der „Organisation Afrikanischer Staaten" nach dem Vorbild der EU an. Außenpolitisch erwies er sich lange als unberechenbar und wurde mit Terrorakten wie der Flugzeugexplosion über Lockerbie 1988 in Verbindung gebracht. Andererseits vermittelt er immer wieder in internationalen Konflikten.

Ägypten Staatspräsident Mubarak (**6**) setzt den autoritären, säkularen Kurs seines von Islamisten ermordeten Vorgängers Sadat fort. Er hält Frieden mit Israel, drängt jedoch auf eine baldige Lösung des Nahostkonflikts. Mubarak schaltete sich 2009 als Vermittler in Gesprächen über eine Waffenruhe zwischen Israel und den Palästinensern ein. Zu den staatlichen Großprojekten der letzten Jahre gehört die neue Bibliothek in Alexandria (**7**).

6

7

Naher Osten

Zerstörte Statue Saddam Husseins

Iran und Irak

seit 1945

Im Iran weiteten sich Proteste gegen die „Weiße Revolution" und die Herrschaft des Schahs 1978 zur Revolution aus, die wiederum zur Gründung der „Islamischen Republik Iran" führte. Im Irak setzte sich 1979 Saddam Hussein durch. Seinem Überfall auf Kuwait 1990 folgte der Zweite Golfkrieg, Verletzungen der UN-Sanktionen führten 2003 zum Sturz durch US- und britische Truppen. Trotz Demokratisierung der Staatsführung versinkt das Land in Unruhen. Die Übergabe der Infrastruktur an die irakische Armee soll dennoch 2012 abgeschlossen sein.

Der Schah Als der iranische Ministerpräsident Mohammed Mossadegh (**1**) 1951 die iranische Ölförderung verstaatlichte, stürzte ihn Schah Mohammed Reza Pahlawi (**2**) 1953 mithilfe der USA, mit denen er bis zu seinem eigenen Sturz 1979 kooperierte.

Revolution Die „Weiße Revolution" von oben und das autoritäre Regime des Schahs führten 1978/79 zu seinem Sturz durch ein Bündnis demokratischer Kräfte mit der schiitischen Geistlichkeit. Nach bürgerkriegsähnlichen Zuständen und unter der Führung Khomeinis gingen die Anhänger der „Islamischen Republik" gegen die bürgerliche Opposition vor und schalteten sie bis 1981 aus (**3**).

Ayatollah Ruhollah Khomeini

Ayatollah („Zeichen Gottes") Khomeini (1900/02–1989), ein geachteter Rechtslehrer, floh als Kritiker des Schahs 1964 außer Landes und kehrte während der Revolution im Februar 1979 in den Iran zurück. Khomeini galt als „Geistlicher Führer" des Iran, er verband sozialrevolutionäre Ideen mit einem strengen Islamismus und einer zunehmend antiwestlichen Haltung. Während des Iran-Irak-Krieges (1980–1988, Erster Golfkrieg) beherrschten seine „Revolutionsgarden" das Land.

Der Irak Nachdem Saddam Hussein (**4**) 1979 die Macht im Irak übernommen hatte, wurde er lange Zeit vom Westen unterstützt. Er rüstete auf und besetzte 1990 Kuwait, wurde jedoch von Amerikanern und Briten vertrieben. Nach seinem Sturz 2003 wurde Hussein im Irak der Prozess gemacht. Er endete mit dem Todesurteil, das 2006 vollstreckt wurde.

Die Kurden Kurden leben auf dem Gebiet des Iran, der Türkei und des Irak. Besonders in den beiden letztgenannten Ländern wurden sie lange unterdrückt. 1988 ließ Saddam Hussein nach einem Aufstand der irakischen Kurden Tausende von ihnen durch Giftgas ermorden (**5**). Seit 1991 unterstehen die irakischen Kurden internationaler Kontrolle. Für einen eigenen Staat kämpfen sie jedoch bisher vergeblich (S. 469).

Afghanistan

seit 1945

Auf den Sturz der Monarchie und die Ermordung des reformorientierten Diktators Daoud 1973 bzw. 1978 folgten schwere Machtkämpfe. Schließlich setzten sich die afghanischen Kommunisten mithilfe der UdSSR durch, die Ende 1979 Afghanistan besetzte und einheimische Revolutionsführer darin unterstützte,

Mohnanbau in Afghanistan

das Land zu beherrschen. Der Abzug der Sowjettruppen 1988/89 hinterließ ein Machtvakuum, das v.a. vom Westen als Widerstandskämpfer aufgerüstete islamische Gruppen nutzten. Mehrere Regionen machten sich unter lokalen Warlords faktisch selbstständig. Ab 1996 gewannen die radikalislamischen Taliban die Oberhand. Die Unterstützung des Terroristen Bin Laden lieferte den USA den Anlass, mit der afghanischen „Nordallianz" ab 2001 das Land zu besetzen und die Taliban in den Süden zu treiben, wo sie ihren Kampf fortführen. Die unter UN-Kontrolle etablierte demokratische Regierung bleibt wegen häufiger Anschläge auf internationale Truppenpräsenz angewiesen.

Sowjetische Besatzung

Mit der Invasion Afghanistans durch die UdSSR (**1**) wurde 1979 der Exilpolitiker Babrak Karmal als Staatsoberhaupt eingesetzt. Daraufhin kam es zu Aufständen islamischer sowie nationalistischer Gruppen der US-gestützten Widerstandsbewegung Mujahedin.

Der Nahostkonflikt

Der Konflikt zwischen Israel und den Palästinensern steht bis heute hinter vielen regionalen Unruhen im Nahen Osten, ebenso die nach 1918 erfolgte Grenzziehung zwischen den arabischen Staaten, die Stammesgebiete und Zugehörigkeiten durchschnitt. Die schwierige Lage ethnischer und religiöser Minderheiten sowie die oft instabilen Machtverhältnisse bieten zusätzlichen Zündstoff.

Die Taliban Während des Bürgerkriegs entwickelten sich die Taliban, eine Gruppe Fundamentalisten, die sich vor allem aus afghanischen Flüchtlingen in Pakistan rekrutierte, zur dominanten Fraktion. Von Kabul aus

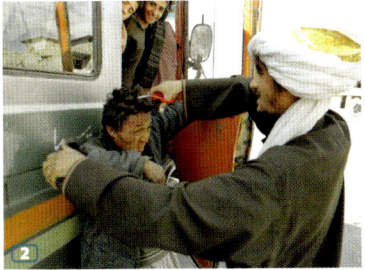

herrschten sie mit rigiden Straf- und Sittengesetzen (**2**) über den größten Teil des Landes. Frauen durften nicht mehr die Schule besuchen oder einen Beruf ausüben. Zahlreiche „unislamische" Kulturgüter wie die Buddha-Statuen von Bamiyan wurden zerstört.

US-Einsatz Die USA und ihre Verbündeten (**3**) vertrieben die Taliban aus dem Norden des Landes und aus Kabul. Doch diese halten sich bis heute im Süden und operieren mittlerweile auch von Pakistan aus. Die Kontrolle der öffentlichen Ordnung erweist sich als kompliziert, Anschläge sind immer noch alltäglich. Der von den Taliban erfolgreich bekämpfte Opiumanbau lebt angesichts der chaotischen Verhältnisse auf. Afghanistan ist weltweit der größte Opiumproduzent. Ein weiteres Problem sind Stammesfehden.

⌃ Seite 388

1953–1963 Modernisierung Afghanistans

1973 Staatsstreich und Sturz der Monarchie, Ministerpräsident Daoud macht sich zum Staats- und Regierungschef

1978 Ermordung Daouds und Staatsstreich der Armee

1979 Einmarsch sowjetischer Truppen

1979–1986 Herrschaft Babrak Karmals unter sowjetischer Protektion

1986–1989 Herrschaft Mohammed Najibullahs unter sowjetischer Protektion

1988/89 Abzug der Sowjettruppen, Beginn des Bürgerkrieges

1992–1996 Vorherrschaft der radikalen Mujahedin in Kabul und weiten Teilen des Landes

1996 Die radikalislamischen Taliban erobern Kabul

2000 Verbot der Frauenarbeit durch die Taliban

2001 Offensive der USA und Großbritanniens gegen die Taliban

2004 Hamid Karsai wird Sieger der ersten (freien) Präsidentschaftswahlen

2009 Taliban versuchen durch Anschläge, die zweite freie Präsidentenwahl zu sabotieren

Afghanistan

1916–1921 *Befreiungskampf der Araber, Staatsgründungen unter britischem (**4**) und französischem Mandat*

seit 1948 *Dauerkonflikt zwischen Israel und den Palästinensern, oft unter Beteiligung der Nachbarn*

1956 *Suezkrise*

1967 *„Sechstagekrieg" (arabische Staaten gegen Israel)*

1973 *„Jom-Kippur-Krieg" Ägyptens und Syriens gegen Israel, weltweite Ölkrise (**5**)*

1975–1990 *Bürgerkrieg im Libanon*

1978/79 *Revolution im Iran, sowjetische Besetzung Afghanistans*

1980–1988 *Iran-Irak-Krieg (Erster Golfkrieg)*

1990/91 *Irak besetzt Kuwait (Zweiter Golfkrieg)*

1992–1996/2001 *Bürgerkrieg in Afghanistan*

2001 *Besetzung Afghanistans durch USA und Verbündete (**6**)*

2003 *Besetzung des Irak durch USA und Verbündete, Sturz Saddam Husseins, Hinrichtung 2006*

2006 *Zweiter Libanonkrieg*

2008/2009 *Schwere Kämpfe Israels gegen Hamas*

JIHAD IS OUR WAY
PAK AFGHAN DEFENCE COUNC...

Pakistan und Bangladesch

⌃ Seite 390

Verkehrschaos in Dhaka, der Hauptstadt von Bangladesch

Pakistan und Bangladesch

seit 1947

Beide Länder wurden 1947 als Staat der Muslime des indischen Subkontinents gegründet. Die Konkurrenz etwa gleich starker säkularer und islamistischer Parteien führte zu autoritären Präsidialregimen. Die Selbstständigkeit Bangladeschs 1971 konnte Pakistan nicht verhindern. Die Politik Pakistans ist seit einigen Jahren vorsichtig westlich orientiert, muss jedoch starken islamistischen Strömungen Rechnung tragen. Bangladesch hat immer wieder mit Naturkatastrophen und Hungersnöten zu kämpfen.

Muslimstaat Seit 1940 forderte Mohammed Ali Jinnah (**1**, rechts), der Führer der indischen Muslimliga, die Schaffung eines Muslimstaats Pakistan („Land der Reinen") (S. 391). Nach einem blutigen Bürgerkrieg und massiven Umsiedlungsaktionen spalteten sich Pakistan und Bangladesch (zunächst Ostpakistan) von Indien ab. Ali Jinnah versuchte, Pakistan eine muslimische und zugleich säkulare Ausrichtung zu geben, doch von Anfang an kämpften auch streng islamistische Parteien um die Macht.

①

Bangladesch Mitte der 1960er-Jahre formierte sich in Ostpakistan die separatistische Awami-Liga unter Mujibur Rahman, der noch im März 1971 die Loslösung des Landes von Pakistan unter dem Namen Bangladesch („Land der Ben-

galen") bekannt gab. Die von der pakistanischen Regierung entsandten Truppen mussten vor den Separatisten kapitulieren (**2**). Die Unabhängigkeit Bangladeschs blieb seitdem unangetastet, doch herrschen dort Korruption und Gewalt vor.

Benazir Bhutto Nach dem Ende der Militärdiktatur in Pakistan wurde 1988 mit Benazir Bhutto (**3**), Tochter des früheren Regierungschefs, erstmals eine Frau an die Spitze eines muslimischen Landes gewählt. Ihre zweite Amtszeit versank jedoch in Be-

stechungsskandalen. 2007 wurde sie Oppositionsführerin, fiel jedoch zwei Monate vor den Wahlen einem Attentat von Islamisten zum Opfer.

Politischer Ausgleich General Pervez Musharraf (**4**) trat 1999 mit einem unblutigen Militärputsch an die Spitze Pakistans. Zwar unterstützte er 2001 die USA im Kampf gegen die afghanischen Taliban (S. 491), die immer wieder auch auf pakistanischem Boden operierten, doch musste seine Regierung den Kurs zwischen politischer Westanbindung und der Betonung pakistanischer Eigenständigkeit halten. Auch nach Musharraf ist das Land zwischen Laizisten (für Trennung von Staat und Religion) und Islamisten tief gespalten.

Die Folgen des Klimawandels

Das ohnehin wirtschaftlich schwache Bangladesch wird beinahe jedes Jahr durch ein Zusammentreffen des Monsunregens, der Schneeschmelze von den Gebirgen und tropischen Wirbelstürmen im Küstenbereich von Flut- und Überschwemmungskatastrophen heimgesucht. Ihnen fallen immer wieder Zehntausende von Menschen zum Opfer, Hunderttausende werden obdachlos, und die Ernten werden vernichtet. Die Überschwemmungen gelten als Folgen der globalen Erderwärmung, die zu einem Ansteigen des Meeresspiegels und verstärkten Tropenstürmen und Niederschlägen führen. Die Küstenregionen Bangladeschs drohen im Meer zu versinken. Nur mit massiver Unterstützung der Weltgemeinschaft ist Bangladesch, das zu den ärmsten Ländern der Erde gehört, in der Lage, die Flutschäden einigermaßen zu beseitigen und einfache Maßnahmen des Küstenschutzes durchzuführen. Seit Ende der 1980er-Jahre existiert ein sog. Flood-Action Plan. Er besteht aus 26 Einzelprojekten, die bis zum Jahr 2015 abgeschlossen sein sollen.

Indien

seit 1947

Unter Federführung der Kongresspartei (UPA) und der Nehru-Gandhi-Familie steuerte Indien einen Kurs der gemäßigt sozialistischen und säkularen Modernisierung. Starke regionale Unterschiede, lokale Unruhen und das gespannte Verhältnis zu Pakistan bestimmen über weite Strecken die Geschichte, sowie seit den 1980er-Jahren ein verstärkt wieder aufkommender Fundamentalismus bei Hindus und Sikhs. Außenpolitisch engagierte sich Indien führend in der Bewegung der „Blockfreien" (S. 421). Es öffnet sich zunehmend dem Weltmarkt, was sich auch an sozialen Unterschieden innerhalb des Landes bemerkbar macht. Die Probleme der Bevölkerungsexplosion und Massenarmut sowie des Kastenwesens bestimmen weiterhin das Erscheinungsbild. Islamische Fundamentalisten bekannten sich zu mehreren Bombenanschlägen, u. a. in Mumbai im November 2008.

Jawaharlal Nehru, der erste Premierminister Indiens

Der Goldene Tempel in Amritsar, das Hauptheiligtum der Sikhs (unten), und junge Sikh-Krieger (rechts)

Vertreibung Das gerade unabhängig gewordene Indien stand 1947/48 vor seiner ersten großen Belastungsprobe. Unter bürgerkriegsähnlichen Unruhen erfolgte die Umsiedlung mehrerer Millionen Menschen: Die Hindus verließen Pakistan, die Muslime zogen von Zentralindien nach Pakistan (und Bangladesch). Das Verhältnis zwischen den beiden unabhängigen Ländern war von Anfang an gespannt.

⌃ Seite 390

1947 Selbstständigkeit Indiens, Jawaharlal Nehru wird Ministerpräsident

1949 Indien wird Republik

1954 Freundschaftsvertrag mit China

1956 Unruhen und Umbildung der Bundesstaaten

1961 Indien besetzt portugiesische Kolonien Goa und Damao

1964 Tod Nehrus

1966–1977 und 1980–1984 Amtszeit Indira Gandhis

1968/69 Blutige Unruhen in zahlreichen Städten

1971 Freundschaftsvertrag mit der UdSSR

1975 Gandhi verhängt den Notstand

1977–1980 Dschanata-Regierung

1984 Regierungstruppen stürmen den Goldenen Tempel in Amritsar

1984 Ermordung Gandhis; ihr Sohn Rajiv Gandhi wird Premierminister (bis 1989)

1989 Indien verfügt über atomare Mittelstreckenraketen

1991 Ermordung Rajiv Gandhis

seit 2006 Anschläge und Attentate in Mumbai und anderen Orten

2009 Manmohan Singh (UPA) wird Premierminister

Indien

Indira Gandhi (1917–1984) Als die Premierministerin wegen Unregelmäßigkeiten im Wahlkampf 1975 unter Druck geriet, rief sie den Ausnahmezustand aus. Nicht weniger entschlossen handelte sie in ihrer zweiten Amtszeit. Bei schweren Unruhen zwischen Hindus und Sikhs ließ sie 1984 den Goldenen Tempel von Amritsar stürmen, in dem sich eine militante Gruppe Sikhs verbarrikadiert hatte. Vier Monate später wurde sie von zwei ihrer Sikh-Leibwächter ermordet.

Kaschmir-Konflikt
Die Region Kaschmir ist bis heute der Hauptstreitpunkt zwischen Indien und Pakistan. Die mehrheitlich von

Muslimen bewohnte, aber seit 1846 von einem Hindu-Herrscher regierte Region versuchte zunächst, ihre Selbstständigkeit zu erlangen, schloss sich aber 1947 gegen den Protest Pakistans der Indischen Union an. Seit 1951 kam es trotz Vermittlungsversuchen der UNO immer wieder zu bewaffneten Konflikten, die 1965 in einen regelrechten Krieg mündeten. Nach einer vorübergehenden Verständigungsphase kommt es seit den 1980er-Jahren, angeheizt durch die Aktivitäten von Separatisten- und Rebellengruppen, immer wieder zu gewalttätigen Auseinandersetzungen und Anschlägen.

» **Islamismus in Pakistan:** Seite 492

Sri Lanka, Myanmar, Thailand

seit 1945

Shwe-Dagon-Pagode in Rangun

Auf Sri Lanka führt die „Singhalesierung" zu immer wieder aufflammenden Gewaltakten zwischen der Armee und tamilischen Rebellenorganisationen. In Myanmar errichteten Militärs 1962 eine sozialistisch-nationalistische Diktatur, die bis heute bürgerliche Freiheiten massiv unterdrückt. Thailand wurde und wird durch die Autorität König Bhumibols zusammengehalten; in den Regierungen wechselten immer wieder bürgerliche Kabinette mit Militärherrschaften. Das Land begreift inzwischen den Tourismus als Haupteinnahmequelle.

Blutiger Konflikt auf Sri Lanka (1) Infolge einer weithin akzeptierten nationalistisch-singhalesischen Politik radikalisierten sich die Rebellenorganisationen der tamilischen Minderheit. Der Bürgerkrieg endete erst 2009 mit dem Sieg der Regierungstruppen und der Hinrichtung der Rebellenführer.

Myanmar Seit 1962 regiert in Myanmar das Militär – ohne Verfassung und nach staatssozialistischem Modell. Prominenteste Regimekritikerin ist Aung San Suu Kyi (**3**), die 1991 den Friedensnobelpreis erhielt und mit Unterbrechungen seit 1989 unter Hausarrest steht.

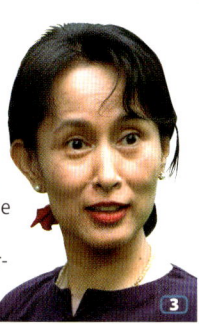

Thailand Die religiöse und politische Autorität des dienstältesten Monarchen der Welt, König Rama XI. Bhumibol (**2**), steht über den Parteien. 2006 vollzog sich ein Militärputsch vollkommen friedlich (**4**, Putschistenführer General Sondhi Boonyaratkalin überreicht dem König die neue Verfassung).

Der Tsunami 2004

Am 26. Dezember 2004 ereignete sich vor Sumatra eines der schwersten Seebeben, die je gemessen wurden. Die anschließenden bis zu 30 m hohen Tsunamiwellen kosteten über 230 000 Menschen in acht asiatischen Ländern, besonders in Indonesien, Thailand und Sri Lanka, das Leben und zerstörten die Küstenregionen. Die Bergung der Leichen dauerte Monate. Weltweite Anteilnahme führte zu einer beispiellosen Spendenaktion für den Wiederaufbau der Regionen, die auch ein beliebtes Reiseziel sind. Für die Installierung teurer und komplexer Frühwarnsysteme fehlt den meisten der betroffenen Länder jedoch das Geld.

Militärregime Immer wieder ergreifen in Thailand Militärherrscher die Macht. Der seit 1946 amtierende prowestliche Militärdiktator Pibul Songkhram wurde 1957 gestürzt. Das neue Militärregime schwankte zwischen diktatorischem Stil und vorsichtiger Liberalisierung, wie sie die Bevölkerung zum Beispiel in Studentenunruhen forderte. Nach Parlamentswahlen 1975 übernahm 1977/78 erneut das Militär die Macht (**5**), zwischen 1986 und 1991 regierten verschiedene Parteienbündnisse. 1991 kam es zu einem erneuten Militärputsch, 2001 wieder zu einer zivilen Regierung, die durch den Putsch 2006 unblutig gestürzt wurde.

Seite 396

Südostasien

Vietnam, Laos und Kambodscha

seit 1945

Die Region wurde nach 1945 zum Krisengebiet. Die Unabhängigkeitserklärung Vietnams durch Ho Chi Minh (**2**) 1945 führte bis 1954 zum Indochinakrieg mit der Kolonialmacht Frankreich. Es folgte die Teilung des Landes und ab 1964 der Vietnamkrieg der US-Truppen gegen die nordvietnamesischen Vietcong. Seit 1976 ist Vietnam unter kommunistischer Führung wiedervereinigt, die politischen Strukturen strahlen auch auf das Nachbarland Laos aus. In Kambodscha fielen zwischen 1975 und 1979 etwa 2 Mio. Menschen, ein Fünftel der damaligen Bevölkerung, der Terrorherrschaft der Roten Khmer zum Opfer. Vietnamesische Truppen entmachteten die Roten Khmer, doch stellen diese bis heute einen entscheidenden politischen Faktor dar.

Napalm und Agent Orange

Die systematische Bombardierung nordvietnamesischer Städte und der Einsatz von Giftgas, Napalm (**3**) und Entlaubungsmitteln (**1**, Codename Agent Orange) sowie brutale Einzelaktionen wie das Massaker von My Lai 1968, bei dem Hunderte unschuldiger Dorfbewohner niedergemetzelt wurden, lösten in der ganzen Welt Empörung aus. Als Reaktion darauf entwickelte sich eine breite Protestbewegung.

mierten sich die Kämpfer der Roten Khmer (**4**) unter Pol Pot, die die Staatsmacht in einen Guerillakrieg verwickelten. Sie beherrschten Kambodscha ab 1975 und unterwarfen das Land einem Umformungsprozess zur Verwirklichung eines Agrarkommunismus. Auch nach ihrem Sturz 1979 durch vietnamesische Truppen blieben die Roten Khmer einflussreich. Ihr Führer, Pol Pot (**6**), ging in den Untergrund und terrorisierte das Land weiter. 1997 wurde er vor ein „Volksgericht" gestellt und zu lebenslanger Haft verurteilt. Er starb 1998.

Kambodscha König Norodom Sihanouk (**5**) erklärte Kambodscha 1945 für unabhängig, doch erst nach dem Ende des Indochinakrieges erkannten die Franzosen als bisherige Kolonialherren die Eigenständigkeit an. Ab 1955 führte Sihanouk das Land als Ministerpräsident, geriet jedoch wegen seiner Annäherung an China in Konflikte mit den USA. 1970 wurde er von General Lon Nol gestürzt, der sich an die Seite der USA stellte. Gegen dessen antikommmunistischen Kurs for-

„Killing Fields" Die sog. mörderischen Felder, auf denen Tausende Kambodschaner starben, liegen in der Umgebung von Phnom Penh. Mit der Eroberung der Hauptstadt begannen 1975 die Terrorherrschaft der Roten Khmer und der „Steinzeitkommunismus" in Kambodscha: Die Roten Khmer entsiedelten alle größeren Städte und propagierten das Leben in überwachten Landkommunen. Bis 1979 verloren

rund 2 Mio. Kambodschaner durch Mord und Folter ihr Leben (**7**). Ganze Bevölkerungsgruppen waren ausgerottet worden. Seit 1996 wurden viele, auch hochrangige Rote-Khmer-Täter amnestiert. 2006 wurde

jedoch ein UNO-Sondertribunal zur Untersuchung ihrer Verbrechen eingerichtet. 2009 begann der erste Prozess gegen einen Funktionär der Roten Khmer, den mutmaßlichen Chef-Folterer Kang Kek Leu.

Die muslimische Untergrundorganisation „Abu Sayyaf"

Indonesien, Philippinen, Malaysia, Singapur und Taiwan

seit 1945

Indonesien und Malaysia bildeten sich 1945 bzw. 1957 als künstliche Unionen verschiedener Ethnien und Religionen und haben seither mit Unruhen der Minderheiten zu kämpfen. Das chinesisch geprägte Singapur trat 1965 aus dem Malaiischen Verband aus und wurde zum führenden der sich wirtschaftlich schnell entwickelnden „Tigerstaaten". Taiwan sagte sich 1949/50 von der Volksrepublik China los und bildete einen prowestlichen Staat unter Chiang Kai-shek (S. 392) und seinen Nachfolgern.

Indonesien Um die verschiedenen ethnischen und religiösen Gruppierungen des „Reiches der 1000 Inseln" aneinanderzubinden, verkündete Staatsgründer Achmed Sukarno (**1**, links) einen eigenständigen, gemäßigt sozialistischen Kurs der „fünf Grundsätze". Nach einer stärkeren Annäherung an die Kommunisten wurde er ab 1966 schrittweise durch eine Militärjunta unter General Suharto (**1**, rechts) entmachtet. Dessen korruptes und gewalttätiges Regime endete 1998 auf internationalen Druck.

Die Philippinen Nach der Unabhängigkeit 1946 herrschte auf den Philippinen zunächst eine prowestliche Oligarchie. Nach dem Ende des korrupten und brutalen Regimes Ferdinand Marcos' (**2**) gab die vom Militär gestützte Staatspräsidentin Corazon Aquino dem Land demokratischere Strukturen. Jedoch wird das politische System bis heute durch Unruhen und Putschversuche destabilisiert.

Osttimor In den 24 Jahren der indonesischen Besetzung herrschte Bürgerkrieg in Osttimor (**3**). Unter internationaler Protektion erlangte der Inselstaat schließlich die Unabhängigkeit. Unruhen blieben an der Tagesordnung und erreichten 2006 ihren Höhepunkt.

Die „Tigerstaaten" Zuerst vor allem Niedriglohn-Industrie, später fast ausschließlich

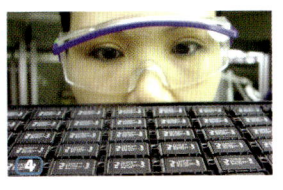

Hightech-Industrie (**4**) bewirkten ein immenses Wirtschaftswachstum in den sog. Tigerstaaten Südostasiens, zu denen Südkorea, Taiwan, Hongkong und Singapur gehören, im weiteren Sinne auch Indonesien, Malaysia und die Philippinen. Wie Singapur (**5**), das sich von einer heruntergekommenen Großstadt in einen hochmodernen, ambitionierten Stadtstaat verwandelte, wachsen und agieren viele der relativ autonomen asiatischen Metropolen.

China

Die Kommunisten ziehen 1949 in Peking ein.

China bis in die 1970er-Jahre

1945/1949–1976

Nach der Niederlage Japans zerbrach die Koalition zwischen der kommunistischen Roten Armee unter Mao Zedong und den Truppen der Nationalchinesischen Partei (Kuomintang). In einem Bürgerkrieg setzten sich die Kommunisten bis 1949 durch. Der Führer der Kuomintang, Chiang Kai-shek, zog sich auf die Insel Taiwan zurück, wo er einen eigenen, zunächst autoritär geführten Staat errichtete. Auf dem Festland begannen die Kommunisten unter Mao mit einer grundlegenden Umwandlung von Politik, Wirtschaft und Gesellschaft.

Mao Zedong (1893–1976)

Der aus einer Bauernfamilie stammende Mao beteiligte sich 1921 an der Gründung der Kommunistischen Partei Chinas (KPCh). Früh sah er in den Landarbeitern und nicht im Industrieproletariat die Basis für eine Revolution in dem Agrarland China. Während des „Langen Marsches" (S. 392–393) 1934/35 übernahm er die Führung der KPCh und nach einem Bürgerkrieg bis 1949 die Macht in ganz China. Die von Mao entwickelte Revolutionstheorie (Maoismus) hob die Bedeutung einer ständigen revolutionären Bereitschaft hervor, die sich wie in der Kulturrevolution auch gegen eine Elitenbildung in den eigenen Reihen richten sollte.

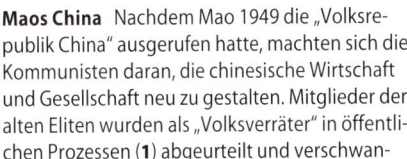

Maos China Nachdem Mao 1949 die „Volksrepublik China" ausgerufen hatte, machten sich die Kommunisten daran, die chinesische Wirtschaft und Gesellschaft neu zu gestalten. Mitglieder der alten Eliten wurden als „Volksverräter" in öffentlichen Prozessen (**1**) abgeurteilt und verschwanden in Arbeits- und Umerziehungslagern. Propaganda (**2**) und die Konsolidierung der Macht in der Hand eines Einzelnen (Mao) sollten die Bevölkerung auf die neuen Ziele einschwören. Hierzu gehörten v. a. die Kollektivierung der Landwirtschaft sowie eine rasche Industrialisierung.

Tibet

Über Jahrhunderte hatten die religiösen Führer Tibets, die Dalai Lamas, die nominelle Oberherrschaft Chinas akzeptiert. Mit dem Ende des Kaiserreiches 1911/12 erklärte der 13. Dalai Lama die Unabhängigkeit Tibets. Doch weder China noch andere Länder erkannten diesen Schritt an. Tibet wurde 1950 Teil der Volksrepublik China. Der 14. Dalai Lama, Tenzin Gyatso, verließ das Land 1959, da der chinesische Einfluss in der Region immer mehr zunahm. Er betrachtet sich als Teil der tibetischen Exilregierung und hat sich für die Autonomie seines Landes, das früher aufgrund seiner geographischen Lage isoliert war, eingesetzt. Mittlerweile ermöglichen neue Straßen einen stärkeren interkulturellen Austausch, und infolge von Umsiedlungen gibt es in Tibet heute mehr Han-Chinesen als Einheimische.

Kulturrevolution Die Umgestaltung der Wirtschaft führte zu Versorgungsschwierigkeiten bis hin zu schweren Hungersnöten, die Millionen Menschen das Leben kosteten. Im Glauben, der Geist der Revolution im Volk müsse erneuert werden, rief Mao 1965 die „Große Proletarische Kulturrevolution" aus. Anhänger fand er hierfür besonders unter Schülern und Studenten (**3**), die sich in den „Roten Garden" organisierten. Die Kulturrevolution dauerte bis zu Maos Tod 1976 an.

China

⌃ Seite 502

China seit den 1970er-Jahren

Seit 1971

Mao und der US-Präsident Nixon 1972

Lange betrachtete der Westen Taiwan („Republik China") als den einzig legitimen chinesischen Staat. Mit dem Bruch zwischen der Volksrepublik China und der Sowjet-union besserten sich ab Ende der 1960er-Jahre die Beziehungen, und schließlich wurde 1971 das kom-munistische Regime offiziell anerkannt. Nach dem Tod Maos 1976 kam es zu Richtungskämpfen inner-halb der Parteiführung, bei denen sich Vertreter ei-ner wirtschaftlichen Liberalisierung um Deng Xiao-ping durchsetzten. Die Kommunisten dulden nach wie vor keine politische Opposition. Es wurde je-doch ein marktgesteuertes Wirtschaftssystem ein-geführt, das dem Kapitalismus stark ähnelt. China ist mittlerweile eine bedeutende Wirtschaftsmacht, die u. a. in Konkurrenz zu den USA steht.

Kurswechsel Nach Maos Tod 1976 kam es zu Machtkämpfen unter den Kommunisten. Linksradikale wie Maos einflussreiche Witwe Jiang Qing (**2**) wurden entmachtet und abgeurteilt. An ihre Stelle traten reformorientierte, nach pragmatischen Lösungen suchende Politiker wie Deng Xiaoping (**3**). Sie hielten am Führungsanspruch der Kommunisten fest, ließen aber marktwirtschaftliche Reformen zu und förderten Eigeninitiativen. Viele Maßnahmen der Kulturrevolution wurden zurückgenommen, v.a. setzte eine Rückbesinnung auf die eigenen kulturellen Traditionen wie den Konfuzianismus (S. 51) ein.

Tiananmen-Platz Studenten und Bürgerrechtler demonstrierten (**4**) im Frühjahr 1989 in ganz China für politische Mitbestimmung und gegen die Führung der Kommunistischen Partei. Eine Kundgebung auf dem Platz des Himmlischen Friedens (Tiananmen) in Peking endete mit dem blutigen Zusammenstoß von Militär und Demonstranten und vielen Toten. 1992 kritisierte Deng die „Linksgerichtetheit" Chinas und leitete ökonomische Reformen ein.

Sozialistische Marktwirtschaft
Die wirtschaftliche Öffnung Chinas hat zu einem rasanten Aufschwung geführt, von dem v.a. moderne Großstädte wie Shanghai (**1**) profitieren. Millionen Menschen verlassen die rückständigen ländlichen Regionen und

suchen ihr Glück in den aufstrebenden Metropolen. Hier arbeiten sie für wenig Geld und ohne soziale Absicherung in Industriebetrieben (**5**), auf Großbaustellen und in dem wachsenden Dienstleistungssektor. Gewinner dieser Entwicklung sind die Unternehmer, die oft Parteifunktionäre sind oder waren. Die Vorbehalte in den westlichen Staaten gegenüber dem kommunistischen System verblassen angesichts der riesigen Absatz- und Entwicklungsmöglichkeiten, die der chinesische Markt mit seinen über eine Milliarde Konsumenten bietet.

» Globalisierung: Seiten 530–531

Korea

Seite 396

Korea

seit 1945

Die UdSSR und die USA befreiten Korea bis 1945 von den Japanern. Unter dem Schutz der Sowjets kam im Norden ein kommunistisches, unter dem Schutz der USA im Süden ein westlich orientiertes Regime an die Macht. Ein Angriff der Nordkoreaner führte 1950 zum Koreakrieg, dem ersten „Stellvertreterkrieg" im Ost-West-Konflikt (S. 420). Truppen der Amerikaner und der Vereinten Nationen (**2**) drängten die Nordkoreaner bis zum Eingreifen der Volksrepublik China 1951 weit zurück. 1953 schloss man einen Waffenstillstand, der Korea bis heute spaltet. In beiden Teilen setzten sich Diktaturen durch. In Nordkorea herrscht seitdem ein nationalistischer, isolationistischer Kommunismus unter Kim Il Sung (**1**) und seinem Sohn und Nachfolger Kim Jong Il. Seine aggressive Außenpolitik hat Nordkorea völlig isoliert. Während das Volk unter Hunger leidet, werden alle Mittel in die Streitkräfte investiert. In Südkorea hat sich in den 1990er-Jahren eine stabile Demokratie entwickelt. Das Land gehört heute zu den führenden Wirtschaftsmächten Asiens.

Der „Große Führer"
Kim Il Sung (**3**), ab 1948 der unumstrittene Machthaber in Nordkorea, wird noch heute verehrt und wurde von der Regierung über seinen Tod hinaus als „ewiger Präsident" bestätigt.

Militärdiktatur In Südkorea etablierte in den 1960er-Jahren das Militär ein autoritäres Herrschaftssystem, an dessen Spitze Präsidenten aus den Reihen der

Armee standen. Die Opposition wurde verfolgt und unterdrückt. Schließlich wurden 1987 nach massiven Protesten und bürgerkriegsähnlichen Zuständen (**4**) freie Wahlen zugelassen. Im Jahr 1996 mussten sich die beiden Expräsidenten Chun Doo Hwan (**5**) und Roh Tae Woo (**6**) vor Gericht verantworten.

Zum Tode bzw. lebenslanger Haft verurteilt, wurden sie Ende 1997 begnadigt.

Erzfeinde Der erste Präsident Südkoreas, Syngman Rhee (**9**), band sein Land eng an die westliche Staatengemeinschaft an. Nordkorea hält auch nach dem Zusammenbruch des Ostblocks und dem wirtschaftlichen Kurswechsel in China am Kommunismus fest. Bereits Kinder werden hier auf den Kampf mit dem Klassenfeind eingeschworen (**8**).

Demokratisierung
Der südkoreanische Oppositionsführer Kim Dae Jung (1925–2009) (**7**) brachte lange Jahre in Gefängnissen zu. Mit seiner Wahl zum Präsidenten im Jahr 1997 setzten sich demokratische Verhältnisse in dem bisher autoritär regierten Land durch. Im Rahmen seiner „Sonnenscheinpolitik" suchte Kim Dae Jung die Fronten zwischen Nord- und Südkorea aufzuweichen und erhielt dafür 2000 den Friedensnobelpreis.

Ein Volk als Geisel Für den nordkoreanischen Diktator Kim Jong Il ist die Armee die wichtigste Stütze seiner Herrschaft (**11**). In ihren Ausbau und in ein kostspieliges Atomwaffenprogramm fließen die spärlichen Einnahmen des Landes. Der Diktator kalkuliert dabei ein, dass die internationale Staatengemeinschaft keine Sanktionen verhängen wird, die die katastrophale Versorgungslage des Volkes (**10**) noch weiter verschlechtern könnte. Nach einer Entspannung der Lage 2006/07 unternahm Nordkorea erneut Atomwaffentests.

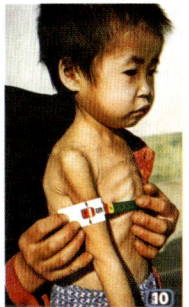

⏩ **Kalter Krieg:** Seiten 420–421

①

Wirtschaftsmacht In der langen Amtszeit von Eisaku Sato (**1**) als Minister, Regierungschef und Parteiführer der LDP von den 1950er- bis in die 1970er-Jahre stieg Japan zur drittgrößten Wirtschaftsmacht der Welt auf. Gleichzeitig normalisierten sich die Beziehungen zu zahlreichen Nachbarstaaten. Mit den USA pflegte Sato eine enge Beziehung und erreichte 1972 die Rückgabe der Okinawa-Inseln.

Japan

seit 1945

Nach der Niederlage Japans im Zweiten Weltkrieg drängten die USA auf eine grundlegende Demokratisierung des Landes. Die neue Verfassung von 1946 begründete eine parlamentarische Monarchie. Die Nachkriegsgeschichte wird wesentlich von der nationalkonservativen Liberaldemokratischen Partei (LPD) bestimmt, die mit einer kurzen Unterbrechung Mitte der 1990er-Jahre, als Japan eine schwere Wirtschaftskrise durchlebte, die Premierminister stellte. Durch die lange Herrschaft der Partei entstand eine enge Verflechtung von Bürokratie und Wirtschaft. 2009 entschied die Demokratische Partei unter Yukio Hatoyama die Unterhauswahlen für sich und löste die LDP ab.

Der Kaiserliche Palast in Tokio
Drei junge japanische Frauen in traditionellen Kimonos mit Handys (darüber)

Rezession Nach einem Wirtschaftswachstum, das Japan großen Wohlstand beschert hatte (**2**), traf die Rezession das Land in den 1990er-Jahren hart. Die sozialen Systeme waren darauf nicht vorbereitet: Für viele Menschen bedeutete Arbeitslosigkeit den sozialen Abstieg (**5**) und den Verlust des Ansehens und der Selbstachtung. Folgen der jüngsten Weltfinanzkrise sollen durch konjunkturelle Maßnahmen gemildert werden.

Internationales Engagement Seit dem Zweiten Weltkrieg verfügt Japan nicht mehr über ein eigenes stehendes Heer. Allerdings hat

das Land sog. Selbstverteidigungsstreitkräfte aufgestellt. Sie besitzen eine technisch hochentwickelte Ausrüstung – Japan hat einen der höchsten Militäretats der Welt. Seit einigen Jahren wird aber über die Aufstellung einer regulären Armee diskutiert. Da Japan seit dem

Zweiten Weltkrieg die Politik der USA unterstützt, bot der Irakkrieg 2003 dem Land, das einen ständigen Sitz im UN-Sicherheitsrat anstrebt, eine willkommene Gelegenheit, sich international zu profilieren. Der von der Mehrheit der Bevölkerung abgelehnte Einsatz im Irak (**4**) zur Unterstützung der US-Besatzungstruppen rückte das Land auch in den Fokus militanter irakischer Gruppen, die sich gegen die Besatzung zu Wehr setzen (**3**).

Nationalismus Im Jahr 2001 brachte der Regierungsantritt Junichiro Koizumis Bewegung in die japanische Politik. Privatisierungen und Einsparungen sollten die Wirtschaft ankurbeln und den Staat finanziell entlasten. Aufsehen erregte Koizumi v.a. durch seine Besuche im Yasukuni-Schrein (**6**), in dem u.a. im Weltkrieg gefallene Japaner verehrt werden. In Ländern, die unter den japanischen Kriegsgreueln zu leiden hatten, riefen diese Besuche Empörung hervor. Bis heute hat sich Japan nicht wirklich mit seinen Kriegsverbrechen auseinandergesetzt. Auch Koizumis Nachfolger Shinzo Abe (**7**) forderte mehr Patriotismus. Taro Aso, seit 2008 im Amt, bemüht sich um ein besseres Verhältnis zu Südkorea, ohne dabei Japans Kolonialherrschaft (S. 395) zu thematisieren.

⌃ Seite 398

Australien, Neuseeland und Ozeanien

Australien, Neuseeland und Ozeanien

seit 1947

Aborigine mit Musikinstrument

Als eigenständige Mitglieder des Commonwealth entwickelten sich Australien (**1**) und Neuseeland als stabile Demokratien mit Mehrparteiensystemen. Wirtschaftlich gestärkt durch enge Abkommen mit den USA, wurde in beiden Ländern seit den 1980er-Jahren den Rechten und der Kultur der Ureinwohner (Aborigines und Maori) stärkere Anerkennung zuteil. Die verschiedenen Inselgruppen Polynesiens und Mikronesiens waren nach 1945 v. a. von den USA und Frankreich abhängig und erlangten erst ab den 1970er-Jahren schrittweise ihre Selbstständigkeit. Dabei kam es auch zu zahlreichen ethnischen Konflikten. Der Tourismus ist eine wichtige Einnahmequelle für die Inseln, führt aber auch zur Zerstörung der traditionellen Lebensweise und einzigartiger Landschaften, weshalb in dieser Region der Welt viele Naturschutzgebiete eingerichtet wurden.

①

Die ANZUS-Staaten 1942 kam es zu einem japanischen Angriff auf Australien, das sich in der Folge an die Seite der USA stellte. Wie Neuseeland unterzeichnete es den ANZUS-Pakt (Australia – New Zealand – USA) (**2**) zur Sicherung des pazifischen Raumes. Beide Länder unterstützten die USA später mit Truppen im Korea- und im Vietnamkrieg. Die USA halfen Australien 1961/62 bei der Durchsetzung seiner Interessen auf Papua- und Ost-Neuguinea. 1966/67 trat Australien aber auch dem südostasiatischen Paktsystem bei und orientiert sich mittlerweile verstärkt nach Asien.

Australien Australien ist seit 1901 ein Bundesstaat und offiziell eine parlamentarische Monarchie, die den britischen Monarchen (**3**) als Staatsoberhaupt anerkennt. Königin Elisabeth II. ist Mitglied des australischen Parlaments und wird dort, wie in jedem Dominion des Commonwealth, durch einen Generalgouverneur vertreten. Sie beruft und entlässt das Parlament und ist Oberbefehlshaberin der Streitkräfte. In inneren Angelegenheiten liegt die Entscheidungshoheit zumeist ausschließlich bei den einzelnen Bundesstaaten und nicht bei der Zentralregierung.

Neuseeland Seit 1945 kämpfen in Neuseeland die konservative „National Party", die seither die meisten Regierungen gestellt hat, und die Labour Party mit wechselnden Koalitionen um die Macht. Die Labour-Vorsitzende Helen Clark (**4**) war bis 2008 die erste Frau im Amt des Außenministers. Die Erklärung Neuseelands zur „nuklearfreien Zone" 1987 brachte Spannungen mit den USA, die dem regen wirtschaftlichen Austausch jedoch keinen Abbruch taten.

Der Anti-Atom-Protest im Pazifik

Am 1. Juli 1946 erfolgte auf den Marshall-Inseln der erste von insgesamt über 300 Atombombentests im Pazifik. Gegen die Atomversuche und die Kernwaffenpolitik der Atommächte formierte sich in den 1970er-Jahren im gesamten pazifischen Raum Widerstand, der über Bürgerrechtsbewegungen weit hinausging. Viele Regierungen wandten sich mit scharfen Protestnoten auch an befreundete Mächte, sofern diese Atomtests durchführten.

Afrika – Ende des Kolonialismus

um 1950 – um 1970

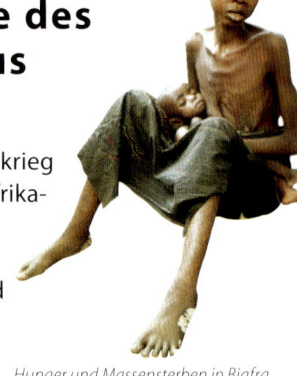

Hunger und Massensterben in Biafra

Nach dem Zweiten Weltkrieg waren in den meisten afrikanischen Ländern starke Unabhängigkeitsbewegungen entstanden und Ende der 1950er-Jahre setzte die Dekolonialisierung des Kontinents ein. Die Unabhängigkeit war mit großen Hoffnungen in den einzelnen Ländern verbunden, doch bald traten massive Probleme auf, viele als Spätfolgen der Kolonialzeit: Die Grenzen waren meist willkürlich von den Europäern gezogen worden, ohne Rücksicht auf Stammeszugehörigkeiten und Bevölkerungsgruppen. Ethnische Konflikte und Bürgerkriege, wie z.B. 1967–1970 in der Region Biafra in Nigeria, waren die Konsequenz. Die Konflikte entzündeten sich häufig an der Frage der Nutzungsrechte von Bodenschätzen und Rohstoffen. In den 1960er-Jahren entstanden in vielen Ländern autoritäre Regime. So wurden u.a. 1965 im Kongo und 1971 in Uganda die bestehenden Regierungen durch Militärputsche gestürzt.

Die Dekolonialisierung in Afrika

Die Dekolonialisierung (6) offenbarte nicht nur die wirtschaftliche Abhängigkeit der meisten Länder in Afrika von der sog. Ersten und Zweiten Welt, sondern auch zahlreiche ethnische und religiöse Konflikte, die durch die von den Kolonialmächten gezogenen Staatsgrenzen entstanden waren. Blutige Bürgerkriege und Verfolgung waren in vielen Ländern die Folge und sind es teilweise noch.

Der Kongo Seit der Unabhängigkeit ist der an Bodenschätzen reiche Kongo dauerhaft zum Krisengebiet geworden. Der 1961 ermordete Premierminister Patrice Lumumba (**1**) wurde mit seiner Forderung nach vollständiger Dekolonialisierung des Kontinents zur Symbolfigur des afrikanischen Unabhängigkeitskampfes. Von 1965 bis 1997 in-

stallierte General Mobutu (**2**) eine Willkürherrschaft, die v. a. auf persönliche Bereicherung aus war („Kleptokratie"). In jüngster Zeit sind Vertreibung und massenhafte Tötung an der Tagesordnung. Die UNO warnt vor einer humanitären Katastrophe.

Uganda In Uganda errichtete Premierminister Milton Obote (**3**) 1966 ein sozialistisches Einparteien-System. 1971 wurde er durch einen Militärputsch General Idi Amins (**4**) gestürzt, der eine Schreckensherrschaft errichtete. Mindestens 200 000 Menschen fielen dem „Schlächter von Afrika" zum Opfer, ehe er 1979 mit internationaler Hilfe gestürzt werden konnte. 1980 kehrte Obote an die Macht zurück und wurde 1985 endgültig vertrieben. Langsam überwindet das Land unter Präsident Yoweri Museveni die Folgen jahrzehntelanger Diktaturen und Bürgerkriege. Besondere Erfolge verzeichnet es im Kampf gegen Aids, was sich in einer deutlichen Verringe-

rung der Rate der Neuansteckungen niederschlägt. Die Krankheit wird in Uganda anders als in anderen afrikanischen Staaten offen diskutiert. Museveni trat 2006 seine dritte Amtszeit an, auf Basis einer dafür notwendigen Verfassungsänderung.

1847 *Das für ehemalige Sklaven aus den USA gegründete Liberia wird unabhängige Republik*
1956 *Großbritannien entlässt den Sudan in die Unabhängigkeit*
1957 *Ghana wird als erster schwarzafrikanischer Staat nach dem Zweiten Weltkrieg selbstständig*
1960 *Frankreich entlässt den Großteil seiner Kolonien in die Unabhängigkeit, u. a. Niger (**7**) und Senegal (**5**)*
1960 *Somalia erlangt seine Unabhängigkeit*

1961 *Die Südafrikanische Republik tritt aus dem Commonwealth aus*
1962/63 *Burundi, Ruanda, Uganda und Kenia erlangen ihre Unabhängigkeit*
1965 *Simbabwe (bis 1980 Rhodesien) wird unabhängig*
1974/75 *Portugal entlässt seine Kolonien in die Unabhängigkeit, u. a. Angola und Mosambik*
1990 *Namibia, UN-Mandatsgebiet, das von Südafrika verwaltet wurde, wird selbstständig*

Ein Viehhirte mit seiner abgemagerten Rinderherde

Krisenregion Afrika

um 1970 – um 1990

Ab Ende der 1960er-Jahre setzten sich in zahlreichen Ländern sozialistische Regime durch, was u. a. in Angola, Mosambik und Äthiopien mit teils heftigen Unruhen und Bürgerkriegen verbunden war. Angola und Mosambik hatten erst 1974/75 nach langen und blutigen Freiheitskämpfen die Unabhängigkeit von Portugal, der letzten Kolonialmacht, erlangt (S. 457, 513). Der Republik Südafrika gelang nach langen Auseinandersetzungen der friedliche Übergang von einem rassistischen Apartheidsregime zur Demokratie. In Simbabwe waren erst auf internationalen Druck hin auch Schwarze an der Regierung beteiligt worden.

Äthiopien Eine Revolution stürzte 1974 den in mittelalterlicher Pracht herrschenden Kaiser Haile Selassie (**2**). Der neue Machthaber Mengistu Haile Mariam errichtete 1977 eine sozialistische Herrschaft (**1**), die 1991 gestürzt wurde. Bis heute hat Äthiopien immer wieder unter Dürrekatastrophen, Hungersnöten und Kriegen zu leiden.

schwarze Mehrheit übereignet werden sollte. Doch die Enteignung der Farmer hatte Arbeitslosigkeit und Verelendung zur Folge. Ausschreitungen führten zur immer autoritäreren Präsidialherrschaft. Mugabe duldet auch die Besetzung der Plantagen der Weißen durch schwarze Landarbeiter (**4**). Seit 2008 ist Mugabe zur Koalition mit dem Oppositionsführer Tsvangirai gezwungen.

Simbabwe In Rhodesien sagte sich 1965 das Apartheidsregime vom britischen Mutterland los. Es unterdrückte die Unabhängigkeitsbestrebungen der schwarzen Mehrheit, doch zunehmende internationale Isolierung führte 1979/80 zu freien Wahlen, die der Führer der „Patriotischen Front" (ZANU), Robert Mugabe (**3**) gewann. Mugabe führte das Land, seit 1980 Simbabwe, auch in die rechtliche Unabhängigkeit. Nach 1990 leitete er eine Reform ein, mit der das Farmland an die

Südafrika Ab 1949 errichtete die weiße Regierung Südafrikas ein brutales Apartheidsregime, das immer wieder zu Aufständen der Schwarzen und deren brutaler Niederschlagung durch Polizei und paramilitärische Verbände führte (**5**). Das weiße Regime blieb dank des wirtschaftlichen Reichtums und trotz internationaler Proteste bis in die 1990er-Jahre an der Macht .

Nelson Mandela (* 1918)

Nelson Mandela wurde zur Symbolfigur des Freiheitskampfs der Schwarzen in Südafrika. Als Führer des African National Congress (ANC) wurde er 1964 zu lebenslanger Haft verurteilt und erst im Februar 1990 entlassen. Seit 1989 war er an der Organisation der gewaltfreien Machtübergabe der Regierung an die schwarze Mehrheit beteiligt. 1994 gewann der ANC die ersten freien Wahlen. Mandela wurde der erste schwarze Staatspräsident, nachdem er 1993 zusammen mit seinem Vorgänger Willem de Klerk für seine Versöhnungspolitik den Friedensnobelpreis erhalten hatte.

Afrika heute

ab ca. 1990

In zahlreichen Ländern Afrikas sind die ethnischen und religiösen Konflikte weiterhin nicht gelöst. Ganze Regionen werden von Rebellengruppen und Warlords kontrolliert. 1994 führten ethnische Gegensätze in Ruanda zum Völkermord an den Tutsi, während der Bürgerkrieg Somalia seit 1995 unregierbar macht. Nach jahrzehntelangen Kämpfen zwischen Christen und Muslimen ereignet sich im Sudan in der Provinz Darfur seit 2003 eine neue Katastrophe, deren Ausmaß und Ende nicht abzusehen sind. Armut und Aids sind nach wie vor die drängendsten Probleme des afrikanischen Kontinents, v. a. im Süden und in Zentralafrika.

Die Bedrohung durch Aids

Aids stellt neben Hunger und Armut die größte Bedrohung für die Bevölkerung Afrikas dar. Über 70 Prozent aller mit HIV infizierten Menschen stammen aus Schwarzafrika. Besonders bedenklich ist, dass die Zahl der aidskranken Kinder und jungen Frauen ständig ansteigt. Viele Länder haben Aufklärungskampagnen gestartet, um wenigstens die Zahl der Neuinfizierungen zu verringern.

Somalia Die Zentralregierung des Landes ist 1995 faktisch zusammengebrochen. Seit Ende der 1960er-Jahre herrscht Bürgerkrieg, 1991 kam es zur Abspaltung der Republik Somaliland. 1992–1995 griffen Truppen der UNO in die Kämpfe ein und brachten der hungernden Bevölkerung Lebensmittel, doch die Auseinandersetzungen setzten sich fort (**1**).

Sudan Der Sudan wird seit der Unabhängigkeit

2 1956 von Machtkämpfen zwischen Muslimen, Christen und Anhängern afrikanischer Naturreligionen erschüttert. 1989 kamen radikal-islamische Kräfte an die Macht und setzten eine strikte Islamisierung des öffentlichen Lebens durch. Hauptkrisenregion ist seit Jahren die Provinz Darfur im Westen des Landes. Seit 2003 wurden in Kämpfen zwischen Regierungstruppen (**3**) und arabischen Reitermilizen in deren Diensten auf der einen und schwarzafrikanischen Rebellenorganisationen auf der anderen Seite Hunderttausende Menschen verschleppt, vergewaltigt und ermordet. Etwa 2 Millionen Menschen befinden sich auf der Flucht (**2**). Erst 2007 wurden Hilfsmaßnahmen der UNO und eine gemischte Friedenstruppe zugelassen.

Völkermord in Ruanda Aufgehetzt von der ruandischen Regierung, begannen Extremisten des Volksstamms der Hutu im April 1994 mit der systematischen Ermordung von Tutsis sowie gemäßigten Hutus. Innerhalb weniger Wochen fielen mindestens 800 000 Menschen dem Morden zum Opfer (**4**). Der Konflikt zwischen den beiden Bevölkerungsgruppen ist alt und entlud sich schon mehrmals in Vertreibungen und Massentötungen. Das Nichteingreifen der damals vor Ort stationierten UNO-Schutztruppen wurde international hinterfragt. Über zwei Millionen Ruander mussten außer Landes fliehen.

Südafrika heute Entgegen den Befürchtungen vieler Beobachter gelang in Südafrika die Machtübergabe an die schwarze Mehrheit relativ reibungslos (S. 515). 1992 wurde mit einem Referendum der weißen Bevölkerung die Rassentrennung abgeschafft, und bei den ersten Wahlen mit schwarzer Beteiligung 1994 errang der ANC unter Nelson Mandela einen klaren Sieg. Mithilfe einer „Wahrheits- und Versöhnungskommission" versucht die Regierung seit 1996, die Geschichte des Apartheidsregimes und seiner Verbrechen aufzuarbeiten. Nelson Mandelas Vizepräsident und Nachfolger Thabo Mbeki (**5**) setzte dessen Versöhnungspolitik fort. 2009 übernahm Jacob Zuma das Amt. Die Lage der schwarzen Bevölkerung hat sich allerdings bisher nicht entscheidend verbessert. Eines der größten Probleme Südafrikas ist weiterhin die Korruption in der Verwaltung. Zudem gehört Südafrika zu den am stärksten von Aids betroffenen Ländern des Kontinents.

Seite 398

Kanada

seit 1945

Kanada, seit 1931 souverän, ist Mitglied im britischen Commonwealth. Der Staat gehört heute

Ein berittener kanadischer Polizist

zu den führenden Industrienationen und hat sich an zahlreichen UN-Missionen beteiligt. Die stabile Demokratie wird im Wechsel von konservativen und liberalen Regierungen geführt. Für anhaltende Konflikte sorgt seit den 1960er-Jahren der Gegensatz zwischen der anglokanadischen Mehrheit und der frankokanadischen Minderheit. In Québec kämpft eine Autonomiebewegung für die Unabhängigkeit der Region. Seit den 1980er-Jahren gab es Spannungen zwischen Regierung und kanadischen Indianern (**1**), was 2008 zu einer offiziellen Entschuldigung und Entschädigungszahlungen der Regierung führte. Etwa 150 000 Kinder von Ureinwohnern waren zwischen 1874 und 1980 zwangsweise in christlichen Internaten untergebracht worden. ①

Kanada unter Trudeau Der Frankokanadier Pierre Elliott Trudeau (**2**) versuchte in seinen Amtszeiten als Premierminister 1968–1979 und 1980–1984 eine Spaltung Kanadas zu verhindern. 1969 erklärte er Englisch und Französisch zu gleichberechtigten Amtssprachen. Dies brachte aber nicht den angestrebten Ausgleich mit den separatistischen Kräften Québecs. Nach der Ermordung des

Arbeitsministers Pierre Laporte durch Separatisten 1970 verhängte Trudeau den Ausnahmezustand. Wirtschaftspolitisch setzte er auf eine Ablösung von den USA und nahm engere Handelsbeziehungen mit Europa, ab 1970 auch mit China, auf. Seitdem beteiligt sich Kanada auch an den Gipfeltreffen der führenden Industrienationen, zuletzt 2009 in London anlässlich der globalen Finanzkrise.

Die Separatistenbewegung in Québec Vor dem Hintergrund wachsender wirtschaftlicher und sozialer Probleme bildete sich im mehrheitlich frankophonen Québec Ende der

1960er-Jahre eine starke Autonomiebewegung heraus. Sie trat, zeitweise militant (**4**), für die Ablösung der Provinz von Kanada und völlige Selbstständigkeit ein. 1976 gewann die radikal-autonomistische Partei Québécois die absolute Mehrheit. Sie scheiterte aber 1980 im Referendum über die Unabhängigkeitsfrage. Eine starke Gegenbewegung (**3**) fordert den Erhalt Kanadas in seiner bisherigen Form. 2006 wurde Québec als „Nation innerhalb eines geeinten Kanada" anerkannt.

Die kanadischen Ureinwohner

Die kanadischen Indianer und die Inuit (Bild unten) wurden lange stark benachteiligt. Ihnen blieben die Bürgerrechte vorenthalten und ihre Kultur sowie Sprache wurden unterdrückt. In den 1980er Jahren kam es zu Auseinandersetzungen über Landrechte und Entschädigungen für enteignete Gebiete. 1996 schloss die Regierung nach langen Verhandlungen einen Vertrag mit den Nisga'a-Indianern. Er gestand dem Volk Landrechte von etwa 2000 km² zu.

Internationale Politik Kanada ist Gründungsmitglied der UNO und unterstützte wiederholt Missionen der Organisation mit eigenen Truppen, so 1960 im Kongo, 1964 auf Zypern und in den 1990er-Jahren auf dem Balkan (**5**). Außerdem vermittelte das Land erfolgreich in verschiedenen internationalen Konflikten. Für sein Engagement in der Suezkrise 1956 (S. 440) erhielt Außenminister Lester Bowles Pearson, Premierminister 1963–1968, den Friedensnobelpreis.

USA

Die USA in der Nachkriegszeit

1945–1961

Der Filmstar Marilyn Monroe

Das Absstecken der Interessensphären zwischen den USA und der UdSSR nach dem Zweiten Weltkrieg mündete im Kalten Krieg, in dem sich die USA als „Führer der freien Welt" begriffen. Die Großmächte trugen ihre Konflikte im Rahmen sog. Stellvertreterkriege in Drittstaaten aus: Im Koreakrieg griffen die USA erstmals direkt in die Kämpfe zweier fremder Länder ein und begannen, generell im asiatischen Raum Einfluss zu nehmen. Der Kampf gegen den Kommunismus in der McCarthy-Ära erzeugte ein Klima der Angst und gegenseitiger Verdächtigungen innerhalb der USA. Mit dem Wirtschaftsboom der 1950er-Jahre begann der bis heute nachwirkende Siegeszug des „American Way of Life" in der westlichen Welt.

Die NATO

Die Mitglieder der NATO verpflichten sich zur gemeinsamen Verteidigung, sollte ein Mitgliedsland angegriffen werden. Das Bündnis wurde 1949, auf dem ersten Höhepunkt des Kalten Kriegs, zwischen den westeuropäischen Staaten und den USA als Führungsmacht geschlossen.

Außenpolitik Präsident Harry S. Truman (**1**) machte ab 1947 die Eindämmung des kommunistischen Einflusses zum Ziel der USA (Containment-Politik). Dafür unterstützte er u. a. den wirtschaftlichen Wiederaufbau Westeuropas. Unter Truman begann die kulturelle Dominanz der USA in der westlichen Welt. Gleichzeitig endete ihre Isolationspolitik endgültig.

Der Koreakrieg 1950–1953 fand in Korea der erste große Krieg seit 1945 statt. Die USA führten ein UN-Kontingent (**2**) an, das den Kampf Südkoreas gegen die Angriffe des kommunistischen Nordkorea unterstützte. Mit der im September 1950 begonnenen Gegenoffensive drängten die UN-Verbände die Nordkoreaner zurück (S. 506). Die USA griffen damit erstmals offen in die Angelegenheiten eines anderen Landes ein. Um der Expansion des Kommunismus entgegenzutreten, verstärkten die USA anschließend ihre Präsenz im asiatischen Raum.

2

Der Kalte Krieg Präsident Dwight D. Eisenhower (**3**), ein populärer Kriegsveteran, beendete 1953 den Koreakrieg und unterstützte die UNO in der Suezkrise gegen Großbritannien und Frankreich. **3** In der „Eisenhower-Doktrin" von 1957 erklärten die USA, dass sie willens seien, den Ländern des Nahen Ostens wirtschaftlich und militärisch Beistand gegen den Kommunismus zu leisten.

Die McCarthy-Ära (1950–1954)

Die Furcht vor dem Kommunismus während des Kalten Krieges hatte auch innenpolitische Konsequenzen. Ab 1950 stand Joseph McCarthy (Bild, rechts), ein ehrgeiziger Senator aus Wisconsin, dem „Komitee für unamerikanische Umtriebe" vor. Er entfesselte eine beispiellose „Kommunistenjagd", die sich v. a. gegen Regierungsangestellte, Intellektuelle, Künstler sowie Filmschaffende richtete. Immer neue mutmaßliche Staatsfeinde wurden vorgeführt. Die allgegenwärtigen Verdächtigungen

drohten die demokratischen Freiheiten zu ersticken. McCarthy wurde 1954 schließlich gestürzt, nachdem ihm die Manipulation von Fakten nachgewiesen worden war.

Wohlstand und Werbung Der Wirtschaftsboom der 1950er-Jahre kurbelte den Konsum der Amerikaner an. In ersten groß angelegten Werbekampagnen wurden Haushaltsgeräte, Fernseher und v.a. große, teure Autos (**4**) angepriesen. Sie galten als Statussymbol für alle Gesellschaftsschichten. Produkte wurden nun **4** ständig erneuert, verbessert und neu gestaltet. Unter dem Motto „Look at your Neighbor!" wurde etwa suggeriert, durch den Kauf von Produkten könne man ein besonderes Gefühl der Zugehörigkeit herstellen. Zugleich löste die Massenware die teureren Einzelprodukte ab. Als Ausdruck individueller Freiheit galt, was alle hatten.

USA – Aufbruch und Krise

1961–1969

Die 1960er-Jahre standen im Zeichen einer optimistischen Aufbruchstimmung, die u.a. der junge Präsident John F. Kennedy (**1**, mit Chruschtschow) verkörperte. Seine Ermordung 1963 erschütterte die Nation. Kennedys Nachfolger Johnson bemühte sich, bestehende Reformversprechen im Rahmen seiner Sozialpolitik durchzusetzen. So erfüllte er mit dem Bürgerrechtsgesetz von 1964 Forderungen der Afroamerikaner, welche die Realisierung der ihnen seit fast zehn Jahren zugesagten Bürgerrechte verlangten. Johnsons innenpolitische Bemühungen traten allerdings bald völlig hinter dem sich ab 1964 verschärfenden Vietnamkrieg zurück. Die Studenten- und Friedensbewegungen übten massive Kritik am Krieg und schufen eine eigene Jugend- und Aussteigerkultur mit einem liberaleren und pazifistischen Lebensstil.

Der Mord an John F. Kennedy

Kaum ein Attentat erschütterte die westliche Welt so wie der Mord an Präsident Kennedy. Er wurde am 22.11.1963 bei einer Fahrt durch Dallas im offenen Wagen mit mehreren Schüssen getötet. Die Bundesbehörden verhafteten bald darauf Lee Harvey Oswald, der jedoch auf dem Weg zu seiner Vernehmung von dem Barbesitzer Jack Ruby erschossen wurde. Bis heute kursieren zahllose Verschwörungstheorien, die Oswalds Einzeltäterschaft anzweifeln. Es werden u.a. das FBI, die CIA, der Ku-Klux-Klan und Fidel Castro als Drahtzieher hinter dem Mord vermutet.

Martin Luther King

Der Prediger aus Atlanta (1929–1968) wurde zum Symbol des gewaltlosen Widerstands gegen die Rassendiskriminierung. Im Rahmen zahlreicher Protestaktionen wie dem „Marsch auf Washington" 1963 warb er für friedliche Rassenintegration. King erhielt dafür 1964 den Friedensnobelpreis. Am 4.4.1968 erschoss ihn ein rassistischer Fanatiker in Memphis.

Die Bürgerrechtsbewegung
Bereits in den 1950er-Jahren hatte die Bürgerrechtsbewegung der Afroamerikaner erste Erfolge gegen die Rassendiskriminierung erzielt. Die wirtschaftliche und soziale Benachteiligung blieb aber bestehen. In den 1960er-Jahren kam es daher immer wieder zu Unruhen (**2**). Radikale

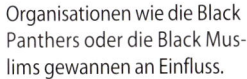

Organisationen wie die Black Panthers oder die Black Muslims gewannen an Einfluss.

Der Vietnamkrieg Ab 1964 erhöhten die USA ihre Truppenstärke (**3**) im Vietnamkrieg stetig. Der Konflikt, den die Amerikaner auf Südvietnams Seite gegen den kommunistischen Norden des Landes austrugen (S. 498), wurde bis Ende der 1960er-Jahre zu einem der grausamsten Kriege nach 1945. Die USA gerieten im In- und Ausland unter starken politischen Druck, u. a. wegen des Einsatzes von Napalm und Giftgas gegen Zivilisten. Grausamer Höhepunkt war das „Massaker von My Lai" einer US-Einheit an über 500 Zivilisten 1968.

Das Woodstock-Festival

Das Open Air-Festival in Woodstock wurde zum Sinnbild für die pazifistische Hippiebewegung. 400 000 bis 500 000 begeisterte Menschen feierten vom 15. bis zum 17.8.1969 sich selbst und die bekannten und unbekannten Künstler auf der Bühne. Es traten u. a. Jimi Hendrix, Janis Joplin, Joan Baez, Blood, Sweat & Tears und The Who auf. Die Hippiebewegung war Ende der 1960er-Jahre aus der Antikriegsbewegung entstanden, zeigte sich aber deutlich unpolitischer. Sie wandte sich gegen die Leistungs- und Konsumgesellschaft und wollte einen alternativen Lebensstil, frei von bürgerlichen Normen und Zwängen, umsetzen. Ihre Vorstellungen von freier Liebe und ihr Drogenkonsum schockierten das konservative Amerika.

▲ Seite 522

▼ Seite 526

Auf die erste Mondlandung 1969 folgten bis 1972 noch fünf weitere.

Die USA bis zum Ende des Kalten Krieges

1969–1993

Unter Präsident Nixon zogen sich die USA aus Vietnam zurück und nahmen Beziehungen zu China auf. Unter der Regierung Carter verbesserten sich auch die Beziehungen zu den lateinamerikanischen Staaten. Das Verhältnis zur Sowjetunion jedoch entspannte sich erst unter Präsident Reagan. Seit der Auflösung der Sowjetunion und dem Zusammenbruch des Ostblocks engagieren sich die USA verstärkt in Lateinamerika und im Nahen Osten.

Die Watergate-Affäre

Mit dem Einbruch ins Hauptquartier der Demokraten im Watergate-Hotel während des Wahlkampfes 1972 begann eine der größten innenpolitischen Krisen der USA: Zwei Reporter der Washington Post wiesen nach, dass engste Mitarbeiter von Präsident Nixon am Einbruch und der Installation von Abhörgeräten beteiligt waren. Nixon versuchte, die Angelegenheit zu vertuschen, aber es wurden immer mehr belastende Details bekannt. Er musste am 9.8.1974 schließlich zurücktreten. Erst 2005 wurde bekannt, dass die Reporter die entscheidenden Hinweise vom stellvertretenden FBI-Direktor Mark Felt erhalten hatten.

Der Abrüstungsprozess Die erste Amtszeit von Präsident Reagan war durch Aufrüstung und eine strikt antikommunistische Politik gekennzeichnet. Nachdem der neue sowjetische Generalsekretär Michail Gorbatschow 1985 eine Reformpolitik einleitete (S. 473), fanden mehrere amerikanisch-sowjetische Gipfeltreffen statt. 1987 unterzeichneten Reagan und Gorbatschow (**1**) ein Abkommen zur weltweiten Beseitigung der landgestützten Mittelstreckenraketen (INF-Vertrag). Erstmals wurden tatsächlich Atomwaffen abgebaut.

Friedenspolitik Präsident Carter startete Ende der 1970er-Jahre eine massive Kampagne für weltweiten Frieden und die Einhaltung der Menschen- und Bürgerrechte. Dies drückte sich auch in einer Verbesserung der Beziehungen zu lateinamerikanischen Demokratien aus. Durch die Vermittlung der USA kamen auch Friedensschlüsse im Nahen Osten zustande, wie der Friedensvertrag zwischen Israel und Ägypten 1979 (**2**). Der sowjetische Einmarsch in Afghanistan und die islamische Revolution im Iran stürzten Carters Außenpolitik in eine Krise. Nachdem die Befreiung amerikanischer Geiseln aus der Botschaft in Teheran 1980 misslungen war, unterlag Carter noch im gleichen Jahr bei der Wahl Ronald Reagan.

schen Diktator Saddam Hussein gegen den Iran unterstützt. Nachdem der Irak Kuwait überfallen hatte, führten sie die UN-Verbände (**3**) an, die 1991 in der „Operation Desert Storm" die irakischen Truppen aus Kuwait zurückdrängten. Anschließend überwachten sie die von den UN eingerichteten Flugverbotszonen und das Handelsembargo gegen den Irak. In den USA entluden sich die wachsenden sozialen Spannungen 1992 in Rassenunruhen.

Zeitenwende Während der Präsidentschaft von George Bush (**4**) vollzog sich eine historische Wende durch den Zusammenbruch des Ostblocks. Die USA übernahmen die Führungsrolle in der Weltpolitik.

1989 stürzten sie durch den Einsatz amerikanischer Truppen Panamas Diktator Manuel Noriega. Außerdem kam es zu einem verstärkten Engagement im Nahen Osten: In den 1980er-Jahren hatten die USA den iraki-

▶▶ **China und die USA:** Seite 504

USA

⌃ Seite 524

Die USA bis heute

seit 1993

Barack Obama konnte mit seiner Wahl zum Präsidenten der USA an den Erfolg des Demokraten Bill Clinton (**1**) anschließen, der 1993 ins Weiße Haus eingezogen war.

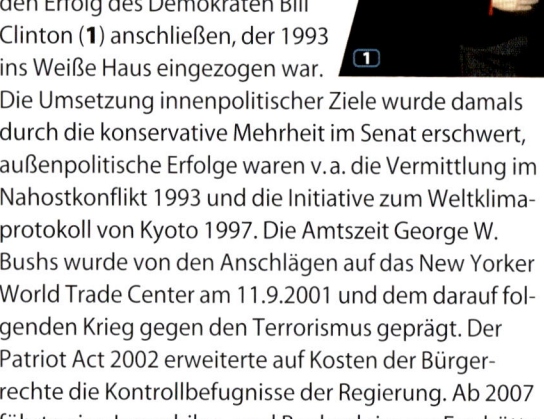

Die Umsetzung innenpolitischer Ziele wurde damals durch die konservative Mehrheit im Senat erschwert, außenpolitische Erfolge waren v.a. die Vermittlung im Nahostkonflikt 1993 und die Initiative zum Weltklimaprotokoll von Kyoto 1997. Die Amtszeit George W. Bushs wurde von den Anschlägen auf das New Yorker World Trade Center am 11.9.2001 und dem darauf folgenden Krieg gegen den Terrorismus geprägt. Der Patriot Act 2002 erweiterte auf Kosten der Bürgerrechte die Kontrollbefugnisse der Regierung. Ab 2007 führte eine Immobilen- und Bankenkrise zur Erschütterung des US- sowie des globalen Finanzmarktes. Auch die Regierung Obamas steht angesichts der Lage von Wirtschaft, Sozial- und Gesundheitssystems vor großen Herausforderungen.

Wirtschaftliche Entwicklung

Die 1990 einsetzende Rezession verschärfte die sozialen Gegensätze in den USA. 1992 entluden sich die Spannungen in schweren Rassenunruhen (**2**). Die

Entwicklung neuer Technologien löste in den 1990er-Jahren einen Wirtschaftsboom aus („New Economy"), der Millionen Arbeitsplätze schuf. Die Regierung Clinton konnte einen gesetzlichen Mindestlohn und weitere Sozialreformen durchsetzen. Die aktuelle Krise hat zu Insolvenzen (**3**) und steigender Arbeitslosigkeit geführt und zieht eine Neuregulierung der Finanzmärkte nach sich.

(4)

Etwa 3000 Menschen kamen um. Eine weltweite Schockwelle folgte und zerstörte das amerikanische Gefühl der Unverwundbarkeit. Im Oktober 2001 stürzten die USA das Talibanregime in Afghanistan (S. 490), das dem Drahtzieher der Anschläge, Osama bin Laden (5), Zuflucht gewährt hatte. Eine dauerhafte Stabilisierung der Sicherheitslage im Land ist seitdem nicht gelungen.

Der 11. September Am 11.9.2001 flogen islamistische Selbstmordattentäter mit gekidnappten Flugzeugen in die Türme des New Yorker World Trade Center (4) und brachten diese zum Einsturz. Ein weiteres stürzte in das Pentagon in Washington, ein viertes Flugzeug stürzte bei Pittsburgh ab.

(6)

Wahlkampf 2000 Der Republikaner George W. Bush errang 2000 einen sehr knappen Wahlsieg über den demokratischen Kandidaten, den Vizepräsidenten Al Gore (6, rechts). Erst nach einem Rechtsstreit erklärte der Oberste Gerichtshof Bush am 12.12.2000 zum 43. Präsidenten. Die unter Bush auf die Durchsetzung nationaler Interessen ausgerichtete Politik war national wie international umstritten und endete 2008 mit dem Sieg des Demokraten Obama über den Republikaner John McCain.

Barack Obama Die Politik der Regierung George W. Bushs führte zu innenpolitischen Konflikten, etwa in der Frage der Bekämpfung des Terrorismus oder der Haltung zum Klimaschutz, die sich u. a. in der Ablehnung einer Ratifizierung des Kyoto-Protokolls zeigte. Die 2007 einsetzende globale Finanzkrise schmälerte zudem das Vertrauen der Amerikaner in Bushs wirtschaftspolitische Kompetenz. In der Folge kam es in der Präsidentschaftswahl 2008 zu einem klaren Sieg der Demokraten unter Barack Obama. Seine Ziele sind neben einer Bekämpfung des weltweiten Terrorismus die Reform des Gesundheitswesens, eine nachhaltige Klimapolitik sowie die Neuordnung des US-

Finanzsystems bei kontinuierlicher Zusammenarbeit mit der G-20 in globalen Wirtschaftsfragen.

(7)

Saddam Hussein: Seiten 488–489

Trauerzug für Opfer des jahrzehntelangen Bürgerkrieges in Guatemala

Nord- und Mittelamerika

seit 1945

Bis in die 1970er-Jahre waren autoritäre Regime, Militärdiktaturen, Kämpfe von Guerillagruppen und eine starke wirtschaftliche und politische Abhängigkeit von den USA für fast alle Länder Lateinamerikas kennzeichnend. Beispiel sind die 1979 von den Sandinisten gestürzte Herrschaft des Somoza-Clans in Nicaragua oder der Terror der Todesschwadronen in El Salvador. Sonderfälle stellen das jahrzehntelang durch eine gemäßigt sozialistische Einheitspartei regierte Mexiko und Kuba dar. Dort etablierte sich 1959 Fidel Castro, der – auch durch die Politik der USA – immer stärker ins sozialistische Lager geriet, seine Form der persönlich geprägten Herrschaft jedoch auch nach dem Ende der UdSSR beibehielt.

Nicaragua Ab 1937 herrschte Anastasio Somoza, gefolgt von seinen Söhnen Luis und Anastasio d. J. (**1**), in Nicaragua. Die USA unterstützten den Diktator, der die Bevölkerung mit sog. Todesschwadronen einschüchterte. 1979 stürzte die linksgerichtete „Sandinistische Befreiungsfront" die Somoza-Diktatur, konnte sich aber nicht dauerhaft gegen die von den USA finanzierten, rechtsgerichteten Contras durchsetzen. Seit 2006 regiert wieder ein Sandinist, Daniel Ortega, das Land.

Kuba Nach der Vertreibung des Diktators Battista installierte Fidel Castro (**3**) in Kuba ein im Laufe der Zeit zunehmend sozialistisches Regime, das bis heute besteht. Sein Mitkämpfer Ernesto „Che" Guevara (**2**) wurde zur Ikone einer ganzen Generation. 1967 wurde er in Bolivien, wo er streikende Bergarbeiter unterstützte, von Regierungstruppen erschossen.

einer sozial gerechten Umstrukturierung der Gesellschaft verband und einen Kampf der Kirche auf Seiten der Armen forderte. Zu den Bischöfen, die sich zu ihren Sprechern machten, gehörte auch Erzbischof Oscar Arnulfo Romero von San Salvador (**4**, Mitte). 1980 wurde er während einer Messe erschossen, weltweite Empörung konnte weitere Attentate nicht verhindern. Trotz Ablehnung der Befreiungstheologie durch die konservative Kirchenpolitik Papst Johannes Pauls II. (S. 451) blieb sie in den Ländern Lateinamerikas präsent.

Befreiungstheologie Die katholische Kirche stand zunächst meist auf Seiten der rechten Diktaturen, wandte sich aber in den 1960er-Jahren verstärkt einer „Theologie der Befreiung" zu, die traditionelles Christentum mit der Forderung nach

Mexiko Mexiko verfügte seit der Revolution von 1910–1920 über eine sozialliberale Verfassung. Die aus verschiedenen Revolutionsgruppen entstandene Einheitspartei, die sich seit 1946 als „Partei der institutionellen Revolution" (PRI) bezeichnete, beherrschte das Land in einem halbdemokratischen System. Sie forcierte v.a. die Industrialisierung und Nationalisierung der Wirtschaft.

Korruption und Misswirtschaft führten aber 1982 beinahe zum Staatsbankrott, der mit Hilfe von US-Krediten abgewendet werden konnte. Ab 1988 kam es zu einer schrittweisen Entflechtung von Partei, Staat und Wirtschaft. Bei den Wahlen 2000 siegte erstmals die rechtsliberale Oppositionspartei PAN unter Vicente Fox (**5**). Seit 2008 leidet Mexiko unter eskalierenden Drogenkriegen.

Argentinien, Brasilien und Chile

ab 1946

Argentinien und Brasilien sind sog. Schwellenländer, in denen sich seit dem Ende der Militärdiktaturen ab den 1980er-Jahren relativ stabile demokratische Regierungen etabliert haben, verbunden mit einer Modernisierung und Festigung der Wirtschaft. Auch in Chile gibt es seit 1990 wieder ein demokratisches System. Doch die Armut verhindert oft eine positive Weiterentwicklung: Besonders in Brasilien spielt die Bandengewalt in den Großstädten (**1**) als Folge sozialer Ungleichheit eine Rolle.

Brasilia

Brasilia wurde nach den Plänen des brasilianischen Architekten Oscar Niemeyer geschaffen und innerhalb von vier Jahren (1956–1960) erbaut. Ziel war es, Rio de Janeiro abzulösen und eine Hauptstadt im geographischen Zentrum des Landes zu schaffen. Heute leben rund 2 500 000 Menschen in Brasília. Seit 1987 gehört die futuristisch anmutende Stadt zum UNESCO-Weltkulturerbe.

Die Globalisierung

*Das Ende des Ost-West-Konflikts brachte eine Internationalisierung wirtschaftlicher Beziehungen (**6**) und eine weltweite Vernetzung der Datenkanäle und Informationssysteme mit sich, wofür der Begriff „Globalisierung" gefunden wurde. Die zunehmende Mobilität von Kapital und Arbeitskraft veranlasst viele Staaten, sich mit Steuersenkungen oder Billiglöhnen Standortvorteile zu sichern. Von der Globalisierung profitieren derzeit v. a. die Schwellenländer in Asien, während große Teile La-*

Militärdiktatur in Chile 1973 wurde der Sozialist Salvador Allende durch einen von den USA unterstützten Putsch gestürzt (**2**). Militärdiktator Augusto Pinochet (**3**) herrschte in der Folgezeit mit äußerster Brutalität. Zwar musste er die Macht 1990 abgeben, doch übte er bis zu seinem Tod 2006 starken Einfluss aus. Versuche, ihn für seine Verbrechen vor Gericht zu stellen, scheiterten bis zuletzt.

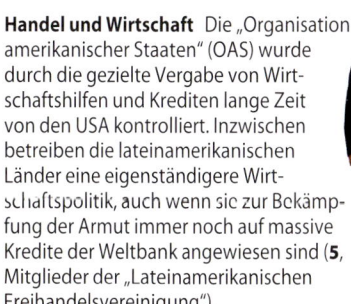

Die Verschwundenen Bis 1976 herrschten Perón und seine Erben in Argentinien, dann stürzte sie das Militär unter General Jorge Rafael Videla und errichtete eine brutale Diktatur mit Folter und Masseninternierungen (**4**). Zehntausende von Oppositionellen „verschwanden", ohne dass Angehörige oder die Öffentlichkeit etwas über ihren Verbleib erfuhren. Die Aufarbeitung der Verbrechen während der Militärdiktatur, die bis 1983 bestehen blieb, beschäftigt die Justiz des Landes bis heute.

Handel und Wirtschaft Die „Organisation amerikanischer Staaten" (OAS) wurde durch die gezielte Vergabe von Wirtschaftshilfen und Krediten lange Zeit von den USA kontrolliert. Inzwischen betreiben die lateinamerikanischen Länder eine eigenständigere Wirtschaftspolitik, auch wenn sie zur Bekämpfung der Armut immer noch auf massive Kredite der Weltbank angewiesen sind (**5**, Mitglieder der „Lateinamerikanischen Freihandelsvereinigung").

teinamerikas und Afrikas bisher weder über Informationstechnologie noch über eine ausreichende Infrastruktur verfügen. Die Ressourcen ärmerer Länder werden fast ausschließlich durch Großkonzerne und die oftmals korrupten Macht- und Wirtschaftseliten dieser Länder abgeschöpft (**8**).

Globalisierungskritiker wie die Bewegung „ATTAC" halten daher die Rede von der „einen Welt" für bloße Ideologie. Gewissermaßen als Reaktion auf die Globalisierung kann man inzwischen in vielen Teilen der Erde eine Hinwendung zur Betonung der Unterschiede, die in Kultur, Religion, Herkunft und Geschichte wurzeln, beobachten (**7**).

Peruanische Händler

Südamerika

Südamerika heute

seit den 60er Jahren

Armut, Elend, Gewalt und Konflikte mit den indianischen Einwohnern kennzeichnen bis heute die meisten südamerikanischen Länder. Am stärksten sind Peru, durch die jahrzehntelangen Guerillakämpfe des „Leuchtenden Pfades", und Kolumbien, durch den Terror von Rebellengruppen und Drogenkartellen, betroffen. Im wirtschaftlich stärkeren Venezuela und im armen Bolivien setzten sich nach Jahrzehnten wechselvoller Regierungen mit Hugo Chávez und Evo Morales linkspopulistische Sozialisten durch, die umfangreiche Nationalisierungsprogramme und Sozialreformen in Angriff nehmen und Lateinamerika aus dem Griff der USA befreien wollen.

①

„Leuchtender Pfad" Die Militärjunta, die 1968 in Peru die Macht übernahm, betrieb eine systematische Verstaatlichungspolitik, dann putschte 1975 das Militär erneut. Die neue Regierung schlug einen unternehmerfreundlicheren Kurs ein – und rief die maoisti-

sche Guerillabewegung „Leuchtender Pfad" (**1**) auf den Plan, die das Land in einen blutigen Bürgerkrieg stürzte. In den 1990er-Jahren nahm ein großer Teil der Kämpfer ein Amnestieangebot von Seiten des Staates an, doch die Lage im Land ist weiterhin instabil.

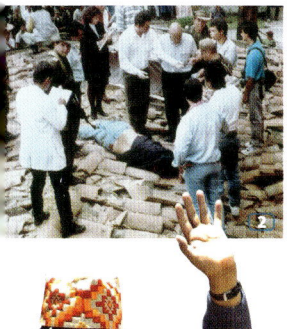

Drogenhandel Seit 1953 herrschte in Kolumbien das Militär, das aber zivile Regierungen einsetzte. Linke und rechte Guerillaarmeen (**3**) lieferten sich dennoch jahrzehntelang erbitterte Kämpfe. Auch mächtige Drogenbarone und -kartelle

nutzten die Schwäche der Zentralregierung, wie der 1993 getötete Pablo Escobar (**2**). Auf ihr Konto gehen Bombenattentate und Entführungen, mit denen sie ihre Imperien sicherten.

Präsident indigener Abstammung an der Spitze des Landes steht, verstaatlichte 2006 die Öl- und Gasquellen, eine Enteignung der Minen ist in Vorbereitung (**5**). Morales, der zudem den Neoliberalismus der Weltwirtschaft für die miserable

Antikapitalismus Bolivien gilt trotz reicher Erdgasvorkommen als Armenhaus Lateinamerikas. Evo Morales (**4**), mit dem zum ersten Mal ein Lage vieler südamerikanischer Länder verantwortlich macht, setzt sich für die Kokabauern ein, denen die USA im Kampf gegen die Drogenmafia den Anbau von Koka untersagen möchten, obwohl Pflanzung und Konsum von Koka fester Bestandteil der bolivianischen Landeskultur sind.

Neues Selbstbewusstsein
Fast alle Länder Lateinamerikas vermochten ihre zumeist rechten Diktaturen bis in die 1990er-Jahre abzuschütteln. In vielen Ländern kamen durch Wahlen demokratische Kräfte an die Macht, die auf eine Nationalisierung ihrer Wirtschaft setzten, den Einfluss von US-Konzernen zurückdrängten und eine entschiedene Sozial- und Bildungspolitik zugunsten der Armen und ethnischer Minderheiten betrieben. Die Wirtschaftskooperationen zwischen den einzelnen Ländern nahmen zu und es entstand ein neues

politisches Selbstbewusstsein Lateinamerikas, das sich über Partei- und Landesgrenzen hinweg manifestiert (**6**, die

Staatspräsidenten von Argentinien, Bolivien, Brasilien und Venezuela 2006, in demonstrativer Einigkeit).

Register